Sedlaczek (Hg.)/Bracharz/Deutsch/Hämmerle/Kobenter

◊

Die Käsemacher Österreichs

Sedlaczek (Hg.)/Bracharz/Deutsch/Hämmerle/Kobenter

DIE KÄSEMACHER ÖSTERREICHS

... und ihre feinsten Produkte
aus Kuh-, Ziegen-
und Schafmilch

Deuticke

Text:

Kurt Bracharz (kb), Angelika Deutsch (ad),
Samo Kobenter (sk), Peter Hämmerle (ph)
Robert Sedlaczek (rs), Conrad Seidl (cs)

Fotos:

Thomas Apolt,
Liselotte Biber (im Auftrag der ÖMIG),
Peter Hämmerle

Deuticke
A-1010 Wien, Schwarzenbergstr. 5
Wien 1993
Einbandgestaltung: Robert Hollinger, Wien
Umschlagfotos: Liselotte Biber, Bisamberg (im Auftrag der ÖMIG)
und Thomas Apolt, Wien
Druck und Bindung: Landesverlag, Linz
ISBN 3-216-30038-2

FÜR MELITA

Mit großem Dank für Deine Unterstützung,
ohne die dieses Buch nicht zustande
gekommen wäre.

Inhalt

Inhalt

Österreichs Käse im Aufschwung

Unser Käse erlebt zur Zeit einen Höhenflug. Noch nie war die Qualität der schmackhaften Produkte aus Kuh-, Ziegen- oder Schafmilch so überzeugend wie heute. Nicht aus Zufall haben die österreichischen Käseproduzenten in den letzten Jahren so viel Lob und Anerkennung eingeheimst. Auch Gastronomen und Feinschmecker entdecken immer wieder neue Facetten der österreichischen Käselandschaft. Sie ist zwar nicht so traditionsreich wie die französische, aber aufgrund ihrer dynamischen Entwicklung heute ganz besonders interessant.

Vor einigen Jahren hätte es wohl niemand für möglich gehalten, daß es in Österreich eines Tages einen Blauschimmelkäse aus Schafmilch geben wird, der auch internationale Vergleiche nicht scheuen muß. Heute hat der Trautenfelser Edelschimmelkäse diese Rolle übernommen. Der mit Rotweingeläger behandelte Südsteirische Hauerkäse ist eine eigenständige österreichische Kreation, die sich ebenfalls sehen lassen kann. Ein gut gereifter Sirius Rosso, früher Roulette genannt, wird in einer internationalen Käseplatte nicht als Fremdkörper wirken. Die Beispiele lassen sich beinahe beliebig fortsetzen, wie man bei der Lektüre dieses Buches unschwer feststellen wird. Und daß die würzigen Bergkäse und Emmentaler aus Vorarlberg und den anderen Alpenregionen zur Weltspitze gehören, ist ja bereits allgemein bekannt.

Nicht zu vergessen die Käse aus bäuerlicher Produktion, meist aus Ziegen- oder Schafmilch hergestellt, manchmal auch aus Kuhmilch. Ein feiner Frischkäse eignet sich in den Sommermonaten ideal als Vorspeise, es gibt ihn beim Käsebauern oft nur in geringen Mengen, und er kann von Mal zu Mal anders schmecken - aber gerade das trägt zu seiner Faszination bei. Auch die Schnittkäse aus kleinen bäuerlichen Betrieben sind Produkte von großer Individualität. Und die Ziegen-Camemberts gelten inzwischen als gesuchte Raritäten.

Dieses Buch versteht sich als ein Wegweiser durch die österreichische Käselandschaft. Geordnet nach Bundesländern und Orten finden Sie hier Beschreibungen der wichtigsten Käsereien und ihrer Produkte: von den großen und mittleren Käseerzeugern bis zu den kleinen bäuerlichen Betrieben.

Unternehmen Sie mit uns eine Reise in die Vielfalt österreichischen Käses! Wenn Sie auf Urlaub sind, werden Sie vielleicht Spaß daran finden, eine Sennerei zu besichtigen oder beim Käsebauern direkt einzukaufen. Denken Sie aber bitte daran, daß Sie bei der Arbeit stören könnten. Es empfiehlt sich eine telefonische Anmeldung, dabei können Sie auch klären, ob die Käsespezialität, die Sie suchen, zur Zeit gerade käuflich zu erwerben ist. Denn ein echter Feinschmecker-Käse aus einem kleinen bäuerlichen Betrieb ist manchmal rasch ausverkauft.

Österreichs Käse im Aufschwung

Da die Tiere regelmäßig gemolken werden wollen - am Morgen und am Abend -, muß sich der Käsebauer zu bestimmten Zeiten seinen vierbeinigen Lieblingen widmen und die Kunden warten lassen. Sicher läßt er Sie einen Blick in den Stall werfen, oder vielleicht sogar beim Melken zusehen, der Käsereiraum sollte allerdings für Fremde tabu bleiben: Nur allzu schnell würden sich bei Besichtigungstouren Fremdbakterien breitmachen und die Käseproduktion gefährden.

In eigenen Kapiteln des Buches sagen wir Ihnen, wo Sie in den Großstädten guten Käse kaufen können. Erfreulicherweise ist auch die Zahl der Käsetheken und der gut sortierten Käseabteilungen der Delikatessengeschäfte in letzter Zeit stark gestiegen. Diese Wegbereiter des österreichischen Käsewunders verdienen in der Tat eine ausführliche Würdigung. Sie sind nicht nur ausgezeichnete Kundenberater, oft besitzen sie auch einen eigenen Keller für die Reifung. Dort lagert der Käse so lange, bis er sich in optimaler Form zeigt.

Erfreulicherweise führen auch viele Naturkostfachgeschäfte guten Käse, und zwar aus bäuerlichen Betrieben, die sich der organisch-biologischen Landwirtschaft verschrieben haben.

Doch ehe wir einen Ausflug in die Praxis der österreichische Käsewirtschaft unternehmen, ein kurzer Blick auf die Theorie. (rs)

Käse sind frische oder gereifte Erzeugnisse aus **dickgelegter Käsereimilch**. Man kann auch sagen: Käse ist ein Milchkonzentrat oder eine Milchkonserve. Wobei in unseren Breiten die Milch von der Kuh, dem Schaf oder der Ziege stammt. In anderen Länder werden auch Rentier, Yak, Zebu und Büffel als Milchlieferanten für die Käseproduktion herangezogen.

In wohl allen käseerzeugenden Ländern gibt es gesetzliche Vorschriften für die verwendete Milch: Sie muß von gesunden Tieren stammen, was auch saubere Ställe und eine penible Melk-Hygiene bedingt.

Die für die Käseherstellung wesentlichen Milchbestandteile sind das Kasein und das Milchfett.

Dicklegen bedeutet, daß das Kasein aus der Milch ausfällt, also die Molke abgetrennt wird. Dies geschieht mittels Ansäuerung (mit einer Starterkultur von Milchsäurebakterien) und durch Beigabe von Lab, dem Enzym aus Kälbermagen.

Der nun entstandene Käsebruch wird geschnitten, (bei Hartkäse anschließend gebrannt: d. h. auf 50 bis 55 Grad Celsius erhitzt), in Formen gefüllt und zur Reifung gelagert, wobei verschiedene Mikroorganismen wie Hefen, Bakterien oder Schimmel durch Eiweiß- und Fettabbau das Ihre zur Entstehung der typischen Geschmacksstoffe beitragen.

Nach diesem Prinzip entstehen durch verschiedene Modifikationen weltweit etwa 4.000 Käsesorten.

Man kann sie einteilen nach der Festigkeit des Teigs, wobei im großen und ganzen gilt: Je fester der Teig, desto länger die Reifung. **Frischkäse** ist, seiner Bezeichnung entsprechend, ungereift und in der Konsistenz pastenartig (streichfähig wie Topfen), gallertig (wie Pudding), körnig (bröselig) oder schnittfest (infolge Pressens); **Weichkäse** ist anfangs fest, im Zuge seiner kurzen Reifung wird er geschmeidiger und schließlich sogar fließend; **halbfeste Schnittkäse und Schnittkäse (Halbhartkäse)** sind gereift und schnittfest; **Hartkäse** brauchen eine längere Reifung und müssen schon mit einigem Kraftaufwand geschnitten werden; **Extrahartkäse (Reibkäse)** sind am längsten gereift, sie werden gerieben oder man bricht mit einem Spezialmesser kleine Stücke aus dem Laib.

Das Maß für die Festigkeit ist der **Wassergehalt in der fettfreien Käsemasse** (water fat free, abgekürzt Wff). Die fettfreie Käsemasse ist die gesamte Käsemasse inklusive Wasser, jedoch ohne Fettanteil. Diese international gültige Einteilung sieht so aus:

Extrahartkäse/Reibkäse	bis 49 % Wff
Hartkäse	49-55 % Wff
Schnittkäse (Halbhartkäse)	55-62 % Wff

Was ist Käse?

Halbfeste (halbweiche) Schnittkäse	62-68 % Wff
Weichkäse	68-73 % Wff
Frischkäse	73-86 % Wff
Sauermilchkäse	60-73 % Wff

In Österreich wird allerdings zwischen Schnittkäse/Halbhartkäse und halbfesten Schnittkäsen nicht immer unterschieden. Käse beider Gruppen werden meist als Schnittkäse bezeichnet. In den österreichischen Käseverordnungen kommt auch häufig der Begriff Höchstwassergehalt vor. Damit ist der Wassergehalt im gesamten Käse - nicht nur in der fettfreien Masse - gemeint. Bei den einzelnen definierten Käsen ist ein derartiger Höchstwassergehalt vorgeschrieben. Gibt es einen Käse in verschiedenen Fettstufen, so hat jede Stufe einen eigenen Höchstwassergehalt, der nicht überschritten werden darf.

Womit wir schon bei der zweiten Art der Einteilung sind - nach dem Fettgehalt. Hier dient als Maßzahl der prozentuelle Anteil an **Fett in der Trockenmasse** (F.i.T.). Trockenmasse ist die gesamte Käsemasse inklusive Fettanteil, aber ohne Wasser. Diese Einteilung sieht so aus:

Doppelrahmkäse	mindestens 65 % F.i.T.
Rahmkäse	mindestens 55 % F.i.T.
Vollfettkäse	mindestens 45 % F.i.T.
Dreiviertelfettkäse	mindestens 35 % F.i.T.
Halbfettkäse	mindestens 25 % F.i.T.
Viertelfettkäse	mindestens 15 % F.i.T. und
Magerkäse	unter 15 % F.i.T.

Für Kalorienbewußte sind diese Zahlen kein Grund zur Panik. Denn der Fettgehalt in der **gesamten** Käsemasse (einschließlich Wasseranteil) ist natürlich entsprechend niedriger - und nur diese Zahlen können mit den üblichen Werten anderer Nahrungsmittel verglichen werden. Aus diesem Grund sind viele Käser und Händler dazu übergegangen, den tatsächlichen Fettgehalt am Etikett zu vermerken: **Fett absolut**, heißt dieser relativ neue Begriff.

Er ist auch leicht selbst zu errechnen: Die Prozentzahl der F.i.T.-Angabe muß mit einem Faktor multipliziert werden:

bei Hartkäse:	mit dem Faktor 0,7
bei Schnittkäse:	mit dem Faktor 0,6
bei Weichkäse:	mit dem Faktor 0,5
bei Frischkäse:	mit dem Faktor 0,3

Dazu drei Rechenbeispiele: Ein Hartkäse mit 45 % F.i.T. hat rund 30 % Fett absolut, ein Weichkäse mit 45 % F.i.T. hingegen nicht viel mehr als 20 % Fett absolut, ein Frischkäse mit 45 % F.i.T. lediglich 13 % oder 14 % Fett absolut.

Wer kalorienbewußt lebt und trotzdem wie ein Feinschmecker genießen will, steht allerdings vor einem Problem. Käse mit höherem Fettgehalt sind aromatischer und vollmundiger als solche mit niedrigen Fettwerten. Zwar ist auch die Qualität der Magerkäse in den letzten Jahren stark gestiegen, im Aroma können sie jedoch mit den fetteren Käsen nicht mithalten.

Eine weitere Einteilungsart unterscheidet nach der Herstellungsmethode:

Kochkäse	Glundner, Grieskirchner Kochkäse
Weißschimmelkäse	Brie, Camembert, Clou, Original Geisberger
Grünschimmelkäse	Österzola
Blauschimmelkäse	Trautenfelser Edelschimmel
Doppelschimmelkäse	Weissensteiner, Dolce Bianca, St. Hubertus
Rotschmierekäse	Seggauer, St. Severin, Knappenkäse, Mondseer, Schloßkäse.

Außerdem kann man Käse nach der Reifung einteilen:

Ungereifte Käse

Gereifte Käse
(a) hauptsächlich von der Oberfläche gereift
(b) hauptsächlich von Innen gereift

Schimmelgereifte Käse
(a) hauptsächlich von der Oberfläche gereift
(b) hauptsächlich von Innen gereift

Zum Abschluß kann noch auf die Unterscheidung zwischen Labkäse und Sauermilchkäse hingewiesen werden.

Labkäse	primär mit Süßgerinnung durch Labeinwirkung, oft auch zusätzlich mit Säuerung
Sauermilchkäse	auschließlich durch Säuerung - also ohne Lab - , hergestellt wie Quargel

Die Käserei kann man übrigens durchaus auch als Hobby betreiben. Mehrere Bücher mit Anleitungen sind auf dem Markt. Wir empfehlen das Buch "Käsen - leicht gemacht. Leitfaden für die Milchverarbeitung" von Lotte Hanreich und Edith Zeltner.

Was ist Käse?

Viele bäuerliche Betriebe sind so zum Käsen gekommen. Es begann in kleinem Umfang mit Frischkäse. Wenn die Zahl der Muttertiere größer wurde, befaßte man sich schließlich auch mit der hohen Kunst des Käsens, die eindeutig bei gereiften Produkten beginnt.

Jeder Käse hat seinen optimalen Reifepunkt. Im Wortschatz der Franzosen gibt es dafür einen guten Ausdruck, der auch im Deutschen immer häufiger verwendet wird: auf den Punkt gereift. Das heißt aber nicht, daß der Käse vorher oder nachher nicht eßbar wäre oder nicht gut schmecken könnte. Manche Sorten durchlaufen ein ganzes Spektrum von Geschmacksnuancen, sodaß es dem individuellen Gusto vorbehalten bleibt, jenen Reifepunkt zu finden, der einem selbst am besten zusagt. Bei anderen Sorten gibt es nur **einen** optimalen Zeitpunkt. Wie bei jeder Kennerschaft, braucht man auch hier einige Zeit und Übung, bis man selbst in der Lage ist, die Symptome richtig zu deuten. Vorher muß man sich auf die Beratung durch den Produzenten oder Händler verlassen.

Während sich in Frankreich die überreifen, beinahe zerfließenden und überaus aromatischen Weißschimmelkäse größter Beliebtheit erfreuen, sind bei uns auch die jungen Käse mit einem topfigen Kern und frischem, leicht säuerlichen Geschmack begehrt. Einige Käsereien haben Produkte für genau diese Käuferschicht entwickelt. Ein Beispiel dafür ist der Sirius Clou, ein frischer Weichkäse mit Weißschimmel - in seiner Art ein großartiges Produkt, das dem französischen Chaource nachempfunden ist.

Übrigens: Wenn Sie beim Einkauf Käse in verschiedenen Verpackungsgrößen finden, dann vergessen Sie für kurze Zeit den ansonst so treffenden Grundsatz *small is beautiful*. Ein Brie, sektorenweise geschnitten und verpackt, reicht nie an einen Brie heran, der im Ganzen reifen durfte und erst im Geschäft für den Kunden aufgeschnitten wird. Auch vakuumverpackte Emmentaler aus der Kühlvitrine können sich mit einem Emmentaler, der frisch vom großen Laib geschnitten wurde, nicht messen.

Der Geschmack vieler Käse aus den bäuerlichen Betrieben in den Alpen und im Flachland schwankt übrigens auch jahreszeitlich, weil aus **Milch mit natürlichem Fettgehalt** gekäst wird. Und die wetterbedingte Qualität des Futters bestimmt eben die Qualität der Milch. Außerdem kommt es darauf an, ob sich das Muttertier in einer frühen oder späten Phase der Laktation befindet. So ist jeder Laib Almkäse ein wertvolles Einzelstück, noch dazu in Handarbeit hergestellt.

Das gilt auch für handgeschöpften Ziegenfrischkäse aus kleinen und mittleren Betrieben. Viele diese Käseproduzenten verzichten während des Winters auf die Herstellung von Käse, umso größer ist die Freude der Konsumenten, wenn die neue Saison beginnt. Andere Ziegenbauern bemühen sich, fast das ganze Jahr über Käse zu produzieren. Dies kann dadurch bewerkstelligt werden, daß die Tiere zeitlich gestaffelt gedeckt werden, sodaß immer einige von ihnen Milch geben. Bei Schafen geht das nicht so gut. Hier hilft ein anderer Trick: Schafmilch kann mit speziellen Kühlanlagen gefroren werden, sodaß es jederzeit den begehrten Rohstoff gibt, um das Winterloch zu überbrücken.

Ein Kriterium ist auch das sogenannte Silage-Futter. Ein Käser, der dem Silage-Futter abgeschworen hat, brachte es so auf den Punkt: "Würden Sie gerne täglich nichts als Sauerkraut essen?" Bei einwandfreier Silage sollte es eigentlich keine Probleme in der Frisch- oder Weichkäseproduktion geben, in der Hartkäse-Erzeugung hat Silage-Futter allerdings nichts verloren. Dort hat die Silage in der Vergangenheit einiges Unheil angerichtet. Da in der Silomilch Buttersäurebakterien entstehen können, die dann im Hartkäse Blähungen und Risse verursachen, hat man mit der chemischen Keule kräftig zugeschlagen: Es wurde Wasserstoffperoxid zugesetzt, um die Buttersäurebakterien abzutöten, anschließend wurde das restliche Peroxid durch eine Katalase unschädlich gemacht. Diese geschmacksneutralen und gummiartigen Produkte wurden brancheninnern als PK-Käse bezeichnet. Inzwischen wurde dieser Praxis längst ein Riegel vorgeschoben. Die Verwendung von Peroxiden ist in Österreich nicht zulässig.

Und noch einen Unterschied gibt es. Während kleine bäuerliche Betriebe Käse mit natürlichem Fettgehalt herstellen, wird in großen Käsereien bei den meisten Produkten die Milch Tag für Tag durch Entrahmung oder Rahmzugabe auf die gleiche Fettstufe eingestellt. Dadurch werden saisonale Schwankungen der Milchqualität ausgeglichen. Käse vom Bauern kann hingegen von Charge zu Charge anders schmecken - abhängig vom Futter, das die Tiere gerade gefressen haben. (kb/rs)

Wie bewahrt man Käse auf?

Käse bewahrt man am besten gar nicht auf. Wenn Sie abends Gäste empfangen, sind Sie gut beraten, den Käse kurz vorher in der Käsethek, in der Käseabteilung eines guten Delikatessengeschäfts oder in einem Naturkostladen zu kaufen. Denn die optimale Lagerung von Käse ist ein schwieriges Unterfangen. Normale Kühlschränke haben zwei Fehler: Sie sind zu kalt, und sie sind zu trocken.

Wenn ein Käse für eine mehrtägige Lagerung in den Kühlschrank muß, dann ist er am besten im Butterfach oder im Gemüsefach aufgehoben. Sie sollten ihn aber trotzdem ein oder zwei Stunden vor dem Servieren aus dem Kühlschrank holen und chambrieren, das heißt: auf Zimmertemperatur bringen. Nur dann werden sich die Aromastoffe voll entfalten, und der Käse bekommt den richtigen Biß.

Wichtig ist, daß Sie jedes Stück getrennt verpacken. Sonst können sich die Sporen des einen Käse auf den anderen ausbreiten. Lagert beispielsweise ein Blauschimmelkäse unverpackt in der Nachbarschaft eines Hartkäses, dann wird der Hartkäse im Nu von Blauschimmel übersät sein.

Das beste im Handel erhältliche Verpackungsmaterial ist Klarsichtfolie, doch sollte auch diese Verpackung von Zeit zu Zeit (z. B. innerhalb von 48 Stunden) erneuert werden, damit der Käse frische Luft bekommt. Alufolie sollte aus demselben Grund mit einer Stricknadel perforiert werden. Ein Einwand gegen Alufolie - auch in perforierter Form - ist die Gefahr einer chemischen Reaktion mit dem Käse. Ideal wäre eine perforierte Klarsichtfolie, sie ist allerdings in Österreich im Handel nicht erhältlich. Einige österreichische Käse sind bereits in diese optimale Verpackung gehüllt.

Die traditionsreiche Käseglocke, im Keller oder an einem anderen kühlen Ort aufgestellt, tut ebenfalls gute Dienste. Es ist ein großer Vorteil, daß sie selten völlig luftdicht abschließt. Wer auch noch für das richtige feuchte Klima sorgen will, kann täglich ein frisches Glas Sodawasser unter die Käseglocke stellen. Diesen Tip gab uns der Käse-Sommelier des Restaurants Steirereck, Herbert Schmid.

Für die Aufbewahrung von Käse eignet sich ganz gut auch die sogenannte Tupperware, vor allem dann, wenn die Gefäße etwas größer sind und genug Luft darin gespeichert werden kann.

Einen anderen Tip für das Reifen von Käse gab uns Josef Stiendl, Käsefachberater der AMF für die Gastronomie. Er schlägt vor, den Käse gezielt der Zimmertemperatur auszusetzen: Man läßt den Käse über Tag im Kühlschrank, holt ihn für die Nacht heraus und gibt ihn am Morgen wieder in den Kühlschrank. Käse mit Reifepotential kommen auf diese Art rasch auf den Punkt.

Das Einfrieren von Käse ist immer eine Notlösung. Eingefrorener Käse kann leicht an Aroma und Feuchtigkeit verlieren und bröselig werden. Das gelegentlich angeratene Einschlagen von Käse in feuchten Tüchern kann man nur kurzfristig anwenden, wenn man keine Hygieneprobleme kriegen will. Auch hier gilt: Niemals verschiedene Käsesorten hintereinander im gleichen Tuch einschlagen, ohne das Tuch gründlich zu waschen. Sonst würden Schimmelkulturen auf Käsesorten übertragen werden, wo sie nichts verloren haben. (rs/kb)

Käse und Gesundheit

"Käse schließt den Magen", lautet ein altes Sprichwort. Damit wird ausgedrückt, daß Käse besonders dafür geeignet ist, eine Speisenfolge abzuschließen und ein anhaltendes Wohlbefinden ohne Völlegefühl herzustellen. Selbst ein Käsefondue oder ein Raclette (in einem kleinen Ofen läßt man Hartkäse schmelzen und streift die weichgewordene Masse auf einen Teller ab) sind für einen gesunden Magen kein Problem, zur leichteren Verdauung wird gern ein klarer Schnaps getrunken. Aber auch wer Käse zur Jause ißt, tut sich etwas Gutes. Denn Käse ist ein sehr gesundes Lebensmittel. Das liegt an seinem hohen Gehalt an wertvollem Eiweiß, verbunden mit der leichten Verdaulichkeit seines Fetts, und den zahlreichen Mineralstoffen und Vitaminen.

Käse enthält sieben von acht Aminosäuren, die der menschliche Körper nicht selbst herstellen kann; die achte - Methionin - ist ebenfalls vorhanden, aber in kleineren Mengen. Käseeiweiß ist etwas geringerwertig als Milcheiweiß, aber besser verdaulich. Etwa 100 Gramm Käse decken den Tagesbedarf eines erwachsenen Menschen.

Was das Fett betrifft, so ist zunächst von Interesse, daß Milchfett mehr als 60 verschiedene Fettsäuren enthält. Die heute übliche Fetthysterie ist natürlich auch am Käse nicht spurlos vorübergegangen, indem sie den Marktanteil für magere (und damit eher geschmacklose) Sorten vergrößert hat. Der Gehalt an Vitamin A und Vitamin E hängt freilich proportional vom Fettgehalt ab, weil diese Vitamine fettlöslich sind.

Für jene, die mit dem Kalorienzähler in der Hand essen, ist es auch von Vorteil, daß bei jedem Käse der Fettgehalt am Etikett steht.

Von den im Käse enthaltenen Mineralstoffen verdient vor allem das Kalzium große Beachtung. Es gibt Knochen und Zähnen Festigkeit und ist auch für die Nerven- und Muskelfunktionen sowie für die Blutgerinnung und Enzymaktivierung äußerst wichtig. Eine zu geringe Kalziumzufuhr in der Kindheit und Jugend führt zu einer geringeren Knochendichte und dann später - vor allem bei Frauen ab den Wechseljahren - zu der gefürchteten Osteoporose. Dabei handelt es sich um eine Form des Knochenschwunds, der vielen älteren Menschen zu schaffen macht, führt er doch zu häufigen Brüchen der Wirbelsäule, des Oberschenkelhalsknochens und der Speiche, meist auch schon bei ganz leichten Stürzen. Es kann sogar vorkommen, daß Wirbelkörper wie ein einstürzendes Haus in sich zusammensinken.

Die wichtigste Maßnahme zur Vorbeugung von Osteoporose ist eine kalziumreiche Ernährung - schon von Kindesbeinen an, und sogar noch früher: auch bei Ernährung der Mutter während der Schwangerschaft. Wobei man von folgenden Soll-Werten in der täglichen Nahrungsaufnahme ausgehen kann:

1. bis 10. Lebensjahr	800 mg/Tag
11. bis 20. Lebensjahr	1200 mg/Tag
ab 20. Lebensjahr	1000 bis 1200 mg/Tag
Schwangerschaft und Stillzeit	1200 bis 1500 mg/Tag

Am einfachsten läßt sich dieser tägliche Kalziumbedarf durch Käse decken, wobei Weichkäse, Schnittkäse und Hartkäse besonders hohe Kalziumwerte aufweisen. Ein Blick auf den Kalziumgehalt der wichtigsten Nahrungsmittel macht dies deutlich:

100 g Frischkäse 50 % F.i.T.	100 mg
100 g Frischkäse 60 % F.i.T.	100 mg
100 g Topfen 20 % F.i.T.	90 mg
100 g Topfen 40 % F.i.T.	90 mg
100 g Brie 45 % F.i.T.	400 mg
100 g Brie 50 % F.i.T.	300 mg
100 g Camembert 30 % F.i.T.	600 mg
100 g Camembert 45 % F.i.T.	600 mg
100 g Camembert 60 % F.i.T.	500 mg
100 g Tilsiter 30 % F.i.T.	900 mg
100 g Tilsiter 45 % F.i.T.	800 mg
100 g Emmentaler 45 % F.i.T.	1000 mg
100 g Bergkäse 50 % F.i.T.	1200 mg
1/4 l Buttermilch	270 mg
1/4 l Milch 3,5 % Fett	290 mg
1/4 l Milch 1,5 % Fett	310 mg
250 ml Joghurt	370 mg
100 g Fleisch od. Wurst	10-30 mg
100 g Brot	20-50 mg
100 g Gemüse	20-100 mg
100 g Obst	10-40 mg

Quelle: Med. Universitätsklinik Graz, Abt. Endokrinologie und Nuklearmedizin, Deutsche Gesellschaft für Ernährung e.V.

Eine Voraussetzung für die Aufnahme des Kalziums im Körper ist das Vorhandensein von Vitamin D. Dieses wird unter dem Einfluß der UV-Strahlung des Sonnenlichts auf die Haut vom Körper selbst gebildet, aber auch mit bestimmten Nahrungsmitteln aufgenommen. Die wichtigsten Vitamin D-Lieferanten sind Lebertran, Fettfische wie Makrele oder Hering, Leber, Margerine und Eigelb.

Käse und Gesundheit

Eine sehr informative Broschüre über Osteoporose - und was man rechtzeitig dagegen tun kann - ist in der Österreichischen Milchinformationsgesellschaft (ÖMIG), A-1013 Wien, Wipplingerstraße 30 erhältlich. Sie gibt auch darüber Auskunft, wie die Krankheit entsteht und wer besonders gefährdet ist.

Vergleicht man die Inhaltsstoffe in Kuh-, Schaf- und Ziegenmilch, so kommt man zu folgenden Ergebnissen: Ziegenmilch enthält besonders viel Kalium, Schafmilch besonders viel Kalzium, Phosphor und Orotsäure - diese baut das lebenswichtige Eiweiß des Zellkerns auf und sorgt für eine Zellregenerierung. Manche Ernährungswissenschafter raten daher, daß Menschen ab dem 40. Lebensjahr regelmäßig Schafkäse oder Schafmilch konsumieren sollen, um sich länger vital und jung zu erhalten. Im Vorderen Orient wurden Kefir und Joghurt seit jeher aus Schafmilch hergestellt - vielleicht eine Erklärung dafür, daß dort immer wieder Menschen das Alter Methusalems erreichen?

Ziegenmilch, Schafmilch und die daraus gewonnenen Käse werden heute auch als Heilmittel gegen Allergien empfohlen. Einige Ärzte haben die Erfahrung gemacht, daß Allergien verschwinden, wenn die Patienten ihre Ernährung von Kuhmilchprodukten auf Ziegen- oder Schafmilchprodukte umstellen. (kb/rs)

Rohmilch oder pasteurisierte Milch?

Ob Käse besser aus Rohmilch oder aus pasteurisierter Milch erzeugt werden soll, das ist ein alter Streit zwischen den Fachleuten der Ernährungswissenschaft und den Gourmets. Wenn man einzelnen Lebensmittelwissenschaftern glaubt, steht der Konsument von Rohmilchkäse mit einem Fuß im Spital oder in der Lungenheilstätte, mit dem anderen im Grab. Andererseits weiß jeder, daß die in der Praxis auftretenden Krankheiten, die auf Lebensmittelgenuß zurückzuführen sind, ihre Ursachen meist im Verderb von Hähnchen, Speiseeis, Muscheln oder Mayonnaise haben. Milch und Käse gehören zu jenen Lebensmitteln, die hygienisch eher unproblematisch sind. Im übrigen staunten wir bei unseren Recherchen nicht wenig, als wir auch in entlegenen Sennereien den Käser mit dem Mikroskop arbeiten sahen. Das Mikroskop ist längst ein selbstverständlicher und täglicher Gebrauchsgegenstand in der Käsereiwirtschaft. Der Käser kann damit die Gesundheit der Milch prüfen und zum Beispiel das Auftreten von Staphylokokken sofort erkennen.

Das Lebensmittel Käse hat einen weiteren Vorteil: Man sieht meistens schon am äußeren Erscheinungsbild, woran man ist. In einer Käserei zeigte uns ein Betriebsleiter Polaroidfotos eines fehlerhaften Bergkäses. Die Laibe zerflossen in alle Richtungen - wie wenn sie in einem riesigen Toaster gegrillt worden wären. Grund für diese Käse-Malaise: Erkrankte Kühe waren mit Medikamenten behandelt worden, der Veterinärarzt hatte es versäumt, eine ausreichende Wartefrist vorzuschreiben, und so enthielt die verkäste Milch noch Medikamenten-Rückstände.

Die zerfließenden Bergkäse hatten aber eine durchaus beruhigende Wirkung auf uns, denn so einen Käse würde wohl niemand essen.

Schwieriger ist es, einen "falschen" Weißschimmel festzustellen. Er entsteht beim Weißschimmelkäse durch schlechte Lagerung. Schaf- oder Ziegencamemberts sollten **beim Käser** den Weißschimmelrasen entwickeln, weil nur er im Keller die optimale Temperatur und Luftfeuchtigkeit gewährleisten kann, die dem Schimmel behagen. Ein derartiger Käse, der in seiner stürmischen Jugend in den Kühlschrank kommt, wird unter Umständen zur Mumie: Er bleibt in diesem Stadium der Reifung stecken und entwickelt sich nicht mehr weiter.

Kein verantwortungsbewußter Käser oder Händler wird Ihnen daher einen halbfertigen Weißschimmelkäse verkaufen. Ist der Weißschimmelrasen einmal ordentlich ausgeprägt, können Sie den Käse getrost bis zur Vollreife lagern.

Gefährlich und giftig sind viele Fremdschimmel, wie beispielsweise der Brotschimmel, der sich in Windeseile auf Käse ausbreiten kann. Finden Sie diesen Schimmel zum Beispiel auf einem Hartkäse, sollten Sie den ganzen Käse wegwerfen. Denn mit dem Wegschneiden der befallenen

Rohmilch oder pasteurisierte Milch?

Stellen allein ist es nicht getan. Die unsichtbaren Wurzeln des Schimmels - Hyphen genannt - sind oft zwei oder drei Zentimeter lang. Jeder Käse der obersten Güteklasse muß gewisse optische und geschmackliche Normen erfüllen. Nehmen wir als Beispiel einen Emmentaler: die Lochung muß eine bestimmte Größe aufweisen und geichmäßig über das Schnittbild verteilt sein, außerdem müssen Farbe, Konsistenz und Geschmack stimmen.

Ist die Lochung bei einem Emmentaler allzu unregelmäßig - an einigen Stellen praktisch nicht vorhanden, an anderen stark konzentriert (der Experte nennt das Nisser) - dann kann das ein erstes Anzeichen dafür sein, daß bei der Käsezubereitung etwas falsch gelaufen ist. Bis zu einer geschmacklichen Beeinträchtigung ist es dann oft nicht weit.

Geblählter, rissiger oder fleckiger Käse ist mit Vorsicht zu genießen: Geblähte Käse schmecken oft schlecht und fad, in den Rissen und Spalten - Gläs genannt - legen Fliegen gerne ihre Eier ab, Flecken werden durch Bakterien hervorgerufen und sind nicht immer ungefährlich. Lassen Sie sich nicht irritieren, wenn Ihnen der Verkäufer etwas anderes erzählt, und beachten Sie besonders bei Schnittkäsen mit Rotschmiere, daß die rote Flora an der Oberfläche des Käses gleichmäßig strukturiert ist. Feuchte Flecken auf einem derartigen Käse können ein Alarmsignal sein.

Umso mehr kann man sich auf einen Käse freuen, der schon optisch der Norm entspricht - und was die Norm ist, finden Sie mit ein bißchen Kennerschaft rasch heraus. (Beachten Sie dazu unsere Beschreibungen im Kapitel: Der ideale Käse.)

Ein kundiger Verkäufer in der Käsethek wird Sie ebenfalls offen und ehrlich beraten. Und manchmal gibt sogar ein Beipackzettel einen Hinweis: Der Käufer des Südsteirischen Hauerkäses wird darüber informiert, daß die Oberfläche des Käses schwarz-grünlich ist, wobei sich teilweise ein weißer Milchschimmel bildet. "Dies ist sortencharakteristisch und nicht gesundheitsgefährdend. Die Rinde sollte für den optimalen Genuß dieses Käses mitgegessen werden."

Apropos Rinde: Bei welchem Käse soll man sie essen? Bei Hartkäsen wie Emmentaler stellt sich diese Frage wohl kaum, man merkt schnell, daß sie nicht zum Verzehr gedacht ist. Diese Rinde entsteht im Salzbad und anschließend durch das regelmäßige Waschen der Laibe mit einer Salzlösung - die Rinde ist also so etwas wie eine natürliche Verpackung des Käses.

Aber wie sieht es bei Rotschmierekäsen aus? Diese Käse werden während der Reifung mit einer Salzlösung abgerieben, die mit Rotschmierebakterien angereichert worden ist. Die Enzyme dieser Bakterien lassen den Käseteig von außen nach innen reifen und sorgen für eine gelbliche bis rötliche Färbung der Rinde und für einen besonders pikanten Geschmack.

Unter den Autoren dieses Buches konnte in dieser speziellen Frage keine Einigung erzielt werden. Die einen lehnten den Verzehr der Rinde von Rotschmierekäse kategorisch ab - nicht nur deshalb, weil sie unter Umständen gesundheitsgefährdend sei, sondern auch deshalb, weil sie nicht gut schmecke. Die anderen waren leidenschaftliche Verfechter eines ganzheitlichen Konsums von Rotschmierekäsen: Auch die Rinde leiste einen Beitrag zum gesamten Geschmackseindruck.

Bei Camembert und Brie sieht die Sache schon anders aus: Hier sind die Rinden-Esser zahlreicher vertreten. Wer aber auch hier die Rinde wegschneidet, muß noch lange nicht befürchten, daß er zum Außenseiter gestempelt wird. Ganz im Gegenteil: Manchmal beeinträchtigt die Rinde den Geschmackseindruck - probieren Sie es einfach in beiden Varianten, mit Rinde und ohne Rinde

Zurück zum Thema Rohmilch, oder besser gesagt zur Art der Milchbehandlung. Hier gibt es drei Varianten.

Rohmilch	die Milch wird nicht über 40 Grad Celsius erhitzt und keiner Behandlung unterzogen.
thermisierte Milch	die Milch wird mindestens 15 Sekunden auf eine Temperatur zwischen 57 und 68 Grad Celsius erhitzt
pasteurisierte Milch	die Milch wird mindestens 15 Sekunden auf 72 Grad Celsius erhitzt und dann auf 6 Grad Celsius abgekühlt

Von diesen beiden Formen der Wärmebehandlung - sie dienen dazu, krankheitserregende Keime und Sporen abzutöten - ist heute in Österreich das Pasteurisieren am stärksten vertreten. Wobei das Etikett nicht immer klar Auskunft gibt: Käse aus nicht-pasteurisierter Milch, heißt nicht: Käse aus Rohmilch, sondern unter Umständen: Käse aus thermisierter Milch. Wegen des heutigen Rohmilchkäsekults geben viele Käser nur verschämt zu, daß sie mit thermisierter oder pasteurisierter Milch arbeiten. Und während man das Pasteurisieren im Käse später bei der Analyse leicht nachweisen kann (bestimmte Enzyme, die diese Hitze nicht überleben, sind nicht mehr vorhanden), ist ein Nachweis des Thermisierens mit halbwegs rationellem Aufwand nicht möglich.

Differenziert läßt sich die Rohmilch-Frage so beantworten: Bei Frischkäse werden Sie kaum einen Unterschied merken. Es ist schwer, einen

Rohmilch oder pasteurisierte Milch?

Frischkäse aus pasteurisierter Milch von einem Frischkäse aus Rohmilch geschmacklich zu unterscheiden.

Bei Rotschmierekäsen werden Sie deshalb schwer einen Unterschied merken, weil die Rotschmiere für pikant-deftige Aromen sorgt, die alles andere überdecken.

Bei Hartkäsen wie Emmentaler stellt sich die Frage nicht: Zwar werden sie fast durchwegs aus Rohmilch gekäst, doch durch das Brennen des Bruchs (Erhitzen auf mehr als 50 Grad Celsius), durch die Behandlung mit Salzlösung und durch die längere Reifung ist das Endprodukt ohnedies frei von gefährlichen Keimen.

Bleiben lediglich Weißschimmelkäse wie Brie und Camembert: Hier ist nach unserer Meinung die Verarbeitung von Rohmilch von Vorteil - und auch geschmacklich zu merken.

Andererseits hat man in Österreich den Rohmilchkäse allzulange grundlos verteufelt. Glücklicherweise sind die Zeiten vorbei, wo österreichische Lebensmittelinspektoren den Rohmilchkäse auf der Abschußliste stehen hatten. In den gut sortierten Käsetheken ist heute jede Menge Rohmilchkäse - aus dem In- und Ausland - erhältlich. (kb/rs)

Die Kunst des Käseverkostens

Die Entwicklung der Käse muß während der gesamten Produktion genau kontrolliert werden. Dies gilt insbesondere für Hartkäse im Zuge ihrer mehrmonatigen Reifung. Doch wie kann man in einen dieser riesigen Käselaibe hineinschauen, ohne ihn zu zerstören? Für diesen Zweck wurde der Käsebohrer entwickelt. Ein Fachmann setzt das an

Käseprüfung mit dem Käsebohrer im Reiferaum

einen Korkenzieher erinnernde Gerät am Käse an und holt ein Stück heraus, dann prüft er die Konsistenz und die Aromen. Anschließend wird das entnommene Stück wieder in den Laib zurückgesteckt.

Ist ein Käse einmal konsumreif - und kann angeschnitten werden -, ist das Käseverkosten naturgemäß einfacher. Ob dann ein Käse als gelungen bezeichnet werden kann, hängt von vier Kriterien ab, die unsere vier Sinne in Anspruch nehmen: wie er aussieht, wie er sich angreift, wie er riecht und wie er schmeckt - wobei es hier um sortenspezifische Qualitätsnormen geht: für den Laien keine leichte Aufgabe. Auch die vom Milchwirtschaftsfonds vorgenommene Einteilung in drei Güteklassen ist keine große Hilfe. Warum das so ist, wollen wir in der Folge erläutern.

Die drei Güteklassen des Milchwirtschaftsfonds sind das Ergebnis von

Die Kunst des Käseverkostens

Verkostungen, die viermal im Jahr stattfinden. Bei diesen Käseprüfungen werden alle Käse der großen Käsereien von einem Panel aus Experten sensorisch getestet. Am Ende gibt es Punkte, wobei Spitzenprodukte mit 20 Punkten bewertet werden, für Fehler gibt es entsprechende Abzüge. Wenn ein Käse längere Zeit hindurch ausgezeichnet abschneidet, darf ihn der Hersteller bis auf weiteres mit dem Vermerk "1. Güteklasse" am Etikett kennzeichnen.

Allerdings machen nur wenige Käsereien von dieser Möglichkeit der Kennzeichnung Gebrauch. Am häufigsten finden wir die Bezeichnung "1. Güteklasse" auf vakuumverpackter Ware in den Kühlvitrinen. Damit wird ausgedrückt, daß dieser Käse sozusagen der beste seiner Art ist. Daß dadurch der Begriff "1. Güteklasse" entwertet wird, braucht nicht näher erläutert werden. Und noch etwas kommt hinzu: Die Bezeichnungen "2. Güteklasse" und "3. Güteklasse" werden praktisch nicht verwendet, weil dazu keine Verpflichtung besteht.

Dennoch wollen alle Käser, die an diesen Verkostungen des Milchwirtschaftsfonds teilnehmen, gut abschneiden. Erstens geht es ums Prestige, und zweitens ist das in der Milch- und Käsewirtschaft herrschende Zuschußsystem zu einem geringen Teil qualitätsabhängig. Ein weiterer Sinn dieser Verkostungen besteht darin, daß sortentypische Spezifika der einzelnen Käsesorten erhalten bleiben sollen. Wenn die Verkoster der Meinung sind, daß die sortenspezifischen Merkmale eines Käses verflachen, wird der Herkunftsbetrieb sanft aber bestimmt zur Ordnung gerufen. Denn einen neutral schmeckenden Einheitskäse will niemand haben.

Kleine bäuerliche Betriebe sind bei diesen Verkostungen nicht vertreten. Im Verkostungspanel sitzen nämlich die Käsemacher aus den mittleren und großen Molkereien, deren Produkte von der AMF (Austria Milch- und Fleischvermarktung regGenmbH) gemeinsam vermarktet werden. Warum sollte ein Bauer seine in kleinen Mengen erzeugten Käse von der großen Konkurrenz testen lassen?

Hier ist die Deutsche Landwirtschaftsgesellschaft (DLG) mit Sitz in Frankfurt am Main in die Bresche gesprungen. Sie testet seit 1991 Schaf- und Ziegenkäse aus bäuerlichen Betrieben der Bundesrepublik Deutschland, aber auch aus Österreich und aus der Schweiz. Für die besten Käse, die zur Prüfung eingeschickt worden sind, gibt es Prämierungen: Großer Preis, Silberner Preis und Bronzener Preis.

Ganz allgemein zum Thema Käseverkosten: Während beim Verkosten von Wein nur drei menschliche Sinne eingesetzt werden - das Auge, der Geruchssinn und der Geschmack - spielt bei Käseverkostungen auch der Tastsinn eine Rolle.

Die Kunst des Käseverkostens

Wenn Sie in der Vitrine eines Geschäfts einen verpackten Weichkäse sehen und herausfinden wollen, wie reif er ist, können Sie ihn ruhig zwischen Daumen und Zeigefinger sanft und vorsichtig auf seine Konsistenz prüfen.

Bei professionellen Käseverkostungen wird die Qualität des Käses in mehreren Stufen geprüft, wobei alle vier Sinne mitspielen.

Zunächst wird das Äußere des Käses sorgfältig mit dem Auge geprüft: Wie sieht die Rinde aus? Welche Farbe hat sie? Ist die Oberfläche trocken oder feucht? Ist ein Schimmelrasen vorhanden? Wie sieht der Schimmelrasen aus?

Dann wird der Käse angeschnitten, sodaß das Innere - der Teig - sichtbar wird. Hier prüft man zunächst mit dem Auge: Welche Farbe hat der Teig? Ist eine Lochung zu sehen? Wie groß ist sie? Hat der Teig eine Schimmeläderung und wie sieht sie aus?

Anschließend prüft man mit den Fingern: Wie greift sich der Käse an? Ist er hart? Oder weich und geschmeidig?

Schließlich kommen die Geruchsorgane zum Zug: Wird der Käse in der Nase als neutral, fein-säuerlich, intensiv-aromatisch oder rustikal-deftig empfunden? Und wonach riecht der Käse? Nach Pilzen oder vielleicht nach Nüssen?

Wer die Aromen eines Käses beschreiben will, fährt am besten, wenn er seine Empfindungen mit Düften aus anderen Bereichen frei assoziiert. Manchmal müssen auch Erfahrungen aus der Chemie herhalten: Ein überreifer Käse kann beispielsweise nach Ammoniak oder nach Seife riechen - das ist bei bestimmten Sorten kein Vernichtungsurteil, sondern ein Qualitätsbeweis.

Erst dann wird in den Käse herzhaft hineingebissen. Dieses Stadium der Verkostung dient zunächst wieder dazu, die Konsistenz zu beurteilen. Wie beißt sich der Käse? Hat er einen guten Biß? Oder ist er zähe und hart wie Gummi?

Der Höhepunkt jeder Verkostung sind natürlich die Empfindungen auf den Geschmacksnerven. Schmeckt der Käse mild-aromatisch oder intensiv-würzig? Welche Aromen sind feststellbar? Oft werden die Geschmacksempfindungen am Gaumen von Sekunde zu Sekunde intensiver und klingen auch nach dem Hinunterschlucken noch lange nach, ähnlich wie der sogenannte Abgang eines Weins. (Ganz generell läßt sich sagen, daß die "Weinsprache" schon sehr weit entwickelt ist und von vielen verstanden wird, beim Reden über Käse herrscht vielfach noch Unsicherheit.)

Interessant am Käseverkosten ist wohl das Wechselspiel zwischen den vier Sinnen. Denn schon die Optik verrät meist viel über einen Käse. So

Die Kunst des Käseverkostens

wie man bei einem Glas Rotwein an Hand des bräunlichen Randes in Nähe des Glasrandes feststellen kann, daß es sich um einen älteren Jahrgang handelt, verrät auch das Aussehen des Käses einiges über das Alter des Produkts. Ein Weichkäse ist anfangs innen topfig und in der Konsistenz relativ fest, später wird er weicher und beginnt unter der Rinde zu zerfließen. Gleichzeitig werden auch die Aromen immer intensiver.

Sirius Camembert im natürlichen Reifeprozeß

Auf ähnliche Weise gibt auch ein Bergkäse schon optisch einiges Preis. Ist er relativ jung, dann ist die Rinde schwach ausgebildet, der Teig ziemlich hell. Im Zuge des Reifeprozesses wird der Teig dunkler und die Rinde dicker. Ein reifer Bergkäse im höheren Alter kann durchaus auch einige kleinere Risse (Spalten) im Teig aufweisen - das sind sympathische Alterserscheinungen, keine Fehler. In dieser Phase wird der Bergkäse im Geschmack immer würziger und schärfer.

Dieses Buch soll auch ein wenig dazu beitragen, Ihnen bei der Auswahl guten Käses im richtigen Reifestadium behilflich zu sein. Denn ausgezeichnete Käse sind nicht billig, und da soll doch wohl die Qualität stimmen. Hinzu kommt noch, daß in Österreich viele Käse leider viel zu jung gegessen werden (ähnlich wie Weine viel zu jung getrunken werden). Ein guter Verkäufer wird Ihnen jenen Käse anbieten, der Ihren Vorstellungen als Feinschmecker entspricht.

Übrigens: Für Feinschmecker darf hier ein wichtiger Tip nicht fehlen: Beim Essen feiner Käse sollte man mit Butter sparsam umgehen, denn sie reduziert die Geschmacksempfindungen. Wer zuerst ein Butterbrot verzehrt, der läßt sich später beim Käse einiges entgehen. Dennoch sollte etwas Butter auf keinem Käseteller fehlen, damit sich jeder Gast selbst entscheiden kann, ob er eine kleine Menge davon zum Käse nehmen will oder lieber darauf verzichtet. (rs)

Eine Käseverkostung kommt natürlich nicht ohne Normen aus. Wie ein Lebensmittel aussehen, riechen, schmecken und sich angreifen soll, das ist auch eine Frage gesellschaftlicher Konvention - in einem Wechsel-spiel zwischen Tradition und Innovation, zwischen regionalen und inter-nationalen Stilistiken. Ganz besonders beim Käse, der ja ein uraltes

Käsespezialitäten aus Österreich

Nahrungsmittel ist, das auf der ganzen Welt in verschiedenster Form genossen wird - und doch gibt es gewissen Grundtypen von Käse.

Sehen wir uns also an, wie einige Standardkäse im Idealfall beschaffen sein sollen (kleine Abweichungen sind natürlich zulässig). Die folgen-den Charakteristika der einzelnen Sorten sind - sofern entsprechend vermerkt - dem "Österreichischen Lebensmittelbuch" oder den "Richt-linien für die Gütebewertung des geschäftsführenden Ausschusses des Milchwirtschaftsfonds" entnommen. Beide haben den Charakter einer Verordnung und sind daher verbindlich. Für die österreichischen Käse-macher von Bedeutung sind insbesondere die jeweiligen Limits für den Wassergehalt (bei Käsen mit verschiedenen Fettstufen abgestuft nach der Fettstufe). Ein Käse mit zuviel Wasser darf nämlich nicht in den Verkauf gebracht werden.

Der ideale Käse

Käse, die im "Lebensmittelbuch" noch nicht enthalten sind und für die es auch keine Richtlinien gibt, haben wir aufgrund eigener Recherchen und auf Basis der jeweiligen Eintragungen im "Handbuch der Käse" von Mair-Waldburg beschrieben. Dieses wissenschaftliche Werk dient auch heute noch - obwohl es seit Jahrzehnten nicht aktualisiert worden ist - als Standardwerk.

Frischkäse

Geregelt im Teilkapitel "Ungereifte Käse" des österreichischen Lebensmittel-buchs, verlautbart am 26. November 1990.

Dabei handelt es sich um einen durch Säuerung und/oder Labeinwir-kung hergestellten Käse, der unmittelbar nach der Herstellung kon-sumiert werden kann. Frischkäse wird in Österreich aus Kuhmilch, Ziegenmilch oder Schafmilch hergestellt. Wird Milch von Ziegen oder Schafen verwendet, so ist darauf in der Sachbezeichnung unter Nennung der Tierart hinzuweisen. Frischkäse aus Mischungen von Milch mehr-erer Tierarten werden als Mischkäse bezeichnet. Der Kuhmilchanteil in der Mischung darf höchstens 49 % betragen.

Grundsätzlich ist pasteurisierte Milch zu verwenden. Ausgenommen davon sind die vom Tierhalter aus Rohmilch hergestellten Frischkäse. Handgeschöpfter Frischkäse hat mindestens 45 % F.i.T. und einen Höchstwassergehalt von 78 Prozent. Werden dem Frischkäse Stoffe wie Kräuter, Gewürze etc. beigemengt, spricht man von Frischkäsezube-reitungen.

Äußeres: keine Rinde.

Inneres: schneeweiß bis leicht gelblich, Konsistenz entweder pastenartig (wie Topfen streichfähig), körnig-bröselig (Hüttenkäse, Cottage Cheese oder Landfrischkäse - die Körner oder Brösel sind von Rahm umhüllt und können gelöffelt werden), gallertig (wabbelig wie Pudding) oder schnittfest (gepreßt und leicht angereift). In der bäuerlichen Produktion kommt der gallertige Frischkäse, der am besten bald konsumiert werden sollte, am häufigsten vor. Dabei wird die Käsemasse in Formen gefüllt, wo sie entweder weniger oder mehr zusammenwächst. Die Konsistenz reicht daher von weich-gallertig über gallertig bis zart-faserig.

Geruch und Geschmack: mild-aromatisch, bei Ziegen- und Schaffrisch-käse können die charakteristischen Aromen von Ziege und Schaf zum Vorschein kommen, sollten aber nicht aufdringlich sein.

Bierkäse

Richtlinien vom 6. Juli 1990, verlautbart am 24. Sept. 1990.

Ein mit Rotschmiere gereifter Schnittkäse in Laib- oder Rechteckform, mager bzw. 15 % F.i.T. Ein Zusatz von Ziegenmilch ist zulässig.

Höchstwassergehalt bei mager   57 %
                    bei 15 % F.i.T.   55 %

Äußeres: glatte Oberfläche mit feuchter bis gut angetrockneter, gleichmäßig verteilter gelber bis rotbrauner Schmiere.
Inneres: grünlichgelb bis elfenbeinfarbig, Schlitzlöcher bis Gerstenkorngröße, der Teig schnittfähig, geschmeidig.
Geruch und Geschmack: herb, sehr pikant, salzig.

Rotschmierekäse aus Österreich

Tilsiter, Österreichischer Stangenkäse, Tilsiter nach Schweizer Art

Richtlinien vom 6. Juli 1990, verlautbart am 24. Sept. 1990.

Bei Tilsiter und Österreichischem Stangenkäse handelt es sich um zum Teil im Bruch gewaschene, etwas nachgewärmte und nicht gepreßte

Schnittkäse - gereift mit Rotschmiere, die fallweise abgewaschen ist. Die Käse werden auch paraffiniert oder folienverpackt angeboten. Es darf nur farbloses oder gelbes Paraffin verwendet werden. Tilsiter unterscheiden sich vom Österreichischen Stangenkäse durch stärkere Ausarbeitung. Sie werden in Laiben, in Stangenform (mit annähernd quadratischem Querschnitt) oder in Rollenform mit einem Fettgehalt in der Trockenmasse von 35 und 45 Prozent F.i.T. hergestellt. Österreichische Stangenkäse werden in den F.i.T.-Stufen mager und 25 % hergestellt.

Höchstwassergehalt	bei mager	55 %
	bei 25 % F.i.T.	53 %
	bei 35 und 45 % F.i.T.	50 %

Äußeres: glatte Oberfläche mit gut angetrockneter, gleichmäßig verteilter, gelber bis rotbrauner Schmiere, die fallweise abgewaschen ist.
Inneres: strohgelb bis mattgelb, die Bruchlochung ist reichlich und meist schlitzförmig, der Teig schnittfähig und geschmeidig. Geruch und Geschmack sind leicht herb-säuerlich und pikant, bedingt durch die Rotschmiere, im Alter kann der Käse etwas schärfer werden.

Vom Tilsiter gibt es noch eine zweite Variante mit Rundlochung (auch als Tilsiter nach Schweizer Art bezeichnet). Dabei handelt es sich um einen aus pasteurisierter Milch hergestellten, zum Teil im Bruch gewaschenen, nachgewärmten, gepreßten und mit Rotschmiere gereiften Schnittkäse. Der Käse wird in Laibform mit einem Gewicht von ca. 4,5 Kilogramm hergestellt. Es gibt ihn in drei Varianten mit 15, 35 und 45 % F.i.T.

Höchstwassergehalt	bei 15 % F.i.T.	53 %
	bei 35 und 45 % F.i.T.	50 %

Äußeres: glatte, rißfreie Rinde mit leicht bis gut angetrockneter, gleichmäßig verteilter rotbrauner Schmiere.
Inneres: strohgelbe bis mattgelbe Farbe, die Lochung ziemlich geschlossen mit wenigen Rund- bis Ovallöchern von Erbsen- bis Linsengröße, der Teig schnittfest und geschmeidig.
Geruch und Geschmack: leicht herb, säuerlich und pikant, bedingt durch die Rotschmiere.

Der ideale Käse

Blauschimmelkäse

Richtlinien vom 6. Juli 1990, verlautbart am 24. Sept. 1990.

Dabei handelt es sich um halbfeste Schnittkäse in Laib- oder Stangenform, fallweise mit leichten Blau- bzw. Weißschimmelstellen an der Oberfläche, eine sehr leichte Rotschmiere ist zulässig. Im Inneren sind sie mit bläulicher oder blaugrüner Schimmeläderung durchzogen. Der Fettgehalt beträgt 50 % F.i.T, der Höchstwassergehalt 47 %.

Äußeres: weiß-gelblich, die Rinde ist leicht narbig, aber rißfrei, die Einstichstellen vom Pikieren sind meist gut sichtbar, manchmal ein leichter Rotschmiereansatz sowie Blau- und Weißschimmelstellen.

Inneres: reinweißer Teig, oft mit einem Stich ins Creme bis ins Rosa, die blaue Schimmeläderung soll im Idealfall annähernd gleichmäßig verteilt sein, die schimmelbewachsenen Kanäle sind meist deutlich sichtbar. Schimmel und Stichkanäle dürfen auch mit zunehmendem Alter nicht verfärbt sein. Der Teig ist weichschnittig bis streichfähig und hat manchmal Bruchspalten. Wenn er leicht krümelig oder ganz leicht nässend ist, so kann das noch toleriert werden.

Geruch und Geschmack: manchmal stark gesalzen und scharf-pikant, infolge der spezifischen Blauschimmelkultur ist der Käse oft durch starken Fettabbau charakterisiert, mit zunehmendem Alter erhält er einen leicht esterig-seifigen Einschlag.

Grünschimmelkäse wie Österzola

Richtlinien vom 6. Juli 1990, verlautbart am 24. Sept. 1990.

Dabei handelt es sich um halbfeste Schnittkäse in Laib- oder Stangenform. Der Fettgehalt in der Trockenmasse beträgt 45 bzw 55 % F.i.T. Die Oberfläche zeigt fallweise eine geringe, trockene Rotschmiere, im Inneren ist der Käse mit grüner bis blaugrüner Schimmeläderung durchzogen.

| Höchstwassergehalt | bei 45 % F.i.T. | 50 % |
| | bei 55 % F.i.T. | 48 % |

Äußeres: graugelbe bis rötliche rißfreie Rinde mit Einstichstellen vom Pikieren. Zum Schutz gegen Austrocknung ist Ölbehandlung zugelassen.

Inneres: Der Teig ist weiß bis hellgelb und soll eine blaugrünliche ziemlich gleichmäßige Schimmeläderung zeigen.

Geruch und Geschmack: Der Käse ist würzig und pikant, durch den Edelschimmel tritt ein Fettabbbau ein. Bei längerer Reife wird der Käse etwas salzig und altersscharf.

Camembert und Brie

Richtlinien vom 6. Juli 1990, verlautbart am 24. Sept. 1990.

Weichkäse mit Edelschimmelrasen, in der Form zum Beispiel flach-zylindrisch, rechteckig oder in Sektoren geteilt. Der Fettgehalt in der Trockenmasse (F.i.T) kann 45, 55 oder 65 Prozent betragen.

Höchstwassergehalt bei 45 % F.i.T.   60 %
                    bei 55 % F.i.T.   56 %
                    bei 65 % F.i.T.   52 %

Weißschimmelkäse aus Österreich

Äußeres: ein gleichmäßig verteilter, lockerer, weißer oder leicht bläulicher Edelschimmelrasen, bei fortschreitender Reife kann darunter eine Rotkultur sichtbar werden, die Haut gut geschlossen, jedoch nicht zäh.
Inneres: in der Farbe ein helles Gelb, mit einem noch helleren, weißen Kern, außerdem vereinzelte Bruchlöcher, der Teig soll zart-geschmeidig, fast streichbar sein, deutlich von außen nach innen reifend, im vollreifen und überreifen Zustand unter der Haut leicht zerfließend.

Geruch und Geschmack: mild-pikant, oft zeigt der Käse ein feines Pilzaroma (Champignongeschmack).

Bergkäse

Richtlinien vom 6. Juli 1990, verlautbart am 24. September 1990 und Teilkapitel des Lebensmittelbuchs, verlautbart am 27. Okt. 1992.

Dabei handelt es sich um Hartkäse in Laibform mit einem Gewicht von acht bis 50 Kilogramm und mindestens 45 % F.i.T. Die Käse werden aus roher, hartkäsetauglicher Milch, die nicht über die Gewinnungstemperatur erwärmt und nicht zentrifugalentkeimt wurde, mit Milchsäurebakterienkulturen und Labstoffen in Laibform hergestellt. Der Käsebruch wird auf mindestems 48 Grad Celsius erhitzt und gepreßt. Zur Bildung einer Rindenschmiere während der Reifezeit wird der Käse regelmäßig mit Salzwasser, dem fallweise Schmierekultur (Brevibacterium linens) zugesetzt wird, behandelt. Konsumreif ist dieser Käse frühestens im Alter von drei Monaten. Das Erzeugungsdatum (Tag der Käsung) ist mittels Kaseinplättchen oder mit Lebensmittelfarbe auf dem Käselaib unverschlüsselt und nicht entfernbar anzubringen.

Je nach den örtlichen Gegebenheiten werden Bergkäse in kühlen bis geheizten Kellern ausgereift und sind dementsprechend fast blind bis kirschgelocht. Eine dünne, angetrocknete Schmiere ist zulässig.

Bergkäse wird auch mit einer Mindestreifezeit von sechs Monaten in den Verkehr gebracht. Eine kleine Rißbildung ist zulässig, der Geschmack ist aromatisch bis ausgeprägt pikant. Diese Käse sind besonders zu kennzeichnen. Die ausgereiften Käselaibe sind vor der Vermarktung auf ihre Qualität zu prüfen und mit einem Brandzeichen zu versehen. Dabei darf das Erzeugungsdatum nicht unkenntlich gemacht und das Kaseinplättchen nicht entfernt werden.

Der Wassergehalt darf 40 Prozent nicht überschreiten.

Äußeres: griffeste, gelbe bis bräunliche, rißfreie Rinde, fallweise mit dünner, angetrockneter Schmiere. Der Käse hat eine ebene bis leicht nach außen gewölbte Järb- und Plattfläche.

Inneres: einheitlich blaß bis gelblich, spärliche Lochung, meist handelt es sich um eine vereinzelte Erbs- bis Kirschlochung, kleine Spalten (Gläs) sind keine Käsefehler, der Teig zart-geschmeidig.

Geruch und Geschmack: mild-aromatisch bis leicht pikant, im Alter etwas salzig und scharf.

Alpenkäse

Richtlinien vom 6. Juli 1990, verlautbart am 24. September 1990 und Teilkapitel des Lebensmittelbuchs, verlautbart am 27. Okt. 1992.

Diese sind ähnlich dem Bergkäse, doch werden sie aus pasteurisierter, fallweise zusätzlich zentrifugalentkeimter Milch in Laib- oder Blockform hergestellt. Er ist frühestens im Alter von sechs Wochen konsumreif. Die Käse haben ein Gewicht von zehn bis 25 Kilogramm.

Österreichischer Emmentaler

Die Richtlinien vom 6. Juli 1990, verlautbart am 24. Sept. 1990, sahen vier Wochen Reife bei mind. 20°C und Konsumreife im Alter von 90 Tagen vor. Das Teilkapitel des Lebensmittelbuchs, verlautbart am 27. Okt. 1992, nimmt hier eine Korrektur vor: sechs Wochen Reife bei 20°C, Konsumreife nach 75 Tagen.

Der Käse ist aus roher, hartkäsetauglicher Milch hergestellt, die nicht über die Gewinnungstemperatur erwärmt und nicht zentrifugalentkeimt wurde. Er wird mit Kulturen von Milchsäurebakterien und Propionsäurebakterien sowie Labstoffen hergestellt. Der Käsebruch wird auf mindestens 50 Grad Celsius erhitzt und gepreßt. Der Käse wird zur Ausbildung der Lochung ungefähr sechs Wochen lang bei mindestens 20 Grad Celsius gereift und ist im Alter von 75 Tagen konsumreif. Das Erzeugungsdatum (Tag der Käsung) ist mittels Kaseinplättchen auf der Käseoberfläche unverschlüsselt und nicht entfernbar anzubringen. Der Käse wird grundsätzlich in Laibform mit einem Gewicht von ca. 60 bis 110 Kilogramm hergestellt. Für vorverpackte Ware kann Österreichischer Emmentaler auch in Blockform erzeugt werden. Der Fettgehalt muß mindestens 45 % F.i.T. betragen, der Höchstwassergehalt ist 38 Prozent. Ein Emmentaler muß aus Rohmilch hergestellt sein. Wird er nach einem ähnlichen Verfahren aus pasteurisierter Milch hergestellt, heißt er Österreichischer Hartkäse mit Rundlochung.

Äußeres: feste, trockene, gelbbraune rißfreie Rinde, mit leicht nach außen gewölbten Järb- und Plattflächen. (Mit anderen Worten: Der Käse sollte nur leicht aufgegangen sein, ein stark aufgegangener Käse kann ausdrucksschwach im Geschmack sein.).
Inneres: die Lochung ist mehrheitlich ein bis drei Zentimeter groß, rund, matt bis glänzend, spärlich bis reichlich und gleichmäßig verteilt. Der Teig ist schnittfest bis geschmeidig, elfenbeinfarben bis hellgelb.
Geruch und Geschmack: mild aromatisch, nußkernartig.

Mischlingkäse (Mischling)

Richtlinien vom 6. Juli 1990, verlautbart am 24. Sept. 1990.

Der Käse stammt aus einer Zeit, als die Milch nicht immer sofort verarbeitet wurde. So war meist eine Mischung aus "aufgestellter" und
frischer Milch die Basis für die Käseerzeugung. Der Mischling kann
auch als Vorläufer des Emmentalers angesehen werden. Mischlingkäse
sind nicht ausgeheizte Käse in Laib- und Blockform mit angetrockneter
Schmiere. Sie weisen ein Gewicht von acht bis 20 Kilogramm auf.

Höchstwassergehalt	bei 15 % F.i.T.	48 %
	bei 25 % F.i.T.	46 %
	bei 35 % F.i.T.	44 %
	bei 45 % F.i.T.	42 %

Hartkäse aus Österreich

Äußeres: glatte, rißfreie Rinde mit angetrockneter gelber bis brauner
Schmiere und eine ebene bis leicht gewölbte Randfläche.
Inneres: einfarbig, je nach Fettstufe blaßgelb bis grünlich, geschmei-
diger Teig, reichliche Bruchlochung, teilweise auch Rundlochung.
Geruch und Geschmack: säuerlich, aromatisch-pikant.

Räßkäse

Dieser traditionsreiche Käse wird aus Mischlingkäsen durch Nachbehandlung in Sulz erzeugt. Die Sulz besteht aus Salz, Käseschmiere, Wein oder Most. Durch jahrelange Verwendung der Sulz in der Käserei entwickelt sich eine eigenständige Flora.

Äußeres: glatte, rißfreie Rinde mit angetrockneter gelber bis bräunlicher Schmiere, leicht nach außen gewölbte Randflächen.

Inneres: einfarbig, je nach Fettstufe blaßgelb bis grünlich, weich-geschmeidiger Teig, reichliche Bruchlochung.

Geruch und Geschmack: hocharomatisch und pikant, im hochreifen Zustand leicht scharf.

Kleine Weichkäse mit Rotschmiere (Schloßkäse, Romadur, Limburger und ähnliche)

Richtlinien vom 6. Juli 1990, verlautbart am 24. Sept. 1990.

Dabei handelt es sich um weiche Labkäse, deren Reifung - maßgeblich von der Rotschmiere bedingt - von außen nach innen erfolgt. Der wesentliche Unterschied zwischen Schloßkäse, Romadur und Limburger liegt in Größe und Form.

Schloßkäse	kleine Laibchen (flachzylindrische Form)
Romadur	prismatische Form
Limburger	Kleinstangenform

Romadur und Limburger weisen eine etwas stärkere Hautbildung auf, ohne zu einer deutlich abgesetzten Rindenbildung zu führen. Die weichste Konsistenz haben die Schloßkäse. Es gibt sie in sechs verschiedenen Fettstufen: mager, 15, 25, 35, 45 und 55 % F.i.T.

Höchstwassergehalt	bei mager	65 %
	bei 15 und 25 % F.i.T.	63 %
	bei 35 und 45 % F.i.T.	60 %
	bei 55 % F.i.T.	56 %

Äußeres: gut geschlossene Haut ohne Rindenbildung, die mäßige Schmiere ist gelbrot bis rotbraun und leicht klebrig.

Inneres: hellgelbe bis weiße Farbe, die Schnittflächen mattglänzend, der Kern meist etwas heller, möglichst ohne Bruchlochung, im Teig weichschnittig, fast streichbar, aber nicht fließend, bei jüngeren Käsen ist ein topfiger Kern vorhanden, der sich aber nicht deutlich von der äußeren Schicht absetzt.

Schloßkäse ist von weicherer Konsistenz als Romadur und Limburger. Geruch und Geschmack: pikant und würzig, typisch nach Rotschmiere schmeckend.

Sauermilchkäse mit Rot- oder Gelbschmiere wie Quargel

Richtlinien vom 6. Juli 1990, verlautbart am 24. Sept. 1990.

Diese Käse reifen - ähnlich den kleinen Weichkäsen mit Rotschmiere - von außen nach innen. Sie weisen in jüngerem Stadium meist einen helleren, topfigen Kern auf. Quargel werden in Scheiben mit ca. 4 1/2 cm Durchmesser, zum Teil in Rollen verpackt, hergestellt. Fettgehalt in der Trockenmasse: mager und 10 % F.i.T.

Höchstwassergehalt bei mager	68 % Wasser
bei 10 % F.i.T.	63 % Wasser

Äußeres: glatte, speckige Oberfläche und eine glänzende, goldgelbe bis rötlichbraune feuchte Schmiere, die Festigkeit der Haut darf zu keiner Rindenbildung führen.

Inneres: hellgelb, meist mit einem etwas helleren Kern, die Schnittfläche speckig, keine Lochung, der Teig schnittfest und geschmeidig, bei Vollreife eine glasige Schnittfläche.

Geruch und Geschmack: pikant, bedingt durch die Gelb- und Rotschmiere, er kann auch salzig und etwas scharf sein.

Tiroler Graukäse

Dieser Sauermilchkäse mit Schimmel wird seit urdenklichen Zeiten in bäuerlichen Betrieben hergestellt und gilt als Tiroler Spezialität. Der Name kommt vom blauen oder blau-grauen Schimmel an der Käseoberfläche, oft findet sich auch ein weißer Schimmel. Es handelt sich um Milchschimmel und Kellerschimmel, manchmal wird auch eine Roquefort-Kultur beigegeben. Der laibförmige oder brotförmige Käse wird in Scheiben geschnitten und mit Zwiebeln in Essig und Öl serviert.

Äußeres: dünne bläulich-graue bis grün-graue Rinde mit leichten landkartenartigen Rissen.

Inneres: am Rand grau bis graugrün, in der Mitte ein weißer Kern, im reifen Zustand gelb-speckig, aber oft von einzelnen nicht durchgereiften Topfenstücken durchzogen, keine Lochung.

Geruch und Geschmack: säuerlich bis sauer, scharf-rassig.

Steirer Kas

Dieser Käse ist im steirischen Ennstal beheimatet und wird aus Magermilch im Anschluß an die Buttererzeugung hergestellt. Als Reibkäse wird er aufs Butterbrot oder auf die Ennstaler Krapfen gestreut (ein Teig aus Roggenmehl, der in flachen Fladen in kochendem Fett herausgebacken wird).

Äußeres: grau-braune bis grünliche Farbe, bröckelige Konsistenz.
Inneres: grobe Struktur, keine Lochung.
Geruch und Geschmack: scharf, leicht ammoniakalisch.

Vorarlberger Sura Käs

Der Käse wird durch Säuerung der Milch hergestellt - wahrscheinlich schon seit der Besiedlung durch Rätoromanen. Der Käse ist mit Quargel vergleichbar, aber weicher und aromatischer.

Äußeres: speckige Oberfläche ohne Schrumpfung, glänzend goldgelbe bis rötliche Schmiere, ohne abzufließen.
Inneres: glänzend goldgelbe Schnittfläche mit hellerem bis weißen Kern, am Rand speckig, in der Mitte teilweise noch topfig, keine Lochung.
Geruch und Geschmack: säuerlich, kräftig-pikant.

Mondseer

Halbfester Schnittkäse mit Rotschmiere, erstmals um 1830 im Schloß Hüttenstein, einem Außenwerk Schloß Mondsees, hergestellt.

Äußeres: Laibchen mit gelblicher bis rotbrauner leicht klebriger Schmiere, geschlossene Hautbildung.
Inneres: hellgelbe Farbe, meist mit etwas hellerem Kern, ziemlich regelmäßig verteilte Bruch- und Schlitzlöcher.
Geruch und Geschmack: mild-pikant, durch Rotschmiere gekennzeichnet.
Ein aus Rohmilch hergestellter Mondseer kann einen leicht topfigen Kern aufweisen, das Äußere kann randweich sein. Im Geschmack sind diese Käse kräftiger, manchmal leicht bitter.

Tips für die Käseauswahl

Für den Käseteller nach der Hauptspeise (und vor dem Dessert) werden drei bis fünf Sorten reichen. Man kann beispielsweise einen gut gereiften Weißschimmelkäse servieren, ferner einen kräftigeren Ziegenkäse, einen milden Schnittkäse, und einen Blauschimmelkäse. Natürlich darf auch ein Emmentaler oder ein Bergkäse auf keinem Käseteller

fehlen. Diese beiden Käse stellen aber auch alleine ihren Mann: mit ein paar Nüssen oder gerösteten Kürbiskernen gereicht, beenden sie würdevoll das Mahl. Ein eigenes Kapitel ist der Brauch, etwas Obst zum Käse zu reichen: eine Scheibe Apfel oder Birne, Weintrauben etc. Da das Obst die Harmonie zwischen Käse und Wein erheblich stört, dient es am besten nur als Dekoration. (Es sei denn, daß Sie an diesem Abend auf Wein verzichten wollen.)

Hinsichtlich der Reihenfolge gilt der Grundsatz: erst die milden, dann die kräftigen Käse, erst die jungen frischen, dann die gereiften. Wenn ein junger Ziegenkäse stark gesalzen ist, dann sollte er eher gegen Ende der Käsevariation gegessen werden. Blauschimmelkäse sind jedenfalls ein idealer Abschluß - sie leiten zum Dessert über, auch deshalb, weil sie mit einem süßen Wein gut harmonieren. Zu Käse serviert man am besten verschiedene Brote - sowohl Weißbrot als auch Schwarzbrot.

Über dieses Thema ließe sich ein eigenes Buch schreiben, denn unerschöpflich ist die Zahl der Kombinationen zwischen Käse und Wein. Vielleicht deshalb, weil die beiden Produkte vieles gemeinsam haben: Sie sind das Ergebnis von Gärungsprozessen, sie machen im Zuge ihrer Reifung erstaunliche Veränderungen durch - und in Öster-

reich haben beide seit einigen Jahren einen qualitativen Höhenflug angetreten.

Welcher Wein zu welchem Käse am besten paßt, ist eine schwierige Frage.

Wer zum Dessert eine breite Palette von Käsespezialitäten probieren will - da und dort einen kleinen Happen -, dem wird wohl ein trockener Weißwein genauso lieb sein wie ein trockener Rotwein. Hier wäre höchstens der Hinweis angebracht, daß man es öfter mit einem Weißen probieren könnte. In vielen Restaurant wird heute zum Käse-Dessert die Rückkehr zum Weißwein empfohlen - obwohl vorher zu den Fleischgerichten ein Roter getrunken wurde. Die glasweisen Angebote an passenden Weißweinen werden in den guten Restaurants immer besser.

Die folgenden Tips für die ideale Kombination von Käse und Wein zielen auf eine andere Variante ab, die auch ihre Reize hat. Rücken Sie

Welcher Wein zu welchem Käse?

den Käse stärker in den Mittelpunkt des Mahles und konzentrieren Sie sich auf Käse von nur ein oder zwei Sorten. Dann bekommt die Harmonie zwischen Käse und Wein eine größere Bedeutung.

Beginnen wir bei den Weißschimmelkäsen, die oft nach Pilzen riechen und schmecken. Sie harmonieren am besten mit leichten, trockenen und fruchtigen Weißweinen. Versuchen Sie es beispielsweise mit einem frischen Welschriesling aus der Südsteiermark oder mit einem leichten Wachauer Wein: Grüner Veltliner und Riesling, beide in Steinfeder-Qualität. Sind die Weißweine in Barriques ausgebaut - das sind kleine französische Eichenfässer -, eignen sie sich schon weniger. Denn der Schimmelpilz enthält Bitterstoffe, die durch den Holzton des Weins zu stark in den Vordergrund treten. Hat ein Weißschimmelkäse einen höheren Salzgehalt, wird dadurch die Säure stärker betont. Ein "Brünnerstraßler" wäre also hier fehl am Platz. Ein Geheimtip zu cremigen, fetten Weißschimmelkäsen ist übrigens ein feiner Chardonnay oder ein trockener Sekt, hergestellt nach der Champagnermethode: Der leicht säuerliche Geschmack dieser Käse wird durch das Prickeln des Champagners schön abgerundet. Und auch Rotweine wollen wir hier nicht ausschließen, zum Beispiel einen Primeur von der blauen Portugieser-Traube. Oder Sie lassen sich gleich auf einen Blauen Burgunder ein, dessen Aromen an Pilze, Moos oder feuchten Waldboden erinnern. So wie jene des Käses. Denn verwandte Düfte und Geschmacksstoffe potenzieren sich auf vortreffliche Weise.

Zu Schnittkäsen mit Rotschmiere wie Seggauer, St. Severin oder Knappenkäse passen kräftigere Weißweine von den Rebsorten Riesling, Grüner Veltliner oder Weißburgunder. Greifen Sie ruhig zu einer trockenen Spätlese - in der Wachau zu einem Federspiel oder einem Smaragd. Kräftigere Rotweine können ebenfalls gefallen: zum Beispiel Weine von der Rebsorte Blaufränkisch.

Ein cremiger, frischer Ziegenkäse - auch wenn er leicht gesalzen ist - kann mit einem Rosé begleitet werden. Ein Weißschimmelkäse aus Ziegenmilch, wie der Original Geisberger aus Bischofshofen, verlangt schon einen kräftigeren Weißwein, zum Beispiel eine Spätlese vom Grünen Veltliner oder vom Sauvignon blanc. Die halbfesten Ziegenkäse vertragen schon eher einen wuchtigen Rotwein, aber ohne Barrique-Ausbau.

Hartkäse wie Emmentaler und Bergkäse können mit einem säurebetonten und gut strukturierten Weißwein kombiniert werden, zum Beispiel mit einer Spätlese des Grünen Veltliner aus dem Kamptal Donauland oder aus dem Weinviertel. Wer auch hier den Gleichklang von Aromastoffen zwischen Wein und Käse sucht, dem kann zu einem

Emmentaler ein kräftiger Weißburgunder empfohlen werden, wie er rund um den Neusiedlersee zu finden ist, oder ein Neuburger aus der Südbahn-Region: Die zart-bitteren, nussigen Aromen dieser Weine harmonieren ganz hervorragend mit dem Nußgeschmack des Emmentalers. Oder Sie greifen zu einem jungen, fruchtigen Rotwein: einem Zweigelt oder Blaufränkisch. In beiden Fällen - bei Weiß und bei Rot - gilt eines: Je reifer der Hartkäse ist, desto kräftiger strukturiert und alkoholreicher kann der Wein sein.

Extrahartkäse wie Parmesan munden am besten zu einem tanninreichen Rotwein. Probieren Sie kräftige Barriqueweine, in Österreich sind sie meist aus den Rebsorten Blaufränkisch oder Cabernet Sauvignon gekeltert, oder Cuvées, Weine aus mehreren Sorten, meist mit einem nicht unerheblichen Anteil Cabernet Sauvignon. Diese Weine müssen nicht unbedingt die optimale Trinkreife erreicht haben - wenn sie zu jung sind, schadet das gar nicht.

Edelschimmelkäse und Süßweine sind ein Geheimtip unter Gourmets. Die bereits klassischen Kombinationen berühmter ausländischer Produkte - Roquefort mit Sauternes und Stilton mit Portwein - haben auch in Österreich die Verkoster auf den Plan gerufen, zählen doch die Süßweine aus dem Gebiet rund um den Neusiedlersee zu den besten der Welt. Und dazu mußten sich einfach auch geeignete österreichische Käse finden lassen. Wobei die zarten Bitterstoffe des Blauschimmelkäses von der Süße des Weines und von seinen Aromen dezent überlagert werden. Grundsätzlich läßt sich sagen: Ein junger und milder Blauschimmelkäse, dessen Teig nur mit wenig Edelpilzäderchen durchzogen ist, läßt sich durchaus auch mit einer trockenen oder halbtrockenen Spätlese eines bukettreichen Weins wie eines Gelben Muskateller, Muskat-Ottonel oder Gewürztraminer verbinden. Kräftigere Blauschimmelkäse wie der Trautenfelser Edelschimmelkäse können mit höherer Restsüße im Wein konfrontiert werden: Ein Ausbruch aus Rust oder eine Trockenbeerenauslese aus dem Seewinkel - beide mit ausreichender Säure versehen - kommen hier gerade recht. Die modernen, barrique-vergorenen Süßweine erscheinen uns für einen Edelschimmelkäse weniger geeignet. Ob Port zu Edelschimmel gut paßt, ist Ansichtssache - Engländer schwören jedenfalls darauf. Eine österreichische Alternative sind trockene, oxydativ ausgebaute Auslesen, wie sie einige Spitzenwinzer Burgenlands anbieten. Ein extravaganter Geheimtip für Edelschimmelkäse ist Malt-Whisky oder dunkles Bier.

Und natürlich gibt es Käsesorten, wo Sie mit Weinen nicht so recht weiterkommen. Ein mit Olivenöl beträufelter und mit frischem Basili-

„Vier G'spritzte, na und? I kenn ja jede Kurvn."

Wer noch gerade gehen kann, muß nicht unbedingt fahrtauglich sein. 1992 ereigneten sich 57.473 Unfälle mit Personenschaden. Dabei kamen 1.403 Menschen ums Leben. In 52,1% der schweren Unfälle war überhöhte Geschwindigkeit die Ursache. Schneller fahren heißt schneller leben. Also Slow Down.

SLOW DOWN

EINE INITIATIVE DES VERKEHRSMINISTERS.

kum bestreuter Frischkäse - zum Frühstück oder Brunch serviert - harmoniert am besten mit einem nicht zu kräftigen hellen Bier - oder Sie riskieren eine Flasche Sekt. Der gleiche Frischkäse am Abend serviert, verträgt schon einen kräftigen Weißwein, z. B. einen Grünen Sylvaner aus der Südsteiermark - es kommt eben auch auf die Tageszeit an. Sauermilchkäse wie Steirer Kas, Graukäse, Sura Käs oder Quargel lassen sich kaum mit Wein kombinieren. Vielleicht wird noch ein Schilcher passen, am besten schmeckt dazu ein Bier. Auch zu würzig-deftigen Rotschmierekäsen wie Romadur und Schloßkäse ist ein kräftiges Bier geeigneter als Wein.

Welches Bier zu welchem Käse paßt, ist ein eigenes Thema, das wir im nächsten Kapitel ausführlich abhandeln wollen. Der österreichische Bierpapst Conrad Seidl hat in dem nun folgenden Artikel seine Erfahrungen zusammengefaßt und kommt zu dem Schluß: Es gibt kaum einen Käse, zu dem nicht ein bestimmtes Bier optimal passen würde. Fragt sich eben nur welches.

Aber nochmals zurück zum Rebensaft. Grau ist alle Theorie, auch bei der Harmonie zwischen Wein und Käse. Wenn Sie zum Abschluß eines ausgedehnten Essens Ihren Gästen Käse servieren, werden Sie wohl mit drei oder vier Käsesorten das Auslangen finden und dazu ein passendes Getränk auswählen. Wenn bei der Hauptmahlzeit Rotwein gereicht wurde, ist die Rückkehr zu Weißwein durchaus empfehlenswert. Denn zu rund drei Viertel aller Käsesorten paßt Weißwein besser als Rotwein. Anspruchsvolle Restaurants bieten daher immer häufiger zu Käse einen passenden Weißwein auch glasweise an.

Käse, Wein, Bier und Brot haben übrigens auch etwas gemeinsam: Bei ihrer Herstellung spielt die Gärung eine große Rolle. Oft wird bei Weinverkostungen Brot oder Käse gereicht, wobei ein alter Grundsatz von Weinhändlern lautet: "Mit Brot einkaufen, mit Käse verkaufen." Brot fördert so manche Stärken und Schwächen eines Weins zutage, die ansonsten verborgen blieben. Bei Käse ist es genau umgekehrt: Käse läßt jeden Wein etwas besser dastehen, allfällige Mängel treten in den Hintergrund. (rs)

Welches Bier zu welchem Käse?

Es ist noch gar nicht so lange her, da haben die durchschnittlichen Österreicher kaum mehr als zwei Biere (das Krügel und das Seidel) gekannt und vom Käse bestenfalls gewußt, „daß er stinkt". Nun hat sich bei beiden Produkten ein breiteres Wissen und größere persönliche Erfahrung verbreitet.

Auf dieses Faktum haben wir vor zwei (oder sind es doch schon drei?) Jahren im Keller des Stiftes Schlierbach angestoßen. Mit am Tisch: ein innovativer Brauer und einige begeisterte Käser. Und ein Marketing-Experte, der sofort die Idee geboren hat, die Kombination Bier und Käse den österreichischen Feinschmeckern nahezubringen. Es hat ein mit sporadischen Verkostungen gewürztes Jahr gebraucht, bis wir uns zum erstenmal mit unseren Urteilen an die Öffentlichkeit gewagt haben. Denn zunächst muß man ja die eigenen Vorurteile abbauen. Zum Beispiel über den Bojar, diesen billigsten der Packerlkäse, dem niemand besondere Kultur zugetraut hätte. Bei diesem Kräuter-Gervais bräuchte ich mich nicht auf besondere Geschmackserfahrungen einzustellen, war ich gewarnt worden. Tatsächlich erwies sich dieser cremige Käse dann aber als nahezu idealer Begleiter fast aller Biere. Löffelweise genossen kann er vor allem die österreichischen Premium- und Märzenbiere reizvoll ergänzen - sie stellen das „flüssige Brot" dar, eine Rolle, die bei diesem Käse auch das bayrische Weißbier mit seinen Weizenaromen übernehmen kann. Gut möglich, daß man den Bojar in absehbarer Zeit in den trendigen Bier-Bars einfach aus der Packung löffeln wird, um den Biergenuß zu erhöhen.

Das fügt sich in das Schema, nach dem bisher der Käse allenfalls dem Bier (wenn nicht gar bloß zur Sättigung) zu dienen hatte, nicht aber umgekehrt. Die gängigste Kombination von Bier und Käse ist ja der sogenannte „O'batzte" - Camembert mit Butter, Gewürzen, Schnittlauch und etwas Bier abgerührt. Auch einfache Lagerbiere gewinnen neben dem O'batzten einen (wenn auch etwas derben) Charme.

Weißschimmelkäse vertragen sich dagegen in ihrer reinen Form kaum mit Bier: Man denke sich einen Camembert mit einem kräftigen, dunklen Bockbier wie dem, das Eva Seeber in Schwarzach braut - einem Camembert nimmt es jede Feinheit, er wird förmlich erschlagen von der Süße des Bieres (und das, obwohl dieses Dunkelbier längst nicht zu den süßesten seiner Art gehört). Allenfalls gewinnt das Bier von dieser Kombination eine stärkere Betonung der Hopfenkomponente. Aber die ist teuer erkauft durch die unfaire Paarung. Nehmen wir dagegen einen extrem fettarmen Käse - etwa Quargel oder Harzer - zu demselben Bier, so ergibt sich eine gegenseitige Betonung der kräftigen Komponenten, und die Süße des Bieres tritt dezent in den Hintergrund.

Welches Bier zu welchem Käse?

Überhaupt sind der Quargel und seine Verwandten sehr schön mit kräftigem Bier zu genießen - in der feinen Küche ist in dunklem Bier eingelegter Quargel eine angenehme Kombination, die am besten von einem nicht zu stark gehopften hellen Bockbier begleitet werden sollte. Allerdings kann gerade der Quargel sehr genau die Schwächen eines Bieres deutlich machen: Auch das beste Leichtbier wird zum Quargel dünn schmecken, ähnlich geht es den schlanken, sortentypischen Pils-bieren - denn dieser Käse betont eindeutig die malzige Komponente. Ob das dem jeweiligen Bier gut oder schlecht tut, ist letztlich Geschmacks-sache; bei Hefeweizenbieren, vor allem den dunklen, aromatischeren mit echter Flaschengärung, läßt sich ganze Abende lang darüber strei-ten.

Wie schon erwähnt, ist Bier eben nicht gleich Bier - auch und gerade dunkles Bier kann eine breite Variationsbreite an Geschmäckern und Aromen aufweisen. Erwartet man in Österreich bei dunklem Bier vor allem eine süßliche Note, so wird anderswo der Röstmalz-Charakter hervorgehoben, jene kaffeeartige Bittere, die etwa das Guinness aus-zeichnet. Stout oder Porter-Biere wie das Guinness verlangen aufgrund ihres Charakters nach kräftigen Käsen. Diese waren ja auch im 18. Jahr-hundert gängig, als in England etwa gleichzeitig das Porterbier und der Stilton-Käse mit seinen blauschimmeligen Varianten aus anderen Grafschaften populär wurden: Eines der berühmtesten Londoner Pubs wurde damals gegründet - es heißt nach dem Blauschimmelkäse „Ye Olde Cheshire Cheese". In Österreich kommt dieser Geschmacks-richtung am ehesten der Trautenfelser entgegen.

Neben diesem Käse bestehen natürlich auch nur ausdrucksstarke Biere - während etwa Mayrs Leicht und das Pils aus derselben Brauerei trotz oder wegen ihrer feinen Hopfennote neben dem Trautenfelser eher fad wirken, während Märzen- und Lagerbiere flach und leer wirken, wirkt das Hirter Morchl eigentümlich belebt, und die an Aromen und Kohlen-säure reichen Weizenbiere liefern überhaupt die spannendsten Ver-kostungsergebnisse.

Andererseits gibt es durchaus auch interessante Kombinationen von Leichtbier und Käse: So hat das eher alkoholarme Mayr Leicht sowohl den Seggauer als auch den Almtilsiter recht brav unterstützt. Wobei die Verkostungsnotizen zeigen, daß dieselben Käse mit besonders starken, aromatischen Bieren aus Belgien (etwa den weinigen Trappistenbieren aus Chimay) genauso schön harmonieren.

Trappistenbiere dürften wegen ihrer weinigen Anmutung, der langen Lagerfähigkeit in der Flasche (während mehrerer Jahre verbessert sich ihr Geschmack noch deutlich) und des im Vergleich zum Wein günsti-

Welches Bier zu welchem Käse?

gen Preises noch eine beachtliche Zukunft als Getränk zum Käse (möglicherweise sogar zum Weißschimmelkäse) und zum Dessert haben. Österreichs vergleichsweise einfache Lager- und Märzenbiere bewähren sich - mit den erwähnten Ausnahmen - zu den meisten kräftigeren Käsen. Mit einer Ausnahme, die besonders überrascht: Ausgerechnet jener fettarme Käse, der landauf landab als Bierkäse verkauft wird, will mit dem Bier einfach nicht harmonieren - egal, welches Bier wir dazu auch probiert haben. (cs)

Im westlichsten Bundesland Österreichs begann die Herstellung von Käse schon im römischen Brigantium, wo es nicht nur einen Viehmarkt gab, dessen Angebot an Milchkühen teilweise zur Kälberaufzucht nach Italien gebracht wurde, sondern wo auch zwanzig Käsesorten angeboten worden sein sollen. Gut tat der Käse freilich nicht allen Römern: Kaiser Antoninus Pius (138-161 n. Chr.) soll sogar an übermäßigem Genuß von Alpkäse gestorben sein.

Ein paar Jahrhunderte später waren die Klöster die großen Käseerzeuger, wobei die Vorarlberger Sennen ihre Kenntnisse vom Schweizer Kloster St. Gallen bezogen. Im 9. Jahrhundert wurden bei kirchlichen Festen regelmäßig Märkte abgehalten, bei denen man mit Käse und Schmalz handelte.

Um das Jahr 1000 wurde der Bregenzerwald besiedelt, der bis heute die eigentliche Käsekammer Vorarlbergs ist. Um 1300 wanderten die Walser ein, die ebenfalls Alpwirtschaft betrieben. 1433 intervenierte der Probst von Lingenau erfolgreich beim Papst, daß Milchprodukte als Fastenspeise zugelassen werden.

Das erste in Vorarlberg gedruckte Buch, die "Emser Chronik" von 1616, erwähnt die Milchwirtschaft eher beiläufig, wenn es über den Bregenzerwald berichtet: "Ein Wild gelendt / jedoch von der viele deß Volcks wol gepflantzt / hat vil Vieh und Molcken / (...) heissen ihre Meidtlein und Junckfrawen / irer Sprach nach Schmelgen / hat Schön starck und vil Volck / das rauch lebt un gleichwol nit Arm ist."

Auf den Alpen sah man aber die schönen Frauen nicht so gerne, genauer gesagt: die Sennen sahen sie schon gern, aber die Pfarrer nicht. Im Heimatmuseum Schruns kann man einen Erlaß des Churer Bischofs aus dem Jahre 1652 finden, in dem es unter anderem heißt: "Ich, Johann von Gottes Gnaden, Bischof zue Chur, des Heyligen Römeschen Reiches Fürst, Herr zue Gross-Engstrigen, habe mit eigenen Ohren vernommen, wie die hochwohlgeborenen, hochgelehrten, hochweisen und hochlöblichen Herren Pfarrer des Tales Montafon sich darumben ernstlich beklagten, daß auf den Alpen besagten Thales Weibsbilder als Senninen angestellt seyen, so die Butter und den Käse bereiten. Dies führe aber zu dem Ende, dass die Jünglinge besagten Thales Montafon, anstatt gehorsamben und fleissig an den Sonntagen die Messe zu besuchen oder den von der Obrigkeit angeordneten Prozessionen beyzuwohnen, auf die Hochalpen steigen, allwo sy mit den besagten Weibsbildern unzüchtige Handlungen vollführen, die weder der Bereitung der Butter noch der Käse dienlich seyen. (...) Wann alsdann und hinfüro noch ain Weibsbild sich understünde, auf der Alp als Sennin sich anstellen zu lassen, so soll sy von den Hatschieren mit Gewalt von der Alp abgeschaffet und in die

Wyberkelchen im Turm des Schlosses zue Bludentz getan werden, allwo sy vierzehn Tage bey Wasser und Brot gehalten werden sollen. Am Tage aber, da man sy wiederumben frey und los lasset, reiche man ihr 16 Schläge mit der langen Gerte auf den nackten Arsch."

Im 17. Jahrhundert übernahmen die Bregenzerwälder die Schweizer Fettsennerei, während bis dahin hauptsächlich Sauerkäse erzeugt worden war. Als die Hinterwälder das "Gutkäsen", also die Fettsennerei, gegen die davon wenig begeisterte Obrigkeit in Innsbruck, die wegen der Butterproduktion 1699, 1700 und 1715 Verbote erlassen hatte, mittels kleinerer Aufstände endgültig durchsetzten, wanderten zahlreiche Appenzeller zu, pachteten Alpen und errichteten Sennereien.

In der von Karl Ilg herausgegebenen vierbändigen "Landes- und Volkskunde" (Innsbruck 1968) liest man dazu: "Die reichliche Erzeugung von Käse machte es notwendig, auch Absatzwege zu schaffen und zu öffnen. Im Jahre 1785 wurden die ersten Straßen im Bregenzerwald gebaut, 1786 erschienen die ersten mit Eisen beschlagenen Wagen."

Und bald entwickelte sich eine rege Handelstätigkeit. "Im Jahre 1816 erscheint bereits Schwarzenberg als Haupthandelsplatz für Käse, Bizau als Stapelplatz für Alpkäse. Über 300.000 Zentner wurden jährlich nach dem übrigen Österreich und ins Ausland abgesetzt, ... Es handelte sich um viereckigen Backsteinkäse oder Limburgerkäse sowie um Nachahmungen von Schweizer Emmentalerkäsen."

Ein Zeitgenosse sah das Älplerleben biedermeierlich-blumiger: Der Bregenzer Kreisamtsbeamte Josef Rohrer schrieb in seinem "Abriß der westlichen Provinzen" von 1804: "Die Tage des Alpfahrens gehören unter die festlichsten des Jahres, sowohl in Tirol, als Vorarlberg. Der Bregenzerwälder freut sich beynahe so sehr als ein Gefangener auf den Tag der Erlösung, an welchem ihm der Anblick der Sonne unter freyem Himmel im verjüngten Feyerkleide der Natur zu Theil wird. Im Winter wohnt der Älpler in Thaldörfern. Aber im Frühling zieht beynahe alles, gleich Nomadenstämmen in die niederen Alpen des Bregenzerwaldes. Der Familienvater schleppt mit einem Leitseile das Packpferd, das zu beyden Seiten einen aus Weiden geflochtenen Korb trägt, in welchem nicht selten Bettzeug und unmündige Kinder stecken. Die Mutter trippelt mit dem kleinen Knaben langsam hintenher. Sie wird von den Töchtern umgeben, welche Schweitzerräder und Haspeln tragen. Am Ende folgen die erwachsenen Söhne oder Knechte mit dem Milchkessel, dem Käsbecher, den Bienenstöcken. In einer Stunde beynahe erreichet alles die Vorberge, die sehr früh ihre Schneerinde abwerfen, und hier Mayensässe genannt werden. Hier wird durch einige Zeit von den Bregenzerwäldern gewohnt, und was nicht unmittelbar bey der Milchwirt-

schaft nöthig ist, widmet sich anderen Zweigen der Industrie. Oft genoss ich das selige Vergnügen vor den hölzernen Wohnungen dieser Mayensässe (welches Wort wahrscheinlich so viel, als Sitze im May-monath sagen will), Groß und Klein, Alt und Jung vom weiblichen Ge-schlechte, in reitzenden Gruppen bey der Stickarbeit der über Trommeln gespannten Mousseline sitzen zu sehen. Am heiligen Kilianstage, das ist am 3ten Julius, ziehen die Mannsleute des Bregenzerwaldes in die höheren Alpen. Der oberste Senn führt den Zug und der Zusenn schließt ihn mit einer Menge kleinen Viehes. Der Anblick dieses so genante Alpfahrens macht auf den Freund patriarchalischer Scenen ungemein vielen Eindruck. Nur mit Mühe steigen diese Vorarlbergischen Älpler unter beständigem Gebrülle ihrer, mit dumpfen Glocken behangenen Herde, den 19. September in die tiefere Gebirgs-Region hinab. Unge-achtet der physischen Unannehmlichkeiten, die manchmal das Alpleben begleiten, und der seltenen warmen Speise, die der Älpler nicht hat, so lange er in den höheren Alpen ist, findet sich derselbe nie zufriedener, als wenn er unter dem kleinen Dache schlafen, und von der Alphütte herab die ganze Gegend umher besehen, und seine muthigen Rinder mit seinem Blick verfolgen kann. Die heitere Luft am höhern Gebirge, ein gleichsam beständiger Frühling, und die harmlose Beschäftigung, die den Beruf des Älplers begleiten, seine eigene Unabhängigkeit, mit welcher er hier gleichsam thront; und nur über sich selbst zu gebieten hat, versüßt ihm fast jeden Tag, den er auf der Alpe zubringt ..."
In Wirklichkeit sind die Zeiten hart. Die zweite Hälfte des 19. Jahrhun-dert ist die Zeit der sogenannten Käsegrafen, also von lokalen Export-Import-Monopolisten, die Milch aufkauften und verkästen. Gegen sie, insbesondere gegen den Schnepfauer Adlerwirt Gallus Moosbrugger (1810-1886), der den Käse auch im großen Stil nach Italien exportierte, trat der überregional bedeutende Schriftsteller und von Lasalle be-einflußte Sozialreformer Franz Michel Felder (1839-1869) auf, indem er einen Käsehandlungsverein und eine Viehversicherungsgesellschaft gründete.
Wilhelm Meusburger schreibt dazu im Katalog zur Ausstellung "Die Käsgrafen" im Vorarlberger Landesmuseum, Bregenz: "Gallus Moos-brugger, der zeitlebens von Schnepfau aus agierte, kaufte den Großteil der Milch im hinteren Bregenzerwald auf, und zwar meist in der Form, daß die Bauern das Geld für die Wintermilch im voraus am 25. November (Katharinentag) in Au erhielten. Diese mußten einen Teil des Geldes an die Lechtaler Gläubiger weitergeben, um dort die Zinsen zu tilgen. Die dauernde Verschuldung, die einen beträchtlichen Teil der Bauern betraf, führte somit zu einer Klientelbildung. Ebner schätzt das

Kapital, das am Katharinentag aus- bzw. zurückbezahlt wird, auf 50.000 bis 100.000 Gulden. Mit dieser Kreditpolitik stand der Bauer sowohl beim Lechtaler als auch - etwas günstiger - bei Gallus Moosbrugger in der Schuld. Moosbrugger bestimmte den Milchpreis. Als Aufkäufer kam er so in die Situation des Monopolisten. Er bezahlte 1864 an die Schoppernauer, die an ihn gebunden waren, 14 1/2 Pfennig, während an anderen Orten 15 Pfennig bezahlt wurden. Moosbrugger mußte seinerseits die Geschäfte vorfinanzieren und trug das Risiko alleine, durch Versicherungen - soweit möglich - gedeckt."

Daß sich auch Preisdifferenzen von einem halben Pfennig letztlich rentierten, zeigt ein Blick auf das Mailänder Stadtpalais (Via Vigevano 6) von Gallus' Bruder Josef Ambros Moosbrugger (1806-1869), der auf italienischer Seite für das Export-Import-Geschäft zuständig war. Selbst die stattlichen Moosbrugger-Häuser im Bregenzerwald nehmen sich daneben fast bescheiden aus.

Über die Art der damaligen Produktion gibt wieder das Buch von Ilg Auskunft: "Weil man auf dem Gebiet der Emmentalererzeugung geringere Erfolge hatte, begnügte man sich mit der Herstellung weniger empfindlicher Sorten. Man erzeugte mehr Battelmattkäse, daneben halbfette Käse aus abgerahmter Abendmilch mit Frühmilch vermengt. Ebenso wurden auch Käse aus süßer, handabgerahmter Milch erzeugt, die vorwiegend zum Hausgebrauch verwendet wurden. Solche Süßsennereien gab es mehrere hundert im Land. Die erzeugten Käse im Gewicht von 10 bis 18 Kilogramm wurden nahezu alle im Lande konsumiert und waren besonders in den Arbeiterkreisen beliebt. Daneben wurden gleichzeitig auch Sauerkäse aus handabgerahmter Milch erzeugt, die gleichfalls guten Absatz fanden."

Ab 1900 wurde die Qualität der Käserei durch Ausbildung des Sennenpersonals in Kursen und an Lehrstätten wie der Landeskäsereischule in Doren gehoben.

Im Jahre 1930 entfiel mehr als die Hälfte des österreichischen Käsereiexports auf Vorarlberg.

In den siebziger Jahren schrumpfte die Anzahl der Molkerei-, Käsereiund Sennereigenossenschaften von etwa 120 auf 30.

Da man seit den achtziger Jahren die Alpwirtschaft wieder besonders pflegt, werden hier nicht weniger als 130 Alpen bestoßen, und 60 Prozent der Milch von Vorarlberger Kühen verwandelt sich in Käse. Der Hauptanteil entfällt auf Molkereien (die beiden größten sind die GROMO Dornbirn und der Milchhof Oberland in Feldkirch), die Alpkäseproduktion beträgt nur etwa ein Zwanzigstel von der Menge der Molkereikäse.

Bei den Kuhmilchkäsen dominieren Emmentaler (zirka 60 Prozent) und Bergkäse (über 20 Prozent), weiters gibt es den halbfetten Mischling, den Rheintaler, und Käse nach Tilsiter- und Edamerart. Rääkäse (räß = scharf) wird ein durch längere Reifezeit und spezielle Behandlung schärfer gemachter Käse genannt, der ursprünglich Mischling oder Tilsiter gewesen sein kann. Ein Heimatdichter namens Johann Baptist Biedermann, der 1898 das Wort "frauenfeindlich" noch nicht kannte, reimte zu der Bedeutung des Wortes räß: "Und ken alta, sura Kes / Und ken alta Ziger, /Gwiß, es ist ger nüt sa reß, / As mini alti Schwiger. (Und keinen alten sauren Käse und keinen alten Ziger - obwohl, es ist sicher nichts davon so räß wie meine Schwiegermutter.)

Damit sind wir schon beim nächsten Tal und Thema: Im Montafon wird fast ausschließlich Sura Käs, also Sauerkäse erzeugt. Auch hierzu gibt es einen bodenständigen Reim: "Ziger, Milk und Wälderkäs,/ Schnapfa-Meidsche mag i kes. (Ziger, Milch und Käse aus dem Bregenzerwald/genauso wie Mädchen außerhalb des Montafons/das alles mag ich nicht.)

Dann findet man auf der heimischen Käseszene noch häufig Romadur und den Bachensteiner, einen Rotschmierekäse, dessen Name sich von seiner Ziegelform (Backstein) ableitet. Peter Ratz (1781-1840), ein Käsehändler aus Bezau, hatte seine Erzeugung in den österreichischen Niederlanden, wohin er Käse lieferte, erlernt und die Backsteinkäserei in Vorarlberg eingeführt, wofür er "Käsepeter" genannt wurde.

Ein Betrieb in Möggers produziert Camembert, und in nahezu jedem Lebensmittelgeschäft und auf den Märkten gibt es mittlerweile lokal erzeugte "Goaßkäsle", also die kleinen, runden Frischkäse aus Ziegenmilch (meist mit Kuhmilch vermischt), und Schafkäse.

Die bekannteste Spezialität der Vorarlberger Küche sind die Kässpätzle (oder Käsknöpfle). Ein allgemein verbindliches Rezept gibt es freilich nicht, sowohl über den Spätzleteig als auch über die Käsemischung gehen die Meinungen auseinander, wobei es freilich zur Beimischung von Sura Käs erst ab etwa Götzis aufwärts kommt. (Siehe auch das Rezept von Josef Spiegel, Restaurant Rose: Er schlägt vor, je ein Drittel Emmentaler, Bergkäse und Räßkäse. zu verwenden.)

Einer der Best- und Longseller der Vorarlberger Literatur, Fanni Ammans "Meine Küche" (Erstauflage 1931), ein Buch, das jahrzehntelang in konservativen Familien den Töchtern zur Heirat geschenkt wurde, schweigt sich verblüffenderweise zu diesem Thema aus. Vielleicht dachte sich die Autorin - die Köchin des Schnifner Bädle -, welchen Käse man nehmen müsse, wisse doch nun wirklich jeder auch ohne Kochbuch. Lediglich für Spätzle ist ein Rezept angegeben: "Aus 20 dkg

Mehl, 1 Ei und Salz mit frischem Wasser rasch einen festen Tag machen, unter zweimal in kochendes Salzwasser durch den Spätzler drücken, aufkochen lassen, gleich abseihen, mit Schnittlauch bestreuen und gleich servieren." ("Unter zweimal" bedeutet: Da der Spätzler nur bis zur Hälfte gefüllt werden soll, sind zwei Durchgänge notwendig.) Werfen wir noch einen Blick in den Aufsatz "Die Alpkost" von Franz Michael Willam (1894-1981), einem Enkel Franz Michel Felders, Verfasser von bibelgeschichtlichen Werken und von Erzählungen aus dem Volksleben des Bregenzerwaldes: "Macht man einen festen Teig aus Mehl und läßt ihn unter Umrühren durch ein Sieb mit Löchern in heißes Wasser abtropfen, fischt dann diese Mehlklötzchen aus dem Wasser und bestreut sie in Lagen mit geriebenem Käse, so erhält man die Käsknöpfle oder Kässpätzle. Die Kässpätzle führen in jene Zeiten zurück, in denen man das Brotbacken noch nicht kannte oder sparte. Über die Knöpfle gießt man flüssige Butter. Diese fehlt auf der Alpe nicht. Dafür muß man sich geröstete Zwiebeln oft vorstellen. Die Kässpätzle sind auch im Tale ein sehr beliebtes Gericht. 'So lang es Kraut und Spätzle gibt, verreckt d' Schwabe nit!' heißt das Sprichwort." (kb)

Bregenz

Die Hauptstadt von Vorarlberg ist über die Rheintal-Autobahn A 14 zu erreichen.

Wanderungen und Besichtigungen: Sehenswert ist die Altstadt mit ihren schönen Fachwerksbauten und dem Martinsturm (ein Aussichtspunkt in Richtung Bodensee, in den einzelnen Stockwerken des Turms ist eine verstaubt wirkende Militärausstellung untergebracht, die man bei der Besteigung zwangsläufig passiert). Am Ufer des Bodensees locken Badefreuden, für Kunstbeflissene gibt es jedes Jahr die Bregenzer Festspiele, bei Schönwetter auf der Seebühne.

Gastronomie und Unterkünfte: Ganz in der Nähe des Martinsturms befindet sich das Deuring-Schlößle, eine luxuriöse Unterkunft und ein vielfach prämiertes Haubenrestaurant (Ehre-Guta-Platz 4, Tel. 0 55 74/478 00, Fax 478-80. Andere empfehlenswerte Restaurants sind das Café Neptun (Deuringstr. 3, Tel. 0 55 74/463 25), in dem eine Tischreservierung erforderlich ist, und - für gutbürgerliche Küche - das Gösser Bräu. (Anton Schneiderstr. 1, Tel. 0 55 74/424 67). Von den Hotels in der Innenstadt empfehlen wir das Weiße Kreuz (Römerstr. 5, Tel. 0 55 74/49 88-0, Fax 49 88-67) und das Central (Kaiserstr. 26, Tel. 0 55 74/429 47).

Alma: Feiner Bergkäse aus Vorarlbergs Alpen

Wer kennt ihn nicht, den berühmten Alma-Schachtelkäse? Die Generation der heute Vierzigjährigen ist jedenfalls mit diesem Schmelzkäse in den kargen Zeiten nach dem Krieg aufgewachsen: es gab ihn mit Paprikageschmack oder mit Schinkengeschmack, mit etwas mehr oder etwas weniger Fett - in vielen Variationen. Und auf jeder Packung war ein schönes Alma-Etikett zu sehen, meist mit einer Sennerin in ihrer traditionellen Tracht, dahinter die Silhouette der Berge und der strahlend blaue Himmel.

Heute gibt es diese Schmelzkäse noch immer, und sie werden sogar in zahlreiche Länder exportiert. Aber aus vielen der damals jungen Alma-Konsumenten sind inzwischen Gourmets geworden, und diese interessieren sich nun für andere Produkte mit dem Alma-Etikett. Aber erzählen wir die Geschichte ganz vom Anfang.

Gegründet wurde die Alma 1921 - mitten in den wirtschaftlichen Turbulenzen zu Beginn der Ersten Republik - als landwirtschaftliche Genossenschaft. Ihr Ziel: der Abbau eines gewaltigen Käsebergs. Und die

Rezepte mit Käse

Josef Spiegel, Restaurant Rose, Dornbirn, empfiehlt:

Vorarlberger Kässpätzle/Käsknöpfle

Zutaten für 4 Personen
500 g Mehl Type 700 (oder Vollkornmehl), 2-5 Eier á 50 g.
1 große Zwiebel, 1/8 frische Butter, etwas Milch, Salz, Pfeffer,
200-250 g Käsemischung aus 3-4 Sorten geriebenem Käse:
1/3 Emmentaler mild, 1/3 Bregenzerwälder Bergkäse würzig,
1/3 Räßkäse vollfett, eventuell (als Oberländer Spezialität)
auch Surer Käs. Variieren Sie das Mischungsverhältnis, bis Sie
die Ihrem Geschmack am besten entsprechende Mischung gefunden haben.

Zubereitung
Mehl, Eier, Salz und etwas Milch zusammen mit dem Kochlöf-
fel rühren, bis der Spätzleteig sich bindet, aber noch Spuren
von Eidotter und Mehl sichtbar sind. In einem großen Topf
sollte inzwischen Salzwasser kochen. Den Spätzleteig portions-
weise durch den Spätzlehobel in das kochende Wasser spätzeln,
aufkochen lassen und mit einer Siebkelle herausschöpfen. Sofort auf den Tellern erste Lage Spätzle anrichten, dann geriebenen Käse darübergeben. Nochmals Spätzle und wieder Käse.
Den Abschluß bilden wenige Spätzle. Für Anhänger saftiger
Spätzle rate ich, 1 Eßlöffel Spätzlekochwasser über die Spätzle
zu träufeln. Jetzt werden die leicht gebräunte Butter und gold-
braun geröstete Zwiebelringe auf die Spätzle gegeben und mit
Pfeffer aus der Mühle nachgewürzt. Teller ein bis zwei Minuten
ins heiße Rohr schieben. Beilage: Salat aus speckigen Kartoffeln mit viel Schnittlauch oder Apfelmus, fein säuerlich ohne
Zucker zubereitet. Getränk: Most oder Bier und das hier obliga-
torische Verrupferle (Obstler).

*Die Rose im Dornbirner Hatlerdorf ist ein gemütliches Gast-
haus, das gerne von Einheimischen frequentiert wird. Die
Speisekarte enthält vom Wurstsalat bis zum Schnitzel alle Stan-
dards, aber es gibt hier auch eine sehr interessante Naturküche. (kb)*

Gasthof Rose, A-6850 Dornbirn, Hatlerstraße 31, Tel. 0 55
72/22 4 61-0, Fax 22 461-44.

Zeiten waren nicht rosig: Die Inflationsrate betrug 573 Prozent, der Absatz der Winterbergkäseproduktion war einigermaßen gesichert, aber die Lager waren voll mit Alpkäse.

Das war die Geburtsstunde der Alma. Der Name kommt übrigens aus der römischen Mythologie. Alma ist die Nährende, die Gütige - ein Beiwort, mit dem die römischen Dichter jene Göttinnen zu bezeichnen pflegten, die den Menschen freundlich gesonnen waren. Dazu gehörten Venus und Seres, aber auch die Göttermutter Sybele, deren Namen man später für die Bezeichnung der Universitäten als Alma mater verwendete - als Spenderin geistiger Nahrung.

Ein anderer Name, der mit der Gründung der Alma in einer engen Verbindung steht, ist Jodok Fink. Der aus Andelsbuch im Bregenzerwald stammende Bauernsohn war eine charismatische Persönlichkeit und ein verständnisvoller Freund der Bergbauern. Als christlich-sozialer Politiker war er äußerst beliebt und brachte es bis zum Vizekanzler unter Karl Renner.

Jodok Fink setzte sich dafür ein, daß die Alma mit staatlichen Subventionen eine Schmelzkäserei einrichten konnte. Sein Sohn Anton Fink war dann von 1928 bis 1949 Vorstandsmitglied, anschließend zwölf Jahre lang Obmann.

1925 konnte schließlich die neue Schmelzanlage in Betrieb gehen, nach einem Verfahren, das zuvor von Schweizern erfolgreich praktiziert worden war. Damit war eine neue Verwertung von Emmentaler und Bergkäse erschlossen. Der sogenannte Schachtelkäse - wie der Schmelzkäse damals genannt wurde - war haltbar, er konnte sogar in ferne Länder verschickt werden.

Womit auch die jetzige Funktion der Alma in groben Zügen umschrieben ist: Das Unternehmen produziert kein einziges Gramm Käse, es beschränkt sich auf die Lagerung, Portionierung und Verpackung des angelieferten Käses. Rund 230 Mitarbeiter verarbeiten jährlich zehn Millionen Kilogramm Käse, was einen Umsatz von einer Milliarde Schilling ausmacht, und inzwischen ist auch der Export zu einem wichtigen Standbein geworden.

Von den Vorarlberger Almen wird bester Alpkäse angeliefert, ein Teil kommt noch in die Reifekeller, dann findet eine strenge Qualitätskontrolle statt: Nur der beste Alpkäse darf in Laiben unter dem Alma-Etikett verkauft werden. Aber auch jener Käse, der in Scheiben geschnitten auf den Markt kommt, muß chemische und organoleptische (geschmackliche) Prüfungen bestehen. Alles andere geht in die Schmelze - zum Beispiel jene Käsequalitäten, wo die Lochung zu klein, zu groß oder zu unregelmäßig ist.

Käsemacher in Vorarlberg

Für Feinschmecker von besonderem Interesse ist der Vorarlberger Bergkäse höchster Qualität, der natürlich nicht in die Schmelze geht. Er ist mindestens sechs Monate gereift und wird in Laiben von rund 30 Kilogramm, in Viertelzwickel von rund sieben Kilogramm und in Achtelzwickel von rund 3,5 Kilogramm verkauft. Was hier unter dem Alma-Etikett auf den österreichischen und ausländischen Markt kommt, ist wirklich beachtenswert: Die Käse sind von ausgezeichneter Konsistenz und besonderer Würze, die feinen Geschmackseindrücke klingen lange am Gaumen nach.

Die Qualität dieser Käse ist deshalb so gut, weil die Milch so gut ist. Die Kühe fressen in der kurzen Vegetationsperiode auf der Alpe die würzigen Gräser und Kräuter, die ohne künstlichen Dünger unter optimalen Bedingungen wachsen. Jeder Laib ist ein Unikat, das Endprodukt einer immer seltener werdenden Kunst.

In kleineren Laiben von rund acht Kilogramm gibt es den ebenfalls ausgezeichneten Montafoner Bergkäse (siehe unter Milchhof Oberland). Er ist mindestens vier Monate gereift. Eine weitere Spezialität ist der Vorarlberger Räßkäse mit 35 % F.i.T. Dieser überaus würzige Käse - er ist auch für Vorarlberger Spätzle geeignet - kommt in vier Kilogramm großen Laiben auf den Markt. (rs)

Alma, Vorarlberger Käsefabrikation & Export, A-6901 Bregenz, Tel. 0 55 74/31 4 44. Fax 39 3 26. Fabriksbesichtigungen in Gruppen nach tel. Vereinbarung.

Dafins

Über Dafins läßt sich nicht viel mehr sagen, als wie man hinkommt: Von Bregenz aus fährt man in Klaus von der A 14 (Rheintal-Autobahn) ab und tastet sich über Weiler, Röthis und Sulz bis zu einem Wegweiser vor, der einem die Abzweigung links nach Dafins anzeigt. Die schmale Straße, die zu den Scalets führt, endet blind, was aber nicht bedeutet, daß man keinen Gegenverkehr von Kieslastern hat.

Manuela Scalet: Zur Bäuerin avanciert

Wenn's gut geht, ist dieser Tip bezüglich des Ortes vielleicht schon überholt. Die Scalets müssen nämlich den gepachteten Hof in Dafins, Oberberg 22, spätestens im Herbst 1994 verlassen, und suchen schon lange nach einer Alternative.

Rund 50 Schafe und über 30 Ziegen halten Andreas und Manuela Scalet hier oben, von wo aus man einen schönen Blick auf Rankweil, Feldkirch und die Schweizer Berge hat. "Wir sind in Vorarlberg die einzigen, die ausschließlich davon leben können", sagt Manuela Scalet stolz. Die gebürtige Lochauerin hat früher in der Modebranche als Sekretärin gearbeitet, aber mittlerweile ist sie "zur Bäuerin avanciert", wie sie es ausdrückt.

Ihr aus dem Bregenzerwald kommender Gatte hat auch schon als Installateur und Grenzgänger in der Schweiz gearbeitet, aber die Arbeit mit den Tieren lag ihm dann doch mehr am Herzen. Als Nebenerwerbsbauer war es nicht zu machen: "Als der Mann dann nur noch für fünf Stunden zum Schlafen heimgekommen ist, habe ich gesagt, da müssen wir etwas ändern. Wir müssen so viele Tiere halten, daß wir zumindest zwei Drittel des Jahres davon leben können, den Rest der Zeit kann man immer noch an einen Lift gehen oder so etwas. Entweder so oder aufhören."

Nun, sie haben nicht aufgehört, sondern sich voll aufs Geschäft mit dem Fleisch, der Milch und dem Käse der Schafe und Geißen geworfen. Und Erfolg gehabt.

Siegfried Scalet ist mehr für das Fleisch zuständig. "Wer hat früher schon Schaf gegessen? Nach dem Krieg ja, aber danach wollte es keiner mehr. Erst jetzt ist es wieder schwer im Kommen. Es kommt natürlich auch sehr auf die Rasse an, beim Milchschaf merkt man nichts von diesem scharfen Schafgeschmack, beim Bergschaf stellt's einem auf!" Er hält auch zwei Kühe, deren Milch je nach Jahreszeit für Lämmer und Zicklein verwendet wird oder für die "Dafinserkäsle", die wie die verbreiteten "Goaßkäsle" aussehen (die aus einer Mischung von Ziegen- und Kuhmilch bestehen), aber ausschließlich aus Kuhmilch gemacht sind. Auch ein oder zwei Schweine gibt es, zur Verwertung der Molke. "Das macht das beste Fleisch!" sagt Siegfried Scalet. "Wenn man die Sau mit Küchenabfällen füttert, das gibt keine gute Qualität, aber Molke ist ideal. Ich habe letzthin eine 120-Kilogramm-Sau geschlachtet, die hat nicht soviel Fett gehabt!" Er zeigt mit den Fingern einen halben Zentimeter. "Wir mußten den Würsten Fett zusetzen!" Die Schweine sind nicht gerade Weideschweine, haben aber einen Auslauf.

Neben den schon erwähnten Dafinserkäsle aus Kuhmilch erzeugt Manuela Scalet Topfenbällchen aus Ziegen- oder aus Kuhmilch, die in Olivenöl eingelegt auf den Markt gebracht werden, Frischkäse und Feta (eingelegt mit Knoblauch und Kräutern) vom Schaf, je nach Jahreszeit Schnittkäse von Schaf- oder Kuhmilch, und reinen Ziegenkäse. "Wenn die Leute die übliche Mischung halb-halb wollen, dann müssen sie halt ein halben Dafinserkäs und einen halben Geißkäs zusammen essen", sagt die Mutter von drei Kindern lachend.

Der Ab-Hof-Verkauf der täglich produzierten etwa zehn Kilogramm Käse hat zugenommen, aber vor allem geht sie auf die Märkte, nach Bregenz, Lustenau und Feldkirch. Auch Gasthäuser wie der "Torggel" in Röthis oder der "Mohren" in Rankweil werden beliefert. "Samstagvormittag haben wir keinen Käse mehr, da ist alles verkauft", erzählt Manuela Scalet. "Man muß sich auf den Märkten schon einiges gefallen lassen, man muß einstecken können, und man muß mit den Leuten reden können. Mein Mann könnte sich da nicht hinstellen. Ich sage immer, er ist der Idealist, ich bin der Realist. Als Wälder ist er mit allen Leuten per Du, und das kommt in Bregenz nicht an. Feldkirch ist der angenehmste Markt, da sind die Leute gemütlich, es gibt keine Hektik, alle sind gut aufgelegt. In Lustenau, da ist es so: Man geht um neun einkehren und muß dann um halb zwölf schnell, schnell einkaufen. Der Bregenzer Markt, der war einmal etwas. Als ich ein Kind war, sind die Leute mit dem Bus nach Bregenz auf den Markt gefahren. Jetzt ist nicht mehr so viel los. Da hat man einen groben Fehler gemacht, indem man Wochenmarkt und Bauernmarkt getrennt hat."

Siegfried Scalets dringendester Wunsch klingt im Dialekt so: "Wenn ma a Älpele hätt, mit dam ganza Plunder uf d' Alp uffe, domma ruscha (=rauschen) lo, und im Hearbscht wieda ku, des wär des Ideale." (kb)

Siegfried und Manuela Scalet, A-6832 Dafins, Oberberg 22, Tel. 0 55 22/430 12.

Dornbirn

Die größte Stadt Vorarlbergs liegt an der Rheintal-Autobahn A 14. Für die beiden folgenden Adressen empfiehlt sich die Abfahrt Dornbirn-Süd.

Wanderungen und Besichtigungen: Dornbirn ist aus mehreren Dörfern zusammengewachsen und zeigt in manchen Stadtteilen durchaus noch dörflichen Charakter. Neben die altbekannte Dornbirner Messe treten seit einiger Zeit kleinere Messeveranstaltungen wie die "Freizeitmesse" und andere Nutzungen des Messegeländes. Außer einer Fahrt mit der Karrenseilbahn und anschließender Wanderung ist besonders ein

Josef Mehringer
Café Mehringer, Dornbirn
empfiehlt:

Topfenschnitten

Zutaten für 1 Blech
160 g Butter, 60 g Zucker, 7 Eigelb und 7 Eiweiß, 100 g
Zucker, 200 g Sauerrahm, 700 g Topfen, Vanille und Zitronen-
schale. Für den Strudelteig: 50 g Mehl, ca. 20 g Wasser, 6 g Öl,
Salz, Butter zum Bestreichen.

Zubereitung
Die weiche Butter mit Zucker, Vanille und abgeriebener Zitro-
nenschale schaumig rühren. Nach und nach das Eigelb
dazugeben. Abwechselnd Sauerrahm und Topfen unterrühren.
Das Eiweiß mit dem Zucker zu Schnee schlagen und unter die
Topfenmasse heben. Für den Strudelteig alle Zutaten zu einem
glatten Teig kneten. Danach zu einer Kugel formen und leicht
geölt in einem Suppenteller zugedeckt ca. 30 min rasten lassen.
Auf einem bemehlten Leinentuch den Strudelteig hauchdünn
ausziehen. (Er sollte so dünn sein, daß man durch den Teig
hindurch lesen könnte.) Die Hälfte des ausgezogenen Teigs in
ein tiefes Backblech legen, die Topfenmasse einfüllen,
glattstreichen und mit der anderen Hälfte zudecken. Dünn mit
heißer Butter bestreichen und im vorgeheizten Backrohr bei ca.
180°C backen.

*Das Café Mehringer gibt es erst seit ein paar Jahren, es ist ein
Nichtrauchercafé und nicht an der Haupteinkaufsstraße gelegen. Wenn es trotzdem regelmäßig voll ist, dann liegt das
daran, daß es gleich ist, was man sich aus der Vitrine bringen
läßt: Alles schmeckt ganz ausgezeichnet, der Chef ist ein wahrer Könner seines Fachs. Am liebsten sind freilich vielen die
Topfenschnitten, die mit möglichst frischem Topfen zubereitet
werden sollten. (kb)*

Café Mehringer, A-6850 Dornbirn, Marktstraße 18 d, Tel.
0 55 72/209 00.

Käsemacher in Vorarlberg

Besuch der hintereinander gelegenen wildromantischen Schluchten Rappenloch und Alploch empfehlenswert. Ausgangspunkt für diese Wanderungen ist das "Gütle", an dessen Zufahrtsstraße auch das Dornbirner Waldbad "Enz" liegt. Das Bödele war früher ein wintersicheres Schigebiet und lädt in allen Jahreszeiten zu Wanderungen ein.

Gastronomie und Unterkünfte: Beinahe mitten in der Stadt liegen die Hotels "Krone" (Tel. 0 55 72/227 20, Fax 280 78) und "Bischof" (Tel. 0 55 72/249 00, Fax 247 06), wer lieber am Berg wohnen möchte, kann auf etwa halber Höhe im Kur- und Seminarhotel Rickatschwende (Tel. 0 55 72/253 50, Fax 253 50-70) oder auf dem Bödele selbst im Alpenhotel Bödele (Tel. 0 55 72/72 50, Fax 72 59) absteigen. Liebhaber historischer Häuser essen im "Roten Haus" (Tel. 0 55 72/315 55) am Marktplatz, Weintrinkern empfiehlt sich "Günter's Vinothek" (Riedg. 10, Tel. 0 55 72/226 79), Naturköstlern die "Rose" im Hatlerdorf (Hatlerstraße 31, Tel. 0 55 72/224 61-0).

GROMO: Das Geheimnis des Rheintalers

Als Peter Kubelka, Inhaber des einzigen Lehrstuhls für Kochkunst an einer deutschen Kunsthochschule, nämlich dem Frankfurter Städel, im Juni 1993 in Bregenz einen Vortrag vor Publikum aus der "Jungen Landwirtschaft" hielt, demonstrierte er an zwei verschiedenen Käsesorten, was er meinte, wenn er davon sprach, daß die Gastronomie eine Wissenschaft von den "Gesten" sei, mit denen etwas zubereitet werde. Da gehe es um die Gestik, mit der der Käser den Käse "schneide" und später presse und forme, und die Industrie könne bei solchen Subtilitäten nicht mithalten. Kubelka aß ein Stückchen Schmelzkäse aus der Folie und legte es dann angewidert weg, dann nahm er räßen Käse in die bloßen Finger, steckte ihn in den Mund, kaute und machte "Mhm!" Das sei doch gleich etwas ganz anderes.

Der Räßkäse, der am Abend dieses Vortrags auf dem Buffet lag, schmeckte tatsächlich vorzüglich - der Berichterstatter hat ihn auch probiert. Er war allerdings nicht das Produkt eines knorrigen Älplers an seinem Kupferkessel, sondern eines der GROMO, der Großmolkerei Dornbirn, die die Käse zum Räßen - Tilsiter, Goudas und andere - aus Ostösterreich bezieht. Das Beispiel zeigt, daß auch Großbetriebe durchaus Spezialitäten erzeugen können, die die Kenner entzücken.

Dabei muß man der Gerechtigkeit halber einräumen, daß die GROMO in Hinblick Käseerzeugung eigentlich kein Großbetrieb ist - sechs Käser produzieren etwa 50 Tonnen Bergkäse pro Jahr, dazu kommt noch der Rheintaler, von dem weiter unten die Rede sein wird. Die eigentliche

Käsemacher in Vorarlberg

Produktion der Dornbirner liegt nämlich im Trinkmilch-, Rahm- und Joghurt-Bereich, der Käse, insbesondere der Rheintaler, läuft sozusagen als "Ventilproduktion" mit, wenn die Milchanlieferung Überschüsse bietet. (Es könnte mehr Rheintaler verkauft werden, als produziert wird.)

Die GROMO, zu deren Gründungsmitgliedern 1940 der Vorarlberger Genossenschaftsverband, die Alma und acht im Umland gelegene Sennereigenossenschaften gehörten, entstand auf eine 1938 ausgesprochene Weisung des Reichsnährstandes hin, 1942 wurde sie als damals modernster Molkereibetrieb des Alpenlands eröffnet. Heute hat die Genossenschaft zirka 900 Mitglieder, von denen 500 aktive Milchlieferanten sind. 94 Beschäftigte verarbeiten 17 Millionen Liter Milch pro Jahr, die aus dem Gebiet zwischen Lochau/Hörbranz über Alberschwende/Müselbach bis hinauf nach Götzis (wo das Gebiet des Feldkircher Milchhofs Oberland beginnt) stammt.

Der Bergkäse wird in den üblichen 30-Kilogramm-Laiben hergestellt und nach entsprechender Reifung in den Handel gebracht. Für den Räßkäse werden, wie schon erwähnt, drei Wochen alte Käse vom Milchhof Oberland und aus Ober- und Niederösterreich bezogen und bei der GROMO "geräßt", also besonders geschmiert, im speziellen Salzbad gewaschen etc.

Der Rheintaler trägt eine gesetzlich geschützte Bezeichnung und ist würzig, aber doch milder als der Bergkäse. Er wird aus thermisierter Milch von silofreien Gebieten in Laiben von zehn bis zwölf Kilogramm erzeugt. Rheintaler ist ein gebrannter Hartkäse mit geschmeidigem Teig, leicht bräunlicher Rinde mit feuchter, manchmal angetrockneter Schmiere, der in ungeheizten Kellern zirka vier Monate ausreift, wodurch die Lochbildung erbsengroß bleibt. Direktor Mag. Dr. Herbert Metzler, sonst durchaus gesprächig, läßt zu den Interna der Produktion dieser Spezialität nur verlauten: "Es ist ein anderes Herstellungsverfahren als beim Bergkäse, aber das ist natürlich ein Betriebsgeheimnis. Da spielen auch Dinge hinein wie das Käseklima im Keller, die besondere Käseflora, die sich über Jahre hinweg entwickelt hat. Das könnte man gar nicht so präzisieren, auch wenn man's wollte. Ließe man den Rheintaler woanders reifen, bekäme er einen anderen Geschmack." (kb)

GROMO Molkerei Dornbirn reg.GenmbH, Schmelzhütterstraße 33, A-6850 Dornbirn, Tel. 0 55 72/228 12-0, Bestellungen 228 12-11, Fax 227 61, Telex 591 79, Mobiltelefon D 0663/85 07 59). Die GROMO verkauft nicht nur an Gastronomie, Handelsketten und Einzelhändler, sondern unterhält auch selbst Verkaufsläden in Bregenz und Hohenems. Auch der bekannte Bregenzer "Milchpilz" bei der Bahnschranke am

Eingang zur Seepromenade wird von der GROMO betrieben. Das GROMO Käsestüble in der Dornbirner Messepassage ist verpachtet und führt die ganze Palette der GROMO-Produkte.

Gertraud Meusburger: Alles vom Schaf

Der Ab-Hof-Verkauf unter der Adresse Möckle 9 in Dornbirn will nicht so recht funktionieren: "Wir liegen halt doch zu weit abseits, da unten im Ried. Es führt zwar der Radweg vorbei, aber viele Leute kränkt es doch, beim Radeln Käse mitzunehmen, und außerdem bin ich dann, wenn die meisten Radler vorbeikommen, also Samstag/Sonntag, fast immer ausverkauft. Der Schaffrischkäse ist nämlich sehr begehrt, ich bringe ihn auf dem Dornbirner Markt immer zur Gänze weg."

Gertraud Meusburger hat das Käsen ursprünglich bei ihrem Vater gelernt und später Kurse in der Landwirtschaftsschule besucht. "Aber am wichtigsten ist doch die eigene Erfahrung. Es gibt einem zwar jeder Tips, aber man muß auf das Entscheidende doch selber draufkommen", sagt die Produzentin von Frischkäse (auch trockenem zum Einlegen in Olivenöl) und Schafschnittkäse nach Tilsiterart, mit Kräutern und ohne. Das Käsen steht bei der Verwertung ihrer 14 Ostfriesischen Milchschafe nicht einmal im Vordergrund. "Hauptsächlich mache ich Joghurt, und viele Eltern von Kindern mit Kuhmilchallergie kommen Schafmilch holen. Die meisten Kinder mögen ja den Geschmack von Ziegenmilch nicht, aber Schafmilch tut ihnen genauso wohl."

Bei Gertrud Meusburger, deren Mann Bäcker ist, gibt es aber auch andere Schafprodukte: Lammspeck und Lammwürste, Schüblinge und Leberkäse, Schafwolle und Filzpantoffeln. "Wir nützen das Schaf vom Fleisch bis zur Wolle, gar alles machen wir mit dem Schaf", sagt sie, stolz auf diese sorgfältige Ökonomie. Als ich frage, ob sie davon leben kann, lacht sie nur. "Da müßten wir mindestens 50 Schafe haben, und dann wäre es immer noch saisonal, im Winter gibt's ja keine Milch. Und die Jahresdurchschnittsleistung liegt bei zwei Litern, nur in der Hochsaison, nach dem Lammen, geben die Tiere bis zu vier Liter, im Herbst vielleicht bloß noch einen halben. Nein, das allein als Einkommen, das ginge nur bei sehr niedrigem Lebensstandard." (kb)

Gertraud und Josef Meusburger, Möckle 9, A-6850 Dornbirn, Tel. 0 55 72/333 12. Frau Meusburger ist am Mittwoch und Samstag auf dem Dornbirner Wochenmarkt anzutreffen, wo sie zu ihren eigenen Käsen auch Produkte von den "Käsemachern" verkauft; gelegentlich geht sie auf den Lustenauer Markt und - im Herbst - nach Feldkirch.

Egg/Bregenzerwald

Der Bregenzerwald ist - wie schon in der Einleitung festgestellt - die Käsekammer Vorarlbergs, darüber hinaus ein touristisch voll erschlossenes (in einzelnen Fällen wohl auch übererschlossenes) Wander- und Erholungsgebiet mit bemerkenswert schönen Gegenden. Seine Bevölkerung nimmt in Vorarlberg eine Sonderstellung ein: Während manche Nicht-Wälder behaupten, daß es dreierlei Menschen gebe (nämlich Männer, Weiber und Wälder), legen die Wälder selbst großen Wert auf die Unterscheidung zwischen Vorder- und Hinterwald, und manche Gemeinden, die von Nicht-Wäldern fälschlich dem Bregenzerwald zugerechnet werden, noch größeren Wert darauf, diesen Irrtum richtigzustellen. Die meisten Touristen ahnen von diesen Debatten allerdings ohnehin nichts, da sie den im Bregenzerwald gesprochenen Dialekt (mit seinen starken lokalen Färbungen) sowieso nicht verstehen können. Einig ist man sich darin, daß es im Wald (sprich: Wauld) bemerkenswert schöne Frauen und bemerkenswert tüchtige Geschäftsleute gibt. Doch nun zu Egg, der größten Gemeinde des Bregenzerwaldes - sowohl nach der Fläche als auch nach der Einwohnerzahl. Um in diesen Ort zu gelangen, fährt man von Dornbirn über die Bödelestraße und Schwarzenberg, oder man biegt von der "Dörferstraße" Bregenz-Dornbirn in Schwarzach nach links ins Schwarzachtobel ab. (kb)

Wanderungen und Besichtigungen: Sehenswert sind neben den beiden Pfarrkirchen das Heimatmuseum, die gedeckte Holzbrücke von Negrelli im Gschwendtobel, die größte Vorarlberger Höhle, das Schneckenloch, und der Subersachwasserfall.

Gastronomie und Unterkünfte: Als Essenstip wollen wir hier den Kässtadl ganz besonders hervorheben (A-6863 Egg, Loco 9, Tel. 0 55 12/22 07-15), das einzige Lokal in Vorarlberg, in dem das Käseangebot im Vordergrund steht (siehe auch unter Käseeinkauf in Vorarlberg). Übernachten kann man im Hotel Post, (A-6863 Egg, Nr. 6, Tel. 0 55 12/22 30, Fax 22 30-12).

Ingo Metzler: Der Marketing-Profi

Noch sind es nicht viele Bauern, die eine Pressemappe zur Hand haben, wenn Medienleute vorbeikommen; aber Ingo Metzler, der Gewinner des Landwirtschaftlichen Innovationspreises 1992, hat in der Handelsschule Bezau und beim Direktvermarktungsseminar des Naturprodukltevereins in dieser Hinsicht einiges begriffen. "Mein Vater und ich waren der Meinung, daß man die Landwirtschaft zu Hause lernen könne, und daß es in Zukunft wichtig sei, daß man im Büro zugange kommt und daß man eine richtige Rechnung ausschreiben kann undsoweiter", sagt der junge Mann, der auf dem zirka 850 m hoch gelegenen Bergbauernbetrieb der Zone II mit 15 Kühen und 40 Ziegen täglich 500 Stück "Wälderkäsle" produziert und bestens vermarktet: Kaum ein Käseladen im Lande, der nicht die 10-dag-Mischkäslein aus Kuh- und Ziegenmilch anbietet. "Das Verhältnis ist etwa 70:30, wobei der Ziegenmilchanteil im Lauf des Jahres fällt. Die breite Masse der Konsumenten mag einen milden Käse, der nur einen leichten Ziegengeschmack hat. Dieser Käse bleibt nur drei Tage auf Lager, womit er für den Ab-Hof-Verkauf eher uninteressant ist, weil man ja einen fixen Kundenstamm braucht." Die Wälderkäsle werden in praktischen Stapelbehältern verpackungsfrei ausgeliefert, was für Metzler ein Problem mit sich bringt: "Es ist halt schwierig, mit unverpacktem Käse ein Markenbewußtsein zu entwickeln."

Das geht schon eher beim "Käsetaler", über den es auf einem Werbeblatt heißt: "Der milde Weichkäse mit einem Fettgehalt von 45 % F.i.T. in Tortenform mit einem Durchmesser von 22 cm wiegt etwa drei Kilogramm je Laib und ist etwa acht Wochen gereift. (...) Ein attraktives Etikett mit dem Hofsignet von Ingo Metzler und dem Logo von Natur und Leben Bregenzerwald unterstreichen die Professionalität des Erzeugers."

Hofsignet und Logo, da staunt der Älpler. Aber Metzler, der im Jahr zirka 80.000 Liter Milch verarbeitet, hat noch mehr als den Käsetaler, von dem 60 % über den Großhandel verkauft werden, in petto: Er produziert in Zusammenarbeit mit einem langjährigen Freund aus Egg, der fünfzehn Jahre in der Kosmetikindustrie gearbeitet hat, Molkekosmetika, die mit einer kleinen Maschine für Handbetrieb abgefüllt werden. Es sind Shampoos und Haarbalsame, Bäder und Duschen mit Zusätzen von Lavendelöl, Ringelblume, Melisse und Alpenkräutern. Die Molke ist mit ätherischen Ölen und Parabenen stabilisiert. Für das Marketing gibt es bei Metzler kleine Holzhäuschen auszuleihen, die die Kundinnen auf das Produkt aufmerksam machen sollen.

Noch eine zweite Verwendungsmöglichkeit für die Molke hat Metzler gefunden: Er liefert sie als "Ländle-Molke-Drink" (eingetragenes Warenzeichen) sowohl "Natur pur" als auch aromatisiert in den Geschmacksrichtungen Apfel und Orange in 5-Liter-Kanistern für das Frühstücksbüffett der Pensionen und Hotels. "Als ich erfuhr, daß bis zu 40 Liter Orangensaft aus dem Tetrapack ausgeschenkt werden, dachte ich mir, ein Produkt aus der Talschaft, das keine Entsorgungsprobleme bereitet, müßte den Orangensaft leicht konkurrenzieren können.

Außerdem kann man Molke als Entschlackungsgetränk, Sportgetränk usw. anbieten."

Auch Ziger gibt es bei Metzler, der übrigens kein Biobauer ist: "Wir sind gezwungen, Heu zuzukaufen, und die Standlängen im Kuhstall sowie der Auslauf reichen auch nicht aus. Den Stall wollen wir umbauen, aber wir haben auch sonst Bedenken, wieder einer Vereinigung beizutreten, nachdem wir jahrelang den Kampf mit dem Milchwirtschaftsfonds hatten." (kb)

Ingo und Melitta Metzler, A-6863 Egg, Bruggan 1025, Tel. 0 55 12/30 44, Fax 42 45.

Eichenberg

Die Sennerei Lutzenreute-Eichenberg liegt an der Straße, die von Lochau über Eichenberg nach Möggers führt, und zwar rechter Hand.

Sennerei Lutzenreute-Eichenberg

Die Bauern der Genossenschaft liefern etwa 3.000 Liter pro Tag an die Sennerei, die nach einer längeren Umbauphase Ende Juni 1993 neu eröffnet wurde. Der aus Riefensberg stammende Käser Michael Heinzle erzeugt aus dieser Milch täglich acht Laibe Bergkäse mit einem durchschnittlichen Gewicht von 30 Kilogramm. Sie reifen im eigenen Käsekeller fünf bis sechs Monate, ein Teil davon geht dann anschließend an die Firma Rupp.

Es gibt auch einen Kleinverkauf, der keine große Rolle spielt, weil die Sennerei außerhalb des Dorfes Eichenberg liegt und die umliegenden Bauern eigene Milchkühe haben, sodaß nur ein paar Besitzer von Ferienwohnungen und Wanderer als Käufer in Erscheinung treten. Neben Bergkäse und Milch (abends, nur auf Bestellung) sowie Rahm werden auch verschiedene Käse aus der Ruppschen Produktion (Emmentaler, Mischlingkäse, Streichkäsle) angeboten.

Eine Besonderheit ist der vom Senn erzeugte, als "Lutzenrütter" angebotene Bachensteiner, der seinem Namen eigentlich widersprechend - das Wort geht ja auf die Backstein-Form des Käses zurück - hier kreisrund ist. "Mir persönlich paßt das Runde von der Pflege her einfach besser", meinte Michael Heinzle. (kb)

Sennerei Lutzenreute/Eichenberg, A-6911 Eichenberg, Lutzenreute 23, Tel. 0 55 73/33 80. Verkauf tägl. 7-12 Uhr, MO, MI, FR und SA auch 17.30-19 Uhr.

Feldkirch

Der Ort liegt südlich von Bregenz und ist über die Rheintal Autobahn A 14 zu erreichen.

Wanderungen und Besichtigungen: Feldkirch, um 1200 von Graf Hugo I. von Montfort gegründet, war ab Mitte des 16. Jahrhunderts Tagungsort der landständischen Versammlungen des Vorarlberger Landtages, ehe diese nach Bregenz verlegt wurden. Sehenswert sind die Tore und Türme der ehemaligen Stadtbefestigung, das Wahrzeichen der Stadt ist die Schattenburg mit einem schönen Innenhof sowie Burgkapelle und Rittersaal.

Gastronomie und Unterkünfte: Das Gourmet-Restaurant Schäfle (Naflastr. 3, A-6804 Altenstadt/Feldkirch, Tel. 0 55 22/22 2 03-0) bietet auch viele Vorarlberger Spezialitäten. Ausgezeichnete Hotels sind die Alpenrose (Tel. 0 55 22/22 1 75) und das Weiße Kreuz (Tel. 0 55 22/28 7 88-0). Zimmernachweis: Tel. 0 55 22/23 4 67. In Übersaxen bietet die Pension "Krone" in 900 Meter Seehöhe ein Gourmetrestaurant und eine sehr gut eingerichtete Vinothek. ("Der Kronenwirt", Besitzer: Fam. Jurovic, A-6830 Übersaxen, Tel. 0 55 22/413 38 oder 420 64, Fax 413 38.) Gourmet-Wochenenden für zwei Personen verbinden fünfgängiges Feinschmeckermenü, Komfortzimmer und Sektfrühstück mit den reichen Wandermöglichkeiten in der Umgebung. Man fährt von Feldkirch nach Rankweil und biegt nach der Ortsmitte rechts ab.

Milchhof Oberland: Auf der Suche nach den alten Sorten

Eine Aufgabe des Milchhofs Oberland besteht darin, das ganze Jahr über halb Vorarlberg - Oberland ist das Gebiet südlich von Dornbirn - mit Milch, Butter und Käse zu versorgen. In Zahlen ausgedrückt klingt das recht imposant: Jedes Jahr werden von 65 Beschäftigten rund 20 Millionen Liter Rohmilch verarbeitet und rund 1.000 Tonnen Käse (inklusive Speisetopfen) erzeugt. Darin enthalten sind 200 Tonnen Hartkäse, 300 Tonnen Schnittkäse und 100 Tonnen Sura Käs. In den unterirdischen Käsekellern reifen bis zu 200 Tonnen Käse. Sieben Verkaufswagen bringen die Produkte im Ländle an den Mann, in den anderen Bundesländern sorgt die Alma für den Vertrieb.

Doch der Feldkircher Genossenschaftsbetrieb mit seinen 730 Mitgliedern hat noch eine zweite Aufgabe, die er freiwillig übernommen hat und die nichts mit Quantität, sondern alles mit Qualität zu tun hat: Er pflegt die alten, bodenständigen Sorten. So wird hier ein Großteil des Räßkäses erzeugt, der dann später unter dem ALMA-Etikett zu den Kunden gelangt. Dieser Räßkäse wird aus pasteurisierter Milch hergestellt, reift mindestens vier Monate bei 16 Grad Celsius und wird mit einer Sulz behandelt. Er schmeckt hocharomatisch und pikant, im reiferen Zustand auch salzig-würzig mit einer dezenten Schärfe. In den Verkauf kommt er in zwei Fettstufen: mit 35 % und mit 45 % F.i.T.

Meinrad Malin, der Betriebsleiter des Milchhofs Oberland, freut sich, daß der Räßkäse heute en vogue ist: nicht nur als Jausenkäse und als Zutat für die klassischen Vorarlberger Käsespätzle - auch auf den Käsewagen in den Haubenrestaurants ist er immer häufiger zu finden, und die Käsetheken haben ihn ebenfalls wiederentdeckt. Malin: "Der Verkaufsleiter von ALMA ist immer auf der Suche nach Nischen. Anfangs war sich niemand sicher, ob der Räßkäse ein Verkaufserfolg wird, doch heute gibt es keinen Zweifel mehr."

Räßkäse

Eine andere regionale Spezialität ist der Mischlingkäse. Malin: "Zu Großvaters Zeiten war dieser Käse sehr beliebt, doch dann ist er in Vergessenheit geraten. Eines Tages haben ältere Kaufleute gefragt: Warum macht ihr keinen Mischling? Den könnten wir verkaufen! So entschlossen wir uns, nach alten Rezepten einen Mischling zu erzeugen."

Der Vorarlberger Mischling des Milchhofs Oberland, hergestellt aus pasteurisierter Milch und mindestens drei Monate gereift, ist in Laibform und Blockform erhältlich, mit einem Gewicht von sechs bis sieben Kilogramm. Er hat 35 % F.i.T. und sein Teig weist in vielen Fällen keine Lochung auf, er kann aber auch eine kleine Lochung in der Größe von Gerstenkörnern oder Erbsen zeigen. Im Geschmack ist er pikant und leicht säuerlich. Diesen Käse gibt es sowohl mit original Milchhof Oberland-Etiketten als auch mit ALMA-Etiketten.

Mischling

Eine dritte Spezialität ist der deftige Sura Käs, aus pasteurisierter Magermilch ohne Zugabe von Lab hergestellt. Außen hat er eine goldgelbe Speckschicht, innen einen topfigen Kern. Auch dieser Käse hat in Vorarlberg und insbesondere im Montafon eine lange Tradition.

Im Grunde ist der Sura Käs ein Folgeprodukt der Rahmerzeugung: Um auch die entrahmte Milch noch zu verwerten, wurde der Sura Käs als alte bodenständige Käsesorte einfacherer Art mit Erfolg neu lanciert. Dieser Jausenkäse ist praktisch fettlos, er wird in Laib- oder Stöckle-Form verkauft.

Einen Tilsiter gibt es in einer Variante mit Schlitzlochung, in einer anderen nach Schweizer Art mit Rundlochung - beide acht Wochen gereift und mit 45 % F.i.T. Die zwei Tilsiter tragen ebenfalls das Etikett des Milchhofs Oberland.

Rezepte mit Käse

Gerhard Jurovic
Kronenwirt, Übersaxen
empfiehlt:

Ländlekäse in feiner Kräutermarinade

Zutaten für 4 Personen

400 g Bergkäse (z. B. Sennerei Schnifis), 400 g Schafkäse (z. B. Dafins). Für die Marinade: 1/2 rote Paprikaschote, 2 Gewürzgurken, 1 Knoblauchzehe, frische Kräuter wie: Basilikum, Petersilie, Schnittlauch, Kresse. Salz, Pfeffer, 1/8 1 Rotweinessig, 4 EL Aceto Balsamico, 4 EL kaltgepreßtes Olivenöl. Garnitur: Blaue Trauben, Preiselbeeren oder Ribisel, Cherry Tomaten, Dill und Kürbiskerne.

Zubereitung

Bergkäse in Streifen hobeln und in der Mitte eines großen Tellers in Pyramidenform aufschichten. Schafkäse würfeln und um den Bergkäse verteilen. Garnitur dekorativ auf dem Teller verteilen. Für die Marinade den Knoblauch pressen und mit dem Rotweinessig anrühren, mit Salz, Pfeffer und Aceto balsamico abschmecken, Olivenöl erst zum Schluß beimengen, damit die frischen Kräuter das Aroma behalten. Die Marinade über dem Käse gut verteilen und mit frischem Dill garnieren.

"Der Kronenwirt" in Übersaxen hat sich trotz relativer geographischer Abgelegenheit durch Küche und Weinangebot ein Stammpublikum erobert. Die Familie Jurovic hat die Pension "Krone" vom Dorfgasthaus in ein Gourmetrestaurant samt Vinothek und eine Herberge mit Komfortzimmern umgewandelt. Bei den Rezepten und im Weinkeller dominiert das Steirische, die Produkte für die Speisen stammen natürlich aus dem lokalen Angebot. (kb)

Restaurant "Krone", A-6830 Übersaxen, Tel. 0 55 22/413 38 oder 420 64, SO Abend und MO geschlossen.

Apropos Etikett: Schon aus dem bisher Gesagten wird deutlich, daß sich der Milchhof Oberland eine gewisse Eigenständigkeit bewahrt hat, auch innerhalb der Alma-Genossenschaft. Die zirka acht Kilogramm schweren Laibe Bergkäse des Milchhofs Oberland, hergestellt aus Rohmilch und vier bis sechs Monate gereift, tragen die Bezeichnung Montafoner Bergkäse, auch wenn sie von der Alma vertrieben werden. Dort konkurrieren sie mit dem Vorarlberger Bergkäse Marke Alma. (rs)

Milchhof Oberland, reg. Gen.m.b.H, Nofler Straße 62, A-6805 Feldkirch, Tel. 0 55 22/22 1 30 Fax 22 1 30/33. Ein Teilbetrieb befindet sich in Bludenz: Herrengasse 55, A-6700 Bludenz, Tel. 0 55 52/63 1 15. Die Produkte sind bei SPAR, A&O, ADEG sowie über Hosp erhältlich.

Gaißau

Gaißau ist ein am Alten Rhein gelegenes Feriendorf mit einem Grenzübertritt zur Schweiz, der von den Einheimischen gerne benutzt wird, wenn sich in Höchst und Lustenau der Verkehr staut. Man kommt nach Gaißau, indem man unmittelbar vor dem Höchster Grenzübergang an der B 202 (Schweizer Bundesstraße) rechts abbiegt (d.h. eigentlich geradeaus weiterfährt, statt die scharfe Linkskurve der Vorrangstraße zu nehmen). Man fährt zuerst an der Kirche vorbei durch Höchst, dann kommt man, an Ackerland und Auwäldchen vorbei, nach Gaißau.

Wanderungen und Besichtigungen: Gaißau hat eine neogotische Kirche, die Figuren stammen aus dem 17. Jahrhundert. Interessanter sind die umliegenden Naturschutzgebiete Rheinholz und Rheinspitz.

Ingrid Isele: Ein Hof voller Tiere

An der Straße von Höchst nach Gaißau weist ein handgemaltes Schild mit einem dicken Wollschaf auf das Haus der Iseles hin. Zuerst geht es einen schmalen Weg entlang, vorüber an einem Gehege mit Kampfhühnern, die alle herbeistürzen, sobald sie einen gesehen haben. Die Iseles selbst halten allerdings flugfähige Araukaner-Hühner, die keinen Bürzel haben und grünschalige Eier legen. Die nächste Tierart, die auf einen zukommt, sind Schafe. Es sind Ostfriesische Milchschafe, dazwischen findet sich auch immer wieder ein Merinoschaf. Die Tiere, deren Böcke zwar hornlos, aber recht angriffslustig sind, weiden gierig das fette Gras hinter dem Hof ab. Doch die Ostfriesischen Milchschafe sind keineswegs solche "Rasenmäher" wie andere Schafrassen, sondern ausgesprochene Feinschmecker, die Klee besonders zu schätzen wissen.

GAULT&MILLAU

ÜBER GESCHMACK LÄSST SICH STREITEN, ÜBER QUALITÄT NICHT.

2. PLATZ
Bestsellerliste (Sachbücher)

DIE No 1*

*)IN VERKAUF UND VERBREITUNG (KULINARISCHE TITEL)
IN KOMPETENZ UND GLAUBWÜRDIGKEIT (BEWERTUNG UND BESCHREIBUNG)
IN DER MEDIENBEACHTUNG (LAUT OBSERVER)

Als Alpschafe sind sie nicht geeignet, zwar verbessert sich auf der Alp ihre Milchqualität, aber die Milchmenge sinkt allzu rapide ab. Hier unten, in der saftigen Vegetation des Rhein-Deltas, liefert ein Spitzentier bis zu fünf Liter Milch pro Tag.

Ingrid Isele, eine gut aussehende Mutter von drei Kindern, produziert im Ortsteil Zwischengräben eine ganze Reihe von Schafprodukten, deren Interessantestes zweifellos der Schafcamembert ist. "Man muß halt *camembert-artig* sagen", meint sie, während sie vorführt, was sie noch auf Lager hat: Speck, Bauernwürste, Landjäger, Kräutertees, Wolle, Socken, Pullover (die sie im Winter auf der Strickmaschine anfertigt). Natürlich hat sie auch Milchkundschaft und verkauft auf Vorbestellung Schaftopfen und Joghurt und variiert ihre Frischkäseproduktion nach Bedarf. Manchmal ist sie ausverkauft, bei unregelmäßig stattfindenden Bauernmärkten beispielsweise in Höchst wird ihr der Käse förmlich aus der Hand gerissen. Es empfiehlt sich also, vor einem Besuch anzurufen.

Besonders stolz ist sie auf den Camembertartigen: "Da könnt ihr weit gehen, bis ihr wieder so einen Käs' findet." Die Milch wird in einer einfachen Waschgelte auf 35 Grad Celsius erwärmt, dann mit Buttermilch, Lab und dem Camembertschimmel geimpft. Nach dem Schneiden kommt der Bruch in Gefäße, die sie sich aus Plastikeimern und Thea-Büchsen mit Löchern selbst hergestellt hat. Zwei Kilo stellt sie im Durchschnitt pro Tag her, unter ihren Tieren befanden sich schon Landessieger, sodaß sie über 20 Liter Milch zur Verfügung hat. Zwei Monate läßt sie den Käse dann reifen.

Als Käserin ist sie Autodidaktin, hat sich aber den letzten Schliff im Seminar der Bauernkammer geben lassen. Das Experimentieren macht ihr immer noch Spaß: jetzt arbeitet sie an einem Hartkäse, der in einer Wachshülle heranreift. Das Bienenwachs bekommt sie von ihrer Mutter, die imkert. Erste, mißlungene Versuche haben ihr unerwünschte regelmäßige Gesellschaft gebracht: Als sie feststellen mußte, daß die Käse unter dem Überzug schimmelten, vergrub sie diese in der Nähe von Bäumen, die von Wühlmäusen bedroht waren, in der Hoffnung, damit die Mäuse zu vertreiben. Stattdessen kamen Füchse, fraßen die Käse mit offensichtlicher Begeisterung und kommen nun immer wieder nachsehen, ob nicht neuer fauler Käse da ist.

Auf dem Hof geht es auch sonst recht biologisch her: "Der Mann von der Putzmittelfirma wollte mir etwas gegen die vielen Fliegen im Stall einreden. Ich brauch' kein chemisches Zeug!" Frau Isele weist nach oben, wo die Schwalben unter dem Stallboden lärmen. "Wir haben ihnen ein paar Nisthilfen gegeben. Interessanterweise akzeptieren sie nur

Eternit, kein Holz." Die Nisthilfen bestehen aus kleinen Brettchen, die den Vögeln das Ankleben der Nester an den Balken erleichtern. "Letztes Jahr sind 70 Stück ausgeflogen. Denen gefällt es hier, weil sie bei schlechtem Wetter unter dem Dach Fliegen fangen können. Und ich sehe im Herbst genau, wann die Kälte kommt."

Den Besucher aus der Stadt beeindruckt, wie reich hier das Tierleben ist. Das hängt mit der Nähe des Naturschutzgebietes im Rhein-Delta zusammen. Die Füchse, die gelegentlich am hellichten Tag am Haus vorbeistreunen, wurden schon erwähnt, auch Krähen machen sich unangenehm bemerkbar: "Die kommen anstolziert, schreien frech Kra-Kra, trinken Molke, hops hinein in den Stall, da fressen sie Eier und fliegen wieder weg. Einem Nachbarn haben die Krähen an einem einzigen Nachmittag 18 Küken abgemurkst und damit ihre Jungen gefüttert. Die Elstern sind ähnlich tückisch."

Da sind die Pirole, die gelegentlich auftauchen, und die Wachteln, die man am Morgen zwar hören, aber nicht sehen kann, schon angenehmer.

Die sympathische junge Frau scheint ein workaholic zu sein (wobei ihr mit drei Kindern und einem Hof voller Tiere ja gar nichts anderes übrigbleibt), jedenfalls erzählt sie uns bei unserem Besuch im Sommer, wie gern sie jetzt wieder an der Strickmaschine sitzen würde. "Aber wenn ich dann den ganzen Winter gestrickt habe, könnte ich das Ding an die Wand werfen. Da denk' ich dann ständig ans Käsen." Gern würde sie mit ihren Tieren auch einmal im Sommer auf die Alp gehen, aber bisher hat es damit nicht geklappt. (kb)

Ingrid Isele, Riedgasse 230, A-6974 Gaißau, Tel. 0 55 78/22 96.

Langen bei Bregenz

Wenn man von Bregenz die Arlbergstraße stadtauswärts fährt, biegt man am Ölrain links ab und fährt über die nächste größere Kreuzung geradeaus weiter auf die Langener Straße. Unter dem Gebhardsberg vorbei geht es stetig bergauf und durch Tunnels nach Langen bei Bregenz (im Unterschied zu Langen am Arlberg).

Sennereigenossenschaft Langen

Hier werden in der seit 1977 einzigen lokalen Sennerei, einem Gemeindebetrieb (Obmann: Josef Feßler, Betriebsleiter: Alfred Bechter, drei Mitarbeiter), aus der von 43 Lieferanten zweimal täglich angelieferten Milchmenge von insgesamt bis zu 14.000 Litern pro Tag acht bis zehn Emmentaler erzeugt, dann zehn Wochen gelagert und bei entsprechender Klassifizierung ("Fertiger 1") anschließend an die Firma Rupp abgeführt, weil der Langener Keller nicht kalt genug ist für die notwendige weitere Lagerung. Wenn sich nach vier bis sechs Wochen keine Löcher im Emmentaler gebildet haben, wird er eingeschmolzen. Aus der jährlichen Milchliefermenge von ca. 3,4 Millionen Litern werden rund 34.000 Kilogramm Tafelbutter und etwa 300.000 Kilogramm Käse erzeugt. Im Käselager liegen auch von kleineren Bergsennereien zugekaufte Bergkäse. Die Molke geht an Schweinezüchter in Langen. Obwohl natürlich keine Schaukäserei, ist die Sennerei ein beliebter Besuchsort für landwirtschaftliche Gruppen aus anderen Bundesländern bis hin zu Kneippvereinen.

Im Kleinverkauf (sonn- wie werktags von 6-12 und 18-20 Uhr) gibt es Milch, Rahm, Butter, Tilsiter, Emmentaler und Bergkäse der Firma Rupp). Ein Bregenzer Wochenblatt urteilte: "Kunden, die den Kleinverkauf an manchen Tagen regelrecht stürmen, wissen, worauf es ihnen ankommt: Wenn sie beispielsweise für ein Kilogramm Bergkäse bis zu 50 Schilling weniger zu bezahlen haben und das bei einer Qualität, für die das dahinterstehende naturnahe System der Erzeugung sorgt, versteht man den guten Ruf der Sennereigenossenschaft bei ihren Kunden."
(kb)

Sennereigenossenschaft Langen, A-6932 Langen bei Bregenz, Reicharten Nr. 41, Tel. 0 55 75/44 42.

Lochau

Der Ort grenzt unmittelbar an Bregenz, wenn man auf der B 190 (Vorarlberger Bundesstraße) Richtung Deutschland fährt.

Wanderungen und Besichtigungen: Hauptattraktionen sind die Bademöglichkeiten am See und der Zugang zum Bregenzer Hausberg Pfänder, zum Aussichtsort Eichenberg und zu Wanderungen im Gebiet der Ruine Ruggburg.

Gastronomie und Unterkünfte: Man ißt sehr gut im Gasthof Mangold (A-6911 Lochau, Pfänderstr. 3, Tel. 0 55 74/424 31). Der kreative Küchenchef Michael Schwarzenbacher hat sogar die "Wälderschokolade", den Sig, in einer verfeinerten Form in sein kulinarisches Programm aufgenommen (siehe unter Rezepte). Das Schloßhotel mit der besten Lage am See dient schon seit Jahrzehnten als Bundesheerkaserne, aber es gibt ja noch auf halber Höhe zum Pfänder den Landgasthof Haggen (A-6911 Lochau, Haggen 1, Tel. 0 55 74/429 26, Fax 474 15-4).

Rupp: 's beschte Eck vom Käs

Käse ist nicht immer ganz ungefährlich, mußte der heutige Chef der Firma Josef Rupp GmbH, Dr. lic. oec. Josef J. Rupp III., in seiner Lehrzeit feststellen: "Ich habe in den Sommerferien in verschiedenen Betrieben gearbeitet, das waren Labors, Sennereien, Molkereien undsoweiter. Ja, da war ich also in der Sennerei Doren, in der Emmentalerblöcke mit einem Gewicht von 90 bis 100 Kilo hergestellt wurden. Die mußte man zum Umpacken aus dem Gestell von ganz oben herunterholen. Das war eine unbeliebte Arbeit bei den Sennen, also wurden der Hilfssenn und ich dazu eingeteilt. Ich war vierzehn Jahre alt, dachte mir

Emmentaler

aber: Wenn der das kann, kann ich es auch. Er stand auf der einen Seite, ich auf der anderen. Wir nehmen den Block, und ich klappe unter dem Gewicht sofort zusammen. Der Block wäre auf mich draufgefallen, wenn ihm der Hilfssenn nicht im letzten Augenblick einen Stoß gegeben hätte. So lag ich dann in der einen Ecke vom Raum und der Emmentaler in der anderen." Josef Rupp lacht bei der Erinnerung, was seine Ähnlichkeit mit Peter Ustinov verstärkt. "So wär' ich also beinahe vom Käse erschlagen worden ..."

Psychoanalytiker fänden vielleicht in jenem Erlebnis einen Grund, warum Rupps Erfolgsrezept heute ganz kleine Käse sind, Scheibletten, wurstförmige Stücke und natürlich die Eckerln, auf die sich der Werbespruch mit dem alemannischen Zischlaut bezieht. Richtig würden sie damit freilich nicht liegen, denn die Schmelzkäseproduktion begann

schon viel früher, 1950 unter Josef Rupp II., mit dem "Enzian-Käsle". Aber fangen wir überhaupt vorne an mit der Rupp-Geschichte: Der Firmengründer, also Josef Rupp I. (im Geschäftsverkehr mit den Amerikanern sind die römischen Zahlen sicher noch nützlicher als bei uns) war der Sohn eines Fußacher Bauern, der im Nebenberuf Käsehändler war. Mit sechs Jahren kam er in fremde Dienste, mit dreizehn erzeugte er selbständig Käse und besuchte mit dem dabei verdienten Geld die Molkereischule in Rüthi-Zollikofen (Schweiz). Das ermöglichte ihm, 1908 als erster in Österreich Emmentaler nach Schweizer Art herzustellen. Nach dem Ersten Weltkrieg übersiedelte er nach Lochau und zog nun dort eine Käseproduktion und einen Handel mit Milch und Milchprodukten auf. Der Wirtschaftskrise der 20er Jahre begegnete er mit Exporten nach Deutschland, Frankreich, Italien und in die USA. 1933 kaufte er eine Seifenfabrik.

Ein Bonmot sagt, er habe sich später, den Vorlieben seiner Kinder entsprechend, die lieber Käse aßen als sich zu waschen, entschlossen, die Seifenfabrik in eine Käsefabrik umzubauen. Hier wurde nun Schmelzkäse produziert. 1947 übernahm Josef Rupp II. die Geschäftsführung, nach seinem plötzlichen Tod 1970 leitete seine Witwe die Firma.

In diese Zeit fiel die Entscheidung für die erste Maschine, die Schmelzkäsescheiben erzeugte, eine Entscheidung, die damals ein erhebliches Risiko darstellte, sich aber bald als richtig erwies. Heute ist Rupp nicht nur mit 830 Millionen Schilling Umsatz (1992) das größte private Familienunternehmen in der österreichischen Milchwirtschaft, sondern auch Marktführer im Schmelzkäsebereich (49 %). Über die Tochterfirma Alpenhof GmbH im Allgäu ist man ein Joint Venture mit den amerikanischen Käseproduzenten Schreiber Foods Inc. eingegangen, die in den USA bis 70 % des Käsebedarfs im Fast-Food-Markt abdecken.

Am Standort Lochau, wo Rupp der größte Arbeitgeber der Gemeinde ist, kriegt der Konsument allerdings kein Fitzelchen Käse zu kaufen und - nebenbei bemerkt - es gibt auch keine Betriebsbesichtigungen, aus hygienischen Gründen. (Wenn man mal Geschäftspartnern doch etwas zeigt, werden die erst in komplette Wegwerfkleidung eingehüllt.) Die umfangreiche Palette der Produkte, zu denen neben den vielfältigen Eckerln und Scheiben auch kleinweise abgepackter Emmentaler und Bergkäse gehören, wird im Lebensmittelhandel angeboten, Bergkäse natürlich auch in der Sennerei Lutzenreute (siehe weiter unten).

Unklar ist dem Berichterstatter nur eins geblieben: Warum heißt der Rupp-Frischkäse mit Kräutern oder Kren ausgerechnet "Casanova"? Hat doch gerade dieser berühmte Liebhaber und große Schriftsteller in seinen "Denkwürdigkeiten" mitgeteilt: "Ich habe alle Speisen geliebt, die

einen Hautgout haben: die Makkeronipasteten, von einem guten neapolitanischen Koch bereitet, die olla potrida der Spanier, den echt klebrigen Neufundländer Stockfisch, recht stark riechendes Wildbret und den Käse, dessen Vollkommenheit sich darin zeigt, daß die in demselben sich bildenden kleinen Wesen anfangen, sichtbar zu werden."
Das hat Rupp doch sicher nicht gemeint. (kb)

Josef Rupp GesmbH, Kugelbeerweg 3, A-6911 Lochau, Tel. 0 55 74/49 73-0, Fax-Zentrale 47032, Fax-Export 49 73-52. Keine Betriebsbesichtigungen.

Möggers

Mit dem Auto erreicht man diesen Ort, indem man von Bregenz über Lochau in Richtung Hohenweiler fährt und dann links nach Möggers abzweigt.

Wanderungen und Besichtigungen: Möggers ist nach der Eigendefinition des Ferienprospekts "ein Erholungsdorf, eingebettet in sanfte Hügel, saftige Wiesen und Wälder". Es liegt oberhalb der Nebelgrenze in 750 bis 950 Meter Seehöhe und ist idealer Ausgangspunkt für Wanderungen. Am Ufer des nicht weit entfernten Bodensees locken Badefreuden, für Kunstbeflissene gibt es jedes Jahr die Bregenzer Festspiele, bei Schönwetter auf der Seebühne.

Gastronomie und Unterkünfte: Gleich gegenüber der Käserei liegt der Gasthof Bantel (Tel. 0 55 73/22 33). Von der Terrasse hat man einen schönen Blick auf den Bodensee. Da Gasthof und Käserei im Besitz der Familie Bantel sind, kann man hier nicht nur den berühmten Camembert Berggold kaufen, sondern auch einen vorzüglichen gebakkenen Camembert mit Preiselbeeren essen. Gekocht wird ausschließlich mit Butter und Butterschmalz (keine Margarine, kein Öl). Zimmernachweis für Möggers: Tel. 0 55 73/38 09.

Geschwister Bantel: Die Camembert-Spezialisten

Aus einem kleinen Familienbetrieb Vorarlbergs stammt einer der besten Kuhmilch-Camemberts Österreichs: Er kommt aus der Käserei der Geschwister Bantel in Möggers und trägt den prosaischen Namen Berggold. Wenn das kein Versprechen für gute Qualität ist?
In dem 1886 gegründeten Betrieb wurden in der Anfangsphase Rot-

  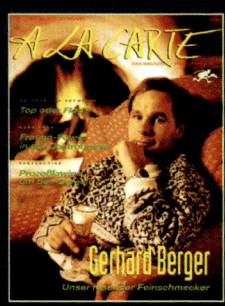

schmierekäse wie Romadur und Bachensteiner hergestellt. Anfang der dreißiger Jahre kam dann der Camembert Berggold hinzu, in den vierziger und fünfziger Jahren wurden in den damals gepachteten Sennereien Hörbranz, Weienried und Hohenweiler auch Emmentaler und Bergkäse erzeugt. Heute ist die Käserei zu hundert Prozent auf Camembert spezialisiert, und sieben Beschäftigte produzieren 200 Tonnen Käse im Jahr.

Georg Bantel, ein Jahrgang 1955, der von seinen vier Geschwistern zum Geschäftsführer des Familienbetriebs und vom Gemeinderat des Ortes zum Bürgermeister auserkoren wurde, kann mit dieser Weichenstellung zufrieden sein. "Die Milchmenge bestimmt den Umfang unserer Produktion, im Absatz müssen wir uns nicht besonders engagieren," sagt stolz der erfolgreiche Käsemacher.

Die Milch stammt von neun Bauern aus dem Pfänderstockgebiet, oberhalb der Landeshauptstadt Bregenz, und aus der Molkerei Dornbirn. Während früher mit Rohmilch gearbeitet wurde, wird jetzt die Milch thermisiert, das heißt auf rund 60 Grad Celsius erhitzt, und dann handgeschöpft zu Käse verarbeitet. Georg Bantel sieht darin einen großen Vorteil gegenüber den großen Molkereien: "Wir sind ein kleiner Betrieb, deshalb können wir jederzeit in den Bruch eingreifen und individuell käsen. Bei einem völlig mechanisierten und technisierten Ablauf wäre das nicht möglich."

Der Bantelsche Camembert hat - genauso wie der Urtyp in der Normandie - 45 % F.i.T., doch trägt er im Gegensatz zu seinem französischen Vorbild einen reinweißen Schimmelrasen, auch in vollreifem Zustand kommt keine Käserotflora zum Vorschein.

Nach acht bis zehn Tagen Reifung wird der Berggold-Camembert verpackt und ausgeliefert. Schon der ganz junge Käse, hellweiß und mit ganz wenig Schimmelrasen, hat seine Liebhaber. Georg Bantel: "Manche kaufen ihn direkt im Betrieb, weil er ihnen in diesem überaus milden Stadium am besten schmeckt."

Die Vollreife erzielt der Berggold-Camembert in etwa 30 Tagen, dieser Termin ist als Aufbrauchsfrist auf der Kartonschachtel aufgedruckt. In der Vollreife wird der Teig in der Farbe gelblich und im Gefüge weich bis nahezu zerfließend.

Zum Unterschied von manchen anderen Produkten kann man sich beim Camembert aus der Bantelschen Käserei darauf verlassen, daß er bei richtiger Lagerung eines Tages zart-würzige Aromen entwickelt, die Feinschmecker so sehr lieben.

So gesehen ist der prosaische Name Berggold ist eben doch kein leeres Versprechen. (rs)

Reinhold Paukner

DAS BREVIER DER PERFEKTEN WEINWAHL

oder Die vollkommene Harmonie von Essen und Trinken

„Gaumensträubende" Mißverständnisse gibt es oft zwischen den für ein angenehmes Leben so wesentlichen Bereichen Essen und Trinken . . .
Reinhold Paukners „Brevier der perfekten Weinwahl" ist das „Missing Link" zwischen Essen und Wein, der Dolmetsch zwischen Küche und Keller, von der Haute Cuisine bis zur Hausmannskost, vom Château Pétrus bis zum Grünen Veltliner.

464 Seiten, Pappband
ISBN 3-85447-471-7
DM 68,–, öS 490,–, sfr 69,80

AUS DEM VERLAG CHRISTIAN BRANDSTÄTTER

Geschwister Bantel, Rucksteig 66, A-6900 Möggers, Tel. 0 55 73/22 33. Keine Betriebsführungen. Der Camembert Berggold ist in den Filialen von ADEG, SPAR, FAMILIA und über Hosp erhältlich. Die kleinen, kreisförmigen Laibe (ca. 250 Gramm) werden geviertelt, die einzelnen Sektoren dann in Folie gewickelt und in Kartonschachteln verpackt. Separate Chargen mit leicht veränderter Rezeptur werden in ganzen Laiben verkauft und sind in Papier eingeschlagen. Diesen Camembert gibt es in vielen Käsetheken, Feinkostgeschäften und Naturkostläden, zum Beispiel in Bregenz in Fredis Käslädele und in Wien beim Meinl am Graben.

Montafon

Nach Bludenz gabelt sich, was bis dahin Autobahn war: links fährt man weiter zum Arlberg, rechts ist die letzte Ausfahrt Bludenz und, von ihr abzweigend, die Straße ins Montafon.

Wanderungen und Besichtigungen: Das Montafon ist ein Eldorado für Bergwanderer und Bergsteiger, die hier auf Grund der Fülle von Möglichkeiten auf Wanderführer verwiesen werden müssen. Wer nur einen Spaziergang machen will, kann beispielsweise mit dem Schrägaufzug auf den Golm fahren und herunterlaufen. Technisch Interessierte werden die Wasserkraftanlagen der Illwerke besichtigen.

Gastronomie und Unterkünfte: In Schruns gibt es im Löwen-Hotel, Silvrettastraße 8, A-6780 Schruns, Tel. 0 55 56/31 41, Fax 35 53 12, das bemerkenswerte Restaurant "Francais", in Tschagguns fällt die Wahl vielleicht auf den Montafoner Hof, Dorfstraße 852, A-6774 Tschagguns, Tel. 0 55 56/44 00, Fax 44 00-6.

Tilisuna-Alpe: Wo der sure Käs blüht

Auf der 1.966 Meter hoch gelegenen, vom 20. Juni bis Mitte September bewirtschafteten Tilisuna-Alpe wird Sura Käs in Laiben von 2,5 und fünf Kilogramm hergestellt.

Dieser Sauerkäse wird in Lebensmittelgeschäften in Schruns und Tschagguns, auf dem Tschaggunser Bauernmarkt und auf der Tilusuna-Hütte (2.211 Meter) angeboten. Wer ihn zum Preis von 400 Schilling für den Fünfkilolaib selbst holen will, sollte gut zu Fuß sein: Da das Fahrverbot auf dem unlängst neu geschotterten Güterweg (auf dem es früher Tote durch Autoabstürze gegeben hat) unbedingt zu beachten ist, muß man auf einen der beiden je vier- bis fünfstündigen Anmarschwege zurückgreifen, die entweder von Tschagguns über den Ziegerberg und die Gampadellsalpe oder von Tschagguns über den Grabslift, die Alpe Alpila und die Tilisunahütte zur Tilisuna-Alpe führen.

Die Alpe wird genossenschaftlich bewirtschaftet, 248 Weiderechte teilen sich auf ungefähr 200 Weidebesitzer auf. Nebeneinkünfte bezieht die Alpgenossenschaft aus der Jagdpacht und von den Vorarlberger Kraftwerken, die im Alpbereich das Wasserkraftwerk Gampadells Oberstufe betreiben.

Sura Käs

Etwa 70 Kühe und doppelt so viele Kälber und Stiere weiden die würzigen Alpenkräuter ab, von denen die Alpen-Mutterwurz (Ligusticum mutellina L. Crantz) als besonders ausgiebig gilt. Man merkt hier übrigens die unmittelbare Nähe zum schweizerischen Graubünden: Während das Pflänzchen im übrigen Vorarlberg als "Madaun" (im Allgäu "Mardun") bezeichnet wird, heißt es hier wie in der Schweiz "Muttere".

Auf der Alpe kann man Käse, Butter und Buttermilch kaufen, wer aber dort seine Jause einnehmen will, muß sich Brot und Getränke selbst mitbringen, auf Gäste ist die Alp im Gegensatz zur etwa eine halbe Stunde entfernten Hütte nicht eingerichtet. Beide sind übrigens auch von historischem Interesse: der zweitälteste Alpbrief des Montafons aus dem Jahre 1456 ist jener der Tilisuna-Alpe (noch älter, nämlich von 1439, ist der der Alpe Fresch im hinteren Silbertal), die Hütte stammt aus dem Jahr 1879.

Die Milch, die bis zu fünf Prozent Fettgehalt hat, wird mit dem "Brentamesser" entrahmt ("Brenta" ist auch das Montafoner Wort für

Nebel), also nicht zentrifugiert, und Kresse als Säurestarter zugefügt. Der Käse reift bis zu drei Monate, wobei er zuerst blüht, d.h. mit Schimmelrasen bedeckt ist. Übrigens schmeckt er auch in unreifem Zustand auf Grund der ausgezeichneten Milchqualität ganz vorzüglich, nämlich besonders fruchtig - so wird er aber nicht vermarktet. Er muß innen sulzig sein. Sein Fettgehalt beträgt nur ein Prozent F.i.T. Man ißt ihn im Montafon am liebsten sauer angemacht, also mit Essig, Öl und Zwiebeln. Alpmeister Werner Dobler ist in Bartholomäberg unter Tel. 0 55 56/762 00 erreichbar. (kb)

Alpe Außergweil/St. Gallenkirch

Wer einen dreistündigen Anmarsch auf einem steilen Pfad nicht scheut und keine Bedenken hat, Käsemacher bei der Arbeit zu stören, kann die einzige Vorarlberger Alpe besuchen, zu der es keinen Fahrweg gibt. Das Vieh muß hier auf und ab zu Fuß gehen, aber der Käse kann beim besten Willen nicht zum Bahnhof gerollt werden - er wird mittels Hubschrauber abtransportiert (zu einem Drittel vom Land subventioniert). Seit über 40 Jahren wird die 1.800 Meter hoch gelegene Alpe von Kaspar Stocker bewirtschaftet. Ein kleines Vokabular ist hier oben vielleicht von Nutzen: *Brenta* heißt das Milchgefäß mit zwölf Liter Inhalt, *Kessi* der Kupferkessel, *Bolma* der Topfen, *Schotta* die Molke, *Käsger* die Käseformen.

Die Verhältnisse auf Außergweil sind einfach, und man ist gar nicht auf Touristen eingerichtet, aber eine Probe vom reifen Käse müßte schon drin sein.

Schoppernau

Der Ort ist von Bregenz aus über die B 200 (Bregenzerwald Bundesstraße) zu erreichen, von Feldkirch aus über die B 193 (Faschina Bundesstraße).

Wanderungen und Besichtigungen: Schoppernau ist ein langgezogenes Dorf am Hang unter dem Diedamskopf (2.090 Meter), der durch Lifte als Wander- wie Schigebiet erschlossen ist. Schoppernau war einst Schafweide für den Grafen Montfort (im ursprünglichen Ortsnamen Schappernouw klang noch das Wort Schafaue stärker durch). Hier befindet sich im Gemeindehaus das dem bedeutendsten Vorarlberger Dichter gewidmete Franz Michael Felder-Museum.

Rezepte mit Käse

Michael Schwarzenbacher
Restaurant Mangold, Lochau
empfiehlt:

Mousse von der "Wälderschokolade"

Zutaten
2 Eier, 4 cl Kakaolikör, 2 cl Tia Maria, 150 g Sig, 2 Blätter Gelatine, 350 ml Schlagobers.

Zubereitung
Eier mit den Spirituosen über Dampf schaumig schlagen - die in kaltem Wasser eingeweichte Gelantine zugeben - und kalt schlagen. Den Sig in der Mikrowelle schmelzen und unter die schaumig gerührte Eimasse rühren. Jetzt das steifgeschlagene Obers einmelieren - in eine Schüssel füllen und zum Kühlen in den Kühlschrank stellen. Zum Servieren mit einem Löffel Nockerl ausstechen und mit frischen Erdbeeren anrichten.

Ein ungewöhnliches Rezept, das den oft "Wälderschokolade" genannten Sig (also eingekochten Schotten) auf eine ganz neue Art verwendet. Das am Beginn der Pfänderstraße gelegene Restaurant, vom Gault-Millau mit einer Haube und von A la carte mit drei Kronen ausgezeichnet, bietet eine zeitgemäße Küche mit saisonalen Produkten. Die Sig-Mousse ist dafür ein gutes Beispiel. Natürlich ist Schokomousse das Vorbild, aber auf die Idee, den Sig dafür zu verwenden, mußte man eben erst einmal kommen! Er verliert hier seine Schwere und seinen bizarren süß-salzigen Geschmack (der vielen Leuten zuwider ist) fast vollständig und wird so zu einer Delikatesse. (kb)

Restaurant Mangold, A-6911 Lochau, Pfänderstraße 3, Tel. 0 55 74/424 31, Fax 424 31-9, MO und DI mittags geschlossen.

Gastronomie und Unterkünfte: Übernachten kann man unter anderem im Sporthotel Krone (A-6886 Schoppernau Nr. 22, Tel. 0 55 15/21 16 und 21 26).

Hanspeter Nigsch:
Dritte-Welt-Technologie auf der Alm

Nigsch, der Wälder mit dem typischen Walsernamen, ist Biobauer und Mitglied bei "Ernte für das Leben" und bei der Kopra. In seinem Haus in Schoppernau gibt es ab Herbst einen Ab-Hof-Verkauf, auf seiner gepachteten Alp gibt es kaum Besucher, denn die Alpe Treu ist abgelegen und der steile Weg dorthin ist am besten mit Gummistiefeln zu bewältigen. "Es lassen sich den ganzen Alpsommer über höchstens zwei oder drei Leute sehen. Letzthin kam eine Frau vorbei, aber die wollte nicht zu mir, sie hatte sich hochkarätig verirrt, hatte das Tal verwechselt." Mit 22 Kühen, von denen ihm neun selbst gehören, ist er da oben, weiters gibt es zehn Schweine (die die Molke fressen), und ein paar Hühner. Nigsch macht nur Bergkäse auf Treu, wo vorher zwanzig Jahre lang nicht mehr gekäst, sondern nur die Milch per Seilbahn heruntergebracht worden ist. "Es ist zu abgelegen, ohne Zufahrt, ohne Strom, ohne Kühlung, da kann man keinen Weichkäse machen. Deshalb gibt's auch keinen Geißkäse, die Geißmilch - immerhin zehn Liter - schütte ich einfach zur anderen Milch dazu."
Vielleicht ist das der Grund, warum Nigschs Bergkäse so besonders geschätzt ist. Ein wenig Technik gibt es aber doch auf der Alp des ehemaligen Entwicklungshelfers, zwar von einem befreundeten Elektriker installiert, aber im Prinzip doch eher Dritte-Welt-Technologie als typisch vorarlbergisch: Die Melkmaschine wird mit einer Autobatterie betrieben, die von einer Autolichtmaschine aufgeladen wird, die ihrerseits ihre Energie aus den zwölf atü Wasserdruck, die es da oben hat, bezieht. Das reicht auch noch für's Käsrühren, ein paar Lämpchen und für die Funkanlage, mit der Nigsch mit der Außenwelt in Verbindung steht, wenn er sich in seine Schrofen zurückgezogen hat. (Eine Kuh ist neulich abgestürzt - "Da gibt es Löcher, die sind so tief, das glaubt man gar nicht, die ist schon aufgeplatzt, bevor sie ganz unten war." - , das Gelände ist steil und schrundig, aber Nigsch liebt es, sich im zähen Ringen mit dem Berg zu sehen.) Er ist ganz begeistert von seiner Alp: "Ich habe mal auf der Auenfelder Alpe beim Körbersee gearbeitet, da kommen den ganzen Tag Touristen vorbei und wollen einem beim Käsen zusehen, das ist ja widerlich." Klar, wenn einmal jemand zu ihm auf die Alp kommt, wird der schon zum Abendessen eingeladen, aber zur

Attraktion soll die Alpe Treu nicht werden, obwohl sie das Zeug dazu hätte: "Das ist eben eine richtige alte Alp mit offener Feuerung und dem Kessel am Holzgalgen. Und sie ist kein Museumsbetrieb, sondern voll in Gebrauch! Das gibt es sonst nirgendwo mehr." Zum Käsen ist er vor zehn Jahren gekommen, als ein Senn verunglückte und er einfach dessen Arbeit übernehmen mußte. Das Lab holte er auf der Nachbaralp und er schwitzte damals Blut und Wasser, ob der Käse wohl etwas würde. Er ist etwas geworden, und heute ist Nigsch einer der interessantesten Käser im Land. Er verkauft nach sechsmonatiger Lagerung: "Meine Kundschaften wollen alle keinen alten Käse. Die Biolädele wollen eben keinen räßen. Eine junge Hausfrau, so eine Dünne mit Leggins, die will einen salzarmen Käse mit mildem Geschmack." Mild und delikat, nach Nußkern schmeckend - Nigsch hat ihn. (kb)

Hanspeter Nigsch, A-6886 Schoppernau, Unterdorf 25, Tel. 0 55 15/ 29 84.

Alpen mit Sennereien - eine Auswahl

Untere Falz und Obere Falz

Wen immer der Verfasser bei den Recherchen zu diesem Buch fragte, welche Alpen hier aufgenommen werden sollten - die Falz wurde jedesmal genannt.
Die Obere Falz liegt im Schetteregg-Gebiet und ist nur zu Fuß erreichbar. Therese und Georg Schneider sind auf den Besuch von Touristen

Vorarlberger Bergkäse

eingestellt und bieten die volle Palette von Alpprodukten: Milch, Rahm und Butter sowieso, aber auch Biseziger (die "Bise" ist das Holzgestell mit Löchern, in das man den Ziger einfüllt; er wird später mit Zigerkraut, Kümmel, Pfeffer und Schnaps gewürzt), Sig (die eingedampfte Molke, mit Zucker, Rahm und Butter versetzt) und - wenn man zur rechten Zeit kommt - die "Sennsuppe", also den Molketopfen, hier auch "Seager" genannt, der der Älplerfamilie als Vorspeise dient.

Franz Michael Willam schreibt in seinem Aufsatz "Die Alpkost" über den Sig: "Die Alpleute haben auch ihren eigenen Süßstoff, das ist der Sig . Das Wort *Sig* kommt vom Stamme *versiegen*, eintrocknen. Das Wort zeigt an, daß die Bereitung des Siges nicht aus dem Süden stammt, denn der Stamm *versiegen* ist eine altgermanische Wortwurzel. Der Sig wird auf folgende Weise hergestellt: Man läßt einen Kessel voll Schotte über dem Feuer sieden. Um das Überkochen zu verhindern, legt man auf den siedenden Schotten allenfalls einen Holzteller oder ein Scheit. Die grünweiße Schotte verdunstet und färbt sich um. Zuletzt bleibt eine klebrige braune Masse übrig, die man, so lange sie noch heiß ist, nach Belieben formen kann. Da man stundenlang sieden muß, bis so ein Kessel mit 40 bis 70 Liter Schotte verdunstet ist, braucht das Sigsieden eine Menge Holz. Man verwendet hiefür jedoch vielfach alte Knorren, die sich nicht spalten lassen. In diesem Fall leisten sie vorzügliche Dienste; denn die Schotte darf, namentlich wenn sie einmal eingedickt ist, nicht überhitzt werden. Sonst wird der Zuckerstoff verbrannt, und es gibt einen dunkelbraunen, unschmackhaftenSig ab, den man wohl noch selbst essen, aber nicht aus der Hütte geben kann."

Eine Viertelstunde entfernt unter der Oberen Falz liegt die Untere Falz, wo Konrad Troy einen Bergkäse erzeugt, der in Grenoble mit einer Goldmedaille ausgezeichnet wurde. Pro Saison werden hier 230 bis 240 Laibe mit je 25 Kilogramm Gewicht hergestellt, die zum Teil an die Bauern zurückgehen, zum Teil an die Alma geliefert werden. Nach einer Woche im Juni gibt es einen Monat Unterbrechung, bevor vom 8. Juli bis 15. September die Milch von 90 Kühen verkäst wird. Der Bergkäse bleibt drei Tage im Salzbad und wird händisch geschmiert. Für die Beleuchtung des Käsekellers sorgt eine Solaranlage. Der Feuerwagen für den Kupferkessel zum Brennen wird mit Holz beheizt und ist beweglich (normalerweise ist der Kessel der mobile Teil).

Troys Bergkäse - von Kennern als einer der besten Vorarlbergs eingeschätzt - erhält man auch an einem Ort, wo man ihn nicht vermuten würde, nämlich im Fischerheim Hard. Man findet es, wenn man von Bregenz in Richtung Schweizer Grenze fährt und direkt vor der Brücke über die Dornbirner Ach nach rechts abbiegt. Am Ende dieser Sackstraße findet man einen Parkplatz und gleich dahinter die Schleienlöcher, einige Weiher, an denen das Fischerheim liegt. Den Käse von Troy gibt es dort, weil die Wirtin eine Wälderin ist. Die Gäste wissen das Angebot zu schätzen, nicht ganz einen Monat nach der Eröffnung im Mai 1993 waren schon 50 Kilogramm Käse verkauft. (kb)

Alpe Plattentisch

Seit 1847 befindet sich die Alpe Plattentisch (1.460 Meter Seehöhe) im Besitz der Familie Oberhauser. Jakob Oberhauser, angestellt beim Institut für Sozialdienste, hat sich vor ein paar Jahren entschlossen, sie zusammen mit seiner Frau Ulli und seinem Bruder wieder zu bewirtschaften. Die nötige Zeit von Mitte Juni bis Ende September bringt er mit Urlaub und Zeitausgleich zusammen.

Ulli Oberhauser ist die eigentliche Käsemacherin auf dieser Alm. Ziegen- und Schafkäse gibt es die ganze Zeit, Bachensteiner und Ziegenhartkäse ab Ende August; auch ein schnittfester Pfefferkäse (mit ganzen Pfefferkörnern, mild, weil der Bruch mehrmals gewaschen wird) und eine Art Tilsiter brauchen etwas länger zur Reife, können aber natürlich schon vorher verkostet werden. Alle diese Käsesorten werden aus Rohmilch produziert. Der Tierbestand wechselt, im Sommer 1992 waren es zwei Milchkühe, drei Milchschafe und zwölf Geißen, im Vorjahr hatten zwölf Schafe Milch geliefert.

Für Kinder dürfte die ganze Menagerie recht zutraulicher Tiere interessant sein: da gibt es neben den Hühnern auch indische Laufenten, Hasen und einen Altdeutschen Schäferhund, die sich alle für die Besucher interessieren. Gerne erzählt wird von einer Anschluß suchenden Kuh, die sich unbedingt zu den Leuten setzen wollte, was bei ihren 800 Kilo Lebendgewicht so problematisch wurde, daß man nun doch einen Zaun gezogen hat.

Man erreicht die Alpe Plattentisch entweder familienfreundlich vom Lecknertal her (man fährt bis ungefähr 600 m nach der Mautstelle, wo bei einem großen Ahornbaum ein Güterweg abzweigt, den man weitere dreieinhalb Kilometer bis zur Alpe Schwarzenberger befahren kann; dann muß noch noch eine halbe Stunde aufwärts laufen) oder bergwandermäßig, indem man vom Hochhäderich über den Grat herüberwandert, insgesamt etwa eineinhalb Stunden.

Bei klarem Wetter wird man mit einem Blick bis hinüber nach Liechtenstein, auf die Schweizer Berge (etwa den Tödi) und die Schesaplana belohnt. (kb)

Alpe Wurzach

Zu dieser Alpe im Kanisgebiet und auf dem Weg zur Kanisfluh gibt es zwei Zugänge: Entweder fährt man von Au nach Damüls und dort auf dem Güterweg, der mit "Gasthaus Edelweiß" angeschrieben ist, bis zum Parkplatz, worauf man noch eine halbe Stunde Fußweg hat; oder man nimmt in Mellau die Seilbahn zur Roßstelle auf der Alpe Kanis mit einem Fußweg von einer guten Stunde. Die Alpe wird von Helmut und Monika Bischof von Ende Juni bis Mitte September bewirtet. Rund 70 Kühe liefern ungefähr 1.100 Liter Milch täglich (im Herbst nur noch etwa 570 Liter), die zu Bergkäse verarbeitet werden.

Die Alpe ist mehr oder weniger freiwillig Schaukäserei; denn die (vorwiegend deutschen) Gäste sehen beim Käsen zu, ohne lang zu fragen, ob sie nicht vielleicht im Weg stehen, der Senner hat das akzeptiert, weil er einsieht, daß das fürs Geschäft günstig ist. Es gibt Kaffee (S 15,--), Kuchen (S 20,--), Schnaps (S 15,--), Eierlikör (S 15,--) und natürlich die ganze Bandbreite eines Alp-Angebots von Butter über Rahm bis zum Käse, Speckbrot etc. Auch selbsterzeugter Ziegenkäse mit Basilikum steht auf der Karte, das Gewürzkraut ist allerdings getrocknet. Wer danach fragt, kann auch Schotten kriegen - wenn er zur rechten Tageszeit kommt.

In unmittelbarer Umgebung liegen weitere Alpen wie zum Beispiel die "Obere" mit 80 Kühen, auf denen man Alpkäse kaufen kann. (kb)

Kurztips Vorarlberg

Annelies Bitschnau, A-6780 Bartholomähberg 199, Tel. 0 55 56/325 82. Sura Käs.

Franz und Elsa Hehle, A-6952 Hörbranz, Ziegelbachstraße 46, Tel. 0 55 73/343 92. Man fährt über die Hörbranzer Autobahnbrücke zur Ziegelbachstraße links. Hier gibt es täglich ab 17.00 Uhr neben Käse und Topfen auch Dinkel und Dinkelbrot.

Artur Mangard, A-6791 St. Gallenkirch, Tel. 0 55 57/65 35. Nach der Kirche fährt man die erste Straße links oder man sucht einen der Bauernmärkte in St. Gallenkirch, Tschagguns oder Bludenz auf. Mangard produziert sowohl Frisch- als auch Hartkäse, Schafjoghurt und Schaftopfen.

Rösle Nachbaur, Austr. 77, 6805 Gisingen, Tel. Tel. 0 55 22/264 07. Ziegenkäse und Kirschen.

Alpe Spora, Friedrich Stampfer, A-6774 Tschagguns, Tel. 0 55 56/41 44. Neben Butter und Ziger wird natürlich Sura Käs angeboten.

Klaus und Hildegard Tschugmell, Aulandweg 5, A-6700 Bürs, Tel. 0 55 52/670 44. Sura Käs.

Franziska Wilhelm, Fellengatterstr. 11, A-6820 Frastanz, Tel. 0 55 22/24 49 33. Topfen und Kräutertopfen.

Gerold Winsauer, Josef-Ganahlstraße 41, A-6850 Dornbirn, Tel. 0 55 72/269 71. Milchkäsle, Gemüse und Dinkel werden hier verkauft.

Willi Wirth, Bürglegasse 5, A-6850 Dornbirn, Tel. 0 55 72/667 18. Hier wird Ziegenkäse verkauft.

Alois Zimmermann, A-6822 Dünserberg 26, Tel. 0 55 24/24 09. Neben Schafwürsten und Schnaps erhält man hier Sura Käs.

Bregenzerwald

Walter und Gertrud Angerer, A-6874 Bizau, Oberdorf 24, Tel. 0 55 14/29 18. Hier gibt es alles von der Ziege: Ziegenkäse, Ziegentopfen, Ziegenbuttersalbe, Ziegenjoghurt, Kitz.

Ignaz Bär, A-6866 Andelsbuch, Wirth 49, Tel. 0 55 12/262 15. Hier gibt es Bergkäse, im Frühling und Sommer Geißkäse und Bachensteiner.

Edwin Berchtold, A-6867 Schwarzenberg, Loch 266, Tel. 0 55 12/31 49. Bergkäse, Mischlingkäse, Milch.

Josef und Rosa Dietrich, A-6883 Au, Argenzipfel 88, Tel. 0 55 15/20 66. Kitz, Ziegenkäse, Lämmer (ab Oktober).

Rudolf und Christa Dorn, A-6943 Riefensberg, Hnr. 171, Tel. 0 55

13/81 48 oder 82 41. Bachensteiner, aber nur für die Hausgäste (also kein Ab-Hof-Verkauf!).

Armin und Christl Dünser. A-6883 Au, Lisse 92, Tel. 0 55 15/23 07. Hier gibt es Milch, Butter, Käse und Eier.

Jakob Eberle, A-6874 Bizau, Kirchdorf 45, Tel. 0 55 14/20 72. Bergkäse.

Wendelin Eberle, A-6870 Bezau, Halde 233, Tel. 0 55 14/28 29. Bergkäse von der Alpe Sonderdach wird an Großhändler und an die ALMA geliefert und hier auch ab Hof verkauft.

Anton und Dorle Erath, A-6883 Au, Argenau 116, Tel. 0 55 15/22 98. Milch, Käse und Butter.

Werner Feuerstein, A-6874 Bizau, Unterdorf 112, Tel. 0 55 14/23 95. Bergkäse (sechs bis sieben Monate alt), Bachensteiner (ab Februar), Butter, Butterschmalz, Ziegenkäse (Juni-September).

Ilga Fetz, A-6870 Reuthe, Hinterreuthe 46, Tel. 0 55 14/24 06. Hier erhält man Bergkäse aus der Sennerei Reuthe.

Oswald Fink, A-6934 Sulzberg, Wolfbühl 18, Tel. 0 55 16/21 71. Vom Dorfzentrum (Gasthaus Ochsen) südseitig einen halben Kilometer entfernt. Bergkäse, Topfen, Milch, Rind- und Schweinefleisch, Gemüse.

Peter und Maria Hagspiel, A-6952 Hittisau, Bolgenach 47, Tel. 0 55 13/62 59. Bachensteiner, Sauerkraut, Kräutertees, Würste, Speck, Grammelschmalz, Haussulze.

Gerda Held, A-6867 Schwarzenberg, Auf der Egg 183, Tel. 0 55 12/27 94. Ziegenkäse, Gustostücke vom Schwein.

Kaspar Kohler, A-6934 Sulzberg, Wandfluh 79, Tel. 0 55 16/24 00. Bergkäse, Fleisch.

Imelda Lipburger, A-6952 Hittisau, Sippersegg 270, Tel. 0 55 13/62 35. Käse, Butter, Milch.

Anton Metzler, A-6866 Andelsbuch, Itter 455, Tel. 0 55 12/21 48. Aus der Milch von derzeit neun Schafen produziert Metzler Frisch- und Schnittkäse.

Bruno und Sibylle Metzler, A-6866 Andelsbuch, Krähenberg 106, Tel. 0 55 12/37 06. Eine ganze Reihe von Produkten: Bergkäse, Ziegenkäse (Frühling und Herbst), Alpschweine (August - Oktober) , Kitze, Lämmer (Frühling), Schafwollprodukte, Felle.

Wilhelm und Annelies Meusburger, A-6870 Bezau, Fegg 261, Tel. 0 55 14/21 76. Butter, Bergkäse, Fleisch, Speck (nach Vereinbarung).

Kaspar Moosbrugger, A-6886 Schoppernau, Riese 284, Tel. 0 55 15/24 58. Bergkäse, Bachensteiner, Milchprodukte.

Marlies und Georg Nenning, A-6952 Hittisau, Hangernfluh 105, Tel. 0 55 13/63 16. Eier, Milch, Topfen, Käse.

Klaus und Mina Schwarz. A-6952 Hittisau, Bolgenach 82, Tel. 0 55 13/26 56. Den Streulagenhof des Gewinners des landwirtschaftlichen Innovationspreises 1991 für Vorarlberg findet man bei der Fahrt in Richtung Lecknertal auf der zweiten Anhöhe links. Das Vorsäß Rüthisfluh und die Alpe Leiterberg liegen im Lecknertal. Schwarz geht auch auf den Bauernmarkt in Dornbirn. Der Frischkäse wird aus pasteurisierter Kuhmilch erzeugt und sowohl ab Hof als auch auf den Bauernmärkten in Dornbirn und Hohenems verkauft. Bergkäse, Emmentaler und Butter kommen aus der Sennerei in Hittisau. Weiters im Angebot: Milch, Rahm, Topfen, Schnäpse (Arnika-, Ringelblumen-, Beinwellschnaps), Salben (Ringelblumen-, Arnika-, Beinwell, Zieh-, Hautpflege- und Hautwohlsalbe), Johanniskrautöl, Tees, Kalbfleisch, Beeren nach Saison, Marmeladen, Fichtenhonig.

Lothar Sieber, A-6867 Schwarzenberg, Schwarzen 97, Tel. 0 55 12/30 64. Bergkäse, Ziegenkäse, Puten.

Kaspanaze und Lucia Simma, A-6866 Andelsbuch, Itter 130, Tel. 0 55 12/36 50. Beim bekannten Grünpolitiker gibt es Bergkäse und Fleisch zu kaufen. Früher käste er noch selbst auf der von zwölf bis fünfzehn Bauern bestoßenen Alpe Hintere Niedere, wo 55 Kühe den Rohstoff für 3.000 Kilogramm Bergkäse liefern.

Erika und Franz Sohm, A-6867 Schwarzenberg, Loch 263, Tel. 0 55 12/31 28. Bergkäse, Rohmilchtilsiter, Bachensteiner, Sennsuppe (Winter) und Kartoffeln.

Emil und Irene Stadelmann, A-6960 Buch, Hrn. 43, Tel. 0 55 79/82 08. Man fährt von Buch in Richtung Alberschwende und hält beim zweiten Haus rechts nach der neuen Brücke. Die Stadelmanns gehen auch auf der Bregenzer Bauernmarkt. Topfen, Milch, Frischkäse, Joghurt, Tee, Schnäpse, Likör, Eier, Mostessig.

Christl Staggl, A-6888 Schröcken, Schwand 16, Tel. 0 55 19/383. Für die Hausgäste in den Ferienwohnungen gibt es Ziegenkäse, der in der Sennerei Au erzeugt wird.

Edwin Steurer, A-6941 Langenegg, Finkenbühel 21, Tel. 0 55 13/675 23. Bergkäse.

Josef Troy, A-6863 Egg, Messmerreuthe 222, Tel. 0 55 12/266 24. Käsle, Hasen, Eier.

Gustav Türtscher, A-6884 Damüls, Hnr. 77, Tel. 0 55 10/277. Käse, Butter.

Leutfried Willam, A-6942 Krumbach, Au 124, Tel. 0 55 13/82 72. Man hält sich vom Krumbacher Dorfkern 600 m in Richtung Doren und fährt dann zirka 800 Meter linkerhand den Güterweg "Au Salgenreuthe". Alpbutter, Bachensteiner, Eier und Bergkäse.

Sennereien - eine Auswahl

Sennerei Andelsbuch Hof, A-6866 Andelsbuch, Hof 366. Tel. 0 55 12/25 07. Eine Emmentaler-Sennerei, wo Betriebsleiter Hans Kempf auch Bierkäse und Bachensteiner erzeugt.

Sennerei Au, A-6883 Au, Tel. 0 55 15/23 10. Senn: Josef Albrecht.

Sennerei Boden, A-6731 Sonntag. Senn: Karl Türtscher.

Sennerei Doren Huban, A-6933 Doren, Tel. 0 55 16/20 01.

Sennerei Garsella, A-6731 Sonntag, Tel. 0 55 54/203. Senn: Anton Rinderer.

Sennerei Jungholz-Hinteregg/Sennereigenossenschaft Eichenberg, Hinteregg, Tel. 0 55 74/25 61 12. Siegfried Hörburger verarbeitet 640.000 Kilogramm Milch pro Jahr zu 58.000 Kilogramm Bergkäse und Emmentaler. Verkauf auch am Bregenzer Bauernmarkt.

Sennerei Krichere, A-6870 Bezau, Tel. 0 55 14/21 78. Senn: Peter Bischofsberger.

Sennerei Langenegg, A-6941 Langenegg, Berkmann 116, Tel. 0 55 13/690 12. Betriebsleiter: Jodok Meusburger. Einer der Käser, ein Tiroler namens Otmar Daum, mikroskopiert täglich und führt darüber ein vielfarbiges Tagebuch mit Zeichnungen und Anmerkungen, das er jederzeit nicht nur einem Heimat-, sondern auch einem Kunstmuseum verkaufen könnte. Erzeugt wird hier vor allem Emmentaler.

Sennerei Lingenau, A-6951 Lingenau, Tel. 0 55 13/64 54. Wolfgang Schwarz erzeugt aus vier Millionen Liter Milch pro Jahr, die teils aus dem Dorf, teils von den umliegenden Alpen kommt, Bergkäse und Emmentaler und kauft Tilsiter und Räßkäse zu. Im Ladenlokal laden Tische und Bänke zum Verweilen bei einer Jause ein.

Sennerei Mittelberg, A-6733 Fontanella, Tel. 0 55 54/209. Senn: Burtscher.

Sennerei Oberdorf, A-6886 Schoppernau, Tel. 0 55 15/20 38. Senn: Jakob Lingg.

Sennerei Oberdorf, A-6870 Bezau, Tel. 0 55 14/23 54. Senn: Martin Eberle.

Sennerei Raggal, A-6741 Raggal. Senn: Heinz Grabher.

Sennerei Riefensberg, A-6943 Riefensberg. Betriebsleiter Manfred Metzler erzeugt Emmentaler, Bachensteiner und Räßkäse. Buttermilch gibt es montags, donnerstags und samstags gratis, man muß nur das Gebinde mitbringen.

Sennerei Schlins, A-6824 Schlins, Schulg. 14, Tel. 0 55 24/23 40. Rund 3.000 Liter Milch pro Tag werden von Thomas Kaufmann und Cornelia Mündle, der österreichweit einzigen Sennerin mit abgeschlossener Käserlehre, in neun Laibe Bergkäse umgewandelt. Emmentaler, Mischling und Tilsiter werden zugekauft. Die Sennerei war 56 Jahre lang an Rupp verpachtet und wird jetzt wieder genossenschaftlich betrieben.

Sennerei Schnifis, A-6822 Schnifis 84, Tel. 0 55 24/25 88. Eine Kleinsennerei, deren Senn Erich Dobler 1992 Bundessieger in der Bergkäseerzeugung war.

Sennerei Schoppernau Oberdorf, A-6886 Schoppernau.

Sennerei Schoppernau Unterdorf, A-6886 Schoppernau.

Sennerei Schwarzenberg, A-6867 Schwarzenberg, Hof 651, Tel. 0 55 12/29 84. Betriebsleiter: Josef Metzler. Eine Großsennerei mit einer Milchanlieferung von sieben Millionen Litern und einer Jahresproduktion von 600 Tonnen Käse. Bergkäse, bis zu einem Jahr gereift.

Sennerei Sibratsgfäll, A-6952 Sibratsgfäll, Dorf 2, Tel. 0 55 13/24 42. Edilar Gemmer kam vor einigen Jahren aus Brasilien in den Bregenzerwald und lernte das Käsen in der Sennerei Bezau Dorf, auf der Alpe Oberfalz, bei der Alma, auf der unteren Auenfeldalpe und zuletzt in Sibratsgfäll. Nun produziert er das 1-kg-"Berg-Käsle", das sich von seinen großen Brüdern nicht wesentlich unterscheiden soll. Außerdem gibt es Bachensteiner, Mischling, Bierkäse, Bergkäse in normal großen Laiben, einen Tilsiter-Mischling, Rahm, Milch und Butter.

Sennerei Sulzberg, A-6934 Sulzberg, Dorf 2, Tel. 0 55 16/246. Betriebsleiter: August Schneider. Im Verkaufsladen erhält man neben dem Emmentaler der Sennerei biologischen Bachensteiner von Simma in Schwarzenberg, Alpkäse aus dem hinteren Bregenzerwald, Honig, Frischeier und Joghurt.

Sennerei Sulzberg Simlisgschwend, A-6934 Sulzberg 212, Tel. 0 55 16/20 36. Betriebsleiter Kohler Meinrad erzeugt hauptsächlich Emmentaler, ab und zu gibt es auch Bergkäse. Der Tilsiter ist zugekauft.

Sennerei Thüringerberg, A-6714 Nüziders.

Sennerei Türtsch, A-6731 Sonntag, Tel. 0 55 54/52 29. Senn: Erich Stark.

Sennerei Warth am Arlberg, A-6767 Warth Nr. 2, Tel. 0 55 83/35 98. In Österreichs höchstgelegener Sennerei (1.497 Meter) produziert Senn Walter Nardin aus 410.000 Liter Milch Jahresanlieferung (aus dem Gebiet Warth und zwei Tiroler Parzellen, Gehren und Lechleiten) Bergkäse.

Fredis Käslädele/Bregenz:
Zwischen Amstetten und Maastricht

Fredi Binder, geboren 1939, als "Käsfredi" weit über die Landesgrenzen hinaus bekannt, hat seinen Käseladen in der Deuringstraße in Bregenz am 1. April 1982 eröffnet, nachdem er zwanzig Jahre lang bei der mittlerweile nicht mehr existierenden Molkerei Bregenz gearbeitet hatte. "Den ganzen Vormittag über ist damals kein Mensch gekommen, weil die das alle für einen Aprilscherz hielten. Erst am Nachmittag ließen sich dann endlich ein paar Kunden sehen", erzählt er schmunzelnd. Später lief das Geschäft dann aber so gut, daß er eine Filiale im Stadtteil Vorkloster eröffnete, die heute sein Sohn Wolfgang selbständig betreibt. Im Käslädele werden zu 80 % österreichische Käse verkauft. Die Vorarlberger Produkte und ihre Lieferanten sind Emmentaler aus der Sennerei Langenegg, Bergkäse und Bachensteiner von der Sennerei Schoppernau, Schafkäse von Irma Metzler in Andelsbuch, Ingo Metzlers Wälderkäsle, Geißkäse von Willi Wirt in Dornbirn, Sura Käs von Kurt Konzett in Sulz, Sig von der Sennerei Langenegg. Der Räßkäs stammt von Ferdl Bereuter in Sibratsgfäll, der sich beim Räßen von Tilsiter noch Zeit läßt (Fredi: "Als ich damals bei der Molkerei Bregenz war, da hatten wir im Käsekeller in der Oberstadt große Holzbottiche mit einer Lake aus Most und Kräutern, in denen geräßt wurde, aber heute glaubt man ja nicht mehr soviel Zeit zu haben.").

Binder, dessen Frau Irmgard und Tochter Sibylle im Geschäft verkaufen, ist Mitglied zweier französischer Käsegilden, gehört Erfahrungsgruppen von Schweizer und innerösterreichischen Käsehändlern an und hat eine Reihe von Auszeichnungen bekommen, vom Goldenen Milchglas der ÖMIG bis zum Deutschen Milchmarketingpreis, den der seinerzeitige Landwirtschaftsminister Ignaz Kiechle dem Österreicher verlieh. Auch den Goldenen Milchpreis konnte er zweimal einheimsen.

Er entfaltet eine rege Reisetätigkeit, die ihn unter anderem nach Maastricht geführt hat, wo er im Herzen der EG österreichische Käse verkaufte. Er ist auch an jedem ersten Wochenende des Monats in Amstetten zu finden und regelmäßig in Wieselburg und auf der Welser Messe, wohin er vor sechs Jahren zum erstenmal eingeladen wurde: "Da riefen sie mich an, sie brauchten Käse für den damaligen Landeshauptmann Kessler. Im Hintergrund fragte jemand, mit wem man rede, und als ihm gesagt wurde, mit dem Käsfredi in Bregenz, sagte er, ich solle doch hinkommen mit einem Stand. Das war nämlich der Messedirektor, der war in der Festspielzeit immer zu uns einkaufen gekommen, aber ich wußte natürlich nicht, wer er war. Ich habe mir dann bei der GROMO Dornbirn einen Stand ausgeliehen und von Rupp Bergkäse mitgenommen, diese Firmen sind zum Glück ja alle sehr kooperativ. Aber ich hatte schon ein komisches Gefühl. Die Frau Rupp hatte zu mir gesagt: 'Herr Binder, jetzt gehen Sie in die Höhle des Löwen!', und ich verstand, was sie meinte, als ich sah, wer alles in der Halle 19 war, vor der ich meinen Stand aufschlagen durfte, nämlich Schärdinger, Agrosserta, Pikano undsoweiter. Aber es hat prächtig geklappt, ich habe in den neun Tagen, die ich dort war, täglich 100 Kilogramm Käse verkauft. Damals haben die sich gewundert, daß ich zwölfmonatigen Bergkäse verkaufte, aber wenn ich jetzt hinkomme, bieten die Großen dasselbe an, was ich damals hatte. Jetzt bin ich ja Stammgast da unten."

Fredis neue Pläne: Er will eine Palette von etwa zwanzig Käsen aus österreichischer Produktion, nämlich von ausgesuchten Kleinsennereien und Bauern, der Gastronomie anbieten. "Ich beliefere jetzt schon über hundert Gasthäuser, denen wird ab Herbst 1993 *Fredis Auswahl* angeboten, und zwar österreichweit. Den Namen habe ich mir schützen lassen, ein Etikett wird gerade entworfen."

EG oder nicht - Fredi Binder hat keine Zukunftsangst, sondern sprüht vor gesundem Geschäftsgeist. (kb)

Fredis Käslädele, A-6900 Bregenz, Deuringstraße 9, Tel. Tel. 0 55 74/439 16. Ein zweites Geschäft wird von Fredis Sohn, Wolfgang Binder, geführt: A-6900 Bregenz, Rheinstraße 29, Tel. 0 55 74/311 34. Wolfgang Binder liefert auch einmal in der Woche Käse in den Osten Österreichs, darunter in zahlreiche Wiener Gastronomiebetriebe und Käsetheken.

Kässtadl: Nachfahren alten Käseadels

Der "Kässtadl" ist eines von mehreren Lokalen der Familie Weidinger, die auch an der Brauerei Egg beteiligt ist. Er ist das einzige Lokal in Vorarlberg, in dem das Käseangebot im Vordergrund steht, allerdings gibt es auch eine Tageskarte mit Gerichten wie Wienerschnitzel, Zwiebelrostbraten, Gulasch oder Spaghetti und eine Jausenkarte mit Bauernspeck, Haussulz und Wälderschinken.

Beim Käse werden verschiedene Käseteller und -platten (mit Berg-, Räß-, Sauerkäse und "Bisezeogoro", also Ziger) angeboten, außerdem Kässpätzle, Käsfladen, Fondue und Raclette sowie gebackener Camembert. Der im Teig etwas dichte, im Geschmack pikante Bergkäse kommt aus Lingenau, der ganz ausgezeichnete, cremige Ziegenkäse von Geser in Andelsbuch. Jedenfalls stammen 90 % der im "Kässtadl" servierten Käse aus Vorarlberg.

Kässpätzle gibt es hier, im Gegensatz zu so manchem anderen Vorarlberger Lokal, auch bloß für eine Person. Der Käse wird für eine Woche vorgerieben, was der Qualität aber keinen Abbruch tut. Der vom Milchhof Feldkirch erzeugte und über die GROMO Dornbirn bezogene Mischling, der zur hier verwendeten Käsemischung gehört, wird im Käsekeller der Weidingers in Schwarzenberg nachgereift, bis er das volle Aroma hat.
Wer sich für Lokalgeschichte interessiert, sollte den Seniorchef Leo Weidinger danach fragen, woher der "Kässtadl" seinen Namen hat. Er wird dann ungefähr folgendes hören:
"Mein Urgroßvater, der Josef Leo Simma, hat 1856 hier ein Käsegeschäft gegründet. Er war einer der sogenannten Milchkäufer; damals gab es hier eine Unzahl kleiner Sennhütten, zu denen die Bauern von den umliegenden Parzellen ihre Milch brachten. Der Milchkäufer ist dahin gekommen und man hat dann 'gehandelt', das heißt, es ging darum, ob der Milchpreis um einen Heller höher oder niedriger ausfiel. Man mußte Vorauszahlungen leisten, und gegen Ende des Jahres, so Oktober/ November, um den Katharinentag herum, gab es dann die 'Rechnungen'. Da mußte man auszahlen, ob nun die Produktion gut oder schlecht ausgefallen war. Mein Urgroßvater hat um die Jahrhundertwende 47 Sennereien betrieben. Der Käse wurde nach Deutschland, Belgien, Polen, die Türkei und in die ganze österreichisch-ungarische Monarchie ausgeliefert. 50 Agenten nahmen die Bestellungen entgegen und schickten sie nach Egg, die Ware wurde in große Fässer, sogenannte 'Käsbunzen' verpackt und mit dem Fuhrwerk erst nach Schwarzach gebracht und von dort bis ins hinterste Ungarn verschickt. Das war natürlich vor allem bei heißem Wetter ziemlich riskant. Es wurde auch nach Italien geliefert, aber das war vor allem Sache der Schnepfauer 'Käsegrafen', der Brüder Gallus, Leopold und Josef Moosbrugger, die von ihrer Mailänder Niederlassung aus vertrieben. Ich kann mich aber gut erinnern, daß sogar nach dem Zweiten Weltkrieg noch solche Käsebunzen verwendet wurden, bis dann später Alma und Rupp den Käsehandel zentralisierten. Nebenan, wo jetzt die Metzgerei Greber ist, von der wir unser Fleisch beziehen, stand damals der Käsestadel, darunter waren zwei Etagen Käsekeller und die Sennerei. Der Stadel wurde dann abgerissen, und als wir bald darauf einen Namen für die Gaststätte hier suchten, lag es nahe, sie 'Kässtadl' zu nennen." (kb)

"Kässtadl", A-6863 Egg, Loco 9, Tel. 0 55 12/22 07-15.

Käseeinkauf in Vorarlberg

Maria Vögel/Schwarzenberg: Bergkäse vom feinsten

Der unscheinbare kleine Laden im Zentrum von Schwarzenberg (einem der schönsten Dörfer des Bregenzerwaldes) ist kein eigentlicher Geheimtip - die heimischen Käsekenner wissen schon länger, was sie hier bekommen, nämlich die besten Bergkäse weitum.

Die Käse kommen von Sennereien im Bödelegebiet, Egg, Großwalsertal, Müselbach, natürlich auch von der Schwarzenberger Sennerei nebenan. Maria Vögel, deren Vater 25 Jahre lang Senn in Schwarzenberg und danach Sennberater war, hat eine ganz einfache Geschäftsphilosophie: "Sennerei ist eine Wissenschaft und erfordert äußerste Sorgfalt. Dem besten Sennen kann der Käse einmal danebengehen - ich meine, er ist dann immer noch gut, aber halt nicht so ausgezeichnet wie sonst. Ich habe den Vorteil, daß ich überall auswählen kann und immer nur das Beste nehme. Deshalb kann ich noch bestehen mit dem kleinen Saftladen hier."

Ein Gespräch über Käse mit Maria Vögel, die den "kleinen Saftladen" seit 25 Jahren betreibt, ähnelt dem Gespräch mit einem Winzer. Während sie sich über den Qualität der verschiedenen Käse verbreitet, nimmt sie mit dem Bohrer kleine Proben, die sich der Kunde auf der Zunge zergehen läßt. "Der hier ist gut ... aber doch a bitzle (=ein bißchen) zu süß ... der ist nämlich aus einer Emmentalersennerei. Wenn die nicht so einen Spitzensenn hätten, brächten sie diese Qualität beim Rohmilchkäse nicht zustande, weil sie so viele Lieferanten haben, daß sie bei der Milch nur Proben ziehen können. Dieser Käse da ist von Egg-Hof. Da haben sie 14 bis 15 Lieferanten und der Senn kann einfach bei der Anlieferung die Milch aus der Gebse probieren ... Das hier ist ein Alpkäse von der Meierei am Bödele ... der hier ist von der Rotenbachalp, probieren Sie mal ..."

Natürlich erhält man hier auch andere Sorten, zum Beispiel Ziegenkäse (von Grebers Alp am Hirschberg bei Bizau), Sig etc. Der Räßkäse von der GROMO Dornbirn wird hier weitere drei Monate gelagert, um Maria Vögels Ansprüchen zu genügen.

Die in Gourmetführern ausgezeichneten Lokale Adler und Hirschen nebenan am Dorfplatz beziehen ihren Käse natürlich auch von hier. (kb)

Maria Vögel, Molkereiprodukte, A-6867 Schwarzenberg, Hof 18, Tel. 0 55 12/29 60.

Käseeinkauf in Vorarlberg

Naturkost-Fachgeschäft Amaranth. A-6900 Bregenz, Jahnstraße 18, Tel. 0 55 74/483 54. Die Ziegenkäsle kommen von Bärbel Hutter in Hörbranz, der Bergkäse von Hans-Peter Nigsch in Schoppernau. Den Ricotta macht Elsa Hehle in Hörbranz. Parmesan, Pecorino und Bufarello sind italienische Produkte. Mit Amaranth ist natürlich nicht der in Österreich verbotene Lebensmittelzusatz, sondern das Getreide Amaranthus gemeint.

Naturkostenladen Keimling. A-6900 Bregenz, Montfortstraße 3, Tel. 0 55 74/463 07. Der Bergkäse ist von Hans-Peter Nigsch, Schoppernau, oder von Kohler in Sulzberg. Außerdem gibt es griechischen Schafkäse. Zur Zeit der Manuskriptfertigstellung wurde an die Anschaffung einer gekühlten Käsetheke und eine dadurch mögliche Ausweitung des Angebots gedacht.

Kässtüble Bregenz. A-6900 Bregenz, Schillerstraße 4, Tel. 0 55 74/421 03. Gehört der GROMO Dornbirn und führte deren Produkte. Außerdem Wälderkäsle von Ingo Metzgler, Egg, und von der GROMO angekaufte Bachensteiner aus dem Bregenzerwald. Es gibt auch Milchmixgetränke und Käsebrote.

Milchpilz Bregenz. Beim Bahnübergang zur Seepromenade. Gehört der GROMO Dornbirn. Obwohl kein Käseladen im eigentlichen Sinne (hier gibt es Käsesemmeln und Milchshakes), muß der Milchpilz erwähnt werden, weil ihn seit Jahrzehnten jeder Bregenzer kennt.

Kässtüble Hard. A-6971 Hard, Kirchstraße 1, Tel. 0 55 74/325 25. Auf dem Haus steht Molkereigen. Hard , aber der Laden ist von der GROMO gepachtet. Außer ihren Produkten gibt es Wälderkäsle von Ingo Metzler und diverse Importkäse. Keine Milchmixgetränke, aber Käsesemmeln!

Vorarlberger Landmarkt. A-6922 Wolfurt, Achstraße 42, Tel. 0 55 74/649 92, Fax 649 93. Die Idee, wie sie die Werbung für das Geschäft formuliert, klingt gut: Der Vorarlberger Landmarkt ist der erste ständige Bauernmarkt, in dem Sie genau das kaufen können, was Sie sonst nur direkt beim Bauern bekommen. Das sind vor allem neun- bis zwölfmonatige Bergkäse aus dem Bregenzerwald (Bezau, Damüls, Sibratsgfäll, von dort auch Edilar Gemmers 1-kg-Bergkäsle), Bachensteiner von Kaspar Moosbrugger, Schoppernau, und aus Sibratsgfäll, Emmentaler und Bierkäse aus der Sennerei Andelsbuch, Wälderkäsle von Ingo Metzler, Egg, Sura Käs und Sig. Außerdem Gemüse, Brot, Wurst- und Speckwaren, Vinothek.

Gasthof "Traube", A-6863 Egg, Hub 64, Tel. 0 55 12/22 65. Der Wirt besitzt auch das Gewerbe für den Käsehandel und betreibt ihn mit

Käseeinkauf in Vorarlberg

Bergkäse von seinem Schoppernauer Schwager Kaspar Moosbrugger, der die dortige Sennerei gepachtet hat, weiters mit Räßkäse, Mischling, Tilsiter, Geißkäse und Bachensteiner. Mit dem Bergkäse versorgt er auch Lechtaler Kunden und einen Vöslauer Buschenschank. Angeblich will er aber diesen Verkauf bald aufgeben (auf der Speisekarte stehen die Käse natürlich weiterhin) und nur noch Labpulver und andere Hilfsmittel zur Käseerzeugung führen.

Kaspar Moosbrugger. A-6886 Schoppernau, Riese 284, Tel. 0 55 15/24 58. Herstellung und Verkauf von Bergkäse und Bachensteiner.

GROMO Kässtüble Dornbirn-Markt. A-6850 Dornbirn, Messepassage, Tel. 0 55 72/63 40 12. Von der GROMO an Mile Sakic verpachtet, führt neben den GROMO-Waren diverse Importkäse. Milchmixgetränke, Imbisse etc.

Reichart's Naturkost & Bauernladen. A-6850 Dornbirn, Marktstraße 412, Tel. 0 55 72/326 82. Bergkäse aus dem Großen Walsertal, nämlich von der Sennerei Boden und von Leo Türtscher (KOPRA), gelegentlich Kuhmilchfrischkäse von Hans-Peter Nigsch, Schoppernau, Ziegenkäsle von Willi Wirth in Dornbirn, Schafkäse von Christl Geuze, Alberschwende. Als Lieferant für Bergkäse wurde nun auch die Sennerei Sulzberg ins Auge gefaßt. Weiters gibt es verschiedene Bio-Käsesorten aus Österreich (z. B. von Plangger) und aus dem Ausland.

Käslädele Lustenau. A-6890 Lustenau, Vorachstraße, Tel. 0 55 77/22 17. Spezialisiert auf Käse für Kässpätzle und für die in Lustenau beliebten "Käsdönnala" (= Käsefladen).

Kässtüble Hohenems, Bahnhofstraße 11, Tel. 0 55 76/35 70.

Eierhof Küzler. A-6804 Feldkirch-Altenstadt, Kaiserstraße 5, Tel. 0 55 22/733 24. Der Philosophie des Hauses entsprechend, daß (fast) aller gute Käse aus dem Bregenzerwald kommt, werden hier angeboten: Alpkäse von der Annalpe (Schoppernau) und der Alpe Bögnen (Damüls), Bergkäse aus der Sennerei Schnepfau, Bio-Bachensteiner von Fink in Sibratsgfäll und Wälderkäsle von Ingo Metzler. Da es aber doch auch anderswo Feines gibt, führt man Emmentaler und Bachensteiner von der Sennerei Hinteregg, Geiß- und Schafkäse von den Scalets in Dafins und Sura Käs von Hosp in Nüziders. Beim Räßen schwört man auf die Künste des Dornbirners Mathis. Der Andelsbucher Bierkäse wird unter dem Namen "Gsiberger" verkauft. Natürlich finden sich auch Rheintaler, Mischling, Tilsiter und Sig im Angebot, ferner Käse aus anderen Bundesländern und aus dem Ausland. Im übrigen ist das Geschäft ein Feinkostladen mit einem Schwerpunkt auf italienischen Waren.

Josef Hosp GmbH & Co. Käsegroßhandel, Käsefabrikation, Export-Import. A-6714 Nüziders, Sonnenbergstraße 38b, Tel. 0 55 52/622 32, Fax 622 32-27. Als Milchkäufer der Sennerei Thüringerberg produziert Hosp Bergkäse und Emmentaler, der in verschiedenen Käsefachgeschäften erhältlich ist. Kein Detailverkauf!

Kopra. Büro: A-6800 Feldkirch, Hirschgraben 15, Tel. 0 55 22/796 87. Die Konsumenten-Produzenten-Arbeitsgemeinschaft ist ein im Jahre 1986 gegründeter, anerkannter Bioverband von Bergbauern in Sonntag und Buchboden im Großen Walsertal. Bei allen Produkten wie Speck, Wurst oder Käse ist jeglicher Zusatz synthetischer Hilfsmittel untersagt. Auf den Alpen der Kopra (z. B. Oberüberlutt in Buchboden oder Fuchswald in Marul) ist organisch-biologisch zu wirtschaften. Alpkäse kommt von dort und von Hans-Peter Nigsch auf der Treu-Alp, Bergkäse erzeugt im Winter Klaus Burtscher in Fontanella. Für den Bezug von Kopra-Produkten ist die Mitgliedschaft (Beitrag S 300,-- pro Jahr) Voraussetzung. Die Waren werden im Büro bestellt, die Bauern melden sich zwei Tage vor der Zustellung bei den Bestellern und vereinbaren den exakten Lieferzeitpunkt. Gezahlt wird mittels Erlagschein an die Bauern. Der Alpkäse wird kiloweise oder in einer Käsekiste geliefert. Diese Käsekiste enthält ein Käsemesser und ein Tuch und ermöglicht die Pflege des gekauften, sechsmonatigen Käses im Keller oder in der Garage, wo man ihn mit Most, Salzwasser oder Weißwein individuell pflegen kann. Sie kommt beim Publikum gut an, es wurden schon 300 Stück verkauft.

Bauernmärkte in Vorarlberg

Bregenz: jeden zweiten Freitag in der Kaiserstraße (Innenstadt).

Dornbirn: jeden zweiten Samstag am Marktplatz (Stadtzentrum).

Hohenems: jeden zweiten Samstag am Turnhallenvorplatz in der Graf-Maximilian-Straße (gegenüber der Raika).

Bludenz: jeden zweiten Samstag im Monat in der Rathausgasse.

Tschagguns: jeden vierten Samstag am Gemeindeparkplatz.

St. Gallenkirch: jeden ersten Samstag im Monat.

Sieghard Eder, Restaurant "Sieghard", Hippach-Schwendau, empfiehlt:

Zillertaler Krapfen

Zutaten
Krapfenblätter:
100 g Weizenmehl glatt, 100 g Roggenmehl glatt, 1 Prise Salz, 20 g lauwarmes Wasser.

Zubereitung
Beide Mehlsorten in eine Schüssel geben, salzen und mit dem lauwarmen Wasser zu einem Teig verarbeiten.
Zu einer Rolle formen, 20 gleich große Stücke schneiden, diese zu dünnen Teigblättern austreiben.

Fülle
250 g Kartoffeln, 50 g fein geschnittener Zwiebel, 20 g Butter, 10 g Schnittlauch, 120 g Zillertaler Graukäse, 8 cl heißes Wasser, Salz und Pfeffer.

Zubereitung
Kartoffeln in der Schale kochen, etwas auskühlen lassen und schälen. Kartoffeln und Zillertaler Graukäse reiben. Zwiebel in Butter leicht anschwitzen, Schnittlauch, Salz, Pfeffer beigeben und mit heißem Wasser zu einer leicht zähen Fülle verarbeiten. Die Fülle in der Mitte der Krapfenblätter verteilen, zusammenlegen und Ränder fest andrücken. Im heißen Fett beidseitig herausbacken. Dazu empfehle ich Buttermilch oder Vollmilch.

Das elegante, behagliche Restaurant "Sieghard", mitten im Zillertal, bietet für jeden Geschmack das Richtige. Sieghard Eder versteht sich einerseits bestens auf die Zubereitung bodenständiger Gerichte - vorzüglich etwa die Kasspatzln mit bestem Zillertaler Almkäs -, andererseits brilliert er auch bei der Erstellung feinster Gourmet-Menüs in internationalem Stil. Gaumenfreuden von herzhaft bis elegant. (ad)

Restaurant "Sieghard", A-6283 Hippach-Schwendau 83, Tel. 0 52 82/33 09, MO Ruhetag.

"Unsere in Tirol noch üblichen sauren Käse und namentlich der für Biertrinker hochberühmte graue Käs sind zur Verurtheilung schon reif und werden den besseren Neuerungen zuerst zum Opfer fallen" - diese Einschätzung des landwirtschaftlichen Wanderlehrers Adolf Trientl aus dem Jahre 1884 (in den Landwirtschaftl. Blättern XX 1884 Innsbruck, S. 20) hat sich zum Glück nicht bewahrheitet - der Graukäse gilt heute als Spezialität und ist doch ob seiner relativ einfachen Herstellung auf nahezu jedem Bauernhof zu finden. Was die zitierten Neuerungen betrifft, so sind damit jene technischen Errungenschaften des vorigen Jahrhunderts gemeint, die die Käserei von einfachster bäuerlicher Handarbeit zu industrieller Produktion hinführte.

Almsennerei wurde schon vor 2000 Jahren betrieben, Alpkäse bis Rom geliefert - vornehmlich aber wurde Käse für den Eigenbedarf hergestellt. Käse war gewöhnliche Speise für landwirtschaftliche Arbeiter und Handwerker; Suppen und Mehlspeisen wurden mit Käse (speziell Ziger) zubereitet. Die ursprünglichste Art der Käsebereitung war die mit Sauermilch; zudem war in Tirol bis ins 19. Jahrhundert vornehmlich Magerkäserei zu finden. Butterschmalz war ein geschätzter Handelsartikel, die Butter selbst eignete sich ob ihrer geringen Haltbarkeit (nicht zuletzt durch mangelnde Reinlichkeit bei der sehr einfachen Verarbeitung der Milch) nicht für den Verkauf. Auch machte die landesübliche Ernährung mit reichlich Mehlspeisen große Mengen an Butterfett in den Haushalten notwendig, für den Käse blieb die Magermilch. Die Kühlung der Milch war keineswegs üblich, erst das "Swartz'sche Verfahren" (eine nach einem schwedischen Großgrundbesitzer benannte Methode zum Aufrahmen der Milch mit Kaltwasser) machte auch süße Milch käsereitauglich. Nur in den almenreichen Gebieten des Zillertales und im Bezirk Kitzbühel ist die Fettkäserei seit dem 16. Jahrhundert zu finden, der "guete Kas" brachte gegenüber dem "gemeinen Kas" auch einen besseren Preis. Zahlreiche Käsebezeichnungen zeugen von Herstellungsart bzw. Bestimmung des Käses: Haimbkas (Heimkäse, der zu Hause gemachte), Almkas, Rauchkas, Renkas (Renn = Lab), Winterkas, Speiskas im Gegensatz zu Schaukäs (der für einen Prüfer bestimmte), Kuekas, Gaiskas. Noch heute kann einem auf Bauernmärkten auf die Frage nach dem Käseangebot als Antwort "Goaßkas und Kuakas" gegeben werden.

War also die Fettkäserei in den früheren Jahrhunderten nur gebietsweise anzutreffen und bisweilen - bei Mangel an Butter und Schmalz - von der landesfürstlichen Regierung schlicht untersagt worden - so nahm sie vor allem in der zweiten Hälfte des vorigen Jahrhunderts, von der Schweiz über Vorarlberg nach Tirol kommend, raschen Aufschwung. Die ärmlichen Besitzverhältnisse der Bauern förderten den Zusammenschluß zu Genossenschaften, die sich sprunghaft vermehrten (1899 waren es in Nordtirol bereits 80), die primitiven Produktionsweisen (Sennhütten hatten oft nur einen einfachen Erdboden, keinen Kamin, die Kessel keinen Deckel, die Schüsseln bestanden aus Holz oder Ton) wurden durch technische Errungenschaften verdrängt: die Zentrifugierung brachte eine höhere Butterausbeute, die Anwendung der Bakteriologie ebenfalls Fortschritte; aber auch staatliche Prämierungen und die Käsereikurse der landwirtschaftlichen Schule in Rotholz (die es seit 1881 bis heute gibt) trugen das ihre dazu bei, daß Käse nicht mehr nur für den Hausbedarf hergestellt wurde.

Erzeugt wurden Fettkäse (Emmentaler) und Halbfettkäse (Schweizer und Groyer, letzterer magerer und weicher als Emmentaler), Butter, süße und saure Magermilchkäse; im Lech- und Tannheimertal war der Backsteinkäse, eine Art Limburger, fett und pikant, der den Namen von seiner Backsteinform hatte, vertreten.

Übrigens: Der Milchpreis war im Zillertal immer höher als anderswo, die Milch hatte hier einen besonders guten Ruf.

Heute ist Tirol ein eifriger Käseproduzent, 120 Millionen Liter Milch werden im Jahr zu etwa 10.000 Tonnen Käse verarbeitet. Den größten Anteil stellen bei weitem Emmentaler (rund 60 %) sowie Bergkäse, beide aus Rohmilch und Aushängeschilder heimischen Käseexports. In den sogenannten Hartkäsesperrgebieten - Zillertal, Untere Schranne bis Kössen, Brixental, Außerfern sowie die Gemeinden Terfens, Nauders, Kolsaß und Pettneu - gelten bestimmte Richtlinien für deren Erzeugung: so darf kein Gärfutter verwendet werden, da die darin enthaltenen anaeroben Bakterien auch im reifenden Käse weiterwirken und unerwünschte Ergebnisse zeitigen würden; das Ausbringen von Klärschlamm auf den Weiden ist verboten, die Art der Futtermittel fixiert. Auch der Umstand, daß die Kühe im Sommer fast durchwegs auf den Almen weiden, führt zu einer besonderen Qualität der Milch, die sich - im Einklang mit sorgfältigster Erzeugung - in der Qualität der Hartkäse fortsetzt.

Es sind vornehmlich die zahlreichen Molkerei- und Sennereigenossenschaften, die sich der Produktion von Emmentaler und Berg- bzw. Almkäse widmen. Für beide Sorten ist die Herstellung zunächst durchaus ähnlich und unterscheidet sich vor allem bei den verwendeten Bakterienkulturen. Die größeren und schwereren Emmentaler-Laibe mit ihren etwa 80 Kilogramm werden bei rund 20 Grad Celsius gereift; dies fördert die durch Propionsäure hervorgerufene Lochbildung. Während dieser Zeit müssen sie immer wieder gereinigt und gewendet werden.

Der Bergkäse hingegen liebt's kühler. Auch er bedarf während der Reifezeit sorgfältiger Pflege - ständig muß er mit Salzwasser, dem fallweise Schmierekultur zugesetzt wird, behandelt werden, nur so entwickelt er sein typisches Aroma.

Vom Graukäse, dieser Tiroler Spezialität, hörten wir schon eingangs; aus vorgereiftem Magertopfen hergestellt ist er nahezu fettfrei. je nach Produktionsweise kann er außen speckig-grau und innen fest und weiß sein (Zillertaler Typus) oder aber (wie die meist auf dem Markt befindliche Sorte) speckig-gelb marmoriert - immer jedoch ist er von ausgeprägtem Geschmack. Neben der Graukäserei in Weerberg und der Osttiroler Molkereigenossenschaft sind es vor allem die Bauern, die diesen Käse herstellen.

Der Ziger wiederum ist ein lang getrockneter Käse aus dem letzten festen Bestandteil, der sich aus der Molke abscheidet; er wird in Kugelform angeboten und ist besonders lange haltbar.

So sind die alten Käseformen noch heute im Lande lebendig und nach wie vor Bestandteil der bäuerlichen Kultur geblieben.

Daß aber die Zeit nicht stehengeblieben ist, zeigen Neuentwicklungen wie etwa der Graf Görz, ein Weichkäse mit Rotschmiere von der Osttiroler Molkereigenossenschaft und hervorragende Ziegen- und Schafkäsespezialitäten kleiner Privatbetriebe.

Ein buntes Bild alpenländischer Käserei schließlich bieten die gut organisierten Bauernmärkte im ganzen Land: vom Almkäse bis zum Ziger, vom reifen Ziegenkäse bis zum Graukäse findet der entdeckungswillige Kunde eine Vielzahl an Sorten und Geschmäckern. So wird eine Fahrt durchs Land auch zu einer Entdeckungsreise in Sachen Käse. (ad)

Hinterriß/Eng

Das Gebiet gehört zur Gemeinde Vomp im Unterinntal (nahe Schwaz) und ist von da aus auf einem zehnstündigen Fußweg über die Berge zu erreichen. Mit dem Auto muß man einen 70 Kilometer langen Umweg über den Achensee und den Sylvenstein-Stausee (mit zweimaligem Passieren der österreichisch-bayrischen Grenze) in Kauf nehmen, bevor eine 13 Kilometer lange Mautstraße von Vorderriß in die Eng führt.

Wanderungen und Besichtigungen: Den Großen Ahornboden als herbstliche Idylle kennen die meisten von Kalenderbildern. Hier kann man die Jahrhunderte alten Bergahorn-Bestände aus nächster Nähe betrachten. Es gibt zahlreiche Möglichkeiten für Wanderungen und Klettertouren, z. B. über das Spielistjoch zum Kleinen Ahornboden. Die Zufahrt über den Achensee verpflichtet geradezu zu einem näheren Kennenlernen dieser Region. Neben der Fahrt mit der Dampflok und den Achenseeschiffen sowie Wanderungen im Rofan empfiehlt sich ein Besuch der gerade erst vorbildlich renovierten Pfarrkirche der Heiligen Notburga in Eben/Maurach (Notburga-Prozession durch die Felder im September).

Gastronomie und Unterkünfte: Die Rasthütte Eng-Alm hat auch Zimmer (Tel. 0 52 45/226 oder 227), weiters zu empfehlen ist der Alpengasthof Eng (Tel. 0 52 45/231). Ein hervorragendes Restaurant am Achensee ist das Hotel Alpenrose (A-6212 Maurach 68, Tel. 0 52 43/52 93) oder Sie versuchen das Fürstenhaus (A-6213 Pertisau, Tel. 0 52 43/54 42-0). Zimmernachweis in Achenkirch: Tel. 0 52 46/62 70. Zimmernachweis in Maurach: Tel. 0 52 43/53 40.

Agrargemeinschaft Eng: Tourismus und Tradition

Dem Besucher bietet sich ein wahrhaft herrliches Bild, wenn er auf der langen, gewundenen Straße in die Eng fährt: Links und rechts stehen knorrige Ahornbäume, zwischen denen die Kühe weiden (und manchmal ungeniert die Straße blockieren), im Hintergrund strahlen in der Sonne die schneebedeckten Bergspitzen des Karwendel.

Da diese Idylle alle sehen wollen, hat sich die Eng, so entlegen sie auch sein mag, zum Anziehungspunkt für Touristen entwickelt. Doch die zehn Bauern - ihre Vorfahren hatten sich vor rund hundert Jahren zu einer Agrargemeinschaft zusammengeschlossen - waren über die zahlreichen Touristen, die ihnen die Weiden zertrampelten, keineswegs erfreut. Um den Touristenstrom wenigstens ein wenig zu kanalisieren, entstand im Lauf der vergangenen 25 Jahre ein bäuerliches Fremdenverkehrszentrum mit Rasthütte und Kiosk (eher ein Kleinsupermarkt, wo bäuerliche und andere Produkte erstanden werden können), und seit 1992 gibt es als wahres Prunkstück eine Schaukäserei: Der ursprünglich recht kleine Käsereiraum wurde zu einer besuchertauglichen Produktionsstätte umgebaut, Schaulustige können nun durch eine Glasscheibe dem Käser bei der Arbeit zusehen.

Sepp Scherzer, Jahrgang 1931 und seit 30 Jahren Angestellter der Agrargemeinschaft, erzeugt heute mit einer modernen Anlage von vier Kesseln zu je 1.200 Litern (früher hatten zwei genügt) einen köstlichen Bergkäse.

Rund 200 Milchkühe liefern dafür die eiweißreiche Milch, die im Verlauf einer Saison - von Anfang Juni bis Anfang Oktober - zu etwa 23 Tonnen Bergkäse (45 % F.i.T.) sowie Butter und Trinkmilch verarbeitet wird. Nach einem kurzen Intermezzo mit Handelsdünger vor rund 30 Jahren - das sich als fatal herausstellte, weil das Unkraut aus der dünnen Humusschicht jahrelang nicht wegzubekommen war - ist man schnell wieder zur natürlichen Almbewirtschaftung ohne künstliche Eingriffe zurückgekehrt. Die Alpung im Hochsommer auf der wesentlich höher gelegenen Latiz Alm mußte hingegen aus Personalmangel eingestellt werden.

Die Geschäfte der Agrargemeinschaft führte 33 Jahre lang Hans Tandler, der immer kaufmännisch in der Milchwirtschaft tätig war. Und auch jetzt in der Pension ist er ein regelmäßiger Gast in der Eng, wo er mit Rat und Tat den Beschäftigten zur Seite steht. Vermarktet wird der Käse über die AMF, und zwar geht der größte Teil in den Export. Die meisten Laibe werden schon in jungem Zustand abgeholt, weil die Bauern auf die Erlöse nicht lange warten können, und so reifen die Käse nicht auf der Alm sondern in temperaturkontrollierten Reiferäumen im Tal.

Wie bei allen Almkäsereien, die ihre Produkte den Touristen direkt anbieten, besteht auch in der Eng das Problem darin, daß der Käse in der laufenden Saison noch zu jung für Feinschmecker ist. Zwar wird im Frühjahr Austauschware der AMF aus winterlicher Bergkäseproduktion anderer Betriebe angeboten, aber schließlich wollen die Touristen ja den vor Ort erzeugten Käse kosten.

Und so empfiehlt es sich - auch wegen der herbstlichen Schönheit der Landschaft - die Eng zu Saisonende zu besuchen und ein möglichst großes Stück eines würzigen und gut gereiften Bergkäses mitzunehmen. (ad)

Agrargemeinschaft Eng, A-6200 Hinterriß. Rasthütte Tel. 0 52 45/226, Kiosk Tel. 0 52 45/227. Rasthütte und Kiosk sind etwa von 10. Mai bis 20. Oktober (je nach Schneelage) geöffnet. Neben Bergkäse aus eigener Produktion wird auch Emmentaler, Speck, Honig und Marmelade aus bäuerlicher Produktion sowie eine große Auswahl an Souvenirs angeboten. Die Almkapelle steht für Messen und Hochzeiten zur Verfügung.

Lienz

Die Hauptstadt Osttirols liegt im Drautal, bei der Einmündung der Isel. Hier kreuzen sich drei Bundesstraßen: die B 107a (Großglockner Bundesstraße, Abzweigung Lienz), die B 100 (Drautal Bundesstraße) und die B 108 (Felbertauern Bundesstraße).

Wanderungen und Besichtigungen: Lienz geht vermutlich schon auf eine Siedlung der Illyrer zurück und gehörte vom 13. Jahrhundert an den Grafen von Görz, die auf Schloß Bruck ihren Sitz hatten. Heute dient das Schloß als Osttiroler Heimatmuseum. Lienz ist ein beliebter Sommer- und Wintersportort. Mit einer Gondelbahn gelangt man auf das Zettersfeld. Sehenswert sind fünf Kilometer östlich die Reste der Römerstadt Aguntum, ferner bei Lavant der sogenannte Kirchbichl (Reliefsteine aus der Römerzeit) und eine frühchristliche Kirchenanlage. Vom Tristacher See aus kann man schöne Bergtouren in die Lienzer Dolomiten unternehmen.

Gastronomie und Unterkünfte: Das beste Restaurant am Platz ist die Traube (Hauptplatz 14, Tel. 0 48 52/644 44), ein Romantik-Hotel mit Eleganz und Gemütlichkeit. Am Tristachersee lockt das Parkhotel und Restaurant gleichen Namens nicht nur mit seinem herrlichem Seeblick (Tel. 0 48 52/67 6 66).

Osttiroler Molkereigenossenschaft: Graf Görz und die Graukäse-Spezialisten

Hier sind Osttiroler Spezialitäten an der Tagesordnung. Denn die Lienzer Molkereigenossenschaft hat sich dem traditionellen Graukäse verschrieben, und der ist, wie uns Betriebsleiter Helmut Hartner sagt, überaus gesund. An Mineralien und Wirkstoffen enthält er vor allem reichlich Phosphor und Kalzium, die nicht nur als Aufbaustoffe des Körpers, sondern auch als lebenswichtige Schutzstoffe für den geordneten Ablauf von Reaktionen im Organismus angesehen werden.

Der Osttiroler Graukäse reift bei höheren Temperaturen sehr schnell, kommt deshalb sehr jung in den Handel und ist meist etwas trocken und bröselig. Doch kann man bei diesem Reifezustand die Konsistenz und den Geschmack selbst bestimmen, wenn man sich an folgende Hinweise hält:

⇨ Der Graukäse reift von außen nach innen. Bei kleinen Stückchen reift er flächenmäßig schneller.

⇨ Je älter er wird, umso geschmeidiger und saftiger ist sein Teig und umso pikanter schmeckt er.

⇨ Seinen allgemein beliebtesten Reifepunkt erreicht er mit zwei bis vier Wochen.

⇨ Er reift auch im Kühlschrank, jedoch viel langsamer, und er kann deshalb über das Haltbarkeitsdatum gelagert werden, ohne zu verderben.

⇨ Der Graukäse sollte immer gut verpackt sein (Frischhaltefolie), sonst trocknet er aus.

Viele mögen ihn, wenn er in der Mitte etwas topfig ist, andere lassen ihn ganz durchreifen, sodaß nicht einmal mehr topfige Stückchen sichtbar sind. In diesem Zustand ist der Käse pikant und herzhaft.

Neben diesem uralten Käse - der mindestens 99,3 Prozent fettfrei ist - wird in Lienz auch eine interessante Neuentwicklung hergestellt: der Graf Görz, benannt nach den früheren Stadtherren.

Dabei handelt es sich um einen Weichkäse mit 60 % F.i.T. aus pasteurisiertem Rahm-Milch-Gemisch. Seine Rinde weist eine ganz leichte Rotschmiere auf, mit zunehmendem Alter bekommt sie einen gewünschten Milchschimmelanflug. In der Konsistenz ist der Käse weichschnittig, bis cremig, und er weist einige Bruchlöcher auf. Sein Geschmack ist ganz zart hefig, mild aromatisch, mit zunehmendem Alter fein pikant. Man kann den Graf Görz bei fachgerechter Lagerung weit über das Haltbarkeitsdatum weiterreifen lassen und erhält dann einen ganz besonders aromatischen Käse.

Außerdem gibt es in der Lienzer Molkereigenossenschaft Osttiroler Bröseltopfen (ein Frischkäse) und ein besonders altes und traditionsreiches Produkt, den Schotten, und zwar gerieben oder in Kugelform. Neu ist die Topfencreme mit Bifiduskulturen. (rs)

Osttiroler Molkereigenossenschaft, A-9900 Lienz, Fanny-Wibmer-Pcdit-Str.8, Tel. 0 48 52/622 11-0.

Sieghard Eder
Restaurant "Sieghard", Hippach-Schwendau
empfiehlt:

Schlichternudeln -
Zillertaler Käserahmnudeln

Zutaten
250 g Weizenmehl glatt, 1 Ei, 100 g Wasser, 1 Prise Salz.

Zubereitung
Mehl, Ei und leicht gesalzenes Wasser zu einem glatten Teig
verkneten. 1 Stunde rasten lassen, in 2 gleiche Stücke schneiden und diese zu Nudelblättern dünn ausrollen, mit Mehl be-
stäuben, zusammenrollen und in 1 cm breite Streifen schneiden.
In kochendes Salzwasser geben, unterrühren, 2 Minuten kochen
lassen, abseihen, mit kaltem Wasser abschwemmen.
Nudel in eine Pfanne geben, mit 4 dl Milch, 100 g Ziger oder
überreifen Graukäse, 1/8 l Sahne, aufgießen und zu einer leicht
cremigen Konsistenz einkochen. Mit 40 g gebräunter Butter
übergießen.

*Das elegante, behagliche Restaurant, mitten im Zillertal, bietet
für jeden Geschmack das Richtige. Sieghard Eder versteht sich
einerseits bestens auf die Zubereitung bodenständiger Gerichte - vorzüglich etwa die Kasspatzln mit bestem Zillertaler Almkäse -, andererseits brilliert er auch bei der Erstellung feinster
Gourmet-Menüs im internationalen Stil. Gaumenfreuden von
herzhaft bis elegant. (ad)*

Restaurant "Sieghard", Restaurant Eder Sieghard, A-6283
Hippach-Schwendau 83, Tel. 0 52 82/33 09, MO Ruhetag.

Mayrhofen

Die Marktgemeinde liegt am Ende des eigentlichen Zillertales. Anfahrt über die Inntal-Autobahn A 12, Abfahrt Achensee/Zillertal, dann fährt man die B 169 (Zillertal Bundesstraße) ins Tal hinein. Die Sennerei liegt direkt an der Straße, rechter Hand, nach einer kleinen Brücke.

Wanderungen und Besichtigungen: Mayrhofen ist wohl "die" Fremdenverkehrsmetropole des Zillertals mit einer gut hundertjährigen Tradition. An Aufstiegshilfen in die Tiroler Bergwelt gibt es hier unzählige Möglichkeiten für jeden Anspruch. Zahlreiche Bürgerhäuser sind von nahmhaften Künstlern, z. B. Max Weiler, verschönert worden, neueste Attraktion ist das kunterbunte Karg-Haus. Empfehlenswert sind eine Fahrt mit der Zillertalbahn, eine 1902 erbaute Schmalspurbahn, und Ausflüge auf die Gerlos oder zum Schlegeisstausee.

Gastronomie und Unterkünfte: Das Hotel Elisabeth (Mayrhofen 432, Tel. 0 52 85/21 61) verfügt über ein recht ansprechendes Restaurant mit gehobener Regionalküche. Wer es eher bäuerlich-deftig liebt, dem sei das einmalige, etwas museal wirkende, dennoch stimmungsvolle Wirtshaus Zum Griena empfohlen (Mayrhofen 768, eher am südlichen Dorfende, Tel. 0 52 85/27 78). Zimmernachweis Mayrhofen: Tel. 0 52 85/ 23 05.

Sennerei Mayrhofen/Heinz Kröll: Der moderne Traditionalist

Die Sennerei Mayrhofen ist ein ausgesprochen imposanter Betrieb und jedenfalls so gar nicht das, was man von einer Tiroler Sennerei erwarten würde. Was da an riesigen, blitzblanken Edelstahlbehältern zu ebener Erde und im darunterliegenden Keller zu sehen ist, kann einem Besucher schon Respekt einflößen.

Diese eindrucksvolle Anlage, die alle Stückeln spielt, steuert Heinz Kröll, Jahrgang 1954, ein gelernter Käser, der 1991 die Betriebsführung von seinem Schwiegervater Franz Geisler übernommen hat. (Die Sennerei ist übrigens seit 1945 ein Privatbetrieb.)

Heinz Kröll ist so ganz das, was man sich unter einem jungen, dynamischen, erfolgreichen Manager vorstellt - eloquent, tüchtig, charmant. Seine Umsicht widmet er jedoch nicht nur dem Ausbau des Betriebs und der Vermarktung der Produkte, sondern vor allem dem Produkt selbst - dem Käse.

An die drei Millionen Liter Milch werden hier im Jahr verarbeitet, Rohmilch von den Berg- und Almbauern des hinteren Zillertals. Für diesen Zweck unterhält die Sennerei zwei eigene Tankwagen, die die Milch von den entlegensten Berghängen ins Tal bringen. Hauptprodukt ist der Emmentaler, der traditionell in Laibform, aber auch in Stangenform hergestellt wird. Verkauft wird an den regionalen Großhandel, ein großer Teil geht in den Export nach Amerika, Italien und Griechenland. So kann es vorkommen, daß deutsche Gäste eines Tages am Mittelmeer jenen österreichischen Emmentaler am Frühstückstisch finden, den sie in einem früheren Urlaub im Zillertal kennen und schätzen lernten- darüber werden sie sich sicherlich wundern, gleichzeitig aber auch freuen.

Jährlich werden rund 200 Tonnen Emmentaler produziert. Mit 50.000 Kilogramm mengenmäßig weit dahinter, imagemäßig jedoch ebenfalls ganz vorne, rangiert jener Käse, der meist mit dem Zillertal identifiziert wird - der Graukäse, als "Moahofner" weithin geschätzt und verlangt. Auch bei ausländischen Gästen kommt diese zwar magere, aber geschmacklich recht strenge Spezialität gut an, besonders Engländer finden daran Gefallen.

Hier finden wir sogar drei verschiedene Typen von Graukäsen, deren unterschiedliche Ausprägung von Art und Dauer der Milchsäuerung und auch von der Länge der Reifung abhängig ist. Da gibt es einmal den jungen, gelb-topfigen Käse, der schon innerhalb von zwei Wochen verkaufsfähig ist - in der Käserei nennt man ihn "Schnellsieder". Ein zweiter Graukäse hat eine braune Rinde und einen weißen, topfigen Teig, im Geschmack ist er intensiv säuerlich. Und schließlich gibt es noch den länger gereiften und recht deftigen Graukäse mit den verschiedenen landkartenartigen Schimmelkulturen an der Oberfläche - sie sind farblich bunt gemischt, können bläulich, grünlich oder sogar gelblich sein. Der Teig dieses Käses ist außen speckig, innen ist noch ein kleiner topfiger Kern sichtbar.

Die wahren Geheimnisse der Säuerung und Reifung kennt "der Dengg Alois", seit 25 Jahren ist er im Betrieb für die Käseherstellung verantwortlich und gilt als wahrer Meister der Graukäseproduktion.

Die Produktionsstätten sind auf High-tech gerüstet - so wird etwa das Pressen der Emmentaler-Laibe elektronisch gesteuert, und das Wenden der bis zu 90 Kilogramm schweren Laibe ist auf den schwenkbaren Stahlregalen kein großer Kraftakt mehr.

Dennoch kommt man am Traditionellen nicht vorbei. Die Holzformen für den Graukäse-Topfen werden nur mit Molke gewaschen, damit jene Bakterienkulturen, die die Reifung fördern, erhalten bleiben. Die Vorreifung erfolgt in einem Keller mit Schotterboden, damit eine höhere Luftfeuchtigkeit entsteht. Auch alte Bauernweisheiten, wie der Stand des Mondes oder der Gestirne, werden beachtet, und letztlich gelingt nichts ohne das "gewisse G'spür" des Käsers. Neben den drei Graukäsearten gibt es auch einen kugelförmigen Hartkäse auf Graukäsebasis, der Ziger genannt wird, ferner Joghurt, Rahm (im eigenen Tetrapack), Topfen und Butter. So entstehen inmitten eines modernen Betriebs Naturprodukte, die trotz größtmöglicher technischer Überwachung jeden Tag (Gott sei Dank) etwas anders ausfallen. Denn der Rohstoff Milch ist von Tag zu Tag unterschiedlich, und deshalb muß - wie es Alois Dengg formuliert - "der Fleiß des Käsers umso größer sein." (ad)

Sennerei Mayrhofen, A-6290 Mayrhofen 714, Tel. 0 52 85/24 59. Gleich neben der Sennerei befindet sich der neu ausgebaute betriebseigene Supermarkt, in dem die Käse auch verkostet werden können. Weitere Verkaufstellen mit Imbiß sind in der Hauptstraße 481 und 446 zu finden (geöffnet MO bis FR 7.30-12 Uhr und 15-18 Uhr, SA bis 12 Uhr). Auch die lokalen Supermärkte kommen nicht umhin, die "Moahofener Produkte" zu führen. Und die Wahrscheinlichkeit, in einem Hotel der Gegend mit diesen Produkten beim Frühstück verwöhnt zu werden, ist ebenfalls groß.

Nassereith

Von Telfs aus (Autobahnabfahrt Telfs-West) führt die Straße über das Mieminger Plateau Richtung Fernpaß wieder hinunter nach Nassereith.

Wanderungen und Besichtigungen: Zahlreiche Wanderwege und Möglichkeiten zu Bergwanderungen; Radwanderweg nach Imst. Bootsverleih am Fernsteinsee, Kajak- und Raftingtouren. An volkstümlichem Brauchtum sind das Nassereither Schellerlaufen mit den alten Holzmasken (alle drei Jahre, z. B. 1995) und das Imster Schemenlaufen, der größte Fasnachtsumzug in den Ostalpen (alle vier Jahre, z. B. 1996), erwähnenswert.

Gastronomie und Unterkünfte: Das Gesundheitshotel Holzleiten auf einer Anhöhe über Nassereith bietet einen herrlichen Blick aufs Gurgltal und bemüht sich mit Fitnessangeboten und Naturküche um den gesundheitsbewußten Gast. Hotel Holzleiten, A-6416 Obsteig in Tirol, Tel. 0 52 64/82 44, Fax 0 52 64/83 78-8. Zimmernachweis Nassereith: Tel. 0 52 65/52 53; Zimmernachweis Imst: Tel. 0 54 12/24 19.

Alois Prosser
Romantik-Hotel Böglerhof, Alpbach
empfiehlt:

Alpbacher Käsesuppe mit Röstbrotwürfel

Zutaten für 4 Personen

20 g Butter, 300 g Erdäpfel mit Schale, ½ l Rindsuppe, ¼ l Rahm, 1 Schuß Weißwein, 80 g würzigen Bergkäse, Salz, Pfeffer, Muskat, 4 Scheiben Toastbrot.

Zubereitung

Die Butter zergehen lassen und die geschälten und in Würfel geschnittenen Erdäpfel darin anschwitzen, mit Weißwein ablöschen und mit Rindsuppe und Rahm aufgießen, alles gut verkochen lassen und die Gewürze dazugeben. Das Toastbrot in Würfel schneiden und im Backrohr goldgelb rösten. Zum Schluß den Bergkäse zur Suppe geben, gut verrühren und mit dem Stabmixer aufmixen, in Suppentassen anrichten und mit den Röstbrotwürfeln bestreuen.

Die Küche dieses traditionsreichen Gasthofs im Zentrum von Alpbach pflegt eine kleine, dem Regionalen verpflichtete Linie mit Schwerpunkt auf heimische Produkte, wie hier eine Alpbacher Käsesuppe. Vor kurzem ist das Restaurant zum modernen Hotel und Kongreß-Zentrum umgebaut worden, was die Lokalität für die Gäste noch attraktiver macht. (ad).

Romantik-Hotel Böglerhof, A-6236 Alpbach, Tel. 0 53 36/52 27 und 52 28. Das Restaurant ist täglich geöffnet, zwei A-la-carte-Stuben stehen auswärtigen Gästen zur Verfügung.

Anton und Christine Höllrigl: Mit Ziegenkäse auf Erfolgskurs

Begonnen hat alles mit einer geschenkten Ziege - und heute stehen 30 Tiere im (gepachteten, eigenhändig adaptierten) Stall, der Käse ist im höchstdekorierten Restaurant Österreichs, dem Steirereck in Wien, zu verkosten - doch dazwischen liegen gut zehn Jahre harter Arbeit, unzähliger Rückschläge und unermüdlichen Glaubens an den Erfolg.

Anton Höllrigl ist eigentlich gelernter Tischler und hat vorwiegend von der Schnitzerei gelebt. Als dann die eine Ziege dastand, eine zweite gleich noch dazu kam, wurde ein kleiner Stall angemietet, auch ein Feld für die Weide mußte gepachtet werden. Mit der Milch sollte ein Kalb für den Fleischbedarf der Familie aufgezogen werden, doch zunächst kam den Kindern die gesunde Milch zugute.

Wanneck

Auf Anraten eines Freundes begannen die Höllrigls mit den ersten Käse-Versuchen; ein zweitägiger Kurs für Ziegenkäseherstellung in der Schweiz sollte das nötige Rüstzeug bringen. Selbst die einfachsten Handgriffe der Tierhaltung mußten erst erlernt werden, waren sie doch beide nicht aus der Landwirtschaft. Und so begannen anderthalb Jahre unermüdlicher Versuche, die immer mit großer Unzufriedenheit endeten. Da wurde probiert, studiert, alles notiert, und verbissen machte man sich auf die Fehlersuche: doch der Käse war zu flüssig, zu schwammig, entsprach jedenfalls nie den Vorstellungen. Die Telefonkosten aus Ge-

GAULT MILLAU

mAGAZIN *für* Lebensart

**EINE ENTDECKUNGSREISE FÜR
FEINSCHMECKER UND LIEBHABER
DES GEHOBENEN LEBENSSTILS**

Jetzt in Ihrer Trafik

Käsemacher in Tirol

sprächen mit dem Kursleiter in der Schweiz und mit der Landwirtschaftsschule in Rotholz schnellten in die Höhe, bis dann endlich, 1984, die Geschmacksnerven sagten: "A guata Kas!"

Doch was dem Gaumen mundet, muß nicht unbedingt den gestrengen Augen des Lebensmittelprüfers standhalten, und so war das erste Attest der Untersuchungsanstalt schlichtweg niederschmetternd - "verdorben" sei er, der guate Kas. Zu hohe Keimzahlen machten laut Fachmannurteil den geschmacklich exzellenten Käse zu einem nicht verkehrsfähigen Produkt.

So groß konnte die Entmutigung gar nicht sein, um es nicht doch weiter zu versuchen - immer neben der eigentlichen Arbeit, der Schnitzerei, in der häuslichen Küche eines Einfamilienhauses. Die Weichkäseherstellung ist ja aufgrund der niedrigen Temperaturen so problematisch, und oft schon waren beide nahe am Aufgeben - aber die Faszination war größer. Die Ziegenmilch wurde pasteurisiert, und ein Teil des Problems war auch das unzulängliche Arbeitsmaterial. Käsekessel gibt's erst ab 100 Liter, mehr als zehn Liter Milch pro Tag waren aber nicht da. So ließ sich Anton Höllrigl nach genauen eigenen Angaben einen Spezialkessel fertigen, der bis auf kleine Einfüllöcher geschlossen ist - und damit gelang es schließlich, die unerwünschte Bakterienvermehrung in den Griff zu bekommen.

Endlich hielten die Höllrigls das ersehnte Attest in den Händen, jetzt konnte an zügige Produktion und den Verkauf gedacht werden. Aber die Vermarktung erwies sich als weitere Hürde, und nur mit viel Mühe und einer Reihe von Zufällen konnte an eine Vergrößerung der Produktion gedacht werden.

Da war zunächst Engelbert Perlinger mit seinem Handelsimperium, der auf die Nassereither Käsespezialität stieß und gleich zu Beginn die gesamte Produktionsmenge aufkaufte. Eine weitere Ziege konnte angeschafft werden; und mit dem stetigen Steigen der Nachfrage wuchs die Zahl der Tiere. Nun bekundete auch die Gastronomie Interesse - über Werner Ultsch vom Innsbrucker Schwarzen Adler gelangte eine Probe des Ziegenkäses auf Umwegen bis ans Wiener Steirereck - und das ist bis heute Kunde geblieben.

Mund-zu-Mund-Propaganda war seit jeher das wichtigste Marketinginstrument für die Höllrigls, und so ist ihr feiner Ziegenkäse außer in einigen Restaurants der Spitzengastronomie und der näheren Umgebung nur in wenigen Feinkostläden des Landes zu finden; es sind viele Privatkunden, die zu den ständigen Abnehmern zählen. Mittlerweile lebt die Familie zur Gänze von der Käseerzeugung, die nach wie vor im eigenen Einfamilienhaus stattfindet, allerdings nicht mehr in der Küche, sondern im eigenhändig und mit viel Erfindergeist adaptierten Keller. Da ist der selbstentworfene Kessel, als Rührwerk fungiert ein Scheibenwischermotor; die Molke wird abgepumpt und in Stams zu Kosmetik- und Reinigungsartikeln verarbeitet. Die Formen zum Käsepressen sind aus Installationsrohren selbst hergestellt, und auch der Luft-Wasser-Kreislauf zwischen Kühlraum und Wärmepumpe beruht auf einer eigenen Entwicklung. Überflüssig zu bemerken, daß die hölzernen Verpackungskisterln vom gelernten Tischler eigenhändig gefertigt werden. Für die eigentliche Käseherstellung ist Gattin Christine zuständig. Nach dem Pasteurisieren wird die Milch auf Säuerungstemperatur abgekühlt - diese bleibt, ebenso wie die Art der Säuerungskultur, Geheimnis der Käsemacherin. Die mit Käsebruch gefüllten Formen müssen oft gewendet werden, damit die Molke austreten kann - zuviel Molke würde den Käse bitter machen. Dann wird jeder Käse sortenspezifisch gepflegt und gereift.

Die Arbeit in Feld und Stall besorgt Anton Höllrigl; jegliche Art von Chemie ist ihm verpönt, und so ergibt sich ein Kreislauf gesunder, naturnaher Produktion. Die Ziegen werden auf einer eigens gepachteten Wiese geweidet, und auch ein Teil des Gemeindewaldes steht zur Verfügung, wo der Förster den Ziegenbesuch durchaus zu schätzen weiß, weil diese nur die niedrigen Stauden zwischen den alten Stämmen abgefressen. Von den Jungtieren werden nur diejenigen behalten, die die meiste Milch versprechen, die anderen verkauft. Und fällt einmal Ziegenfleisch an, so entstehen daraus köstliche Hauswürste, die 60 Tage in der eigenen Rauchkuchl trocknen.

Übers Jahr liefern die 30 Ziegen etwa 3.000 Liter Milch - allerdings sind sie ab Mitte November für etwa 60 Tage trocken, bis zum Werfen im Spätwinter. Und so wird im eigenen Gefrierhaus Reservemilch gelagert (die sich übrigens ausgezeichnet zum Käsen eignet), damit auch für die größere Nachfrage zu Weihnachten genügend Milch vorhanden ist.

1.000 bis 1.200 Kilogramm Käse werden im Jahr erzeugt, und zwar in drei Sorten:

Wanneck ist eine Weichkäserolle, vollfett und mit Oberflächenreifung. Der Käse wird regelmäßig mit Salzwasser geschmiert, wodurch sich im Laufe der Zeit ein Eiweißschimmel bildet. Das geschmackliche Ergebnis in Kombination mit der Hefe des Käses ist äußerst eindrucksvoll: Wanneck hat einen milden, zart-pikanten Geschmack von großer Raffinesse. Der Name stammt übrigens von einem Berg, auf dem die Höllriglschen Ziegen im Wald weiden. Dieser Käse ist fast immer am Käsewagen des Steirerecks zu finden.

Gaflein - so heißt das Tal, aus dem das Wasser stammt - ist ein vollfetter Weichkäse mit weißem Edelschimmel an der Oberfläche. Er ist in der Jugend cremig-mild, mit der Reife gewinnt er an Intensität und zeigt eine kräftige Würze. Diesen Käse gibt es in Laiben zu 220 Gramm, für die Gastronomie auch in Laiben zu 600 Gramm. Lorea schließlich ist so hergestellt wie Gaflein, nur daß noch zusätzlich Waldkräuter in den Teig eingearbeitet werden. Die Kräuter - ein wilder Oregano - wachsen auf einem Berg, der Lorea genannt wird.

Die Produkte der Höllrigls sind jedenfalls in vieler Hinsicht vorbildhaft: nicht nur durch ihre hervorragende Qualität, sondern auch durch ihre perfekte Vermarktung: sie rückt die gesunde Umwelt, aus der sie stammen, zu Recht in den Vordergrund. (ad)

Anton und Christine Höllrigl, A-6465 Nassereith, St. Wendelin 13, Tel. 0 52 65/54 90. Bestellungen sind unter dieser Nummer möglich. Erhältlich sind die Käse in Nassereith bei ADEG, in Innsbruck bei Naturkost Anita Hofer, Feinkost Wedl, Markthalle und Bauernstandl Obermüller, in Bregenz in Fredis Käslädele und über den Großhandel Fritz Wieser in Wörgl.

Niederndorf bei Kufstein

Der Ort liegt nordwestlich von Kufstein, nicht weit entfernt von der tirolerisch-bayerischen Grenze. Anfahrt über die Inntal-Autobahn A 12, Abfahrt Oberaudorf, das westlich der Autobahn liegt. Niederndorf liegt östlich der A 12.

Wanderungen und Besichtigungen: Von Niederndorf aus kann man schöne Wanderungen ins Kaisergebirge unternehmen (ev. Auffahrt mit dem Sessellift der Liftanlagen Zahmer Kaiser in Walchsee). In Walchsee gibt es auch eine Sommerrodelbahn. Im nicht weit entfernten Kufstein lohnt sich eine Besichtigung der Festung, in der sich auch die größte Freiorgel der Welt (Heldenorgel mit 4307 Pfeifen) sowie ein natur- und kunsthistorisches Museum befinden, außerdem ist die historische Altstadt sehenswert. Den Besuchern des Planetariums erschließt sich ein Blick ins All.

Gastronomie und Unterkünfte: Der Tiroler Hof, ein Gasthof mit Pension in Niederndorf Nr. 209, zeichnet sich durch seine verfeinerte bodenständige Küche aus (Tel. 0 53 73/612 13, Fax 611 55). Zimmernachweis in Niederndorf: Tel. 0 53 73/613 77.

Herbert Plangger: Einzelkämpfer für naturnahen Käse

Er ist eine Ausnahmeerscheinung in der Tiroler Käsewirtschaft, und das gleich in zweifacher Weise. Herbert Plangger leitet drei Käsereien mit insgesamt 14 Beschäftigten und einem stolzen Umsatz von 40 Millionen Schilling, und er vermarktet Jahr für Jahr 400 Tonnen Feinschmekkerkäse - größtenteils ohne fremde Hilfe, viel im Postversand. Damit hat er all jene Lügen gestraft, die da meinten, neben den mächtigen landwirtschaftlichen Monopolbetrieben hat ein Privatunternehmer keine Chance.

Und zweitens ist Herbert Plangger ein überzeugter Bio-Käser. Am Beginn seines Erfolgs stand die Erkenntnis, daß in der "modernen" Agrarwirtschaft der Wurm drin ist. "Wir müssen erst wieder lernen, mit der Natur schonend umzugehen. Nur wenn das Futter der Kühe optimal ist, läßt sich aus ihrer Milch ein Spitzenkäse herstellen." So lautet sein Credo. Die Milchbauern, die das Rohprodukt für den Käse liefern, geben ihm inzwischen recht. Sie haben Düngung und Fütterung nach den Grundsätzen der organisch-biologischen Landwirtschaft neu organisiert.

Ein Wendepunkt in der Karriere Planggers war das Jahr 1972. Damals pachtete er die Sennereigenossenschaft Niederndorf und übernahm alle 44 Milchlieferanten. Doch bald merkte er, daß etwas nicht in Ordnung war: "Die Bakterienkulturen mußten alle zwei Wochen neu angesetzt werden. Was war mit der Milch los? Und der Käse bekam rasch unansehnliche Risse, auch sein Aroma war nicht so wie früher."

Plangger überlegte, was sich seit seiner Jugend - er ist ein Jahrgang 1941 - zum Schlechteren verändert haben könnte. Es gab nun mehr Vieh als früher, von der gleichen Weidefläche wurde doppelt so viel Milch erzeugt. Auch die Menge an Stallmist und Jauche hatte sich verdoppelt, dazu kam der mineralische Stickstoff als Dünger. Und es stank zum Himmel: "Stallmist und Jauche rochen nicht so wie früher. Dabei darf ein guter Stallmist genauso wie eine gute Jauche einfach nicht stinken." Jedenfalls läuteten beim Plangger die Alarmglocken: "Die Natur macht nicht mehr mit!"

Er überzeugte die Bauern, daß es notwendig war, radikal umzudenken. Seither verzichten seine Milchlieferanten auf mineralischen Stickstoff und verwenden neben Jauche und Stallmist nur noch Urgesteinsmehl. Denn das reduziert die Fäulnisbildung. Im Unterschied zu früher, als wild drauflosgedüngt wurde, wird der natürliche Dünger nun nach einem genauen Terminplan ausgebracht, der auf den Mondkalender ab

Rezepte mit Käse

Alois Prosser
Romantik-Hotel Böglerhof, Alpbach
empfiehlt:

Mus von Dolce Bianca/Weissensteiner

Zutaten für 4 Personen
120 g Dolce Bianca oder Weissensteiner, 1/4 l Rahm, 2 Blatt Gelatine.

Zubereitung
Den Käse klein schneiden und mit etwas Rahm zum Schmelzen bringen, danach durch ein Haarsieb streichen und gut glattrühren, die Blattgelatine in kaltem Wasser einweichen, danach ausdrücken und auf kleiner Hitze zergehen lassen.
Inzwischen den restlichen Rahm aufschlagen und unter den passierten Käse ziehen, zum Schluß die zerlassene Blattgelatine vorsichtig (!) darunterheben und in eine mit Klarsichtfolie ausgelegte Form füllen. Danach ca. 5 Stunden im Kühlschrank kaltstellen. Scheiben schneiden und mit Vogerlsalat servieren.

Der Böglerhof im Zentrum von Alpbach ist vom traditionsreichen Gasthof zum modernen Hotel- und Kongreßzentrum (mit Schwimmbad und allem Luxus) ausgebaut worden. Das Prunkstück des Restaurants, die dunkel getäfelte Fuggerstube, hat im Lauf der Jahrhunderte zwei schwere Brände unbeschadet überstanden und ist eine der schönsten Gaststuben des Landes. Das verblüffend einfache, aber stark beeindruckende Rezept, das Alois Prosser hier vorlegt, basiert einmal nicht auf bodenständigem Käse, sondern auf steirischem Doppelschimmelkäse (aus Gröbming). (ad)

Romantik-Hotel Böglerhof, A-6236 Alpbach, Tel. 0 53 36/52 27 und 52 28. Das Restaurant ist täglich geöffnet, zwei A-la-carte-Stuben stehen auswärtigen Gästen zur Verfügung.

gestimmt ist. Plangger ist nämlich davon überzeugt, daß Würmer für die Gesundheit des Bodens sehr wichtig sind. Deshalb läßt er seine Bauern nur zu jenen Mondphasen düngen, wo sich die Würmer bekannterweise tiefer in das Erdreich eingraben - dann kann ihnen die Jauche nichts anhaben.

Und weil sich die Qualität des Futters im Nu verbessert hatte, konnte auch auf Kraftfutter mehr und mehr verzichtet werden. Dazu kam noch ein qualitätsorientiertes Preissystem: Für Milch mit höherem Eiweißgehalt erhalten die Bauern mehr Geld.

Diese Maßnahmen brachten bald den gewünschten Erfolg. Eines Tages funktionierte auch wieder die Gärung, und das begehrte Aroma des Käses stellte sich ebenfalls wieder ein.

Inzwischen bewirtschaftet Plangger zwei weitere Sennereien: in Kolsaß (westlich von Niederndorf) und in Schwendt (zwischen Kössen und St. Johann). Die Bauern baten ihn, die Betriebe zu übernehmen, er stellte eine Bedingung, die ihm rasch erfüllt wurde: Umstellung von Düngung und Fütterung. "Manchmal bin ich mehr landwirtschaftlicher Berater als Käser", meint Plangger schmunzelnd, aber man merkt sofort, daß ihm auch diese Rolle behagt.

Planggers Käse ist heute so begehrt, daß er keine Probleme mit dem Absatz hat. Rund 80 Tonnen Emmentaler wird jedes Jahr in Kolsaß erzeugt, dazu kommen noch 320 Tonnen Bergkäse in Niederndorf und Schwendt. Der Bergkäse reift entweder sechs Monate oder ein Jahr, zum Teil im Felsenkeller der Festung Kufstein. Ein Magerkäse mit 15 % F.i.T. wird aus pasteurisierter Kuhmilch hergestellt.

Außerdem vertreibt Plangger zugekauften Käse aus der Region - einen echten Almkäse und einen Ziegenkäse (halbfester Schnittkäse) - und Rohmilchkäse aus dem Ausland. (rs/ad)

Herbert Plangger, A-6342 Niederndorf Nr. 85, Tel. 0 53 73/61 212. Käseverkauf im "Milchstüberl", direkt in der Käserei an der Hauptstraße, MO bis FR 7.30-12 Uhr und 14.30-18 Uhr, SA von 7.30-12 Uhr, MI Nachmittag geschlossen. In Kufstein ist Planggers Käse im Kufsteiner Inntalcenter in der Käsehütte (Gewerbehof Nr. 1, 1. Stock, MO bis FR 9-18 Uhr, SA 9-12, langer SA bis 17 Uhr) erhältlich. Österreichweit kann man Planggers Käse in rund 700 Delikatessengeschäften und Naturkostläden kaufen, außerdem beliefert Plangger zahlreiche Restaurants. Besonders beliebt in Naturkostläden ist Planggers Käse, der mit pflanzlichem Lab erzeugt worden ist, und nicht mit Lab vom Kälbermagen. Geschmackliche Unterschiede infolge dieser durchaus nicht unüblichen Methode konnten wir nicht feststellen.

Oberndorf bei Ebbs

Die kleine Ortschaft liegt zwischen Kufstein und Ebbs. Das Sennereigebäude - von Kufstein aus kommend liegt es rechter Hand - ist meist von weitem durch die davor zum Trocknen aufgehängten Tücher zum Ausheben des Bruchs erkennbar.

Wanderungen und Besichtigungen: Es stehen zahlreiche Radwege zur Verfügung, die durch den fruchtbaren Talgrund der Unteren Schranne und entlang des neuen Innstaus führen. Beliebte Wanderwege sind jene ins Kaisertal und ins Gebiet des Zahmen und Wilden Kaisers. Im Winter gibt es gute Loipen für Langläufer. In der herrlichen Barockkirche zu Ebbs finden zahlreiche Kirchenkonzerte statt. Unbedingt zu besichtigen sind der Ebbser Fohlenhof, ein Haflingergestüt mit Möglichkeit für Reitunterricht, sowie der private Vogelzoo mit allerlei seltenen und exotischen Vogelarten.

Gastronomie und Unterkünfte: In Oberndorf selbst ist das Gasthof und die Pension Sattlerwirt zu empfehlen (Oberndorf 89, Tel. 0 53 73/22 03). Gutbürgerliche Küche gibts im Gasthof Schanz, (Schanz 1, Tel. 0 53 72/645 50), Feinschmecker treffen sich beim Unterwirt (Ebbs, Wildbichlerstraße 38, Tel. 0 53 73/22 88). Zimmernachweis: Tel. 0 53 73/23 26, Fax 29 60.

Sebastian Horngacher/Sennerei Oberndorf:
Dem Geschmack der Konsumenten verpflichtet

Die Sennerei Oberndorf in der Unteren Schranne, eine kleine Genossenschaft von 14 Bauern, wird seit 1974 von Sebastian Horngacher jr. als Pächter und Käser geleitet. Schon der Vater war Käser in diesem Betrieb, und bei ihm hat Sebastian Horngacher auch das Handwerk gelernt.

Doch da die Zusammenarbeit mit dem Vater aber nicht immer einfach war, war er zunächst beim Milchkäuferverband in Innsbruck beschäftigt, ehe er wieder als Käser nach Oberndorf zurückkehrte. An dieser Entscheidung war auch Herbert Plangger aus dem benachbarten Niederndorf beteiligt, der mit seinem Enthusiasmus für naturnahe Käseerzeugung auch Horngacher wieder mitzureißen wußte.

Das gesamte Gebiet der Unteren Schranne ist Silosperrgebiet, auch Kunstdünger darf nicht verwendet werden. Die Sennerei stellt zur Verbesserung der Bodenqualität Steinmehl gratis zur Verfügung, was von den Bauern gerne angenommen wird. Die Genossenschaftsbauern liefern etwa 2.000 Liter Milch am Tag; die Morgenmilch wird zwecks besserer Verarbeitung 24 Stunden gelagert und erst am nächsten Tag, gemeinsam mit der Milch des Vorabends, verkäst. Auch die über Nacht temperaturgepflegte, also warmgehaltene Molke wird für die Käseproduktion des nächsten Tages verwendet, was sich günstig auf die geschmackliche Ausrichtung des Käses auswirken soll. So entstehen auch gleich die nötigen Säuerungskulturen, ohne die Käseerzeugung nicht möglich ist.

Zwar wäre das Erreichen der "richtigen", der "Normlochung" (speziell bei Emmentaler) mit gekauften Kulturen oft einfacher, aber für Horngacher ist es als Kleinbetrieb notwendig, sich von den Großen zu unterscheiden, und dieser Unterschied sei allein über den Geschmack zu erreichen. Die Akzeptanz des Kunden ist für ihn die alleinige Vorgabe, und die ist durch den Verkauf direkt an den Konsumenten unmittelbar erlebbar.

Der Sennerei angeschlossen ist nämlich auch ein Verkaufsladen, in dem (neben anderen Produkten der Milchwirtschaft und auch anderer Kleinkäsereien) die eigenen Erzeugnisse großen Absatz finden: ein Drittel der Eigenproduktion (die bei etwa 50 Tonnen Käse im Jahr liegt) wird auch im eigenen Laden verkauft. Der Rest geht überwiegend an Feinkost- und Naturkostläden in ganz Österreich, vor allem natürlich in der näheren Umgebung von Kufstein bis St. Johann; wenig Bedarf zeigt hier noch die Gastronomie.

Angeboten wird Bergkäse mit 50 % F.i.T. in drei Reifungsstufen - der jüngere, der noch sehr mild ist, der sechs Monate gereifte und schließlich der mindestens zehn Monate alte, der die typische Altersschärfe aufweist. Allen ist die hellgelbe Farbe und der geschmeidige Teig zu eigen. Besonders saftig und mild präsentiert sich der Emmentaler; und es ist festzustellen, daß der Publikumsgeschmack eher die kleingelochte Variante vorzieht, wo doch mit größerer Lochung viel eher der offiziellen Gütebewertung entspricht.

Und da ist schließlich der Bierkäse, mit 20 % F.i.T. eher mager, mit einem angenehmen, nicht zu kräftigen Aroma. Er wird auch mit Kräutern angeboten, muß sechs Wochen reifen und täglich geschmiert werden.

Die Arbeit in der Käserei bewerkstelligt Sebastian Horngacher allein, nur für die intensive Arbeit im umfassenden Reifungskeller wird nebenberuflich ein Käsepfleger beschäftigt. Als Pächter der Sennerei genießt er zwar Entscheidungsfreiheit bei der Produktion (sofern nicht bürokratische Vorschriften hindern), nicht aber bei den Räumlichkeiten, die der Genossenschaft gehören. Und während um ihn das Gebäude verfällt (und eine Übernahme eine Entscheidung mit weittragendem fi-

nanziellem Risiko wäre), erzeugt er weiterhin unter diesen widrigen Gegebenheiten Käse, der dem Geschmack des Publikums verpflichtet ist.
(ad)

Sennerei Oberndorf, Sebastian Horngacher, A-6341 Ebbs-Oberndorf
Nr. 126, Tel. 0 53 73/25 22. Verkauf MO bis FR 8.30-12 Uhr, 15.30-18
Uhr, SA 8-12 Uhr, MI Nachmittag geschlossen.

Thiersee bei Kufstein

Der Ort liegt nördlich von Kufstein. Anfahrt über die Inntal-Autobahn
A 12, von Süden kommend wählt man am besten die Abfahrt Kufstein
Süd, von Norden kommend die Abfahrt Kufstein Nord. Denn dazwischen zweigt von der B 171 (Tiroler Bundesstraße) jene Straße ab, die
nach Thiersee und dann weiter nach Landl und Bayrischzell führt. Auf
die Ackernalm fährt man von Thiersee aus Richtung Landl, dann zweigt
links eine einspurige, asphaltierte Mautstraße zur Ackernalm ab. Wer
sich von Landl aus für den Fußweg entscheidet, muß mit ca. 90 Minuten
Gehzeit rechnen.

Wanderungen und Besichtigungen: Bekannt sind die Thierseer Passi-
onsspiele, die nächsten finden 1994 statt (Mai bis Oktober). Der Thiersee ist ein kleiner Badesee mit Strandbad, der von Bergen umgeben ist.
Nicht weit ist es auch zum Hechtsee, ebenfalls mit Strandbad, und zu
zwei kleineren Waldseen mit romantischem Flair: Längsee und Pfrillsee.
Der Pendling ist mit seinen 1.563 Metern Höhe ein beliebter Aus-
sichtsberg, knapp unter dem Gipfel befindet sich ein Schutzhaus. Die
Ackernalm selbst ist idealer Ausgangspunkt für Spaziergänge und auch
für Bergwanderungen, z. B. auf das 1.988 Meter hohe Sonnwendjoch.

Gastronomie und Unterkünfte: In Vorderthiersee zu empfehlen ist das
Restaurant Hubertus (Tel. 0 53 76/52 23), mit Café-Terrasse (schöner
Seeblick) und rustikal eingerichteten Gästezimmern, die Küche ist
überaus ambitioniert. Eine gutbürgerliche Küche gibt es im Gasthaus
Wachtl, das ganzjährig geöffnet ist. Da der Wachtl etwas entlegen ist,
wird er nach wie vor als Geheimtip gehandelt. Die Anfahrt mit dem
Auto ist jedenfalls gut beschildert. Man fährt von Kufstein Richtung
Thiersee, kurz vor Thiersee muß man in einem Waldstück auf eine Tafel
achten, die rechts zum Wachtl weist. Auf der Ackernalm selbst gibt es
in 1.350 Meter Höhe einen Berggasthof mit Übernachtungsmöglichkeit
(Tel. 06 63/595 96). Zimmernachweis für das Thierseetal: Tel. 0 53
76/52 30 (Thiersee) oder 55 97 (Hinterthiersee) oder 58 80 (Landl).

Landwirtschaft mit Ferienwohnungen: A-6330 Schwoich bei Kufstein, Achrain 5, Tel. 05372/8510.

Hans Degeser/Ackernalm: Mit dem Auto zum Almkäse

Die von Hans Degeser geführte Almkäserei Ackernalm bezeichnet sich in der Eigenwerbung als "größte Almkäserei Tirols", was schon seine Richtigkeit haben wird. Nach Angaben des Chefs werden jedes Jahr in den vier Monaten Alpzeit von Anfang Juni bis Ende September nicht weniger als 37 Tonnen Käse produziert.

Abgesehen von ihrer Größe ist die Ackernalm auch in anderer Hinsicht bemerkenswert: Sie ist mit dem Auto erreichbar, somit auch für Wanderfaule ein geeignetes Ziel. Sie schätzen es, daß man in wenigen Minuten über eine schmale Mautstraße auf 1.350 Meter Seehöhe gelangt.

Die Ackernalm steht im Eigentum von rund ein Dutzend Bauern aus der Gemeinde Thiersee, ihre Vorfahren haben sich bereits vor 300 Jahren zu einer Agrargemeinschaft zusammengeschlossen. Angrenzende Almen, wie Grabenberg und Schönfeld, werden auf die gleiche Weise von den Bauern bewirtschaftet. Auf einer Fläche von insgesamt 500 Hektar weiden rund 360 Melkkühe.

Die insgesamt 33 Bauern liefern die Milch in Degesers Almkäserei ab, und zwar die Bauern von der Ackernalm zweimal am Tag, die Bauern von den anderen Almen einmal. Degeser: "Die Bauern dürfen nur Güteklasse I liefern, dafür bekommen sie einen Schilling mehr pro Liter gegenüber dem Normalpreis. Schlechte Milch wird nicht angenommen." Aber Degeser muß nicht oft den strengen Herrn spielen. Der gebürtige Schwazer, Jahrgang 1938, führt den Betrieb seit zwanzig Jahren, und er kann ruhigen Gewissens auf die gute Qualität der angelieferten Milch bauen. Wobei es auch eigentumsrechtlich eine Verflechtung zwischen Käser und Milchlieferanten gibt. Das Gebäude der Käserei gehört gemeinschaftlich den Bauern, Degeser ist Besitzer der modernen Einrichtung für das Verkäsen der Milch.

Die Produktpalette besteht aus Bergkäse und Emmentaler. Degeser: "Eigentlich müßte man Alm-Bergkäse und Alm-Emmentaler sagen, denn diese Käsesorten wird ja auch im Tal hergestellt." Der Emmentaler wird gleich direkt auf der Ackernalm in einer kleinen Imbißstube verkauft. Ein zwei Monate gereifter Bergkäse und ein einjähriger Bergkäse mit 50 % F.i.T. wird auch über den Großhandel der Firma Josef Rupp vertrieben. (rs/ad)

Käsemacher in Tirol

Hans Degeser/Käserei Ackernalm, A-6335 Thiersee, Tel. 06 63/595 02. Die Milchstube ist von Anfang Juni bis Ende Oktober täglich von 9-18 Uhr geöffnet. Zu kaufen gibt es Bergkäse und Emmentaler aus der Käserei Ackernalm, ferner zugekauften Käse (z. B. Graukäse und Ziegenkäse), Tiroler Speck und Milch. Der Berggasthof Ackernalm (Tel. 06 63/595 96) ist von Anfang Mai bis Ende Oktober täglich geöffnet (auch Übernachtungsmöglichkeit).

Tux

Der Ort liegt im Tuxer Tal, das bei Mayrhofen ins Zillertal mündet. Über Finkenberg gelangt man auf der romantischen Bergstraße zunächst nach Lanersbach, hier liegt rechter Hand die Sennerei Tux. Vom Ortsteil Juns aus führt ein Forstweg, der für den privaten Verkehr gesperrt ist, auf die Junsalpe. Zu Fuß ist sie in gut einer Stunde zu erreichen.

Wanderungen und Besichtigungen: Am bekanntesten im Tuxertal ist wohl die Ortschaft Hintertux, die sich von einer entlegenen Hochsiedlung am Fuß der Gefrorenen Wand zu einem Fremdenverkehrsort mit ständiger Saison entwickelt hat. Ob Bergwanderungen, Kletterpartien, Gletscher-Sommerskilauf oder intensiver Wintersport, das Angebot ist reichhaltig. Die zahlreichen, hochgelegenen, alten Erbhöfe werden das Interesse des volkskundlich interessierten Besuchers wecken.

Gastronomie und Unterkünfte: Besonders geschätzt wird das Restaurant des Lanersbacher Hofes, (Lanersbach 178, Tel. 0 52 87/256). Einen Ausflug wert ist auch die Jausenstation auf der Bichlalm, wo in gemütlichen Stuben und auf einer sonnigen Terrasse Tirolerisches geboten wird (Hintertux, Tel. 0 52 87/776). Zimmernachweis: Tel. 0 52 87/606.

Florian Gutheinz/Sennereigenossenschaft Tux: Der Emmentaler-Spezialist

Florian Gutheinz ist eigentlich ein "Zuag'roaster": der 1950 geborene Käser stammt aus dem Tannheimer Tal, hat im Lechtal und im Allgäu gelernt, und es waren berufliche Gründe, die ihn 1974 ins hinterste Zillertal verschlagen haben. Fast 20 Jahre lang war er als Käsemeister für die Emmentaler-Produktion der Genossenschaft verantwortlich, bis er Anfang 1993 als Pächter die Geschicke der Sennerei in die Hände nahm. Die Genossenschaft umfaßt 89 Mitglieder - die Bauern des gesamten Tuxer Tales - die hier seit 1960 ihre Milch gemeinsam verarbeiten lassen. Rund 2,2 Millionen Kilogramm Milch - silofreie Rohmilch, im Sommer größtenteils Almmilch - werden hier jährlich zu 180 Tonnen Emmentaler, 50 Tonnen Butter und 60.000 Liter Trinkmilch verarbeitet. Damit werden Hotels und Geschäfte des Tales versorgt, den größten Teil jedoch vermarktet die AMF. Die Emmentalerproduktion erfolgt mit einer modernen Anlage, ganz im Gegensatz zur einfachen Almkäserei. Da ist der 8.500 Liter fassende riesige Kupferkessel, der mit Dampf erhitzt wird. Das Ausheben des Käsebruchs und das Pressen in den Formen erfolgt automatisch. Dennoch widersetzt sich das Naturprodukt Käse der modernen Technik - die Milch reagiert winters und sommers verschieden auf die Säuerung, sind doch auch die Ernährung der Kühe und die Temperaturen unterschiedich.

Jeder fertige Laib erhält einen Kaseinstempel und das Herstellungsdatum, dann allerdings verläßt er die Sennerei und wird zum Reifungs- und Lagerkeller der AMF nach Hall gebracht. Und so muß auch der Käse für den Eigenbedarf hin- und hertransportiert werden. Neben der Umweltproblematik dieses Systems stört Florian Gutheinz, daß er die Reifung nicht selbst in die Hand nehmen kann.

An einen Ausbau der Käserei war bereits gedacht, mit eigenem Reifungskeller; an eine Erweiterung der Produktion auf zumindest eine andere Käsesorte - und vor allem an eine eigenständige Vermarktung, die den Tuxer Emmentaler als eigene Marke kenntlich macht. Denn es tut dem Florian Gutheinz in der Seele weh, wenn "sein" Emmentaler mit dem ihm eigenen Geschmack und Aroma als anonymer Emmentaler beim Kunden landet. Aber diese Pläne müssen noch eine Zeitlang im Reich der Träume bleiben, denn die erforderlichen Mittel fehlen noch. Wer jedoch sicher gehen will, einen Tuxer Emmentaler in den Händen zu halten, der hat die Möglichkeit, ihn direkt in dem der Sennerei angeschlossenen Verkaufsladen zu erwerben. (ad)

Sennereigenossenschaft Tux, A-6293 Tux, Lanersbach 170, Tel. 0 52 87/244. Öffnungszeiten im Verkauf: in der Saison 8-12 Uhr, 15-18 Uhr, sonst 8-11 Uhr, 16-18 Uhr.

Almkäserei Junsalpe: Zillertaler Almkäse - Tradition bis ins kleinste Detail

Der Anstieg auf fast 2.000 Meter Seehöhe lohnt sich: saftige Almwiesen, in die Tiefe stürzende Bäche, steile Berghänge, die noch weiter in die Höhe locken. Die Junsalm präsentiert sich als Bilderbuch-Idylle, einige Kleinbusse, die Touristen hinaufbringen, stören kaum.

Essen und Trinken mit Deuticke

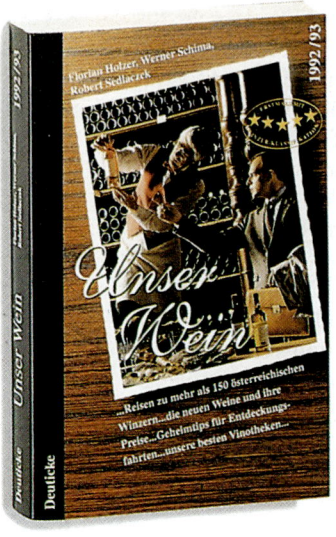

Olga und Adolf Hess
WIENER KÜCHE
Neu bearbeitet von Erich M. István

Mit nunmehr 41 Auflagen zählt die „Wiener Küche" zu den Evergreens auf dem Kochbuchmarkt. Generationen von Köchinnen und Köchen verdanken „dem Hess" die Fähigkeit, Grießnockerlsuppe, Tafelspitz oder Kaiserschmarren, um nur drei von mehr als 1200 überlieferten Rezepten zu nennen, so zuzubereiten, wie es sich gehört.

Für die Anwendung außerhalb Österreichs versehen mit einem Glossar und den geläufigen Maß- und Gewichtsangaben.

480 Seiten
32 Farbfotos von Ernest Richter, farbigen Kunstdruck-Farbtafeln und mehr als 100 s/w-Abbildungen.
öS 398.–/DM 57,–

Florian Holzer/Werner Schima/ Robert Sedlaczek
UNSER WEIN 1992/1993

„Unser Wein 1992/93" ist ein Buch zum Lesen und Schmökern für alle Freunde guter österreichischer Weine. Es enthält ausführliche Porträts von 150 Winzern.

Erstmals wurden auch rund 200 Weingüter von einer Jury aus Weinexperten klassifiziert und mit 1 bis 5 Sternen bewertet.

Neu ist außerdem die durchgängig vierfärbige Illustration. Somit ist das Buch nicht nur ein wichtiges Nachschlagewerk mit Winzer-Adressen, Telefon-Nummern, Tips für Wanderungen und Besichtigungen, Gastronomie und Unterkünften sondern auch ein attraktiver Bildband in handlicher Form.

328 Seiten mit über 60 Farbfotos, Französische Broschur
ISBN 3-216-30008-0
öS 298.–/DM 43,–

Die Alm, die schon seit dem 17. Jahrhundert bewirtschaftet wird, ist von Mitte Juni bis Anfang Oktober in Betrieb. Fünf Bauern hüten und melken die 120 Milchkühe der insgesamt elf Besitzer. Die Tiere werden größtenteils mit der Hand gemolken, der höchstgelegene Melkplatz liegt auf 2.400 Meter Seehöhe! Handarbeit ist auch beim Käsen an der Tagesordnung. Der große Kupferkessel wird mit Holz befeuert, der Bruch wie in alten Zeiten mit einem Tuch ohne technische Hilfsmittel herausgehoben. An die 700 Liter feinster Almmilch werden hier täglich verarbeitet, das ergibt gut 70 Kilogramm Zillertaler Almkäse, denn die fettreiche und eiweißreiche Milch ist recht ausgiebig. Während andere zwölf bis 13 Liter je Kilogramm Käse benötigen, kommt man hier mit zehn Litern aus. Und so werden zu Saisonende an die 10.000 Kilogramm dieses Bergkäses ins Tal gebracht und über die AMF in ganz Österreich unter der Bezeichnung "Zillertaler Almkäse" verkauft.

Hans Erler, der Obmann der Almbauern, ist recht stolz auf die traditionelle Art und Weise, in der hier Viehaltung und Käserei betrieben werden. Das gilt auch für das kleinste Detail. Damit die Kuhfladen nicht nur fleckerlweise den Almboden düngen, sind die Bauernburschen fleißig damit beschäftigt, den getrockneten Mist zu zerkleinern und zu verstreuen. Und die Molke wird an Schweine verfüttert, die ebenfalls den Sommer auf der Alm verbringen dürfen.

Vor einigen Jahren öffnete eine Jausenstation, wo nun Käse, Butter und Milch verkostet und gekauft werden können. Die eigenen Etiketten beweisen, daß man auch an die modernen Methoden der Vermarktung denkt.

Der Käser, der gemeinsam mit einigen Bauern den Almsommer auf der Junsalm verbringt, heißt Andreas Kogler. Das Handwerk lernte er bei Großvater und Vater, beide Käser, und schon mit 15 Jahren durfte er das erste Mal allein käsen. Jetzt ist er Angestellter der Genossenschaft, doch geht er noch gleichzeitig an die Höhere landwirtschaftliche Bundeslehranstalt in Wieselburg. Da sich der Almsommer mit dem Studienjahr etwas überschneidet, springt in den letzten Wochen der pensionierte Käser Hermann Wildauer ein, der als früherer Chef der Sennerei Zell auf eine reiche Berufserfahrung zurückblicken kann.

Zu sehen, mit welchem Geschick der Käser mit der Holzfeuerung umzugehen versteht, wie die glühenden Holzstücke vom Wasserkessel unter den Käsekessel geschoben werden, um schnell die richtige Temperatur zu erreichen, wie mit Augenmaß und Gefühl der rechte Zeitpunkt zum Bruchschneiden gefunden wird, mit welcher Kraftanstrengung die weiche Masse in die Holzformen gebracht werden muß - und dann zu schmecken, welches Ergebnis all diese Schwerarbeit bringt - das macht den Besuch dieser Almsennerei zu einem Erlebnis. (ad)

Almkäserei Junsalpe, A-6293 Tux, Juns. Der Käse der Junsalpe wird von der AMF unter der Bezeichnung "Zillertaler Almkäse" vermarktet. Vor Ablauf der Saison kann er nur an Ort und Stelle verkostet werden.

Weerberg

Der Ort liegt auf einem Mittelgebirgsplateau des Inntales zwischen Schwaz und Wattens, mit herrlichem Ausblick auf das gegenüberliegende Karwendelgebirge. Anfahrt über die Inntal-Autobahn A 12, Abfahrt Vomp, vom nahegelegenen Pill führt eine steile und kurvenreiche, aber gut ausgebaute Straße nach Weerberg. Wenn man oben angekommen ist, findet man linker Hand die Graukäserei Eduard Lieb.

Wanderungen und Besichtigungen: Der Hauptteil der langgestreckten Ortschaft liegt auf 900 Meter Seehöhe, die höchsten Bauernhöfe auf 1.350 Meter Seehöhe. Wanderer und Tourengeher finden hier reichlich Möglichkeiten. Weithin sichtbar ist die zweitürmige Pfarrkirche zur Unbefleckten Empfängnis (19. Jh.). Das eigentliche Wahrzeichen von Weerberg ist jedoch die alte St. Peterskirche, die auf einem ins Tal vorgeschobenen, freien Hügel steht (1250). In der alten Silberstadt Schwaz kommen Kulturbeflissene voll auf ihre Rechnung: Altstadt, Liebfrauenkirche, Franziskanerkirche, Burg Freundsberg, das alte Silberbergwerk - hier gibt es wirklich viel Sehenswertes.

Gastronomie und Unterkünfte: Im Gasthof Sunnbichl (A-6133 Weerberg, Sunnbichl 79) kann man auf einer Terrasse die gute Tirolerische Küche genießen. Zimmernachweis Weerberg: Tel. 0 52 24/83 20.

Graukäserei Eduard Lieb: Der stille Handwerker und sein Graukäse

Es ist nicht leicht, dem Eduard Lieb etwas über die Herstellung von Graukäse zu entlocken. Der wortkarge Mann, ein Jahrgang 1942, läßt sich nicht gerne hinter die Kulissen seiner Käseproduktion blicken, auch wenn ihm - wie er sagt - interessierte Besucher durchaus willkommen sind. Er ist ein stiller Handwerker, hat das Käsen schon vom Großvater gelernt und führt jetzt einen Familienbetrieb mit fünf Angestellten.
Der älteste Sohn tritt bereits in seine Fußstapfen und geht bei Tirols Käsegroßmeister Herbert Plangger in die Lehre.
Graukäse wird aus Magermilch hergestellt. Diese bezieht Eduard Lieb zum größten Teil vom Milchhof Innsbruck - pasteurisiert. Der daraus

gewonnene Käse ist das wirtschaftliche Standbein des Betriebs - an die 200 Tonnen werden jährlich erzeugt.

Erst auf gezieltes Nachfragen ist zu erfahren, daß hier Graukäse auch aus Rohmilch hergestellt wird, und zwar aus der Magermilch der lokalen Bauern - Milch, die von der Butterproduktion übrigbleibt. Er fühle sich halt verpflichtet, etwas für die hiesigen Bauern zu tun, versucht Eduard Lieb seine Rohmilchkäse-Produktion herunterzuspielen. Dieser Käse finde zwar in ausgesuchten Verkaufsstellen des Landes regen Absatz - leben könne er davon allerdings nicht. (ad)

Graukäserei Eduard Lieb, A-6133 Weerberg 86a, Tel. 0 52 24/82 44. Erhältlich ist der Graukäse direkt im Betrieb täglich von 8-12 Uhr, außerdem in den beiden Lebensmittelgeschäften des Ortes. Es werden ferner zahlreiche Kleingeschäfte und Gasthäuser beliefert. Den Rohmilch-Graukäse ist in folgenden Geschäften erhältlich: Pradler Kaufladen in Innsbruck, Bauernstandl Obermüller in Kitzbühel, Planggers Käsehütte in Kufstein.

Wörgl

Der Ort liegt im Inntal, südwestlich von Kufstein, und ist erreichbar über die Inntal Autobahn A 12 oder über die B 171. Um den Betrieb der Tirol Milch zu erreichen, fährt man weiter die Straße Richtung Kitzbühel. Das Gebäude liegt rechter Hand.

Wanderungen und Besichtigungen: Eine Touristen-Attraktion ist das benachbarte Rattenberg, ein alter Bergwerksort mit einer sehr gut erhaltenen Bausubstanz. Sehenswert ist beispielsweise das Geburtshaus der heiligen Notburga (geb. 1265) in der Hauptstraße 67.

Gastronomie und Unterkünfte: Zwischen Wörgl und Kufstein liegt das Restaurant Casserole (Sonndorf 1, A-6330 Schwoich, Tel. 0 53 72/81 85). Im Sommer sitzt man auf einer Terrasse, hat einen wunderschönen Blick auf die Tiroler Bergwelt (und auf einen stillgelegten Badeteich, in dem trotzdem noch gebadet wird), und läßt sich kulinarisch verwöhnen.

Tirol Milch: Wiesengold aus dem schönen Inntal

Dieser Betrieb ist auf Tilsiter in verschiedenen Variationen spezialisiert. Der Käse wird aus pasteurisierter Kuhmilch hergestellt, es gibt ihn in Stangen- oder in Laibform, zum Teil wird er auch nach Südtirol und Oberitalien exportiert.

Käsemacher in Tirol

Inntaler

Ein anderer Käse neueren Datums, der nicht so umsatzträchtig ist, aber von vielen Feinschmeckern geschätzt wird, ist der Inntaler. Dabei handelt es sich um einen fünf Wochen gereiften Rotschmierekäse von rund 750 Gramm Gewicht. Es gibt ihn in zwei Varianten, mit Kräutern und ohne. Er schmeckt mild-pikant, eher süßlich; in der Kräutervariante entsprechend würzig. Der Teig ist weich und geschmeidig.

"Wir können auch einen Emmentaler machen", sagt stolz Betriebsleiter Josef Scharnagl, "tun dies aber nur im Frühjahr, wenn genug Milch da ist." Und ein bißchen Bedauern scheint in seiner Stimme schon mitzuschwingen.

Eine absolute Novität ist der "Tiroler Wiesengold", ebenso wie der Inntaler eine Rotschmierekäse, nur wird er mit natürlichem Fettgehalt gekäst- das heißt, so wie die Milch hereinkommt, wird sie verarbeitet. Er hat daher schwankende F.i.T.-Werte, die aber meist im Bereich von 55 % liegen. (Im Unterschied zum "Wiesengold" wird der Inntaler stets auf 45 % F.i.T. "eingestellt".)

Die Betriebe in Innsbruck und Wörgl wurden vor kurzem zur "Tirol Milch" zusammengelegt, doch Wörgl bleibt auch weiterhin das Käse-Standbein der neuen Firma. Sonst wird unter der Ägide der "Tirol

Milch" nur noch in Nauders im Vintschgau, nahe der italienischen Grenze, Käse gemacht. (rs)

Tirol Milch Wörgl, Latellaplatz 1, Tel. 0 53 32/78 01-0, Fax DW 40. Der angeschlossene Shop ist MO, DI, DO 8-12.30 und 13.30-16.30 geöffnet, MI nur 8-12.30, FR 8-12.30 und 13.30-16.30, SA 8-12.

Kurztips Tirol

Hartl Aigner, vlg. Glatzen, A-6263 Hart im Zillertal Nr. 53, Tel. 0 52 88/27 83. Schnittkäse und Bergkäse.

Inge Altacher, A-6370 Reith bei Kitzbühel, Tel. 0 53 56/52 08. Ziegenfrischkäse natur und in Öl eingelegt, Weichkäse aus Ziegenmilch.

Franz Auer, A-6094 Axams, Gries 8, Tel. 0 52 34/73 00. Bergkäse Schnittkäse und Graukäse.

Alois Aufschnaiter, Unterfeld 31, A-6370 Aurach bei Kitzbühel, Tel. 0 53 56/45 20. Dieser Betrieb ist ganz auf Schafzucht eingestellt. Angeboten werden Frischkäse natur, eingelegt in Olivenöl, oder ein festerer Frischkäse, in Kräuter gewickelt. Samstags auch Schaftopfen. Der feste Schnittkäse in Laibform ist kräftiger im Geschmack. Neben dem Ab-Hof-Verkauf sind die Schafmilchprodukte beim Bauernstandl Obermüller (Kitzbühel/Innsbruck) erhältlich und werden an Feinkostläden bis Niederösterreich und Wien verschickt.

Stanis Bischofer, A-6236 Alpbach, Riedl 4, Tel. 0 53 36/55 54. Graukäse, Zigerkugeln, Butter, Buttermilch, Vogelbeerschnaps.

Anton und Lisi Breitenlechner, vlg. Egger, A-6313 Auffach 40, Tel. 0 53 39/88 32. Kuhmilch, Ziegenmilch, Ziegenschnittkäse; auf Bestellung Ziegenjoghurt.

Paul und Getrud Brenner, A-6300 Itter 44, Tel. 0 53 35/21 18. Die Familie Brenner produziert Schaffrischkäse mit Kräutern und ohne.

Rudolf Brunner, A-6200 Jenbach, Rotholzer Weg 50. Bergkäse.

Karl Deflorian, vlg. Luenerhof, A-6167 Neustift, Milders 170, Tel. 0 52 26/28 05. Topfen und Butter.

Rudi Denifl, vlg. Dameler, A-6166 Fulpmes, Bahnstr. 30, Tel. 0 52 25/36 27. Topfen, Butter und Milch.

Johann und Rosa Eisendle, vlg. Ramerhof, A-6080 Vill, Grillhofweg 6, Tel. 05 12/77 08 95. Graukäse und Kräuter.

Franz Erler, Vögelsberg 12, A-6112 Wattens. Tel. 0 52 24/344 22. Es gibt aus Kuhmilch Schnittkäse nach Tilsiter-Art, Graukäse, ferner aus Ziegenmilch Schnittkäse. Weitere Produkte: Topfen, Butter, Kasknödel. Neben dem Ab-Hof-Verkauf sind die Produkte auch auf dem Innsbrucker Bauernmarkt am Wiltener Platzl und dem Haller Bauernmarkt zu finden.

Friedl Fankhauser, A-6322 Kirchbichl, Kastenstatt 8, Tel. 0 53 32/753 49. Sauerrahmbutter, Tilsiter in Stangenform oder in Laibform, Käse nach Romadour-Art in kleinen Laibchen.

Sebastian Foidl, vlg. Kiendl, A-6365 Kirchberg, Bockern 43, Tel. 0 53 57/37 52. Ab-Hof-Verkauf SA 9-12 Uhr oder nach tel. Vereinbarung. Joghurt, Topfen, Mager- und Fettkäse.

Fini Franceschinel, A-6141 Schönberg, Gleins 48, Tel. 0 52 25/29 95. Ziegenkäse und Ziegenmilch.

Sylvia Fuchs, A-6133 Weerberg 131c, Tel. 0 52 24/885 93. Ziegenmilch, Frischkäse, Weichkäse und halbharter Schnittkäse aus Ziegenmilch.

Erna Gasser , A-6142 Mieders, Alm "Ochsenhütte". Graukäse, Butter, Butter- und Sauermilch, Speck.

Peter Gatt, vlg. Kehrer, A-6082 Ellbögen, Tarzens 11, Tel. 05 12/77 78 43. Topfen, Schnittkäse und Buttermilch, ferner Christbäume.

Käserei Grän, A-6673 Grän Nr. 49, Tel. 0 56 75/64 63. Otto Biedermann ist der Pächter dieser Genossenschaftskäserei. Produziert wird vor allem Bergkäse, aber auch ein Rohmilch-Tilsiter. Verkauft wird sowohl im Klein- als auch Großhandel sowie im Export. Öffnungszeiten des Detailgeschäfts: 8-12 Uhr und 14.30 bis 18.30 Uhr.

Hannes Griessenböck, vlg. Wigl-Hof, A-6200 Jenbach, Schalserstraße 32, Tel. 0 52 44/20 16. Ab-Hof-Verkauf SA 8-12 Uhr. Topfen, Graukäse, Dinkel und Obst.

Robert Haider, A-6181 Sellrain, Gasse 162, Tel. 0 52 30/287. Hier werden Graukäse, Sauerkäse, Bachsteiner und Magerkäse erzeugt. Auch im Pradler Kaufladen, Innsbruck, zu finden.

Käseerzeugung Hirschhuber, A-6262 Schlitters Nr. 57, Tel. 0 52 88/723 62. Der Privatbetrieb erzeugt Emmentaler und Bergkäse. Das Geschäft ist 8-12 Uhr und 14-18 Uhr geöffnet.

Privatkäserei Hotter-Außerladscheider, A-6280 Zellberg, Zellbergeben 1, Tel. 0 52 82/23 74 oder 22 10. Emmentaler. Verkauf: 8.30-11 Uhr.

Josef Hupfauf, vlg. Roasnhof, A-6166 Fulpmes, Tschaffines 25, Tel. 0 52 25/31 04. MO und FR frische Butter und frischer Topfen.

Gotthard Jenewin, vlg. Zirkenhof, A-6142 Mieders 102, Tel. 0 52 25/31 51. Ziegentopfen und Ziegenmilch.

Danzl Josef, A-6230 Brixlegg, Kramsach-Hagau 257, Tel. 0 53 37/82 66. Graukäse.

Anton Juffinger, A-6335 Thiersee 116, Tel. 0 53 76/566. Butter, Topfen und Graukäse.

Peter Kindl, vlg. Gaschberler, A-6167 Neustift, Seduk 266. Vom 1. Mai bis zum 15. Oktober werden Graukäse und Butter verkauft.

Josef Kircher /Möselalm, A-6020 Innsbruck-Arzl, Eggenwaldweg 51, Tel. 05 12/62 64 04. Auf der Möselalm kann man Graukäse, Butter und Milch kaufen.

Kitzbüheler Alpenmilch reg. Gen.m.b.H., A-6380 St. Johann, Tel. 0 53 52/25 09. Obmann: Josef Heim, Betriebsleiter: Sebastian Wimmer, Geschäftsführer: Direktor Wilhelm Weilinger. Neben Tiroler Alpenkäse und Emmentaler wird hier auch der Kitzbüheler Bergkäse hergestellt. Außerdem befindet sich in St.Johann eine Molkeverwertung für ganz Tirol sowie eine Butterei für Tirol. Das angeschlossene Geschäft ist 8-12 und 14-16 Uhr geöffnet; die Geschäftsstellen in Fieberbrunn, Ellmau und Söll 7.30-12 Uhr und 15-18 Uhr.

Hilda Klausner, A-6060 Absam, Swarovskistr. 14, Tel. 0 52 23/434 02. Ziger und Butter.

Josef Klingenschmid, vlg. Schauflocker, A-6071 Aldrans Nr. 18, Tel. 05 12/45 83 85. Graukäse und Topfen.

Thomas Klingler, vlg. Außerach, A-6236 Alpbach, Ache 22, Tel. 0 53 36/56 71. Schnittkäse von der Alm, allerdings nur im Herbst.

Walter Kofler, A-6522 Prutz, Kaunertalstraße, Tel. 0 54 72/63 39. Bergkäse.

Hans Kogler, vlg. Daxer, A-6230 Brixlegg, Zimmermoos 33, Tel. 0 53 37/308 24. Graukäse, Butter, Brot und Eier.

Max Kolb, A-6272 Stumm im Zillertal 149, Tel. 0 52 83/23 61. Almkäse.

Genossenschaft Kössen, A-6345 Kössen, Tel. 0 53 75/63 57. Die Emmentalerkäserei (Vermarktung: AMF) plant für 1994 die Errichtung einer Erlebnis-Sennerei.

Kathi Larcher, A-6426 Roppen, Oberängern 139, Tel. 0 54 17/51 58. Aus Schafmilch wird Weichkäse hergestellt; auch Joghurt und Dinkel sind ab Hof erhältlich. Der Käse wird in Innsbruck im Pradler Kaufladen und am Wiltener Bauernmarkt verkauft.

Privatkäserei Lechner, A-6272 Stumm/Zillertal 52a, Tel. 0 52 83/22 74. Rudolf Lechner erzeugt Emmentaler, Bergkäse und Graukäse. Direktverkauf: 7-12 Uhr und 14.30-18.30. Vertrieben werden die Käse vom Großhandel (Metro, Interspar, Wedl, Alma, Woerle).

Alois Lederer, vlg. Brandenberger, A-6230 Brixlegg, Zimmermoos 26, Tel. 0 53 37/347 33. Graukäse, Butter, Speck, Schnaps.

Robert Leitgeb, vlg. Rottbauer, A-6165 Telfes 93, Tel. 0 52 25/35 32. Ziegenkäse und Ziegenmilch.

Walter Leitgeb, vlg. Zwölfer, A-6165 Telfes 24, Tel. 0 52 25/24 83. Schafmilch und Schafkäse.

Albert Mattersberger, vlg. Grangl, A-9971 Matrei in Osttirol, Seblas 2, Tel. 0 48 75/65 38. Hart-, Schnitt- und Weichkäse, ferner Hauswürste. Anruf und Verkauf: 10-16 Uhr. Vom 1. Juli bis 1. Oktober kein Verkauf, da das Vieh auf der Hochalm ist.

Gertraud Messner, vlg. Neuschwendt, A-6234 Brandenberg 120, Tel. 0 53 31/53 69. Verschiedene Schafmilchprodukte, ferner Kräuter und Cremen sind hier zu haben.

Franz und Frieda Nagiller, vlg. Driedler, A-6142 Mieders 19, Tel. 0 52 25/43 05. Graukäse, Butter, Milch, Speck und Wurstwaren.

Sennerei Nauders, A-6543 Nauders, Tel. 0 54 73/410. Die Käserei im obersten Oberinntal kurz vor dem Reschenpaß produziert Bergkäse; ein Teil wird über Tiroler und Vorarlberger Großhändler vermarktet, ein Teil über die AMF; ein Teil direkt in der Sennerei 11-12 Uhr und 19-20 Uhr.

Johann Neunhäuserer, vlg. Rimml, A-6167 Neustift, Lehner 582, Tel. 0 52 26/22 95. Topfen, Butter und Buttermilch.

Max Nocker, A-6020 Innsbruck, Perthalergasse 14, Tel. 05 12/81 89 12. Ziegenmilch, Ziegenkäse, Ziegentopfen, ferner Kräuter, Gemüse, Obst.

Gitti Payr, A-6091 Götzens, Steinangerl 4, Tel. 0 52 43/327 25. Auf dem Bauernmarkt in Axams verkauft Frau Payr ihren Weißschimmelkäse und den in Öl und Kräutern eingelegten Frischkäse, fallweise auch Tilsiter. Gegen Voranmeldung Ab-Hof-Verkauf.

Josef Pockenauer, A-6361 Hopfgarten, Kelchsauer Str. 82, Tel. 0 53 35/31 31. Ziegenmilch, Weichkäse und ein halbharter Schnittkäse aus Ziegenmilch.

Anton Prantner, vlg. Wiltigerhof, A-6166 Fulpmes, Bahnstr. 27, Tel. 0 52 25/26 81. Hartkäse, Topfen, Milch und Butter.

Notburga Rainer, A-9932 Innervillgraten 59, Tel. 0 48 43/52 39. Seit 1986 erzeugt die Schafbäuerin Käse der folgenden Sorten: Frischkäse, eingelegten Schafkäse und einen festen Räucherkäse aus Schafmilch. Der Verkauf erfolgt ab Hof und auf den Bauernmärkten in Lienz und Sillian.

Berta Reich, A-6444 Längenfeld, Tel. 0 52 53/59 34. Aus Ziegenmilch halbfester Schnittkäse; Frischkäse nur auf Anfrage bei genügend Abnehmern; Topfen, Milch. Verkauft wird ab Hof und in Innsbruck im Pradler Kaufladen und im Bauernkorb; außerdem wird das "Ötztaler Bauernfrühstück" beliefert.

Josef Schett, "Villgrater Frischlamm", A-9932 Innervillgraten 41, Tel. 0 48 43/53 36. Dieser auf Schafzucht spezialisierte Osttiroler Betrieb produziert vornehmlich Frischkäse und in Kräuteröl eingelegten Schafkäse. Besonders umfangreich ist auch das Angebot an Lammfleisch, Lammwürsten und Wollprodukten. Verkauft wird ab Hof; der Käse ist auch in der regionalen Gastronomie zu finden.

Familie Schöffthaler, A-6421 Rietz, Stille 3. Kein Telefon. Es sind nicht irgenwelche Kühe, aus deren Milch hier Käse erzeugt wird, sondern Jersey-Kühe, deren Milch bessere Werte bei Eiweiß, Fett und Karotin aufweist und sich besser zum Käsen eignet. Erzeugt wird Frischkäse, der auch mit Schnittlauch, Knoblauch, Kümmel oder Pfeffer angeboten wird; Graukäse; ein Räucherkäse, mild und mit leichtem Rauchgeschmack; und ein fester Schnittkäse mit entsprechender Reifung ("a richtiga Kas" nach Auskunft des Bauern, der der umfassenden Frischkäseproduktion seiner Frau nicht viel abgewinnen kann), der auch mit Kümmel oder Pfeffer erhältlich ist. Außerdem ab Hof: Butter, Fichtenhonig, Marmelade. Schöffthaler-Produkte finden sich auch in Innsbruck im Pradler Kaufladen.

Franz Schwaiger, vlg. Unterholzer, A-6215 Steinberg/Rofan, Tel. 0 52 48/235. Bergtilsiter.

Barbara und Peter Senftlechner, Hölzli 3, A-6632 Ehrwald. Tel. 0 56 73/206 15. Dieser Betrieb ist ganz auf die Produktion von Ziegenkäse spezialisiert. 20 Ziegen liefern die hochwertige Milch für eine ganze Reihe von Erzeugnissen: Die Weiße Ziege, ein feinwürziger Ziegencamembert mit 45 % F.i.T., der als junger Käse von cremiger Konsistenz und zartem Ziegenaroma ist; der Gaistaler, ein Schnittkäse mit Rotschmiere, auch eher mild-aromatisch; Ziegenfrischkäse in zahlreichen Varianten: Dalrond, eingelegt in Olivenöl; als Rolle in Schnittlauch oder mit Paprikafülle; als Kugeln in Paprika- oder Pfefferhülle. Außerdem ab Hof: Zighurt, ein mildes Ziegenjoghurt. Erhältlich sind die Käse zudem in Innsbruck bei Natur & Genuß am Adolf-Pichler-Platz und im Pradler Kaufladen.

Sennereigenossenschaft Aschau, A-6274 Aschau/Zillertal Nr. 71, Tel. 0 52 82/29 08. Erzeugt werden Emmentaler und Butter; für letztere kommt die Kundschaft aus vielen Ortschaften des Tales eigens nach

Aschau. Vermarktung über AMF. Öffnungszeiten des sennereieigenen Geschäftes: MO bis FR 8-12 Uhr und 16-18 Uhr, SA 8-12 Uhr.

Sennereigenossenschaft Erl, A-6341 Erl Nr. 52, Tel. 0 53 73/81 35. Die Genossenschaft von 50 Bauern erzeugt Emmentaler, der über die AMF vertrieben wird. Zu verkosten ist er im eigenen Geschäft im Sommer 8-12 Uhr und 14.30-18 Uhr, im Winter 9.30-12 Uhr und 14.30-18 Uhr.

Sennereigenossenschaft Fügen, A-6263 Fügen/Zillertal Nr. 315, Tel. 0 52 88/23 34. Zur Zeit wird ein Emmentalter erzeugt, den die AMF vertreibt. Seit Herbst 1993 gibt es auch die Möglichkeit, im neu errichteten Geschäft der Sennereigenossenschaft einzukaufen. In Planung ist eine Schaukäserei.

Sennereigenossenschaft Hatzenstädt, A-6342 Niederndorferberg, Eiberg. Tel. 0 53 73/23 31 13. Die Sennerei liegt idyllisch im Ortsteil Eiberg an der Bundesstraße kurz vor dem Grenzübergang Wildbichl auf gut 1.000 Meter Seehöhe. Produziert wird hier "Bio"-Emmentaler, stammt doch die Milch von Kühen, die nach biologischen Richtlinien gehalten werden. 1990 gewann die Sennerei mit ihrem Emmentaler bei den Hartkäse-Weltmeisterschaften in Wisconsin den Weltmeister-Titel. Die Vermarktung erfolgt über die AMF.

Sennereigenossenschaft Kolsaß, A-6114 Kolsaß, Tel. 0 52 24/674 06. Diese Sennerei ist vom Niederndorfer Herbert Plangger gepachtet, und so sind die Bauern zu strengem biologischen Arbeiten verpflichtet. Käsemeister Thomas Lieb, ein Sohn von Graukäseerzeuger Lieb aus Weerberg, ist für die Emmentalerproduktion verantwortlich. Verkauf in der Sennerei tägl. bis 11 Uhr und 18-18.45 Uhr.

Sennereigenossenschaft Mühltal, A-6341 Ebbs, Mühltal 15, Tel. 0 53 73/22 18. Hier lassen 37 Bauern ihre Milch zu Bergkäse verarbeiten; 1992 wurde er in Wisconsin bei der Hartkäse-Weltmeisterschaft mit einer Goldmedaille ausgezeichnet. Der Vertrieb erfolgt über AMF, Verkauf ab Sennerei tägl. bis 11 Uhr und 18-19 Uhr.

Sennereigenossenschaft Reith, A-6235 Reith im Alpbachtal, Kirchfeld 3, Tel. 0 53 37/21 37. Die Emmentalerproduktion wird von der AMF vermarktet; das Milchgeschäft ist 7.30-12 Uhr und 15-18 Uhr geöffnet.

Sennereigenossenschaft Rettenschöß, A-6342 Rettenschöß Nr. 68, Tel. 0 53 73/23 10. Emmentaler und Bergkäse werden von der AMF vertrieben; Verkauf ab Sennerei 6-11 Uhr und 18-19 Uhr.

Sennereigenossenschaft Söll, A-6306 Söll, Dorf 66, Tel. 0 53 33/52 31. Der Betrieb mit Emmentalerproduktion ist von der Kitzbüheler Alpenmilch (St. Johann) gepachtet; das Milchstüberl hat 7.30-12 und 15-18 Uhr geöffnet.

Sennereigenossenschaft Waidring, A-6384 Waidring, Dorfstraße 17, Tel. 0 53 53/52 96. Der Emmentaler wird von der Firma Klausner aus St. Johann nach Italien exportiert. Vor Ort kann man ihn vormittags bis 12 Uhr in der Sennerei kaufen.

Sennereigenossenschaft Walchsee, A-6344 Walchsee, Alleestraße 9, Tel. 0 53 74/52 96. Die Sennerei produziert Emmentaler, Butter, Rahm Trinkmilch und Buttermilch. Geschäftsöffnungszeiten: 7.30-12 Uhr und 14.30-18 Uhr. Vermarktet wird über die AMF.

Sennereigenossenschaft Westendorf, A-6363 Westendorf, Sennereiweg 14, Tel. 0 53 34/62 81. Die Firma Klausner aus St. Johann läßt hier Emmentaler für den Export nach Italien produzieren. Im Milchgeschäft der Sennerei ist er 7.30-12 Uhr und 15-18 Uhr zu erwerben.

Sennereigenossenschaft Zell, A-6280 Zell/Ziller, Tel. 0 52 82/22 73. Die Emmentalerproduktion wird von der AMF vertrieben. Direktverkauf: 8-12 Uhr und 19-20 Uhr.

Roman Singer, A-6112 Wattens, Vögelsberg 16, Tel. 0 52 24/369 03. Ziger und Butter.

Bruno Soyer, A-6655 Steeg im Lechtal Nr. 16, Tel. 0 56 33/56 36. Diese kleine Privatkäserei wird von 42 Bauern der Umgebung mit Milch beliefert. Gekäst wird vornehmlich Bergkäse, aber auch Emmentaler, dessen Menge aber nur 15 Prozent der Gesamtproduktion ausmacht und vornehmlich im Haus verkauft wird. Die Hälfte der Käseproduktion wird in der eigenen Milchtrinkstube (Öffnungszeiten: tägl. 8-18 Uhr) umgesetzt, 20 % gehen in den Export, der Rest an Fein- und Naturkostläden des Landes. Die Bauern bewirtschaften Weideflächen in über 1.100 Meter Höhe in biologischem Landbau; dies ergibt eine besonders hochwertige Milch. Der Bergkäse von hellgelbem, festem Teig besticht durch mild-würzigen Geschmack, während der Emmentaler nussiges Aroma und leichte Schärfe aufweist.

Albert und Kathi Steiner, vlg. Reischerbauer, A-6353 Going 65, Tel. 0 53 58/27 69. Von Mai bis Oktober ist Graukäse im Verkauf, außerdem Vogelbeerschnaps, Salben und Cremen.

Norbert Steixner, A-6072 Lans, Tel. 05 12/785 56. Schafkäse

Cilli Straif, vlg. Hoad, A-6353 Going 86, Tel. 0 53 58/29 77. Almkäse, Kräuterfrischkäse und Knoblauchfrischkäse.

Christian Streng, A-6473 Wenns, Biller 80. Tel. 0 54 14/682. Schafkäse und Schaftopfen.

Reinhard und Annelies Thaler, vlg. Scheibe, A-6416 Obsteig, Aschland 109, Tel. 0 52 64/82 90. Ziegenfrischkäse und Ziegenjoghurt.

Johann Unterkirchner, A-6060 Absam, Schützenweg 12, Tel. 0 52 23/608 52. Ziegenmilch, Graukäse, Butter, Eier und Masthendln.

Alois Wach, A-6020 Innsbruck-Arzl, Schlöglgasse 9, Tel. 05 12/624 85. Hier gibt es Milch, Topfen, Graukäse, außerdem Speck, Getreide, Kräuter, Feldgemüse, alles aus biologischem Anbau. Verkaufszeiten MO bis DO 18.30-19.30 Uhr. In der Markthalle Innsbruck DI, FR, SA 8-12 Uhr.

Jakob Walch, A-6521 Fliess, Dorf 66, Tel. 0 54 49/53 52. Bergkäse und Almbutter.

Reinhold Weichselbraun, A-6322 Kirchbichl, Kastengstatt, Tel. 0 53 32/721 86. Der Postbedienstete und leidenschaftliche Radrennfahrer findet auch noch Zeit, sich der Käseerzeugung zu widmen. Seine spezielle Sorte ist ein Weichkäse aus Kuhmilch, von weißer Farbe und mild, auch mit frischem Paprika erhältlich. Zunächst hatte ihn Reinhold Weichselbraun als "Labkäse", der er ja ist, verkauft - doch die Nachfragen der Kundschaft, was Lab denn sei, führten zu einem Rückgang im Verkauf. Als "Hirtenkäse" hingegen findet er reißenden Absatz. Außerdem ab Hof und am Kufsteiner Bauernmarkt erhältlich: Butter, Milch, fester Schnittkäse (lang gereift, aber ausgesprochen mild).

Familie Erich Wieser, vlg. Buchmannhof, Boden 4, A-6306 Söll. Tel. 0 53 32/712 28. Familie Wieser hält neben Kühen auch 25 Ziegen. Ziegenmilch-Frischkäse natur oder mit Kräutern, weicher Ziegenschnittkäse, geschmiert; fester Ziegenschnittkäse. Schnittkäse von Kuhmilch. Ziegenjoghurt auf Bestellung, ebenso Ziegenmilch. Außerdem Eier, Speck, Würste, Schnäpse, Brot, Marmelade.

Magdalena Wolf, A-6531 Ladis, Tel. 0 54 72/69 20. Almkäse.

Johann Zeindl, vlg. Pöllnsimal, A-6232 Münster 131, Tel. 0 53 37/83 16. Graukäse, Butter, Speck, Schnaps werden zum Verkauf angeboten.

Bundeslehr- und Versuchsanstalt für alpenländische Milchwirtschaft, A-6200 Rotholz, Tel. 0 52 44/22 62. An der landwirtschaftlichen Bundesanstalt wird nicht nur gelehrt, wie Käse richtig hergestellt wird (es finden auch laufend Kurse für Käsereiinteressierte statt), sondern es wird auch Käse produziert, der im hauseigenen Milchgeschäft erworben werden kann: Rotholzer Patronanz, ein besonders cremig-geschmeidiger halbweicher Schnittkäse mit 45 F. i. T.; Vital mit 35 %

F.i.T., ein halbweicher Schnittkäse mit Bruchlochung, der weniger Fett und weniger Kochsalz enthält; Primat, 45 % F.i.T., ein halbweicher Schnittkäse mit Bruchlochung, zart, geschmeidig und mild; Rotburger, ein Schnittkäse mit 45 % F.i.T., etwas schmackhafter; Tilsiter und fallweise Edamer - all diese Käse sind Stangenkäse aus pasteurisierter, silofreier Milch. Außerdem werden Bergkäse und Emmentaler erzeugt. Das Geschäft ist geöffnet MO bis SA 8-12 Uhr, MO, DI, DO, FR auch 13.30-16 Uhr.

AMF reg. Gen.m.b.H. Reutte, A-6690 Reutte, Bahnhofstraße 26, Tel. 0 56 72/25 11. Der Emmentaler von Betriebsleiter Engelbert Metzler hat bei der Käsiade Hopfgarten 1993 eine Goldmedaille erworben. Der Käserei angeschlossen ist ein Abholmarkt.

Herberts Käsehütte in Kufstein: Plangger was here

Anna Schipflinger hat das Käsegeschäft mit Milchstüberl vom Niederndorfer Käser Herbert Plangger gepachtet und steht mit kompetenter Beratung bei der Auswahl zur Seite. Die Planggerschen Käse (aber nicht nur diese) können gleich an Ort und Stelle verkostet werden. Aus Niederndorfer Produktion stammen der wohlgereifte Bergkäse und der Emmentaler; daneben besticht aber auch ein reichhaltiges Sortiment anderer Rohmilchkäse, die Herbert Plangger vornehmlich aus der Schweiz importiert und in den eigenen Kellern bis zur Genußreife pflegt. Ein ganz vorzüglicher Butterkäse von kräftigem Aroma etwa, ein Tilsiter oder ein Raclettekäse; der Magerkäse mit 15 % F.i.T. stammt aus der Steiermark und wird speziell für Plangger nach seinen Vorstellungen gekäst; der Räßkäse kommt aus Vorarlberg und wird in Niederndorf fertig gereift.

Allen Käsen zu eigen ist der kräftige, würzige Geschmack, der einerseits auf die Herstellung aus Rohmilch und andererseits auf die sorgfältige Pflege während der Reifung zurückzuführen ist. Daß so großartige Käse teilweise importiert werden müssen, liegt an der österreichischen Milchmarktordnung, die außer bei Bergkäse und Emmentaler keine Rohmilchkäse-Produktion in großem Stil zuläßt, und am Umstand, daß heimische Erzeugnisse aus Kuhmilch auf Grund des hohen Milchpreises zu teuer im Einkauf sind. (ad)

Herberts Käsehütte, A-6330 Kufstein, Inntalcenter, Gewerbehof 1, 1. Stock, MO bis FR 9-18 Uhr, SA 9-12 Uhr.

Maria und Benedikt Bischofer: Produkte aus der eigenen Bio-Landwirtschaft.

In den Holzregalen türmen sich die Käselaibe, die riesige Topfenkugel ragt aus einer gedrechselten Schüssel, im Kühlregal stapeln sich Butterziegel, Speck hängt von den Wänden. Im "Bauernhof", dem Milchfachgeschäft auf dem Kufsteiner Oberen Stadtplatz, findet sich zwar eine umfangreiche Palette österreichischer und ausländischer Käse und anderer Milchprodukte, die wahren Schätze aber sind die Erzeugnisse aus der eigenen Landwirtschaft der Familie Bischofer.

Das Geschäft haben sie schon 1967 übernommen, nachdem die Kufsteiner Molkerei, deren Leiter der gelernte Käser Benedikt Bischofer damals war, ihre Pforten schloß. Der Wunsch nach eigener Käseerzeugung war immer schon da, aber erst 1984 ergab sich die Möglichkeit, eine Landwirtschaft in herrlicher Lage auf einer Sonnenterrasse über dem

Inntal zu erwerben. Hier war nun endlich die Gelegenheit, eigenen, naturbelassenen Käse zu erzeugen und direkt an die Kundschaft zu bringen. Maria Bischofer, die Seele des Betriebs, ist stolz auf die umfassende Eigenproduktion und legt größten Wert auf naturnahe Verarbeitung. Das ständige Angebot an eigenen Käsen besteht aus einem Bauerntilsiter, einem halbfesten Schnittkäse von 45 % F.i.T: mit Rotschmierereifung, von angenehmem, mildwürzigem Aroma; der Bauernhofperle, ebenfalls ein halbfester Schnittkäse, vollfett, von hellem, geschmeidigem Teig mit stark buttrigem Geschmack; da sind Graukäse in den verschiedensten Reifestufen, der trockene, leicht bröselige Magertopfen in imposanter Kugelform und ein Frischkäse aus Schaf- und Kuhmilch, ganz mild und saftig. Eine besondere Spezialität ist der Ziger, ein Sauermilchkäse. Zu dessen Herstellung wird trockene Topfenmasse mit Salz und Pfeffer gewürzt, bei einem gewissen Reifegrad dann zu kleinen Kugeln geformt und getrocknet. Um eine durchgehende Trocknung zu ermöglichen, werden die Kugeln "gewendet", also neu geformt, indem das Innere nach außen kommt, und weiter getrocknet. Dieses "Käsekonzentrat" ist die Urform des Reibkäses (handelt es sich doch um eine sehr alte Käseart), sehr pikant im Geschmack, und das ganze Jahr über haltbar. Die Ziegenkugeln empfehlen sich überall dort, wo man sonst vielleicht zu Parmesan greifen würde, vor allem aber für bodenständige Rezepte.

In manchen Jahren bieten die Bischofers auch eigenen Almkäse an; da wird dann die von Almbauern zugekaufte Milch direkt auf der Alm selbst verkäst. Nach entsprechender Reifung entsteht so ein Almkäse bester Qualität. Aus dem eigenen Betrieb stammen auch Milch, Butter und Eier (natürlich von freilaufenden, glücklichen Hennen, die soeben eine neue Behausung erhalten haben).

Aber auch das Angebot an heimischen (Rohmilch)käsen aus der näheren und weiteren Umgebung läßt sich sehen: Almkäse aus dem Zillertal (nur saisonweise verfügbar), Bergkäse und Emmentaler sowie Magerkäse aus der nahen Sennerei Oberndorf, Ziegenkäse (fester Schnittkäse) aus der Wildschönau, in Olivenöl eingelegter Ziegenfrischkäse aus Reith bei Kitzbühel, Pinzgauer Magerkäse und Vorarlberger Räßkäse. Jeden Tag frisch zubereitet werden Liptauer und Kräutergervais.

Neben den Molkereiprodukten gibt es auch ein reichhaltiges Angebot an Speck- und Wurstwaren; ein guter Teil des Specks stammt ebenfalls aus eigener Erzeugung; Forellen aus dem mit frischem Quellwasser gespeisten Hausteich sind auf Bestellung erhältlich. Während sich das Ehepaar Bischofer vornehmlich um Feld und Stall, um Vieh und Haus um die umfangreiche Eigenproduktion kümmert, ist Tochter Christine aufs Freundlichste um die Betreuung im Geschäft bemüht. (ad)

Zum Bauernhof, Benedikt und Maria Bischofer, A-6330 Kufstein, Oberer Stadtplatz 16, Tel. 0 53 72/627 33. MO bis FR 8.30-12 Uhr, 14.30-18 Uhr, SA 8-12 Uhr, MI Nachmittag geschlossen.

Der Pradler Kaufladen: Die erste Adresse für bäuerliche Spezialitäten.

Der Pradler Kaufladen versteckt sich in einem Alt-Pradler Haus und hätte sich ob seines Angebotes repräsentativere Räumlichkeiten verdient. Aber Geld dafür fehlt an allen Ecken und Enden, handelt es sich doch bei diesem privatrechtlichen Verein um ein Sozialprojekt mit gemeinnütziger Ausrichtung, in dem Haftentlassene beschäftigt werden. Günther Mayr leitet seit acht Jahren dieses Projekt und hat in dieser Zeit in mühsamer Arbeit eine Lieferstruktur für den Laden, der in erster Linie Produkte aus bäuerlichen Betrieben anbietet, aufgebaut. Das Angebot richtet sich nach saisonalen Bedingungen; zudem gibt es immer wieder Probleme mit fixen Liefermengen, denn in tourismusintensiven Zeiten steigt der Ab-Hof-Verkauf, für die Stadt fällt dann weniger ab. So sind jede Woche die Lieferbedingungen neu auszuhandeln. Der Laden lebt hauptsächlich von Stammkundschaft - mehr Laufpublikum wäre natürlich wünschenswert, ist das Geschäft doch vom Sillpark aus bequem in wenigen Minuten zu Fuß zu erreichen.

Das Käseangebot hat eine klare Linie - Rohmilchkäse aus Kleinkäsereien und direkt von Bauern - und stellt wohl die beste Auswahl der Landeshauptstadt an Tiroler Käsen dar.

Vom Frischkäse mit Schnittlauch (Schöffthaler, Rietz) oder Frischkäse mit Mandeln, Nüssen oder Kräutern (Nagiller, Aldrans) über Räucherkäse (ebenfalls Schöffthaler) zu Bergkäse und Emmentaler aus dem Lechtal (Soyer, Steeg); vom Graukäse (Lieb, Weerberg) über Bachsteiner, ein salzig-milder halbfester Schnittkäse mit nur 8 % F.i.T. und Sauerkäse, fein-säuerlich und 15-20 % F.i.T. (beide Haider, Sellrain) spannt sich das Angebot an Kuhmilchkäsen. Aus Roppen kommt ein Weichkäse aus Schafmilch (Larcher), reichhaltig die Auswahl an Ziegenkäsen: ein fester Ziegencamembert, buttrig-mild (Reich, Längenfeld), die köstlichen Ziegenkäseprodukte aus Ehrwald (Senftlechner), ein fester Ziegenkäse aus der Wildschönau (Schoner).

Aber nicht nur Käse, Milch oder Butter sind im Pradler Kaufladen erhältlich, Speck- und Wurstwaren, Marmeladen, Honig, Gemüse und Obst nach Saison und andere Produkte runden das Angebot ab. (ad)

Käseeinkauf in Tirol

Pradler Kaufladen, A-6020 Innsbruck, Pradlerstraße 15, Tel. 05 12/453 27, MO bis FR 9-12.30 Uhr, 14-18.30 Uhr, SA 9-12 Uhr. Auch in der Innsbrucker Markthalle findet sich ein Stand des Kaufladens: DI bis SA 8-12 Uhr, am Samstag auch auf dem Bauernmarkt in der Peerhofsiedlung.

Tiroler Bauernstandl Obermüller/Kitzbühel: Ein engagierter Vermittler zwischen Produzent und Konsument

Wolfgang Obermüller, ein Jahrgang 1962, ist voll Tatendrang: sein "Tiroler Bauernstandl" hat sich von einem wöchentlichen Verkaufsstand in Kitzbühel zu einem expansiven Privatunternehmen in Sachen naturnah produzierter Lebensmittel entwickelt.

Angefangen hat alles nach der Matura - da nämlich reifte der Wunsch nach einer "vernünftigen" Betätigung, die in direktem Zusammenhang mit den unmittelbaren Lebensumständen stünde. Und so absolvierte Wolfgang Obermüller verschiedene landwirtschaftliche Praktika mit abschließender Facharbeiterprüfung und begann 1986, Gemüse und Kräuter biologisch anzubauen. Die damit verbundene Selbstvermarktung erwies sich bald als so arbeitsintensiv, daß Obermüller dazu überging, sich ganz auf den Verkauf zu konzentrieren und die Eigenproduktion aufzugeben. Denn in der Vermarktung von Produkten, die in umweltverträglicher Form erzeugt werden, und in der direkten Vermittlung zwischen bäuerlichen Betrieben und den Konsumenten, die auf der Suche nach hochwertigen Lebensmitteln sind, sieht er die Zukunft.

Die Produkte, die er von etwa 25 Betrieben - Bauern und Kleingenossenschaften in ganz Tirol - bezieht, reichen von Käse, Speck, Brot über Schnäpse, Marmeladen bis zu Frischgemüse. Die Nachfrage ist groß, und wenn Kritiker zwar den richtigen Weg anerkennen, aber die rasche Expansion bemängeln, so verweist Wolfgang Obermüller auf das große Publikumsinteresse, das die Ausdehnung von Kitzbühel auf den Innsbrucker Raum und neuerdings gar bis Salzburg rechtfertigt. Er ist der einzige in Tirol, der bäuerliche Produkte in dieser Art professionell anbietet, und kümmert sich selbst um den Einkauf und das Aufspüren interessanter Erzeugnisse. Sein großer Wunsch wären mehr bäuerliche Lieferanten mit fundierter Fachkenntnis in Bezug auf biologischen Landbau und Nutzung der natürlichen Resourcen - aber seiner Meinung nach ist in Tirol die wirtschaftliche Notwendigkeit für eine weitergreifende Umstellung in den bäuerlichen Betrieben durch die noch florierende Tourismuswirtschaft (zum Beispiel Zimmervermietung) nicht in ausreichendem Maße gegeben.

Das Käseangebot des "Bauernstandl" ist jedenfalls recht überzeugend, und daß sie aus Rohmilch hergestellt werden, ist für Obermüller oberstes Gebot. Der Bergkäse stammt vom leidenschaftlichen Bio-Käse-Produzenten Herbert Plangger aus Niederndorf und zählt zu den besten seiner Art. Der Rohmilch-Tilsiter kommt aus der Käserei Lechner aus Stumm/ Zillertal, der Bierkäse - mit oder ohne Kräutern und mit 25 % F.i.T. ein Magerkäse - ist fein-würzig und kräftig, er stammt aus der Sennerei Oberndorf. Leichten Rauchgeschmack vermittelt ein geräucherter Kuhmilchkäse aus Rietz (Schöffthaler), Liebhaber von Schafkäse kommen bei den Produkten aus dem organisch-biologischen Betrieb des Alois Aufschnaiter aus Aurach auf ihre Rechnung. Nicht zu vergessen sind Graukäse aus Weerberg (Lieb) und der großartige Nassereither Ziegenkäse der Familie Höllrigl. Das Angebot variiert natürlich gemäß den saisonalen Gegebenheiten und je nach Produktionskapazität der Betriebe.

Wolfgang Obermüller, A-6370 Kitzbühel, Neuwiesen 5, Tel 0 53 56/531 23. Das Tiroler Bauernstandl steht MI, FR und SA von 8-12 Uhr auf dem Marktplatz in Kitzbühel; in Innsbruck jeden SA in der Markthalle, auf dem Bauernmarkt Wiltener Platzl und bei der Drogerie Tachezy in der Museumstraße. Neu ist der fixe Stand im neuen Einkaufszentrum Völs (Öffnungszeiten wie die des Einkaufszentrums) und das Standl jeden MI in Salzburg im Shopping-Center Alpenstraße.

Bauernkorb, A-6020 Innsbruck, Brixner Straße 1. Dieses neue Geschäft wird von Wilhelm Steinbrugger, einem ehemaligen Mitarbeiter des Pradler Kaufladens, geführt. In nächster Nähe zum Bahnhof bietet es allerhand aus Bauernhand: Brot, Säfte, Wein, Schnäpse, Kräuter, vor allem aber ein reichhaltiges Angebot an Speck und Wurstwaren sowie Käse aus Tirol. Letzteres ist natürlich aus Rohmilch und umfaßt ein weites Spektrum von Kuh-, Schaf- und Ziegenmilchkäsen. Öffnungszeiten: MO bis FR 8-13 Uhr, 15-18 Uhr, SA 8-12 Uhr.

Natur & Genuß, A-6020 Innsbruck, Adolf-Pichler-Platz 12, Tel. 05 12/58 00 79, Geöffnet MO bis FR 8-18 Uhr, SA 8-12 (8-17) Uhr. In diesem Naturkostladen ist das Angebot an heimischen (und zwar nicht nur Tiroler) Frischkäsen besonders groß: Ettenauer Ziegenfrischkäse, ein milder Camembert, genannt Traumkäse, ein Knoblauchfrischkäse mit Bärlauch, Ziegenfrischkäse aus Ehrwald; Camembert aus Möggers in Vorarlberg, Bergkäse und Tilsiter aus dem Lechtal sowie (holländischer) Gouda aus Ziegen- und Schafmilch runden das Angebot ab.

Käseeinkauf in Tirol

Naturkost Anita Hofer, A-6020 Innsbruck, Hunoldstraße 3, Tel. 05 12/49 10 95, MO bis FR 8.30-12.30 Uhr, 15-18 Uhr, SA 8.30-12 Uhr. Hier kommt der Käse aus Oberndorf (Emmentaler, Bergkäse, Magerkäse), aus Niederndorf (Bergkäse vom Plangger) oder aus Nassereith (Ziegenkäse) und Vorarlberg (Camembert).

Bioladen "Lumpererhof", A-6122 Fritzens, Dorfstraße 36, Tel. 0 52 24/531 21. FR 14-18 Uhr, SA 8-12 Uhr. In diesem Ab-Hof-Verkaufsladen werden vor allem Produkte aus eigener Erzeugung der Familie Lutz angeboten. Aber auch andere Bio-Bauern der Region haben die Möglichkeit, hier ihre Erzeugnisse zu verkaufen.

Projekt "Direktvermarktung" der Landeslehranstalt Rotholz, A-6200 Rotholz Nr. 46, Tel. 0 52 44/21 61-0. Jeden FR von 8-11 Uhr haben die Schüler der Landeswirtschaftlichen Landeslehranstalt die Möglichkeit, ihre eigenen im Unterricht hergestellten Produkte vermarkten zu lernen. Zusätzlich werden in Kommission Produkte wie Käse, Speck, Schnäpse etc. verkauft, die von Absolventen der Lehranstalt und nunmehrigen Bauern erzeugt wurden.

Oberländer Bauernläden, A-6460 Imst, Postgasse. DO bis SA 8.30-12 Uhr, FR auch 14-17 Uhr. Hier sind verschiedene Produkte direkt vom Bauern erhältlich.

Markthalle Innsbruck, A-6020 Innsbruck, MO bis SA 8-12 Uhr. Hier haben die Bauern die Möglichkeit, jeden Vormittag ihre Erzeugnisse direkt an den Großstädter heranzubringen.

Naturprodukte Moosbrucker, A-6020 Innsbruck, Ursulinenpassage Innrain 11A, Tel. 05 12/57 17 13, MO bis FR 9-18 Uhr, SA 8-12 Uhr. Das Angebot reicht von Niederndorfer Emmentaler und Bergkäse über Osttiroler Schaffrischkäse, Niederösterreichischen Schafkäsen bis zu einer reichhaltigen Auswahl ausländischer Rohmilchkäse.

Naturprodukte Platzer, A-6300 Wörgl, Bahnhofstraße 10, Tel. 0 53 32/738 90, MO bis FR 8.30-12 Uhr, 14.30-18 Uhr, SA 8.30-12 Uhr. Vorwiegend Produkte der Käsereien Plangger (Niederndorf) und Horngacher (Oberndorf) werden hier angeboten, zudem Auracher Schafkäse und andere Rohmilchkäse.

Naturprodukte Stark, A-6500 Landeck, Maisengasse 18, Tel. 0 54 42/612 84, MO bis FR 8.30-12 Uhr, 14-18 Uhr, SA 8.30-12 Uhr. Hier gibt es vorwiegend Produkte der Käserei Plangger (Niederndorf), ferner eine Auswahl an Frischkäsen, Schaf- und Ziegenkäsen.

Naturkost Schwaiger, A-6380 St. Johann, Kaiserstr. 30, Tel. 0 53 52/ 51 44. Das Käsesortiment umfaßt Schaffrischkäse in Öl oder Lake und festen Schafkäse aus Aurach; Bierkäse, Tilsiter und Bergkäse aus Oberndorf; Camembert aus Vorarlberg. MO bis FR 8.30-12, 14.30-18 Uhr, SA 8.30-12 Uhr.

Naturprodukte Weiss, A-6330 Kufstein, Kaiserbergstr. 17, Tel. 0 53 72/632 12. MO bis FR 8.30-12.30, 14.30-18.00, SA 8.30-12 Uhr. Große Auswahl an Käsen aus der Sennerei Niederndorf (Plangger), Osttiroler Bierkäse; Camembert aus Vorarlberg; holländische Rohmilchkäse.

Wildschönauer Bauernladen, A-6313 Wildschönau - Auffach, Ortszentrum, Tel. 0 53 39/25 22. MO bis SA 9.00-12.00. DI und FR frische Bauernprodukte wie Butter, Topfen, Rahm, auch Gemüse; ständig Almkäse, Speck und Wurstwaren, Brot, Eier, Tee, Schnäpse (der berühmt-berüchtigte 'Krautinger', ein Rübenschnaps) und allerhand Basteleien.

ADEG-Markt A-6306 Söll. Jeden FR gibt es eine Bauernecke mit Produkten von Bauern der Umgebung.

Bauernmärkte in Tirol

Axams, A-6094 Axams, im Sennereigebäude, jeden Samstag 8-12 Uhr. Dieser Bauernmarkt verfügt über ein eigenes "Verkaufslokal" im alten Sennereigebäude, wo jeden Samstagvormittag die Produkte des ganzen Ortes verkauft werden. Ein eigener Kühlraum sorgt für optimale Lagerung der Erzeugnisse. Die gute Seele dieses Betriebes ist Rosi Nagl, die auch eine Reihe anderer gemeinsamer Aktivitäten der Bauern organisiert, z. B. die Produktion von Geschenkkörben oder -kisterln, aber auch die Zusammenstellung von Bauernbüffets etc. Der gemeinsame Verkauf gibt auch kleinen Nebenerwerbsbauern mit unregelmäßiger Produktion die Möglichkeit, ihre Erzeugnisse anzubieten.

Brixlegg, beim Gemeindeamt, am ersten SA im Monat 10-13 Uhr. **Fügen im Zillertal,** beim Autohaus Mazda Told, jeden dritten SA im Monat 9-12 Uhr. **Haiming,** beim Kaufpark, jeden ersten FR im Monat 14-18 Uhr. **Hall,** Oberer Stadtplatz, SA 8-12 Uhr. **Imst,** hinter der Johanniskirche, SA von 8-12 Uhr. **Innsbruck West,** Viktor-Franz-Hess-Straße, SA 8-12 Uhr. **Innsbruck im DEZ,** FR 13-18 Uhr. **Innsbruck Wilten,** Wiltener Platz, SA 8-12 Uhr. **Kitzbühel,** Marktplatz, SA 8-12 Uhr. **Kufstein,** vor der Volksschule, am ersten und dritten SA im Monat 9-12 Uhr. **Lienz,** Stadtsaalpassage, SA 8-12 Uhr. **Sillian,** jeden ersten FR im Monat ab 15 Uhr. **St. Johann,** Raiffeisenlagerhaus, SA 9-12 Uhr. **Matrei am Brenner,** Musikpavillon, an einem

Käseeinkauf in Tirol

FR in der Monatsmitte von 14-16 Uhr. **Mieminger Plateau,** Raiffeisen-lagerhaus: SA 8-11 Uhr. **Schwaz,** Stadtplatz, SA 8-12 Uhr. **Telfs,** Rathausplatz: SA 8-12 Uhr. **Völs,** Dorfplatz, vierzehntägig SA 8-12 Uhr. **Wildschönau,** ADEG-Markt Oberau, am zweiten SA im Monat 9-12 Uhr. **Wörgl,** beim Stadtamt, SA von 8-12 Uhr.

Das **Tiroler Bauerntelefon,** die Vermittlungsstelle für Tiroler Bauernprodukte, informiert über Ab-Hof-Verkäufer im aktuellen Angebot und versendet Wegweiser zu Bio-Bauern, Bauernmärkten und regionalen Ab-Hof-Verkäufern. Nordtirol: 05 12/49 42 80, MO bis FR 8-10 Uhr, Osttirol: 048 52/644 43, MO bis FR 7.30-9 Uhr.

Hinsichtlich der Entwicklung der Milch- und Käsewirtschaft, kann Salzburg in zwei unterschiedliche Regionen eingeteilt werden. Dies ist einerseits das Alpenvorland, also die Gebiete Flachgau und der nördliche Tennengau, die sich durch ihre zusammenhängende Weidefläche und die hohen Niederschläge besonders für die Milchwirtschaft eignen, während in den gebirgigen Regionen, dem Pinzgau, dem Pongau und Teilen des Tennengaus traditionell die Viehzucht (Pinzgauer Rinder) betrieben wurde. Auf diese Weise war die eine Region der Milchlieferant, während die andere ständiger Abnehmer der Nutzrinder des Zuchtgebietes war.

Im nördlichen Teil Salzburgs wurde eine zusammenhängende sogenannte silofreie Zone gefördert, die hervorragendes Futter für die Kühe gewährleistete und somit erst die Grundlage für die Emmentalerproduktion bot. Während in Tirol und Vorarlberg die Käseerzeugung in eine Sommersennperiode auf den Alpen und eine Wintersaison im Tal zerfällt, findet man hier ein Gebiet mit relativ gleichbleibender Produktion und entsprechendem Absatz das ganze Jahr über.

Im Süden Salzburgs wird nur vereinzelt auf Almen gekäst und keine planmäßige Verwertung der Milcherzeugung organisiert, weshalb, im Unterschied zu anderen Alpenländern, hier bis zum Zweiten Weltkrieg keine Talkäsereien zu finden waren. So jedenfalls dokumentierte der Molkereiinspektor Rudolf Steinbrecher die Situation 1937. Um diese Zeit wurden bereits die ersten wirtschaftlichen Strukturmaßnahmen abgeschlossen: Zählte man im Jahre 1912 noch 143 Käsereibetriebe, die nur 18 Millionen Liter Milch pro Jahr verarbeiteten, so waren es im Jahre 1937 nurmehr 90 Betriebe, die allerdings 37 Millionen Liter verkästen. Etwas mehr als die Hälfte dieser Betriebe erzeugte Emmentaler, der Rest fast ausschließlich Tilsiter. In Zahlen: 2,12 Millionen Kilogramm Emmentaler, eine Million Kilogramm Tilsiter und 500.000 Kilogramm Alpenkäse.

Wie es dazu kam, daß soviel Emmentaler in Salzburg erzeugt wird, ist einen kurzen historischen Ausflug wert. So wie in anderen Alpenländern wurde auch in Salzburg bereits im Mittelalter gekäst. Kleine Hartkäselaibe dienten als Abgabe gegenüber den kirchlichen oder weltlichen Grundherren. So ist belegt, daß die Grafen von Peilstein um 900 n. Chr. aus der Gasteiner Gegend "20.000 Ches" und 300 Ellen Lodenstoff als Zins erhielten.

Im Jahr 1861 wurde dann im Flachgau der erste Emmentaler Salzburgs erzeugt, doch war das milchwirtschaftliche Wissen damals recht gering. Erst wirschaftlicher Zwang veränderte diese Lage. Der Bau der Eisenbahn in den sechziger Jahren des vorigen Jahrhunderts führte unter anderem dazu, daß nun billiges Getreide aus Ungarn zu einer enormen Konkurrenz für die Salzburger Bauern wurde. Um diesem Druck auszuweichen, wurde vermehrt auf die Milchwirtschaft und die Weiterverarbeitung der Milch gesetzt.

Da Käse bis dahin nur in sogenannten Zuhäusern - also die den Bauernhäusern vorgelagerten Hütten, in denen meist auch die Waschküche untergebracht war - erzeugt wurde, fehlte jede Hygiene und Lagertechnik. Es wurde nur Weichkäse erzeugt, doch eignete sich dieser aufgrund der geringen Lagerfähigkeit weder für Transport noch Handel. Die einzige Alternative war die Erzeugung von Hartkäse.

Know-how für die Emmentalerproduktion gab es in der Schweiz, in Vorarlberg und im Allgäu. Vor allem in der Schweiz, im Emmental eben, war dieses Wissen am weitesten fortgeschritten. Doch auch dort vollzog sich ein Wandel. Wurde nämlich Hartkäse bis 1805 ausschließlich auf Almen erzeugt und dann erst ins Tal gebracht, so führten bessere Transportwege und Verarbeitungsmethoden dazu, daß immer mehr Käse auf rationellere Art in Talkäsereien erzeugt wurde.

Erst der aufklärerische Schweizer Phillip Emanuel von Fellenberg widerlegte mit seiner Talkäserei die allgemein verbreitete Überzeugung, man könne guten Emmentaler nur auf Almen erzeugen. Viele Almkäser, die durch diese Entwicklung ihren Arbeitsplatz verloren, zogen in andere Gebiete, in denen die Qualität des Futters so gut war wie in der Schweiz und wo Nachfrage nach Käsereiwissen bestand.

Auf diese Weise gelangte Emmentaler-Know-how nach Vorarlberg, Tirol, in das Allgäu und nach Salzburg, wo der zu Anfang erzeugte Emmentaler auch lange Zeit *Schweizer* genannt wurde. Für die Entwicklung des Käsereiwesens in Salzburg waren also viele zugewanderte Käser aus Vorarlberg und dem Allgäu maßgeblich.

Ein Tiroler allerdings, Johann Baptist Woerle, hatte den größten Einfluß. Er kam 1889 aus Reuthe hierher, war ein gelernter Käser und hatte bereits in Rosenheim Erfahrung mit dem Käsehandel gesammelt. Er begann in Flachgau mehrere Käsereien aufzubauen, schloß Verträge mit anderen und betrieb einen regen Käsehandel in weiten Teilen der Monarchie, selbst mit aus der Schweiz importiertem Emmentaler. Bis zum Ende des Ersten Weltkrieges verfügte Woerle über 21 Betriebsstätten, doch wurden anschließend, in Folge der Hungersnot, viele Tiere geschlachtet, was zum Zusammenbruch des Käsehandels führte.

In den kommenden Jahren der Wirtschaftskrise kam es in Salzburg erstmals zur Bildung von Genossenschaften wie sie andernorts schon lange üblich waren und auch hier unter anderem den Zweck hatten, dem wachsenden Druck der Milcheinkäufer zu begegnen. Bezüglich der

Methoden der Käseproduktion herrschte aber immer noch großer Aufholbedarf, weshalb immer wieder erfahrene Käser aus dem Westen angeworben wurden, die dann auch entsprechend Klage führten über die schlechten Zustände in den Salzburger Käsereien. So wurde etwa die angelieferte Milch noch immer zu wenig konsequent kontrolliert, sodaß Eutererkrankungen bei Kühen nicht rechtzeitig festgestellt werden konnten. Auch wurde noch immer eingegrast, d. h., die Kühe wurden nie auf die Weide gelassen, obwohl dies in den westlichen Alpenländern schon lange üblich war.

Diesem Wissensmangel versuchte man durch die Errichtung von Lehranstalten zu begegnen. 1928 wurde die Lehrkäserei Seekirchen gegründet, wenig später entstanden Schulen in Winkelham und auch in Rotholz, im nahen Tirol.

Nach dem Zweiten Weltkrieg wurden die Strukturen neu geordnet. Es kam zu teilweise atemberaubenden Entwicklungen in der Technik und in der Milchleistung der Kühe. Doch dies führte auch zu Rückschlägen für die Käsereien. Nicht immer konnte die Qualität der Milch mit der steigenden Quantität mithalten, so führte beispielsweise die Einführung der Melkmaschine anfangs zu einem markanten Anstieg der Bakterien in der angelieferten Milch. Denn manche Bauern verabsäumten es, die Maschinen entsprechend zu reinigen, was oft zum Ausfall ganzer Chargen führte.

Einer der seltsamsten Umstände in der Geschichte der Käserei in Salzburg ist die lange Käseabstinenz der Salzburger Käseproduzenten selbst. Offenbar war zwar Käse ein Mittel, sich den Lebensunterhalt zu sichern, einen Käse zu essen, war aber verpönt. Frühere Käser berichteten uns, daß es ihnen als Lehrling streng untersagt war, ein Stück Käse zu probieren. Und die Meister dachten nicht anders. Erst in den fünfziger Jahren, als der Käseabsatz stagnierte und die Käser auf ihrem Lager sitzen blieben, begannen sie notgedrungen ihre eigenen Produkte zu essen und schätzen zu lernen. Zuvor, so sagen Zeitzeugen, wurde nur einmal jährlich Emmentaler gegessen!

Heute ist die Situation der Salzburger Käseerzeuger wieder einmal schwierig. Der Absatz im In- und Ausland ist umkämpfter denn je, und die Großbetriebe, die in den vergangenen Jahrzehnten der Prosperität entstanden sind und mit rationellen Fertigungsanlagen ausgestattet wurden, machen den kleinen Käsereien, auch wenn deren Qualität noch so gut ist, arg zu schaffen. Käse ist außerdem - betreibt man seine Vermarktung nicht ebenso bedingungslos auf Qualität ausgerichtet wie dies die Schweizer tun - ein Produkt, bei dem nicht viel zu verdienen ist. Zusammen mit den Stützungen, von denen die Bauern abhängig sind, und dem drohenden Konkurrenzdruck bei einem EG-Beitritt keine leichte Situation.

Auf privater Ebene ist ein ganz neuer Käsemarkt entstanden, ausgelöst durch das wachsende Bewußtsein der Bauern, daß mit der Natur schonend umgegangen werden muß. Hinzu kommt noch die erhöhte Sensibilität der Konsumenten für gesunde Ernährung. Viele Salzburger Bauern, auch Nebenerwerbsbauern, die in den Vollerwerb einsteigen wollen, gehen den Weg der Milchveredelung, um eine höhere Wertschöpfung zu erzielen. Vielfach sind auch ihre Milchkontingente nicht ausreichend oder ihre Weidefläche zu klein.

Vor allem die Bäuerinnen ergreifen die Initiative. Sie besuchen Käsereikurse, machen erste Gehversuche und, je nach Resonanz beim Verkauf auf den Bauernmärkten, steigen sie, teilweise auch unter erheblichen Investitionenen, in eine größere Käseproduktion ein. Das Know-how kommt diesmal wieder aus dem Westen, aus Bayern, wo diese Entwicklung schon früher begann und gut organisierte Kurse angeboten werden.

Auch die Almen werden in letzter Zeit wieder vermehrt bestoßen (wie man in den Alpenregionen sagt), wodurch brachliegendes Wissen aufgefrischt wird. Immer mehr Menschen sind bereit, mühsame Arbeit in abgeschiedenen Regionen zu leisten, um gleichzeitg einen Sommer in einer gesunden und intakten Bergwelt verbringen zu können.

Dennoch: Die Situation der Käseerzeugung in den Salzburger Alpen entlockt beispielsweise Jörg Wörther vom Restaurant Villa Hiss in Badgastein nur einen bissigen Kommentar: "Was machen s' mit ihrer guten Almmilch, an Bierkas, sunst nix." Das ist zwar übertrieben, doch auch wir wünschen uns, daß es neben Bierkäse eine größere Vielfalt geben möge.

Wie das Leben auf der Alm in früheren Zeiten einmal ausgesehen hat, illustriert ein Text von Franz von Paula Schrank aus dem Jahr 1785. "Im Oberpinzgau hält man, so wie in der Schweiz, durchaus Männer zur Käserei, und zum Viehe. In den übrigen Theilen des Erzstiftes, als im Lungau, Pangau, Matrei, u.s.w. hat man diese Sorge von jeher lieber dem Weibsvolke anvertraut. Nun schien es nicht sehr zur Annahme der guten Sitten zu seyn, daß eine junge, schrolle Bauerndirne, als Sendinn, und ein munterer, rothbäckiger Junge, als Hirt den ganzen Sommer über in einer einsamen Hütte so liebetraut zusammen wohnten: auch dann, wenn ein Mädchen des Hirten Stelle vertrat, glaubten die Missionarien noch viele Gefahr für das Seelenheil zwey junger Weibsen zu sehen, die so gar entfernt von aller Aufsicht sich selbst überlassen lebten. Es ward daher durch wiederholte Generalbefehle vom 17.8.1734 und 8.10.1756 der Gebrauch der Sendinnen auf den Alpen schärfest untersagt, und dafür Melker einzuführen geboten. Aber aus wichtigen Ursachen wurden diese Verordnungen unterm 22.5.1767 dahin gemäßigt, daß hinführo die Sendinnen und Hirten Scheine von der Geistlichkeit haben müßten, um auf die Alpen ziehen zu können. Man hielt ordentliche Sendinnenbeschreibungen, und der Besitzer der Alpe mußte vor dem Zuge dahin das Mädchen, oder die Matrone, und den Hirten, oder die Kuhdirne, die er dahin senden wollte, der Geistlichkeit vorstellen, wo er dann nach Befund Scheine dafür erhielt. Diese Untersuchungs-Kommission ward damals den Missionarien, als den Benediktinern zu Schwarzach, den Kapuzinern zu Radstatt, Werfen ... anvertrauet: dabei wurden die ordentlichen Seelsorger beigezogen. Aber so wie wohl kein Gesetz ist, das die gottlosen Menschen hienieden nicht auf irgend eine Art zu hintergehen wüßten, so gieng's auch mit dieser Sendinnenwäpplung. Eine dunkelbraune, runzlichte, abgewelkte Fee erhielt manchmal den Schein, und ein hurtiges rosenrothes Mädchen zog auf die Alpe." (ph)

Abersee

Der Ort liegt auf einer Halbinsel im Wolfgangsee. Man fährt von St Gilgen kommend auf der B 158 (Wolfgangsee Bundesstraße) dem südwestlichen Ufer des Wolfgangsees entlang und nimmt einen Kilometer nach dem Gasthaus Gamsjäger bei einer Busstation die Abzweigung nach links. Auf diesem Weg hält man sich rechts und gelangt nach 600 Metern zum Hof von Christine und Josef Eisl.

Christine und Josef Eisl, vlg. Stoffbauer: Schafe statt Moped

Auf die Frage, wie er, Josef Eisl, gerade auf die Schafzucht gekommen sei, antwortet er: "Ich hab' mir halt mit 19 Jahren anstelle eines Mopeds zwei Schafe gekauft."

Mittlerweile sind 13 Jahre vergangen, Josef und Christine haben sich über Kurse und Prüfungen das Käsen beigebracht, und die Anzahl der Muttertiere liegt derzeit bei 117, soll aber noch weiter steigen. Eine moderne Käserei, streng nach EG-Richtlinien, ist im Entstehen.

Nachdem die Palette der Eislschen Käseprodukte anfangs äußerst umfangreich war, beschränkt sich der Käsemacher jetzt auf zwei Sorten Frischkäse. Einen davon gibt es gesalzen, als Rolle im Schnittlauchkostüm (45 % F.i.T.), der andere ist, auf Anregung kreativer Köche, bewußt neutral und mild gehalten, um diesen freie Hand bei der Verarbeitung zu lassen.

Eine Kostprobe überzeugte durch Frische, Cremigkeit und ein interessantes Aromaspiel. Bestätigt wurde dies auch von der Deutschen Landwirtschaftsgesellschaft, bei der Josef Eisl schon zwei Goldmedaillen holte. Das Land Salzburg überreichte ihm 1992 den Landesinnovationspreis.

Seit zwei Jahren wird vermehrt die Gastronomie beliefert und über den Salzburger "Rungis Express" gelangt der Käse auch in deutsche Restaurants.

Neben Frischkäse gibt es auch Schafmilch und Schafjoghurt - ohne jeden Zusatz. Von November bis Jänner erfolgt keine Melkung der Tiere, folglich ist in diesen Monaten auch kein Käse erhältlich. (ph)

Christine und Josef Eisl, vlg. Stoffbauer, Gschwand 32, A-5342 Abersee, Tel. 0 62 27/72 34. In folgenden Restaurants können sie den Aberseer Käse am Teller finden: Pfefferschiff in Söllheim, Stieglbräu und Mirabell-Sheraton in Salzburg, Gmachl in Bergheim, Weißes Rößl am Wolfgangsee und Elisabeth und Heinz Grabmers Gasthaus Zur

Waldschänke in Grieskirchen. Auch in diversen Delikatessgeschäften ist dieser Käse erhältlich, z. B. bei Reischl in Salzburg.

Bischofshofen/Pongau

Der Ort ist über die Tauern-Autobahn A 10 zu erreichen oder über die Bundesstraßen 159, 99, 311 und 164, die sich hier kreuzen. Bischofshofen war von 1215 bis 1807 eine der Residenzen der Bischöfe von Chiemsee in Bayern.

Wanderungen und Besichtigungen: Bekannt unter Sportbegeisterten ist die Sprungschanze, wo Jahr für Jahr ein Bewerb der Vierschanzen-Tournee stattfindet. Ganz in der Nähe der Schanze liegt der Geisberg - Namensgeber für den berühmten Ziegen-Camembert "Original Geisberger". Im Winter finden sich in Bischofshofen nicht nur die Skispringer und ihre Fans ein, sondern auch zahlreiche Skifahrer, im Sommer die Wanderer und Bergsteiger, wobei beliebte Ziele für Bergtouren das Hochgründeck (1.827 Meter) und der Hochkeil (1.783 Meter) sind.

Gastronomie und Unterkünfte: Fünf Kilometer nördlich, in Werfen, befindet sich das mit zahlreichen Hauben und Kronen prämierte Lokal Obauer (Hauptstr. 46, Tel. 0 64 68/212-0), das auch mit Gästezimmern ausgestattet ist. Das Restaurant Zur Stiege steht nicht um viel nach (Tel. 0 64 68/256-0). In Bischofshofen selbst gibt es zahlreiche Gaststätten mit gutbürgerlicher Küche. Zimmerinformation Bischofshofen: Tel. 0 64 62/24 71.

Tauernmilch: Feiner Ziegenkäse aus der Handkäserei

Die 1942 gegründete Molkerei ist ein riesiger Betrieb: Jährlich werden rund 1,3 Millionen Kilogramm Topfen produziert, 1,1 Millionen Kilogramm Butter und nicht weniger als 33 Millionen Liter Milch. Die Milch kommt von Bauern aus dem Pongau und dem Lungau, und dort ist auch das Hauptversorgungsgebiet dieses traditionsreichen Genossenschaftsbetriebs.

Doch klein ist die Käseproduktion, auf die sich die Tauernmilch in den letzten Jahren spezialisiert hat. Rund 30 bäuerliche Betriebe liefern im Jahr 195.000 Liter Ziegenmilch, die von Käsemeister Franz Prodinger zu fünf verschiedenen Sorten von Ziegenkäse verkäst werden: in einer kleinen Handkäserei, die einen eigenen Betriebsteil des Unternehmens darstellt.

Karl und Rudi Obauer
Restaurant Obauer, Werfen
empfehlen:

Birnen-Käseblätterteig mit Schlüsselblumenhonig

Zutaten für 4 Personen
200 g Kuh- oder Ziegenfrischkäse, 100 g Blätterteig, eine nicht zu süße Birne.

Zubereitung
Ganz dünn ausgewalzten Blätterteig bei 220°C ausbacken. Damit der Teig ganz dünn bleibt, beschwert man ihn gleich nach dem Backen mit einem zweiten Blech. Den ausgekühlten Teig in acht 4x4 cm große Stücke schneiden. Aus der Birne wird nun Birnenmark gemacht, was analog zur Herstellung von Apfelmus geschieht. Je ein Teigblatt legt man nun auf einen der vier Teller, gibt etwas Birnenmark darauf und darauf wiederum eine Scheibe Frischkäse, darüber abermals Birnenmark geben. Mit dem zweiten Teigblatt zudecken. Zuletzt mit leicht erwärmtem Schlüsselblumenhonig verzieren. Dazu servieren die Obauers karamelisierte Birnenspalten.

Natürlich muß es nicht unbedingt Schlüsselblumenhonig sein. Karl und Rudi Obauer allerdings legen großen Wert auf derartige Feinheiten und stellen diesen Honig, der mit Bienen genau so wenig zu tun hat, wie der Tannenwipfelhonig, zur Blütezeit immer selbst her. Dabei werden Blüten mit Zucker versetzt und ausgekocht. Das genaue Verfahren wollte Rudi Obauer nicht preisgeben. Anstelle des Schlüsselblumenhonigs kann man auch einen guten Bienenhonig verwenden.
Die bekannt delikate Kombination aus Frischkäse und Honig findet mit diesem um Birnenmark und Blätterteig ergänzten Rezept eine raffinierte Variante. (ph)

Restaurant Karl & Rudolf Obauer, Hauptstraße 46, A-5450 Werfen, Tel. 0 64 68/212.

Käsemacher in Salzburg

Wenn man diese Handkäserei betritt, fühlt man sich wie in einem kleinen bäuerlichen Betrieb. Sicher, die Raumausstattung ist etwas großzügiger, aber das gereicht dem Käse ja nicht zum Schaden. Ganz im Gegenteil.

Original Geisberger

Franz Prodinger ist nicht mehr der Jüngste, er will in fünf Jahren in Pension gehen und dann auf einer Alm käsen. Doch bis es so weit ist, will er diesen Ein-Mann-Betrieb mit viel Engagement und Fleiß weiterführen.
Bei unserem Besuch käste er gerade Pongauer Ziegenkäse und, im anderen Raum, Camembert. Mit unglaublicher Routine und Geschwindigkeit tut er jeden Handgriff. Der Schweiß auf seiner Stirn beweist, wie hart die Arbeit ist und wieviele Dinge er gleichzeitig im Auge behalten muß. Ursprünglich hat er das Emmentalerkäsen gelernt und war im Flachgau, in Tirol und gelegentlich auf einer Alm tätig. Mit dem Verkäsen von Ziegenmilch begann er erst hier in Bischofshofen, auf Anregung des Direktors Peter Graggaber. Alleine das Rührwerk wird elektrisch betrieben, jede andere Tätigkeit erfolgt manuell. Immer wieder schaut er in die Kessel, um an der grünlichen Farbe der Molke den Säuregrad zu überprüfen. Zur Sicherheit nimmt er aber auch ein pH-Meßgerät zur Hand. Ist das Einlaben abgeschlossen, beginnt Franz Prodinger mit dem sogenannten Überschöpfen. Das ist ein Vorgang, den nur noch wenige Käser durchführen und bei dem die leicht abgekühlte Oberfläche ganz behutsam zur Seite geschöpft wird. Dann wird mit der Harfe - einem

Rahmen mit ganz dünnen, gespannten Drähten - der Bruch vorgeschnitten. Auch das erfolgt manuell und ganz vorsichtig, weil sonst keine kompakten Stücke entstehen, sondern nur "Staub", der mit der Molke abgeht und damit verloren ist.

Roter Geisberger

Die Milch wird nicht pasteurisiert, sondern auf 68 Grad Celisus thermisiert. Wird dieser Wert auch nur geringfügig überschritten, so kann - wie Prodinger uns sagt - die empfindliche Ziegenmilch unbrauchbar werden. Zwischendurch geht der Käsemacher wieder in den Camembert-Raum hinüber, um den dortigen Prozess im Auge zu behalten. Nicht ohne sich zuvor die Hände mit einem speziellen Mittel zu reinigen, damit nicht ungewollte Bakterien in den Käse gelangen. Camembert zu machen, sagt er, sei eine sehr heikle Arbeit. Als nächstes will er versuchen, einen Gervais zu erzeugen, der dann "Ziegenspezial" heißen soll.

Gekäst wird bei den meisten Käsen mit natürlichem Fettgehalt, das heißt: So wie die Milch hereinkommt, wird sie verarbeitet, es gibt keine Entrahmung und keine Rahmzugabe, um den Käse auf den stets gleichen Wert zu trimmen.

Nicht selten trifft man hier berühmte Gastronomen wie beispielsweise die Brüder Obauer vom nahegelegenen Spitzenrestaurant gleichen Namens. Sie holen sich persönlich schön gereifte Exemplare der Bischofshofner Ziegenkäse ab. Und erfreulicherweise gibt es auch einen kleinen Shop, in dem jeder einkaufen kann, der gerade in der Nähe ist und perfekt gereifte und gelagerte Produkte erwerben will. Sie schmecken auch wirklich besser als aus dem Supermarkt einer weit entfernten Großstadt - davon konnten wir uns überzeugen.

Das Spitzenprodukt des Hauses ist zweifelsohne der Original Geisberger: ein gehaltvoller, milder Weichkäse mit Camembert-Schimmelrasen aus reiner Ziegenmilch mit natürlichem Fettgehalt von rund 45 % F.i.T. gekäst. Der Käse reift zwei bis drei Wochen, ehe er in den Verkauf kommt, weitere drei Wochen dauert es, bis das Ablaufdatum den Zeitpunkt der Vollreife signalisiert. Während dieser Ziegen-Camembert im jungen Stadium einen topfigen Kern aufweist, wird er in der Reife unter der Rinde schmelzend und cremig, das Äußere selbst zeigt dann einen Anflug von Rotschmiere.

Den Käse gibt es in zwei Varianten: In kleinen Laibchen wird er mit seinem beeindruckenden Schimmelrasen - oft bis zu einem halben Zentimenter hoch - in eine Spezialschachtel verpackt, wo er seinen weichen Flaum lange behält.

Bei den großen Torten, die im ganzen verkauft werden, wird die Schimmeloberfläche durch die Folienverpackung niedergedrückt. Danach sieht der Käse so aus, wie wir es von einem Camembert gewohnt sind. Übrigens: Probieren Sie, ob Ihnen der Käse mit Rinde oder ohne Rinde besser schmeckt.

Ein Mischkäse aus 55 Prozent Ziegenmilch und 45 Prozent Kuhmilch ist der Ziegett. Dieser würzige Schnittkäse zeigt eine gerstenkorngroße Bruchlochung, seine Rinde ist mit Rotschmiere behandelt. Der Fettgehalt beträgt 45 % F.i.T.

Ein deftiger oberflächengereifter Weichkäse aus reiner Ziegenmilch ist der Rote Geisberger: ein Rotschmierekäse nach dem Muster des Schloßkäses. Er wird mit einem natürlichem Fettgehalt von rund 45 % F.i.T. gekäst.

Womit wir bei jenem Käse angelangt wären, mit dem alles begann: dem Original Pongauer Ziegenkäse, ein Weichkäse, der mit Kräutern in Sonnenblumenöl eingelegt wird. Er kommt nach drei Monaten in den Verkauf, hat 45 % F.i.T. und ist rund ein weiteres halbes Jahr lagerfähig. 1983 war dieser Käse das erste Produkt, das in der kleinen Handkäserei hergestellt wurde.

Bei der Verkostung dieses Käses in Bischofshofen waren wir von der zarten Textur und dem vollmundigen Geschmack äußerst beeindruckt. Ein großes Glas Pongauer Ziegenkäse sollte in keinem Haushalt fehlen - wenn einmal unangemeldet Gäste vorbeischauen sollten ...

Auch Ziegenfrischkäse, Ziegenjoghurt und sogar die seltene Ziegenbutter - eine weiße Butter, die von Feinschmeckern als Spezialität gehandelt wird - gibt es in dem kleinen Molkereimarkt der Tauernmilch-Genossenschaft in Bischofshofen, ferner ein Ziegenmolke-Shampoo mit Ringelblume, ein Ziegenmolke-Schaumbad mit wertvollen Kräuterextrakten und eine Ziegenbuttersalbe mit Ölen, Ringelblume und Propolis - alle drei mit rechtsdrehender Milchsäure und ohne Zusatz von Farbstoffen von der Louise Plegé Cosmetic in Salzburg hergestellt.

Da glauben wir schon dem Betriebsleiter Fritz Miedl, wenn er uns berichtet, daß sogar Ziegenmilch-Fans aus der Stadt Salzburg und aus noch weiter entfernten Gebieten bis nach Bischofshofen fahren, um sich mit den begehrten Produkten für längere Zeit und auf Vorrat einzudecken. (rs/ph)

Tauernmilch, reg. Gen.m.b.H., A-5500 Bischofshofen, Molkereistr. 10, Tel. 0 64 62/24 06 oder 24 07, Fax 24 06-80. Der Molkereimarkt ist geöffnet MO bis FR von 8-12 Uhr und von 13-15 Uhr, SA von 8-12 Uhr. Während früher nur ein En Gros-Verkauf stattfand, sind heute Detailverkaufer und Touristen gerne willkommen. In dem Shop gibt es auch die anderen Spitzenprodukte, die von der AMF vertrieben werden, ferner Schinken, Eier und Käsereizubehör. Österreichweit gibt es die Ziegenkäse in zahlreichen Delikatessengeschäften und Käsetheken.

Bramberg am Wildkogel/Oberpinzgau

Das zu Bramberg gehörende Habach liegt an der B 165 (Gerlos Bundesstraße), 16 Kilometer westlich von Mittersill. Um zu Thomas Nindl zu gelangen, fährt man rechts von der Straße ab und unter dieser hindurch, dann über die Bahn und den Bach, kurz danach links, bis es nach einigen hundert Metern rechts weitergeht. Man hält sich fortan links und ist schon bei dem großen Hof angelangt.

Thomas Nindl, vlg. Moar: Käse aus dem Nationalpark

Thomas Nindl ist Bauer, kein Käser. Die Milch seiner Kühe liefert er üblicherweise nach Maishofen. "Käsemachen", sagt er, "ist ein Risiko. Wenn ich nur Milch abliefere, ist meine Arbeit getan, und ich bekomme das Geld. Wenn bei der Käseproduktion etwas schief läuft, bekomme ich nichts."

Im Sommer aber müssen die Kühe auf die Alm, und diese liegt weit hinten im Habachtal, was einen täglichen Milchtransport ausschließt. Also wird die Milch verkäst.

DIE BIBLIOPHILEN BILDBÄNDE

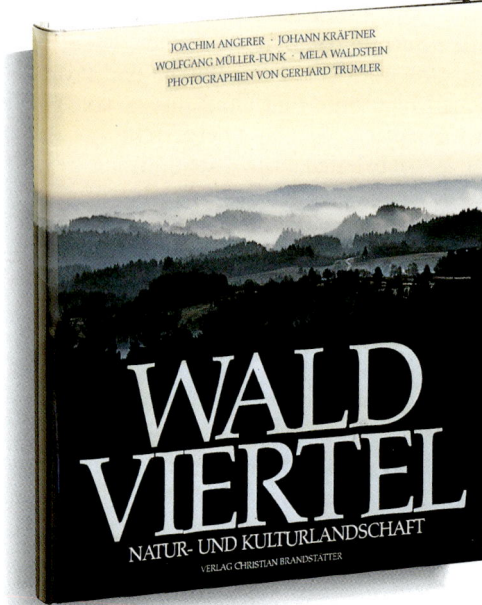

Schaumberger, Hans (Hg.)
WALDVIERTEL
Natur- und
Kulturlandschaft
Mit Beiträgen von
Joachim Angerer,
Johann Kräftner,
Wolfgang Müller-Funk,
Mella Waldstein und
Christine Wessely
Photographien von
Gerhard Trumler
200 S. mit 151 Farb- und
20 Abb. in duotone
Großformat 24 × 29 cm. Ln.
ISBN 3-85447-420-2.
DM 135,–, öS 980.–,
sfr 135,–

Schaumberger, Hans (Hg.)
WEINVIERTEL
Natur- und
Kulturlandschaft
Text von
Christoph Wagner
Photographien von
Lois Lammerhuber
192 S. mit 125 Farb-
abbildungen
Großformat 24 × 29 cm. Ln.
ISBN 3-85447-473-3.
DM 135,–, öS 980,–,
sfr 135,–

AUS DEM VERLAG CHRISTIAN BRANDSTÄTTER

Dem Hören und Sagen nach ist das Habachtal der einzige Ort in Europa, wo Jahrhunderte lang nach Smaragden gesucht worden ist. Auch heute noch kommen viele Urlauber in diese Gegend, die Teil des Nationalparks Hohe Tauern ist, um nach den schimmernden Steinen zu suchen. Will man nicht den ganzen Weg zu Fuß gehen, hat man in der Früh zweimal die Möglichkeit mit dem "Taxi" nach hinten bis zur Hütte Alpenrose zu fahren. Und wirklich, wenn man ins Habachtal hineinfährt und sich plötzlich in einer ganz anderen Welt befindet, im Vergleich zum Mühltal etwa, das nach Norden gerichtet ist, wird die Straße plötzlich lindgrün, ein erster Hinweis auf die Smaragde. Daß die Berge des südlichen Pinzgaus ganz anders aussehen als jene des nördlichen, liegt daran, daß es sich hier um die Zentralalpen handelt, andererseits um die Kalkalpen.

Kurz nach der Alpenrose, wo man auch übernachten kann, liegt dann Nindls Moaralm. Es ist ein uraltes Gehöft, dessen Dachschindeln mit den üblichen Legsteinen beschwert sind. Ganz bewußt wurde die architektonische Substanz so gut wie möglich erhalten. Elektrisches Licht, das mit einer Wasserdruckpumpe und einem Dynamo erzeugt wird, ist der einzige Hinweis auf die moderne Zeit. Der kleine Kupferkessel, in dem gekäst wird, hängt hier noch frei an einem schwenkbaren Holzgalgen, darunter lodert das offene Feuer. Der Rauch zieht wie in einer Rauchkuchel frei durch Öffnungen am Giebel ab.

Zum Käsen, von Anfang Juni bis Ende September, stellt Nindl jedes Jahr einen Käser an, der hier noch mit einer weiteren Hilfskraft wohnt. 1993 war es seine Schwägerin, eine Studentin, die den Käse erzeugt hat. Auf der Moaralm wird ausschließlich Pinzgauer Käse erzeugt, zwei Laibe täglich. Die Milch wird auf nur 39 Grad Celsius erhitzt, es wird die übliche Starterkultur verwendet und 1/4 Vollmilch beigegeben. Anschließend wird der Käse sieben Wochen gelagert. Früher wurde das gesamte Milchfett zur Buttererzeugung verwendet, weil Butter einträglicher war. Der entfetteten Milch wurde Ziegenmilch beigefügt, um damit noch Käse erzeugen zu können. Bis vor kurzem wurde das Butterfaß noch über ein Wasserrad angetrieben.

Die Kühe, ausschließlich Pinzgauer, sind, außer zum Melken, ständig im Freien. Man kann sie in weitem Umkreis um das Haus zwischen den großen verstreut herumliegenden Felsbrocken weiden sehen. (ph)

Nindl Thomas, vlg. Moar, Habach 64, A-5733 Bramberg, Tel. 0 65 66/382. Nindl ist Mitglied im "Verein Pinzgauer Naturprodukte". Verkauft wird Käse an Wanderer direkt auf der Alm und ab Hof in Habach. Da der Käse erst reifen muß, gibt es ihn nur von Juli bis Oktober. Außerdem gibt es den Käse im Konsum von Saalfelden.

Käsemacher in Salzburg

Bürmoos-St. Georgen/Flachgau

Bürmoos liegt in jener Ecke, die Salzburg, Oberösterreich und Deutschland bilden. Man gelangt dorthin auf der B 156 (Lamprechtshausener Bundesstraße) und biegt in Lamprechtshausen nach links ab (oder schon vorher in Oberndorf). Um zur Familie Heinz zu kommen, passiert man die katholische Kirche und die Sparkassa, und nimmt die Stierlingwaldstraße bis zur Gabelung mit dem Passauerweg. Die Anfahrt zu Anna Rachl ist etwas komplizierter: Von Salzburg kommend über die B 156 nach Oberndorf, danach links abbiegen Richtung St. Georgen, durch Obereching und nach Irlach rechts in Richtung St. Georgen, nach 50 Metern wieder nach rechts; dann drei Kilometer über Ölling nach Roding; gleich rechts nach der Ortstafel ist der Hof mit Tischlerei zu sehen.

Wanderungen und Besichtigungen: Sehenswert ist die barocke Wallfahrtskirche im nahen Oberndorf. Zu Fronleichnam gedenkt die Oberndorfer Schiffergarde der alten Salzachschiffertradition. Den landschaftlichen Reiz muß man erfahren oder erwandern. An den vielen Mooren der Gegend bietet sich auch die Gelegenheit zu einem Bad oder einer Kur.

Gastronomie und Unterkünfte: Fremdenverkehrsverband St. Georgen, Tel. 0 62 72/81 37. Gastronomisch muß man sich hier mit dem Rustikal-Bodenständigen begnügen.

Regina Hainz, vlg. Bischofbauer: Einmal Gervais - immer Gervais

Vor fünf Jahren entschlossen sich Josef und Regina Hainz zum Einstieg in den biologischen Landbau ("Ernte für das Leben"). Es folgte sogleich der Entschluß zur Käseherstellung, um die Wertschöpfung zu steigern - nach dem Motto: "Nur mit dem Veredeln kann man überleben." - sowie in logischer Konsequenz die Selbstvermarktung.
Nicht sämtliche anfallende Kuhmilch, aber immerhin drei Viertel davon, werden zu Frischkäse nach Art des Gervais verarbeitet, auch mit Knoblauch und Gewürzen. Daß Regina Hainz ausschließlich Gervais macht, liegt darin begründet, daß sie mit diesem Käse einen überwältigenden Verkaufserfolg erzielen konnte. Warum sollte sie daher etwas anderes probieren?
Zur besseren Selbstvermarktung wurde ein Verkaufsmobil angeschafft. Dieses dient nicht nur dem Gervaisvertrieb, sondern in erster Linie dem Verkauf von Fleisch. Denn die Hainzens sind auf Fleischveredelung

spezialisiert, insbesondere von Stierfleisch. Zusätzlich zur eigenen Gervais-Palette wird auch Handelsware eines Lieferanten übernommen (Oberascher), der sich darauf spezialisiert hat, Käse aus organisch-biologischer Landwirtschaft zwischen Wien und Vorarlberg an Wieder-verkäufer zu liefern. So kam es, daß wir bei Frau Hainz einen der besten Vorarlberger Bergkäse aßen, der uns je untergekommen ist. (ph)

Josef und Regina Hainz, vlg. Bischofbauer, A-5111 Bürmoos, Stierlingwaldstr. 12. Tel. 0 62 74/79 39. Ab-Hof-Verkauf gegen tel. Voranmeldung; das Mobil findet man FR Vormittag am Papageno-platz/Salzburg, SA Vormittag auf den Märkten Klessheim und Hallein.

Anna und Walter Rachl: vlg. Lehrberger: Flachgauer "Traumkäse"

Die Rachls sind Nebenerwerbsbauern und seit 1988 Mitglied bei "Ernte für das Leben". Während sich Walter Rachl hauptsächlich um den An-bau von Dinkel, Weizen und Kartoffeln kümmert, hat sich seine Frau einen eigenen Tätigkeitsbereich geschaffen: das Käsen.

Diesen Weg gehen immer mehr Bäuerinnen, die darin nicht nur eine selbstbestimmte Tätigkeit, sondern auch ein zusätzliches Einkommen sehen, über das sie selbst verfügen können - analog zum Eiergeld (dem Ertrag aus dem Verkauf von Eiern).

Käse erzeugt Anna Rachl seit 1987. Das Know-how hat sie, wie die meisten anderen "Kleinkäser" dieser Region, aus Bayern. Dort werden sogar Busfahrten zu Käsekursen angeboten, die auch auf die Besonder-heit Rücksicht nehmen, daß Bäuerinnen zum Melken der Tiere wieder rechtzeitig zuhause sein müssen. Auch über die Gruppe der organisch-biologischen Bauern gibt es darüber einen regen und nützlichen Infor-mationsaustausch.

In den Monaten Mai bis Oktober stellt Anna Rachl aus unpasteurisierter Kuhmilch Frischkäse und einen Camembert namens "Traumkäse" her, der diesen Namen nicht zu unrecht trägt. Gleichmäßige Reife des Teiges und der cremig-aromatische Geschmack bestätigen das Talent der Käserin.

Sorgen bereitet ihr die EG, denn sie fürchtet dann um die Rohmilchver-arbeitung und gibt auch offen zu, daß viele der kleinen Käser in Schwierigkeiten geraten würden, wenn man die Einhaltung der derzeit geltenden Vorschriften durchsetzt. Wie aber, so fragt sie sich, soll der Schimmel auf dem Camembert ordentlich wachsen, wenn der Keller voll verfliest ist? (ph)

Käsemacher in Salzburg

Anna und Walter Rachl, vlg. Lehrberger, A-5112 St Georgen, Roding 10. Tel. 0 62 74/65 53. Ab-Hof-Verkauf FR von 18.30-20 Uhr. Zu kaufen gibt es den Käse auch über die EVI auf dem Salzburger Papagenoplatz und im Naturkostladen am Spittelberg in Wien.

Elixhausen/Flachgau

Man fährt von Salzburg aus in nördlicher Richtung auf der Straße nach Obertrum, biegt nicht nach rechts in das Ortszentrum ab, sondern fährt geradeaus weiter, bis linker Hand das Gebäude der Käsereigenossenschaft auftaucht.

Käsereigenossenschaft Elixhausen/EMKA: St. Rupertus - ein mild-würziger Naturemmentaler

Ursprünglich waren die Käsereien im Salzburger Flachgau so dimensioniert, daß pro Tag zwei Laibe Emmentaler produziert werden konnten. So war es auch bei der Käsereigenossenschaft Elixhausen, als sie am 7. Februar 1928 gegründet wurde. Rationellere Methoden der Käsefertigung haben in den folgenden Jahrzehnten dazu geführt, daß immer mehr Käsereien zusammengelegt wurden. Wer sich die neuen, teuren Technologien anschaffte, wollte sie auch effizient nutzen.

Aber es geht nicht nur darum, rationell und qualitätsorientiert zu produzieren. Auch das Marketing ist wichtig. Deshalb haben sich vor kurzem zehn Käsereigenossenschaften des Flachgaus zusammengeschlossen, um unter dem Etikett "St. Rupertus - Salzburger Landadel" Emmentaler zu vermarkten (siehe auch unter Fischach und Irrsdorf).

Der St. Rupertus-Emmentaler muß mindestens hundert Tage gereift sein, er hat ein mild-würziges Aroma, ist individuell und gehaltvoll kräftig. Gekäst wird ausschließlich mit naturbelassener Rohmilch, wobei die Genossenschaften in Schleedorf und Irrsdorf Laibe mit 80 bis 90 Kilogramm Gewicht herstellen, die anderen Betriebe haben sich auf Emmentaler in Blockform spezialisiert, der ebenfalls in rund 80 Kilogramm schweren Einheiten reift, und zwar folienverpackt und in Holzkisten gelagert.

Vorteil dieses rindenlosen Block-Emmentalers: Er ist im Handel sehr beliebt, weil es keinen Verschnitt gibt. Betriebsleiter Johann Plackner kann mit Recht auf die Qualität stolz sein: "Ich kann jedenfalls geschmacklich keinen Unterschied zwischen einem Stück Emmentaler vom Laib und einem vom Block feststellen."

In Elixhausen, wo auch der EMKA-Verband seinen Sitz hat, wird außerdem ein Käse nach Art des Emmentaler in Laiben zu rund 15 Kilogramm hergestellt. Er kann in Delikatessengeschäften auf kleinen Flächen gut präsentiert werden, besser als die großen Laibe. Der Käse wird zu Beginn der Reifung mit einer Schutzschicht überzogen. Dies führt zu einer schwächeren Rindenbildung, ohne die Würze zu beeinträchtigen. Eine besondere Attraktion hat man sich übrigens im Flachgau für die Radler einfallen lassen. Es wurde ein Käse-Radwanderweg ausgeschildert, auf dem man von Molkerei zu Molkerei strampeln kann. Wenn Sie auch Käse probieren wollen, empfehlen wir eine telefonische Ankündigung. (rs)

EMKA-Verband der Salzburger Naturemmentaler-Erzeuger reg.Gen.m.b.H., A-5161 Elixhausen/Salzburg, Käsereiweg 4, Tel. 0 66 2/58 1 05, Fax 58 1 06. Folgende Käsereigenossenschaften vertreiben den St. Rupertus über die EMKA: Käsereigenossenschaft Anthering, A-5102 Anthering, Tel. 0 62 23/27 00. Verkauf MO bis SA 7-12 Uhr. Käsereigenossenschaft Elixhausen, A-5161 Elixhausen, Tel. 0 66 2/58 2 08. Verkauf MO bis SA 7-12 Uhr. Käsereigenossenschaft Fischach, A-5203 Köstendorf, Tel. 0 62 16/358. Verkauf MO bis SA 7-12 Uhr. Käsereigenossenschaft Haunsberg, A-5162 Obertrum, Schörgstätt, Tel. 0 62 19/75 02. Verkauf MO bis SA 7-12 Uhr. Flachgauer Käsewerk, A-5204 Straßwalchen, Irrsdorf, Tel. 0 62 15/60 39. Verkauf MO bis SA 7-12 Uhr. Käsereigenossenschaft Kothgumprechting, A-5201 Seekirchen, Tel. 0 62 12/254. Verkauf: SA 9-11 Uhr. Käsereigenossenschaft Lamprechtshausen, A-5112 Lamprechtshausen, Tel. 0 62 74/74 67. Verkauf MO bis SA 7-12 Uhr. Käsereigenossenschaft Reit und Umgebung, A-5165 Berndorf, Tel. 0 62 17/81 73. Verkauf MO bis SA 7-11 Uhr. Käsereigenossenschaft Seekirchen, A-5201 Seekirchen, Tel.0 62 12/212. Verkauf FR 7-12 Uhr. Käsereigenossenschaft Schleedorf, A-5203 Köstendorf, Tel. 0 62 16/65 63. Verkauf MO bis SA 7-12 Uhr. In der Stadt Salzburg ist der Käse am Markt beim Stand von Franz und Berta Mayer erhältlich (Postadresse A-5020 Salzburg, Höglwörthweg 11).

Eugendorf/Flachgau

Man fährt von der Stadt Salzburg aus auf der B 1 (Wiener Bundesstraße) rund acht Kilometer Richtung Norden bis Eugendorf, dort biegt man rechts Richtung Thalgau ab. Nach zwei Kilometern (rechts geht es nach Schwaighofen) zweigt schräg links eine Straße ab, die nach 150 Metern in einen Schotterweg mündet und zum stattlichen Hof der Maria Gruber führt.

Nr. 10/93, Oktober

DAS MAGAZIN AM PULS DER ZEIT

öS 40,-
DM 6.-
Ft 310,-
Lit 6.000,-

BASTA IM OKTOBER

P.b.b. – Erscheinungsort Wien – Verlagspostamt 1170 Wien – Imprimé à taxe réduite

Basta

Österreichs spannendste Illustrierte

Maria Gruber, vlg. Zenzenbauer: Pionierin der Schafkäseproduktion

Maria Gruber ist in dieser Gegend in vieler Hinsicht eine Pionierin, und sie wird auch von allen so genannt, wenn es um Schafe geht. Seit bereits 20 Jahren züchtet sie Milchschafe, und wurde damals von der Wärland-Bewegung dazu inspiriert, weil diese Leute jemanden suchten, der ihnen Schafmilch liefert. Außerdem begann sie schon damals mit biologischer Bewirtschaftung.

Mit der Zeit allerdings wurde den Wärlandianern die Milch zu teuer, und Maria Gruber versuchte es mit Hirtenkäse und belieferte Reformgeschäfte damit. Inzwischen sind ihre Kunden großteils Kuhmilch-Allergiker, die von Ärzten zu ihr geschickt werden. Sie führt deswegen auch aus Schafmilch hergestellte Joghurt, Butter und Schlagobers.

Seit 15 Jahren geht Maria Gruber auf den Schrannenmarkt, weil sie den direkten Kontakt zu den Kunden sucht und überzeugt ist, daß ihre Produkte nur über persönliche Aufklärung zu verkaufen sind. 1989 erhielt sie den Agrarmarketingpreis und ist Gründerin des Vereins der Salzburger Milchschafhalter. (ph)

Maria Gruber, vlg. Zenzenbauer, A-5301 Eugendorf, Knutzing 9, Tel. 0 62 25/84 67. Ab-Hof-Verkauf MI 14-18 Uhr, SA 8-12 Uhr oder nach tel. Vereinbarung. Außerdem verkauft Maria Gruber ihren Käse DO von 8-12 Uhr am Schrannenmarkt in Salzburg an der rechten Ecke des Kirchenportals.

Göriach/Lungau

Den Lungau erreicht man am einfachsten über die Tauern-Autobahn A 10, Abfahrt St. Michael, oder über die B 97 (Murauer Bundesstraße), wenn man den Weg über die Obersteiermark nimmt. Fährt man vom Niggl-Hof der Santners weiter in den Ort Mariapfarr und zweigt dort Richtung Göriach ab, kommt man nach kurzer Fahrt auf ein kleines Hochplateau. Bevor dieses wieder ins Göriachtal abfällt, steht rechts, 100 Meter entfernt, der Hof der Naynars (Tips siehe unter Tamsweg).

Prof. Gunter Naynar, vlg. Hiasen:
Chevre aus Österreich

Es gibt einige Parallelen zwischen Prof. Naynar im Lungau und Prof. Wieser in St. Georgen/OÖ. Der eine lehrt am Gymnasium in Salzburg, der andere ist Professor für bildnerische Erziehung in Tamsweg. Beiden gemeinsam ist auch die Präferenz für Ziegen, beide haben ihr Know-how aus Frankreich, und schließlich beliefern beide hauptsächlich Restaurants mit ihren Spezialitäten. Nur hinsichtlich der Meereshöhe ihrer Höfe ist der Unterschied beträchtlich; der Hiasenhof liegt nämlich auf 1.250 Meter Seehöhe.

Seit 1980 schon macht Gunter Naynar Ziegenkäse und hat sich in Insider-Kreisen einen Namen gemacht. Beigebracht hat er sich alles selbst, und oft reiste er nach Frankreich, "weil es in Österreich überhaupt nichts gab". Auch die Methode, die Ziegenmilch vorreifen zu lassen, hat er sich von den Franzosen abgeschaut. "Dadurch gewinnt der Geschmack an Feinheit, wird die Substanz der Milch besser genutzt."

Aus der Milch von fünf Ziege erzeugt Naynar Frischkäse, Schnittkäse (halbfest, mit Rotschmiere behandelt), Weichkäse, sowohl mit Weißschimmel, als auch in Wein- und Meisterwurzblätter gewickelt, weiters einen Reibkäse und einen Pyramidenkäse (nach französischem Vorbild ist auch dieser relativ fest und trocken). Im Sommer, wenn die Kühe frisches Futter bekommen, wird auch ein Teil der Kuhmilch - Naynar hat 13 Kühe - verkäst: zu einem Käse nach Tilsiter Art. (ph)

Gunter und Margarethe Naynar-Lanschützer, Hof Hiasen, A-5571 Göriach 31, Tel. 0 64 83/219. Professor Naynars Käse wird in den Restaurants Obauer in Werfen und Mesnerhaus in Mauterndorf serviert.

Hallein/Tennengau

Hallein liegt ca. 15 Kilometer südlich von Salzburg, ist über die B 159 (Salzachtal Bundesstraße) erreichbar und besitzt eine eigene Autobahnabfahrt von der A 10 (Tauern-Autobahn). Zu Brunauer-Renz fährt man - von der A 10 kommend - über die Salzach und links Richtung Süden nach Gamp; man gelangt dann zwangsläufig in die Gamperstraße, wo man nach einigen hundert Metern beim Brügglerbauern eintrifft.

Wanderungen und Besichtigungen: Hallein, Hauptort des Tennengaus, verdankt Name und frühen Reichtum der Salzgewinnung. Dokumentiert wird dies im Fürstenzimmer des ehemaligen Salinenamtsgebäudes. Auf dem Dürrnberg (über eine Gondelbahn zu erreichen), dem Hauptausflugsziel der Halleiner, hat man Gelegenheit, ein Salzbergwerk zu besuchen, in dem besonders die Fahrt durch die Stollen auf einem Grubenhund zur Hauptattraktion zählt. Ausflüge lohnen sich auch zur Ruine Thürndl oder zu den Felsen der Barmsteine.

Gastronomie und Unterkünfte: Einziges nenneswertes Lokal ist der Hohlwegwirt, ein Familienbetrieb mit traditioneller österreichischer Küche. Fremdenverkehrsverband: Tel. 0 62 45/53 94.

Anna und Franz Brunauer-Renz, vlg. Brügglerbauer: Hände wie eine Hebamme

Als vor einigen Jahren die Preise für Stierfleisch zu verfallen begannen, stellten die Brügglerbauern um, verkauften die Stiere, begannen Milchkühe zu halten und Käse zu erzeugen und traten dem Verband "Ernte für das Leben" bei. War es ursprünglich Franz, der über Käserkurse in Rotholz käsen lernte, ist es nunmehr seine Frau Anna, die diese Tätigkeit übernommen hat, um ihren Mann zu entlasten. Denn dieser stieg auch noch in den Handel mit landwirtschaftlichen Gütern ein.

Anna findet, daß Käsen eine wunderbare Arbeit ist. "Früher hatte ich immer zerschundene Hände, seit ich Käse mache, habe ich Hände wie eine Hebamme."

Eigentlich macht die Brügglerbäuerin nur eine Sorte Käse, den sie "Naturkäse" nennt. Es ist ein Schnittkäse mit 30 % F.i.T., in vier Kilogramm großen Laiben, die acht bis zwölf Wochen reifen. Der "Naturkäse" hat einen weichen, geschmeidigen Teig und zeigt eine zarte, angenehme Säure. Zusätzlich macht Anna Brunauer-Renz noch Frischkäse auf Bestellung sowie eine zweite Variante des "Naturkäses". Fertig gereift kommt er für einen Tag in eine Salzlake mit Kräutern und wird dann geselcht. Weil aber nur vier Laibe pro Woche in der Selchkammer Platz finden, herrscht an dieser Sorte stets Mangel.

Obwohl auch mehr Käse zu verkaufen wäre, bleibt die Brügglerbäuerin einem einfachen Prinzip treu: "Man soll nur soviel arbeiten, daß man für sich selber auch Zeit hat." Wenn also keine Zeit ist, kommt es auch vor, daß sie die gesamte Milch abliefert und einmal keinen Käse macht. Aus diesem Grund ist sie froh, wenigstens für die Hälfte der Kühe ein Kontingent zu haben, also eine Abnahmegarantie der Molkerei. (ph)

Anna und Franz Brunauer-Renz, vlg. Brügglerbauer, Gamperstr. 18, A-5400 Hallein. Tel. 0 62 45/822 79. Verkauf ab Hof jederzeit, jedoch nach tel. Vereinbarung. FR Nachmittag Verkauf bei der Landwirtschaftsschule Winkelhof in Oberalm bei Hallein. Außerdem bekommt man hier Butter, Getreide und selbstgemachtes Dinkel-Vollkornbrot. Die Bio-Bauern "Sams" (siehe Neumarkt) verkaufen den Naturkäse auf den Märkten der EVI am Papagenoplatz FR 8-13.30 Uhr und in der Glanfeldsiedlung FR 14-15.30 Uhr.

Henndorf

Henndorf liegt an der B 1 (Wiener Bundesstraße), 15 Kilometer von Salzburg entfernt, unweit des Wallersees.

Käsemacher in Salzburg

Wanderungen und Besichtigungen: Ein Ausflug (ca. 90 Minuten) lohnt auf die Große Pleike (1.034 Meter), wo man ringsum das ganze Land überblickt. Henndorf selbst kann nicht durch Historisches bestechen, den größten Bekanntheitsgrad hat noch der dortige Golfplatz, Gut Altentann.

Gastronomie und Unterkünfte: Der Golfplatz Gut Altentann verfügt auch über ein Spitzenrestaurant (DI bis SO 8-21.30 Uhr, Tel. 0 62 14/ 680 80). Fremdenverkehrsinformation: Tel. 0 62 14/277.

Gebrüder Woerle: Hundert Jahre Käsekultur

Johann Baptist Woerle gründete schon 1874 einen Käsegroßhandel in Rosenheim, wechselte später nach Vöcklamarkt, um ab 1889 die ersten Emmentaler-Käsereien im dafür prädestinierten Flachgau aufzubauen, wo er einer der maßgeblichsten Förderer der Käseproduktion wurde (siehe auch die einleitende Darstellung der Geschichte der Emmentalererzeugung im Flachgau). 1902 übernahmen die beiden Söhne Johann und Josef das Unternehmen. Zu Beginn des Ersten Weltkriegs hatten sie nicht weniger als 22 Betriebsstätten, die Emmentaler erzeugten, und betrieben einen schwungvollen Handel, selbst mit Schweizer Emmentaler, in allen Provinzen der Monarchie.

Doch mit Ende des Ersten Weltkriegs kam die Produktion zum Erliegen, und erst Anfang der zwanziger Jahre war an einen Wiederaufbau zu denken. Zuerst schlossen sich vier Käsereien unter einem Dach zusammen und begannen Emmentaler zu produzieren. Im Jahr 1925 waren es bereits 16, und 1929 eröffnete Woerle in Henndorf eines der ersten Käseschmelzwerke Österreichs.

Der Zweite Weltkrieg bedeutete wiederum beinahe das Aus für Woerle. Nun übernahmen Hans und Martin Woerle den Aufbau und konzentrierten sich dabei auf die Modernisierung des Betriebes und erstmals auf den Export. Dieser entwickelte sich sehr stark, und heute steht das Unternehmen bei einer Exportquote von 60 Prozent. Als bisher letzte Ausbaustufe wurde 1983 eine völlig neue Betriebsstätte außerhalb von Henndorf gebaut.

Aber auch die Woerles, wie die meisten österreichischen Emmentalerproduzenten, vernachlässigten eine Zeitlang aufgrund des gut gehenden Exports den Binnenmarkt. Seit Jahren versucht Woerle nun, sein ehemaliges Image in Österreich wiederzuerlangen.

Nach wie vor ist die Firma Woerle in Familienbesitz - eine der ganz wenigen privaten Großkäsereien. In Österreich sind nur noch die Privatfirmen Rupp in Vorarlberg und Wild in Oberösterreich von vergleichbarer Größe. Woerles Umsatz betrug 1992 rund 600 Millionen Schilling, erzielt mit etwa 110 Beschäftigten und 306 Milchlieferanten. Nicht weniger als 70 Prozent der Produktion gehen in den Export, nach Italien, Griechenland, Saudi Arabien, in den Sudan und die USA, nach Nordafrika und, als Hoffnungsmarkt, nach Japan.

Schmelzkäse mit Pfefferkörnern

Die Produktpalette sieht folgendermaßen aus:
⇨ Emmentaler, "Der Milde": Er wird in Henndorf erzeugt, und zwar in Blockform und in Folie gelagert (die Folie ersetzt dabei die Rinde, die sich auf Kosten des Käses erst bilden müßte und läßt keinen Sauerstoff eindringen, sehr wohl aber das bei der Gärung entstehende CO_2 entweichen). Der Milde ist aus bester Rohmilch und wird drei Monate gelagert (45 % F.i.T.). Man findet ihn im Handel portioniert und vakuumverpackt. Emmentaler ist seit 1991 das Hauptprodukt von Woerle. Der Marktanteil in Österreich beträgt nach Firmenangaben 25 Prozent.
⇨ Emmentaler, "Der Würzige": Er wird für Woerle in der Käserei der Landwirtschaftsschule Winklhof in Oberalm (siehe ebendort) gekäst und zwar in Laibform. In Henndorf wird "Der Würzige" dann mindestens sechs Monate gereift. Er erweist seinem Namen alle Ehre, ist rund und vielschichtig im Geschmack.
⇨ Die Schmelzkäse: Aus der Notwendikeit heraus, den Verschnitt, der bei der Käseproduktion zwangsläufig anfällt, zu verarbeiten, entstand die Schmelzkäseerzeugung, die sich, besonders in Deutschland und Österreich, zu einem beachtlichen Produktionszweig entwickelt hat.

Käsemacher in Salzburg

Auch die höhere Haltbarkeit hat zur Verbreitung des Schmelzkäses, nicht zuletzt in wärmeren Ländern beigetragen. Das mindere Image, das dieser Art von Käse anhaftet, ist sicher nicht immer gerechtfertigt. Mit einer neueren geschmacklich breit gefächerten Palette versucht auch Woerle, den jahrelang vernachlässigten Markt wieder zurückzugewinnen. In den kleinen Torten zu 125 Gramm werden Schmelzkäse der Geschmacksrichtungen Madagaskar Pfeffer, Salzburger Nuß, Fjord Lachs und Pute Royal angeboten (alle mit 55 % F.i.T.). Daneben gibt es das "Salzburger Eckerl" - mit Paprika, Kräutern, Rahm, Kren, Natur, Pfeffer oder "Fein+Leicht". Im Auftrag der Lebensmittelkette Hofer wird eine eigene Linie erzeugt.

Ebenfalls in kleinen tortenförmigen 125-Gramm-Einheiten wird Frischkäse angeboten (65 % F.i.T.): als Lauch Gourmet, Creme Gourmet, Kräuter Gourmet und Blue Gourmet. Beide 125-Gramm-Serien werden für den Handel auch als Torten mit 1,2 Kilogramm angeboten. Bei Schmelzkäsen hat Woerle nach eigenen Angaben nur einen Marktanteil von fünf Prozent, der Rest teilt sich auf Rupp und Alma.

Woerle hat konsequent damit begonnen, den Handel als Partner verstärkt zu unterstützen, und macht in Henndorf regelmäßig Schulungen für Verkäufer. Derzeit, berichtet Friedrich Mitterhumer, verantwortlich für Marketing und Vertrieb Ö/BRD, laufen die Aktivitäten hinsichtlich EG auf Hochtouren.

Auch die Entwicklung der österreichischen Milchwirtschaft bleibt von Mitterhumer nicht unkommentiert. Einerseits sieht er die gegenwärtige Marktordnung mit dem Prinzip, "Beschaffung, Verarbeitung und Vermarktung - überall zu denselben Bedingungen" als richtig an, andererseits bemängelt er den hohen finanziellen und bürokratischen Aufwand zur Aufrechterhaltung dieses Systems. Ursprünglich hätten sich die Bauern zu Genossenschaften zusammenschlossen, um gemeinsam ihre Risken zu tragen, dann die Genossenschaften zu einem Dachverband, um die Proukte gemeinsam zu vermarkten - immer im Dienste des Bauern. Jetzt hingegen werde Druck von oben nach unten ausgeübt. Mitterhumer: "Die Verbände erdrücken die Käseerzeuger."(ph)

Gebrüder Woerle Ges.m.b.H., Enzing 26, A-5302 Henndorf, Tel. 0 62 14/66 31-0, Fax 0 62 14/66 31-33. Es gibt keinen Detailverkauf.

Hollersbach/Oberpinzgau

Der Ort liegt sechs Kilometer östlich von Mittersill an der B 165 (Gerlos Bundesstraße). Will man Franz Astl besuchen, so empfiehlt es sich, in Hollersbach zielstrebig und relativ "geradlinig nach oben" zu fahren, bis die Namen "Astl und Jochberghof" auf kleinen Holztafeln angegeben sind. Nach zirka drei Kilometern ist linker Hand das Haus zu sehen.

Franz Astl: Das Bergkäse-Quintett

In unmittelbarer Nähe zum Großen Rettenstein und damit zur Tiroler Grenze liegen die Almen Baumgarten und Stangenalm, am Ende des Mühlbachtals, das zehn Kilometer westlich von Mittersill auf die Salzach trifft. Zwischen Juni und September werden diese Almen von fünf Männern bewirtschaftet. Mit dabei sind 69 Kühe, ein Stier von 1.150 Kilogramm Lebendgewicht, zwei Hunde und mehrere glückliche Schweine. Alle leben von und für einander, und als Nebenprodukt dieser Lebensweise entsteht ein Bergkäse von ganz hervorragender Qualität - einzigartig für Salzburg, wo Bergkäse nur selten anzutreffen ist.

Warum sie sich der Erzeugung von Bergkäse verschrieben haben, darauf weiß Franz Hofer, der Käser und Koch des Quintetts, keine schlüssige Antwort. Sein Vater sei auch auf dieser Alm gewesen, habe auch Bergkäse gemacht. Und von ihm habe Franz Hofer die Käsetradition übernommen: Seit 1970 geht er nun selbst jeden Sommer in die Berge.

Vor vier Jahren erst wurde ein relativ gut befahrbarer Forstweg gebaut, auf dem man mit dem Auto aber immer noch über eine halbe Stunde benötigt. Allerdings braucht man eine Sondererlaubnis. Früher mußte alles zu Fuß, zu Pferd oder - talabwärts - mit dem Schlitten und der Buckelkrax'n befördert werden.

Die Kühe sind ohne Ausnahme Pinzgauer. Diese zeichnen sich gegenüber dem Fleckvieh, welches wegen seiner Frühreife verbreiteter ist, durch stärkere Hufe und größere "Geländegängigkeit" aus, die sie in dieser hohen Lage auch brauchen. Denn fast täglich müssen sie neue Weideplätze aufsuchen, und obwohl die Grasqualität hier hervorragend ist, schlagen sich die Märsche in geringerem Milchertrag nieder. Weniger Milch würde es auch geben, wenn der mächtige Stier frei herumliefe. Also muß er im Stall bleiben, was ihn nicht zu stören scheint. Dort braucht er nur zu warten, bis ihm die Kühe der umliegenden Alpen die Aufwartung machen.

Zweimal täglich kommen die Kühe zum Melken in den Stall, ein Gebäude, das 1929 für eine etwas kleinere Rasse gebaut worden ist. Es herrscht also beträchtlicher Platzmangel. Gemolken wird zu dritt, während der Käser fortlaufend einen Teil der Milch durch die händisch betätigte Rahmzentrifuge treibt, weil der Käse bei zu hohem Fettgehalt Risse bekommen würde.

Ihre Anlagen sind uns ein Anliegen.

«Sparen mit Vorteil. Anlegen mit Weitsicht. Finanzieren mit Plan und Ziel. Investieren mit Zukunft. Und die größte österreichische Bank als Partner. Und vieles wird möglich.»

Bank Austria

Weil die Milch, bedingt durch die unterschiedlich langen Tagesmärsche der Kühe, fast täglich anders sein kann, züchtet Franz Hofer eine sogenannte Starterkultur weiter, um die konstante Qualität des Käses zu gewährleisten.

Der Käser ist hier auch gleichzeitig der Koch, und während er den Käsekessel anheizt und die Sonne langsam untergeht, brutzeln auf dem Herd etliche Schweinekoteletts. Wer einmal diese Schweine gesehen hat, die hier grunzend und quiekend um die Almhäuser laufen, würde auch gerne beim Abendbrot dabeisein. Die Molke, ein Abfallprodukt des Käsens, wird an die Schweine verfüttert, was offenbar zu ihrer unerhöhrt g'schmackigen rosa Farbe beiträgt, zum Reinbeißen.

Außerdem dient die Molke auch zur Reinigung sämtlicher Sennereigeräte und des Holzbodens. Nur für die Reinigung der Melkmaschinen wird chemisches Spülmittel verwendet. Ansonsten geschieht hier alles im größtmöglichen Einklang mit der Natur, und darauf sind die Männer besonders stolz. Der Strom kommt von einer Wasserturbine, und die Melkmaschinen werden über Vakuum betätigt, das mit einer ganz simplen Wasserstrahlpumpe erreicht wird.

Während eines Sommers werden sechs bis sieben Tonnen Käse erzeugt. Nach einer Reifezeit von zwei bis drei Monaten ist dieser verkaufsbereit, wird an Wanderer abgegeben, kommt im Herbst auf die Märkte in Hollersbach und Bromberg. Und was bis dahin nicht verkauft wurde, teilen sich die fünf und verkaufen es ab Hof.

Wer den Käse auf der Alm kaufen will, muß aber daran denken, daß es erst ab Ende Juli welchen gibt. Bis vor kurzem noch verkaufte das Quintett die gesamte Produktion an einen Tiroler Großhändler. Nun haben sie die Qualität ihres Produktes entdeckt und wollen selbst das Heft in die Hand nehmen. Neben dem Bergkäse erzeugen sie auch eine kleine Menge Pinzgauer Käse, ohne Rotschmierebehandlung. (ph)

Franz Astl, Seetal, Jochberg 10, A-5731 Hollersbach, Tel. 0 65 62/84 06. Die anderen Bauern des Käse-Quintetts sind: Peter Hofer, Haslachhof, A-5733 Bramberg; Peter Astl, Scharlern, A-5731 Hollersbach; Johann Nindl, Unterkrammern, Jochberg 28, A-5731 Hollersbach, Tel. 0 65 62/84 08, Rupert Nindl, Schranzlern, Jochberg 3, A-5731 Hollersbach, Tel. 0 65 62/82 92. Alle fünf Bauern sind Mitglied beim "Verein Pinzgauer Naturprodukte".

Irrsdorf/ Flachgau

Den Ort erreicht man über die B 1 (Wiener Bundesstraße), von der man in Straßwalchen abzweigt. Von dort sind es noch zwei Kilometer.

Käsemacher in Salzburg

Wanderungen und Besichtigungen: Im Friedhof von Irrsdorf steht die Filialkirche zu U. L. Frau Himmelfahrt. Meinrad Guggenbichler schuf 1684 für die damalige Wallfahrtskirche den Hochaltar im Hochbarock.

Gastronomie und Unterkünfte: Neben dem Lebzelter in Straßwalchen (Tel. 0 62 15/206), wo man auch übernachten kann, empfehlen wir wegen seiner guten bodenständigen Kost den Wirt z'Neuhausen im oberösterreichischen Schneegattern (Tel. 0 76 62/27 25). Fremdenverkehrsverband Straßwalchen: Tel. 0 62 15/320.

Flachgauer Käsewerk: Eckiger oder runder Weltmeister?

Die Irrsdorfer Emmentalerkäserei ist einer von zehn Mitgliedsbetrieben der EMKA (siehe auch Elixhausen und Fischach/Neumarkt). Doch nur hier und in Schleedorf werden, im Gegensatz zum Emmentalerblock in Folie, Laibe mit natürlicher Rinde erzeugt und gereift. Der Käsemeister Franz Holzinger ist der Ansicht, daß Emmentaler, der auf diese Art und Weise hergestellt wird, würziger und aromatischer ist, auch wenn natürlich fast alle Block-Erzeuger behaupten, es wäre kein Unterschied feststellbar. Ein entscheidender Unterschied ist sicher, daß Emmentalerlaibe, die in ihrer natürlichen Rinde altern, gegenüber den foliengereiften Blöcken einen erheblichen Gewichtsverlust verzeichnen. Geschmacklich kann der Irrsdorfer Emmentaler jedenfalls überzeugen. Immerhin hat er auch schon Medaillen errungen, z. B. war er Klassensieger bei den Hartkäsen 1978 in Wisconsin/USA. Er ist von unaufdringlicher Würzigkeit, mild, aromatisch, buttrig, nussig im Nachgeschmack und gleichmäßig in Farbe und Lochung - besseres kann man über einen Emmentaler nicht sagen. (ph)

Flachgauer Käsewerk, A-5204 Straßwalchen, Irrsdorf; Tel. 0 62 15/60 39. Obmann: Karl Hollweger, Leiter: Franz Holzinger. Verkaufszeiten: MO bis SA 7-12 Uhr.

Köstendorf bei Neumarkt am Wallersee/Flachgau

Die Käserei Fischach erreicht man, indem man zuerst von Neumarkt weiter nach Köstendorf fährt (drei Kilometer) und dort links Richtung Seekirchen abzweigt. Nach nicht ganz zwei Kilometern zweigt links die Straße in Richtung Weng ab. Linker Hand sieht man bald das Fabriksgelände der Firma Palfinger. Vis-à-vis liegt die Käserei. Die Emmentalerkäserei Johann Klampfer liegt in Köstendorf an der Hauptstraße und ist nicht zu übersehen.

Käsereigenossenschaft Fischach/EMKA: Rupert Fink und sein St. Rupertus

Die Käsereigenossenschaft Fischach gehört zur EMKA (siehe auch Elixhausen und Irrsdorf). Dieser Verband der Salzburger Naturemmentalererzeuger verkauft seine Produkte unter einer eigenen Marke: "Landadel - Salzburger Naturemmentaler St. Rupertus". Der Obmann in Fischach, Rupert Fink, war federführend bei der Gründung der EMKA, jetzt ist er es bei der Vermarktung ihrer Produkte. Rund 1.000 Bauern sind es, die an die EMKA liefern, und zwar 51 Millionen Liter Milch im Jahr. Wobei sich der Zusammenschluß der zehn Käsereien als ein Trutzbündnis gegen die AMF versteht: Diese habe nämlich immer weniger Käse abgenommen - weil Emmentaler angeblich schwer verkäuflich sei - und stattdessen in größerem Ausmaß Milch bezogen. Um die drohende Stillegung von Käsereien abzuwenden, habe man sich eine eigene Marke registrieren lassen und eigene Absatzkanäle gesucht.

Die EMKA ist allerdings nach wie vor davon abhängig, daß ihr die AMF Käse abnimmt. Fink: "Die AMF gibt uns nur einmonatige Absatzgarantien. Darüber hinaus muß jedes Jahr neu verhandelt werden, ob die gesamte Produktion gestützt wird oder nur ein Teil davon." Dabei, so Fink, sei der inländische Emmentalerkonsum 1992 gegenüber dem Vorjahr um 600 Tonnen gestiegen.

Eine Wurzel der Emmentaler-Absatzprobleme sieht er im Forcieren von Käsen wie dem Bergbaron. Dieser Käse werde in riesigen Mengen produziert, er ist aber kein Hartkäse aus silofreier Rohmilch, sondern ein preiswerter Schnittkäse aus pasteurisierte Milch, und viele würden ihn aufgrund der Lochung für einen Emmentaler halten.

Die AMF führt wiederum ins Treffen, daß für den Bergbaron eben ein Markt vorhanden sei, und wenn dieser Markt nicht mit österreichischen Produkten bedient werde, würden verstärkt ausländische Käse diese Lücke schließen.

In Fischach wird sogenannter Blockkäse erzeugt. In dieser Form braucht der Käse weniger Lagerplatz, und es fällt weniger Verschnitt an, weil er in einer Folie reift. Rund 60 Bauern liefern dazu die Milch, vier Millionen Liter jährlich, aus silofreier Fütterung natürlich.

Reifen darf der Emmentaler mindestens hundert Tage, das sind genau um 25 Tage mehr als die vorgeschriebenen 75 Tage. (Allerdings machen die meisten Emmentalerkäserein die vor kurzem verfügte Reduktion der Mindestreifezeit von 90 auf 75 Tage nicht mit.) Sein Geschmack ist ausgesprochen harmonisch, dezent und mild, weich und

Rezepte mit Käse

Christine und Günter Schlederer, Restaurant Schatzbichl, Saalfelden, empfehlen:

Schottnocken

Zutaten für 4 Personen

Für den Teig: 350 g Mehl, ¼ l Wasser, 1 Ei, Salz. Zusätzlich: Schotten je nach Vorliebe, Pfeffer, eine Knoblauchzehe, 2 Eßlöffel Butter, Schnittlauch gehackt.

Zubereitung

Alle Zutaten werden zu einem festen Teig vermengt, den man gut abschlägt. Je nach Beschaffenheit des Mehls muß man die Wassermenge variieren, denn der Teig sollte auf keinen Fall patzig sein. Durch ein Nockensieb drückt man den Teig nun in kochendes Salzwasser. 2-3 Minuten wallen lassen, abschöpfen und kalt abschrecken. In einer Eisenpfanne läßt man die Butter braun werden, gibt dann den geriebenen Schotten dazu läßt beides Aufschäumen. Pfeffern, Knoblauch darüber ausdrücken und mit der Petersilie bestreuen.

Den Schotten bezieht das Restaurant Schatzbichl noch von einer alten Bäuerin, die diesen, wie Günter Schlederer es formuliert, rein aus Anhänglichkeit noch produziert. Man läßt Buttermilch, versetzt mit einem Schuß Essig, aufkochen und rührt dabei fest um. Jetzt schüttet man die Milch durch ein Sieb und läßt den Rückstand einige Tage bei Zimmertemperatur ruhen. Die Masse wird dann mit Pfeffer und Salz gewürzt und es werden kleine Kegel daraus geformt. Wenn möglich 14 Tage in die Selch legen. Bei Zimmertemperatur erreichen diese Käse die Härte von Parmesan.

Das Restaurant Schatzbichl war eines der ersten Restaurants Österreichs, das sich auf die Tradition der regionalen Küche rückbesann. Man bekommt in dem geschmackvoll eingerichteten Haus ausschließlich Gerichte, die in dieser Gegend heimisch sind. Die Zutaten dafür müssen sich die Wirtsleute oft mühsam besorgen und fördern dabei immer wieder verschwunden geglaubte Dinge zutage. (ph)

Restaurant Schatzbichl, A-5760 Saalfelden, Ramseiden 82, Tel./Fax 0 65 82/32 81, Küchenzeiten: 12-14 Uhr, 18-22 Uhr, Ruhetag ist außerhalb der Saison der DI.

buttrig am Gaumen, auch nussig natürlich, ein wirkliches Vergnügen, vorausgesetzt, er wird bei der richtigen Temperatur gegessen und nicht zu früh in Scheiben geschnitten. (ph)

Käsereigenossenschaft Fischach, A-5203 Köstendorf, Helming 36, Tel. 0 62 16/358. Obmann: Rupert Fink, Leiter: Fritz Pötzelsberger. Verkaufszeiten: MO bis SA 7-12 Uhr.

Käserei Johann Klampfer: Die private Emmentaler-Käserei

Mit nur zwei Millionen Litern Milchaufkommen pro Jahr gehört die Käserei Johann Klampfer zu den kleinsten Emmentalerkäsereien im Flachgau, aber sie ist eine der wenigen Privaten, die überdauern konnte. Erzeugt wird der Emmentaler hier in Blockform. Es ist ein milder, zartschmelzender Käse mit einem charakteristischen Aroma.

Was nicht im Einzelhandel abgesetzt wird oder über das kleine Geschäft in der Molkerei verkauft wird, liefert Klampfer an Firmen wie Rupp und Woerle. (ph)

Käserei Johann Klampfer KG: A-5203 Köstendorf 77, Tel. 0 62 16/310. Verkaufszeiten im eigenen kleinen Laden: MO bis SA 7-12 Uhr und 18-18.30 Uhr. Nachmittags ist der Laden zwar geschlossen, aber man kann sich durch Klingeln bemerkbar machen und kommt auf diese Weise bald zu seinem Käse.

Maishofen/Mitterpinzgau

Der Ort Maishofen liegt zwischen Zell am See und Saalfelden, am Ausgang des Glemmtales, und damit in einer der bekanntesten österreichischen Skiregionen. Von Zell am See kommend fährt man ins Ortszentrum von Maishofen. Unmittelbar vor einer Engstelle der Straße zweigt rechts eine schmale Straße zur Pinzgauer Molkereigenossenschaft ab.

Wanderungen und Besichtigungen: Besonders zwei technische Meisterleistungen in dieser Gegend sind berühmt. Einerseits die Glockner Hochalpenstraße durch das Fuscher Tal, andererseits das Kraftwerk Kaprun samt der Seilbahn. An natürlicher Schönheit wird auch nicht gegeizt, Rauriser Tal, Gasteiner Tal und Großarltal liegen dicht beieinander. Die beliebtesten Ausflüge sind jene auf die Schmittenhöhe und weiter auf den Sonnkogel, wo man eine schöne Sicht auf Großglockner und Großvenediger hat. Direkt in Maishofen liegt das Schloß Saalhof, und in dessen Nähe Schloß Kammer (heute Gasthof), beide aus dem 17. Jahrhundert. In Zell am See steht die sehr gut renovierte Pfarrkirche

St. Hippolyt (1217), ansonsten ist aus der früheren Zeit lediglich der wuchtige Vogtturm (um 1300) zu erwähnen. In der Pfarrkirche von Saalfelden ist eine gotische Krypta zu besichtigen.

Gastronomie und Unterkünfte: Das zwischen Zell und Maishofen gelegene Schloß Prielau aus dem Jahre 1425 beherbergt heute ein Hotel mit Restaurant (Tel. 0 62 42/26 09). Schloß Kammer in Maishofen ist ein schönes, liebenswertes altes Bauernschloß mit einem sehr guten, bodenständigen Restaurant und günstigen Appartements (Tel. 0 65 42/82 02). Das Restaurant Schatzbichl in Saalfelden gehört zu den Pionieren der "neuen österreichischen regionalen Küche", es gibt Käsespezialitäten wie Speekas, geräucherten Käse und Schotten. Herr und Frau Schlederer haben so manchen Käser wieder zu ursprünglichen Rezepturen animiert (Tel. 0 65 82/32 81). Zimmernachweis: Kurverwaltung Zell am See: Tel. 0 65 42/26 00, Fremdenverkehrsverband Saalfelden: Tel. 0 65 82/25 13.

Pinzgauer Molkereigenossenschaft Maishofen:
Die Tilsiter-Bastion

Die Maishofener Molkerei ist überaus groß, und sie produziert seit Jahrzehnten Stangenkäse. Früher war die Pinzgauer Molkereigenossenschaft Maishofen - wie sie exakt heißt - Mitglied bei Alpi, jetzt ist sie zwar nicht AMF-Mitglied, aber ein Großteil der Produktion wird über die AMF vertrieben. Nur im Pinzgau selbst erfolgt der Vertrieb von Maishofen aus, und in den Export geht nur ganz wenig Ware.

Das riesige Einzugsgebiet umfaßt 1.250 Bauern, die ihre Milch hier abliefern, auch wenn einige darunter im Sommer, so wie Nindl, oder ganzjährig, so wie Berger, parallel dazu selbst Käse erzeugen. Die Richtmenge pro Bauer sind 18.000 Liter, insgesamt werden pro Jahr 32 Millionen Liter angeliefert.

Bei dieser Menge ist das Pasteurisieren unumgänglich, weil die Milchqualität nicht einzeln überprüft werden könnte und somit das Risiko einer mißglückten Käsecharge viel zu groß wäre, was ja oft erst in der Reifephase des Käses bemerkt wird. Andererseits kommt auf diese Weise Milch vom Bio-Bauern oder solche von der Alm in einen Topf mit der Durchschnittsware.

Erzeugt werden hier hauptsächlich Stangentilisiter in der Paraffinrinde und Bierkäse, früher auch Edamer. Ersterer wird in den Fettstufen 25 %, 35 % und 45 % F.i.T. hergestellt und reift fünf bis sechs Wochen. Karl Kendlbacher, der Betriebsleiter, gibt zu, daß der Absatz von Tilsiter schwieriger geworden ist, weil es eben kein modischer Käse ist und "weil die Leute zu Spezialitäten neigen". Andere Käsereien haben die Tilsiterproduktion aufgegeben.

Den Bierkäse gibt es in Maishofen in drei verschiedenen Größen: als Block, in runder Form und als kleinen Block mit nur anderthalb Kilogramm, jeweils mit 15 % F.i.T. und drei bis vier Wochen Reife. (Eine Versuchsreihe mit Bierkäse in Maishofen brachte das logische Ergebnis, daß Käse am besten gleichmäßig reifen kann, wenn er eine runde Form und ein gewisses Mindestgewicht hat.) Behandelt wird der Bierkäse mit Rotschmiere. Auf die Frage, woher sein Name stammt, kommt die Antwort: "Wein schmeckt nicht dazu." Der Vergleich mit Bier macht Sie sicher. Übrigens: Was in Salzburg unter der Marke "Pinzgauer Bierkäse" verkauft wird, heißt in Tirol "Tiroler Bierkäse", ist aber ein und dasselbe. (ph)

Pinzgauer Molkereigenossenschaft Maishofen GenmbH, Tel. 0 65 42/82 66, Fax 82 66-38.

Maria Pfarr/Lungau

Den Lungau erreicht man am einfachsten über die Tauern-Autobahn A 10, Abfahrt St. Michael, oder über die B 97 (Murauer Bundesstraße), wenn man den Weg über die Obersteiermark nimmt. Maria Pfarr liegt etwas nördlich der B 95 (Turracher Bundesstraße) zwischen Tamsweg und Mauterndorf. Im Ortsteil Lintsching kommt man, in der Mitte des Ortes, linker Hand zu einer Brücke mit einem Straßenschild "16 Tonnen Höchstgewicht". Hinter der Brücke steht der Nigglhof (Tips siehe unter Tamsweg).

Monika und Alois Santner, vlg. Niggl:
Hobby als Berufung

"Im Jahr 1986 fing alles klein an, nur für die Familie." Später wurde aus dem Hobby eine Sucht, und jetzt gibt Monika Santner selbst Käsereikurse. Begonnen hat sie mit dem Besuch von sieben Käsereikursen bei der Bezirksbauernkammer. Viele nützliche Tips erhielt sie von anderen Frauen. Männer kümmern sich in der Regel nicht um die Milch, manche Bio-Bauern ausgenommen. Die Einrichtung zum Käsen wird nach und nach komplettiert, ein Trockenraum und ein Käsekeller sind mittlerweile im Entstehen.

Die Produktpalette umfaßt Joghurt, Frischkäse, Hirtenkäse, Schnittkäse nach Art des Hauses (mit Rotschmiere behandelt), Weißschimmelkäse aus Schafmilch und einen Gupf aus Schafmilch. Die Schafmilchprodukte sind auch für Allergiker geeignet. Neben den Milchprodukten verkaufen die Santners auch Gemüse, Kartoffeln und Getreide. Sie sind Mitglied beim Verband "Ernte für das Leben" und zählen im Lungau, der immerhin über 1.000 Meter hoch liegt, zu den ganz wenigen Gemüsebauern.

Monika und Alois Santner, vlg. Niggl, A-5571 Mariapfarr, Lintsching 41, Tel. 0 64 73/82 36. Ab-Hof-Verkauf nach tel. Anmeldung, ferner verkaufen die Nigglbauern ihre Produkte am Bauernmarkt in Tamsweg.

Mattsee/Flachgau

Der Ort liegt zwischen dem gleinamigen See und dem Obertrumersee, rund 25 Kilometer nördlich von Salzburg.

Wanderungen und Besichtigungen: Mattsee ist bekannt für seine Moorbäder. Hier gibt es ein heute noch existierendes Weltpriester-Kollegiatsstift (777) und eine gotische Stiftskirche aus dem 13. Jahrhundert.

Gastronomie und Unterkünfte: Bodenständiges und Traditionelles gibts im Schloßrestaurant Iglhauser Bräu (0 62 17/205). In dem historischen Haus kann man auch fürstlich nächtigen.

Privatkäserei Mattsee: Emmentaler mit Lederhosen

Diese Emmentalerkäserei gehört dem Käseproduzenten M. & F. Klausner aus St. Johann im Tirol, der bis vor kurzem auch die Käserei im nahegelgenen Eugendorf betrieben, diese jedoch mittlerweile stillgelegt hat. Sechs bis acht Laibe Emmentaler werden in Mattsee täglich erzeugt.

Martin Sturm, der Betriebsleiter, rechnet uns vor, wieso soviele Käsereien in Bedrängnis geraten. Ein Liter silofreier Milch kostet sieben Schilling, für einen Kilogramm Emmentaler benötigt man zwölf Liter Milch. Somit betragen allein die Milchkosten für ein Kilogramm Käse 84 Schilling. Hinzu kommen nun noch die Personalkosten, die Abschreibungen der Gebäude und Geräte und die Kapitalbindung während der Lagerung. Wenn diesem Gesamtaufwand dann nur 120 Schilling Erlös gegenüberstehen, bleibt - so die Rechnung - nur noch eine geringe Gewinnspanne.

Um den Absatz etwas zu beleben ist der musikbegeisterte Martin Sturm schon vor 15 Jahren nach Salzburg auf den Ruperti Kirtag gefahren und hat den Käseverkauf mit musikalischem Brauchtum angekurbelt. Heute fährt er weniger fort, vielmehr lädt er ein. Über den Fremdenverkehrsverband veranstaltet er Führungen durch seine Käserei und sorgt dabei auch gleich für die musikalische Begleitung. Der Emmentaler aus Mattsee gelangt teilweise in den Export. Über die Mutterfirma in Tirol wird nach Italien exportiert. Man könnte mehr exportieren, sagt Martin Sturm, doch scheitere dies an der Beschränkung durch die Exportkontingente. Auch an Abnehmer wie Woerle wird geliefert.

Privatkäserei Mattsee, Salzburger Straße 405, A-5163 Mattsee, Tel. 0 62 17/73 37. Der Käserei angeschlossen ist ein Laden. Hier gibt es neben dem Tiroler Bergkäse aus firmeneigener Produktion noch rund 70 andere Käsesorten. Molke, Buttermilch u. ä. werden ebenfalls verkauft und zwar täglich von 6-12 Uhr, auch an Sonn- und Feiertagen!

Mittersil/Oberpinzgau

Zwischen Zell am See im Osten und dem Gerlos Paß im Westen liegt die Region Oberpinzgau. Ungefähr auf halber Wegstrecke befindet sich Mittersill, erreichbar von Kitzbühel kommend über den Paß Thurn oder von Osttitrol kommend über die Felbertauernstraße. Die Zufahrt zum Oberfilzbauer Hans Berger ist leicht zu beschreiben: In Mittersill zweigt man Richtung Paß Thurn (B 161) ab; nach etwas mehr als zwei Kilometern (beim Schloß) biegt man rechts in den Güterweg Sonnberg ab; wo nach weiteren zwei Kilometern links die Zufahrt zum Oberfilzbauer zu sehen ist.

Wanderungen und Besichtigungen: Wandermöglichkeiten gibt es in dieser Gegend so viele, daß es müßig wäre, einige wenige hervorzuheben. Der Nationalpark Hohe Tauern und die Krimmler Wasserfälle gehören jedenfalls zu den größten Anziehungspunkten. Etwas außerhalb von Mittersill, Richtung Paß Thurn, liegt das Schloß Mittersill (12./16. Jahrhundert), in dem sich eine dreijochige gotische Kapelle mit Flügelaltar von 1550 befindet, dessen Tafelbilder dem Meister des Ausseer Altars zugeschrieben werden. Heute ist in Schloß Mittersil ein Hotel untergebracht. Zwei Kilometer südlich, in Felben, liegt die gotische Filialkirche St. Nikolaus, bemerkenswert wegen ihres Hochaltars mit spätgotischen Figuren der 14 Nothelfer.

Gastronomie und Unterkünfte: Die Meilinger Taverne liegt direkt am Mittersiller Hauptplatz - ein sehr schönes Haus, in dem man gut und preiswert speisen kann (Tel. 0 65 62/42 26). Zimmernachweis im Verkehrsbüro Mittersill: Tel. 0 65 62/42 94.

Rezepte mit Käse

Karl und Rudi Obauer
Restaurant Obauer, Werfen
empfehlen:

Frischkäse-Pfirsich-Capuccino

Zutaten für 4 Personen
¼ l Milch, ein reifer Pfirsich, 80 g milder Kuhfrischkäse,
4 dünne Scheiben Brioche (5 mm stark), 4 Teelöffel Honig, als
Gefäße vier Teetassen.

Zubereitung
Den Pfirsich schälen, in kleine Würfel schneiden und auf die
vier Teetassen verteilen. Auf die Pfirsichstücke lege man nun je
eine Scheibe vom Kuhfrischkäse. Das Ganze mit Honig beträufeln und mit Brioche abdecken.
Nun wird die Milch gekocht und gut gemixt - am besten mit
einem Stabmixer. Den entstandenen Schaum füllt man in die
Tassen und serviert sie sogleich.

Dieses Rezept mag für manche etwas ungewöhnlich klingen.
Für die Brüder Karl und Rudi Obauer tut es dies sehr wahr-
scheinlich nicht, denn ihren hervorragenden Ruf haben sie sich
schließlich mit außergewöhnlichen Kreationen erkocht. Extra-
vagante Zutaten, und seien es Blumen oder Kräuter von der
nächstgelegenen Wiese, werden auf unorthodoxe Weise zu un-
gewohnten aber harmonischen Gerichten verwoben. Nicht das
Schreierische steht im Vordergrund, sondern die unterstüt-
zende Entwicklung der Ausgangsmaterialien.
In ihrem Restaurant in Werfen, eine halbe Stunde südlich der
Stadt Salzburg, pflegen die genialen Brüder eine löbliche Kä-
sekultur, nicht nur was das Angebot heimischer Käse auf dem
Käsebrett anlangt, sondern auch die Verwendung von Käse als
Zutaten für Rezepte. Wir erhielten von ihnen einige nützliche
Tips für dieses Buch. (ph)

Restaurant Karl & Rudolf Obauer, A-5450 Werfen,
Hauptstraße 46, Tel. 0 64 68/212-0 (Fax -12). Küchenzeiten:
12-14 Uhr, 19-21 Uhr. Manchmal MO geschlossen.

Hans Berger, vlg. Oberfilzbauer:
Ein Bio-Bauer mit Leib und Seele

Hans Berger ist organisch-biologisch wirtschaftender Bauer seit 1984 und heute mehr denn je begeistert von dieser Methode. Die Hartnäckigkeit und Ausdauer, Rückschläge und Spott hinzunehmen und daraus zu lernen, geben dem ausgeprägten Individualisten recht. Bei unserem Besuch regnete es, und stolz zeigte uns Berger ein großes Dinkelfeld, das dem Regen standhielt, während beim Nachbarn sogar schon das Gras zu Boden gedrückt wurde - und all das spielte sich auf 1.150 Meter Seehöhe ab!

Bergers Spezialität ist unter anderem Dinkel, den er in einer Spezialmühle zu feinstem Mehl mahlt. Weiters führt er Roggen und Kartoffeln, seine Frau Traudl bäckt Brot und mischt hervorragendes Müesli. Hin und wieder schlachtet er, doch ist das begehrte Fleisch schon lange im voraus verkauft.

Käse ist für ihn nur ein Hobby, das nebenher läuft. Der Anlaß dafür war wie so oft das zu kleine Milchkontingent. Eigenes Futter für seine Kühe hat Berger genug. "In dem Moment", sagt er, "wo Milchbauern das Futter zukaufen müssen, ist die Milchwirtschaft ein Wahnsinn."

Gelernt hat Berger das Käsen in Kursen. Er erzeugt zehn Kilogramm Käse pro Tag, und zwar das gesamte Jahr hindurch, wobei der Kessel und der Reiferaum mit Solarenergie beheizt werden.

Es ist Käse von den Sorten Pinzgauer, Tilsiter, Butterkäse und - wegen seiner längeren Haltbarkeit - hin und wieder auch eine Art Bergkäse, alle ausschließlich aus Kuhmilch. Die Bergkäse werden mindestens fünf Wochen gelagert, und sie sind fein-würzig und von guter Konsistenz.

Es kommt aber auch vor, daß Berger keine Zeit zum Käsen hat, weil in der Landwirtschaft gerade viel zu tun ist. Dann liefert er die gesamte Milch in die Molkerei nach Maishofen. Käseliebhaber, die beim Oberfilzbauer vorbeischauen wollen, sind daher gut beraten, vorher anzurufen. Denn es kann durchaus vorkommen, daß gerade kein Käse erhältlich ist. (ph)

Hans und Traudl Berger, vlg. Oberfilzbauer, A-5730 Mittersill, Weißenstein 5, Tel. 0 65 62/43 25. Die Bergers sind Mitglied bei "Ernte für das Leben". Verkaufszeiten ab Hof: DI 16-18 Uhr, SA 9-12 Uhr. Es gibt auch Fremdenzimmer mit Halbpension. Im Ort führt die Tochter, Elisabeth Berger, das "Pinzgauer Naturproduktzentrum" (A-5730 Mittersill, Klausgasse 21), wo sie neben den Erzeugnissen ihres Vaters auch andere Käsesorten verkauft, die sich sehen lassen können, z. B. vom Tiroler Bio-Käser Herbert Plangger.

Neumarkt am Wallersee/Flachgau

Man erreicht Neumarkt von Salzburg aus auf der B 1 (Wiener Bundesstraße) nach rund 20 Kilometern - nachdem man den Wallersee links hat liegen lassen. Der Ort liegt dann linker Hand der Bundesstraße. Der Hof der Familie Sams liegt am nördlichen Ende von Neumarkt. Kurz nach dem Ort stehen rechter Hand drei Linden, dort ist auch schon der Hof zu sehen.

Wanderungen und Besichtigungen: Neumarkt liegt nur zwei Kilometer vom Wallersee entfernt, was einen Badeausflug nahelegt. Auch viele Spaziergänge sind in dieser hügeligen, lieblichen Gegend möglich. In Neumarkt selbst gibt es eine Schanze und ein Wachthaus, beide aus dem 17. Jahrhundert, zu besichtigen. Im nahen Straßwalchen steht eine dreischiffige gotische Staffelkirche, die im Barock erweitert wurde.

Gastronomie und Unterkünfte: Der Winkler ist ein empfehlenswertes und schön gelegenes Fischrestaurant mit Übernachtungsmöglichkeit (Tel. 0 62 16/270). Gleich bei Neumarkt liegt Sieghartstein, beim dortigen Schloßwirten (mit Gastgarten) kann man ganz vernünftig essen.

Johann und Johanna Sams, vlg. Hofbauer: Kuhmilchkäse - auch in Schichten

Am 1. Juli 1989 übernahmen Johann und Johanna Sams den elterlichen Hof. Von vornherein war klar, daß sie die intensive Stiermast vom Vater nicht übernehmen und den Betrieb auf biologischen Landbau umstellen wollten.

Da sich die Böden des Flachgaus aufgrund der hohen Niederschlagsmengen nicht für den Getreideanbau eignen, landete man zwangsläufig bei der Viehhaltung. Auch wegen des zur Düngung notwendigen Mistes ist die Viehhaltung für Bio-Bauern von Vorteil. Das Fleckvieh hat einen Laufstall - mit jederzeitiger Möglichkeit zum Auslauf - und eine Einrichtung für Tretmist (auf dem abschüssigen Stallboden treten die Kühe den Mist selbst fortlaufend von der Liegefläche). Eine Praktikantin hilft mit am Hof und "an freiwilligen Helfern herrscht zum Glück kein Mangel".

Die gesamte Milch von 17 Kühen wird täglich verarbeitet, und zwar als Rohmilch und Vollmilch, weil man sich dadurch das Entrahmen erspart. Die Hauptkäsesorte der Sams' ist der "Schönauer", so benannt nach dem ehemaligen Hofnamen. Es handelt sich dabei um einen Butterkäse, der mit Rotschmiere behandelt wird, fünf Wochen reift und ca. drei Kilogramm wiegt (50 % F.i.T.). Es gibt ihn in drei Varianten: naturbelassen,

mit grünem Pfeffer und mit Kümmel gewürzt. Vom Geschmack ist er buttrig-rahmig, weich-schmelzend und dezent.
Ein Weichkäse nach Münster Art wird ebenfalls erzeugt. Er ist mit Rotschmiere behandelt und schmeckte bei unserem Besuch leicht säuerlich, sehr g'schmackig und war innen noch topfig.
Als besondere Spezialität gilt der Schichtkäse, ein Frischkäse, der aus verschiedenen Schichten besteht, die abwechselnd aus Magermilch und aus doppelrahmiger Milch hergestellt werden (50 bis 55 % F.i.T.).
Weiters gibt es noch einen Magerkäse, Rahm und andere Milchprodukte, wie Joghurt, Sauerrahm und einen Doppelrahm - besonders für Köche interessant, zum Binden von Saucen. (ph)
Johann und Johanna Sams, vlg. Hofbauer, A-5202 Neumarkt, Wiener Straße 28, Tel. 0 62 16/397. Ab-Hof-Verkauf: ausschließlich SA von 8.30-12 Uhr; am Papagenoplatz in Salzburg FR 8-12.30 Uhr; am Unteren Markt in Hallein SA 7.30-12 Uhr.

Oberalm/Tennengau

Oberalm liegt unmittelbar nördlich von Hallein. Kommt man von Salzburg über Elsbethen und Puch, zweigt rechts die Straße ab nach Oberalm, wo man kurz vor dem Ortsschild links abbiegt.

Käserei der Landwirtschaftsschule Winklhof: Der Bio-Emmentaler

Dieser Betrieb steht im Eigentum des Landes Salzburg. Ernst Scharnagl ist hier Käsemeister, und er kümmert sich nicht nur um diverse Molkereiprodukte, sondern in erster Linie um die Emmentalerproduktion - die einzige Käsesorte, die hier erzeugt wird. Das Bemerkenswerte an dieser Molkerei ist, daß ihre ca. 70 Zulieferer ausschließlich organisch-biologisch wirtschaftende Bauern sind.
Der Emmentaler vom Winkelhof - er wird in großen kupfernen Kesseln hergestellt (Kupfer ist übrigens notwendig für die Ionisierung der Milch) - ist deshalb auch ein besonderes Qualitätsprodukt. Vier bis sieben Laibe zu 80 Kilogramm sind es täglich, die hier hergestellt werden. Gelagert wird der Käse unterschiedlich lange: von drei bis zu sechs Monaten. Der jüngere ist milder, der ältere würziger.
Verkauft wird der Winklhofer Emmentaler übrigens auch auf dem Bauernmarkt gleich nebenan. Was nicht frei verkauft wird, übernimmt die Firma Woerle (siehe Henndorf) und bezahlt aufgrund der guten Qualität auch mehr als üblich. Woerle lagert den Käse sechs Monate und ver-

treibt ihn unter dem Namen "Der Würzige". In letzter Zeit trägt sich Ernst Scharnagl - obwohl er nicht mehr weit bis zur Pensionierung hat - mit dem Gedanken, Bergkäse zu machen. Sogenannte Gebsen, Holzgefäße, in denen die Abendmilch während der Nacht vorreift, hat er sich aus Vorarlberg schon kommen lassen. (ph)

Käserei der Landwirtschaftsschule Winklhof, Oberalm 272, Tel. 0 62 45/800 50. Verkauf auf dem Bauernmarkt neben der Landwirtschaftsschule FR 13.30-16.30 Uhr.

Saalfelden/Mitterpinzgau

Der Ort liegt an der B 301, nördlich von Zell am See, am Fuße des Steinernen Meers.

Wanderungen und Besichtigungen: Sehenswert sind die gotische Krypta der Pfarrkirche und das Schloß Formach aus dem 14. Jahrhundert. Jetzt ist das Schloß ein Altersheim. Die Palfenkapelle ist die einzige Einsiedelei Österreichs.

Gastronomie und Unterkünfte: Das zwischen Zell und Maishofen gelegene Schloß Prielau aus dem Jahre 1425 beherbergt heute ein Hotel mit Restaurant (Tel. 0 62 42/26 09). Schloß Kammer in Maishofen ist ein schönes, liebenswertes altes Bauernschloß mit einem sehr guten, bodenständigen Restaurant und günstigen Appartements (Tel. 0 65 42/82 02). Das Restaurant Schatzbichl in Saalfelden gehört zu den Pionieren der "neuen österreichischen regionalen Küche", es gibt Käsespezialitäten wie Speekas, geräucherten Käse und Schotten. Christine und Günter Schlederer haben so manchen Käser wieder zu ursprünglichen Rezepturen animiert (Tel. 0 65 82/32 81). Fremdenverkehrsverband Saalfelden: Tel. 0 65 82/25 13.

Anita und Georg Schreder: Der wetterfühlige Speekas

Beide hatten zuvor nichtbäuerliche Berufe. Sie war technische Zeichnerin, er war Graphiker. Schließlich wurde doch der Hof übernommen und Anita Schreder suchte in der Karenzzeit nach einer Beschäftigung. Sie besuchte Käsereikurse. Heute sind sie auf Schafkäse spezialisiert und halten elf Mutterschafe. "Das Ostfriesische Milchschaf ist sehr sensibel und krankheitsanfällig. Jedes will auf seine Art und von einer anderen Seite gemolken werden. Aber die Mühe lohnt sich. Schafmilch ergibt viel mehr Käse als die gleiche Menge Kuhmilch." Seit 1989 sind die Schreders Mitglied bei "Ernte für das Leben".
Ihre Spezialität ist der Speekas, ein Sauermilchkäse aus Magermilch.

Gegessen wird er vorzugsweise mit Essig und Öl. "Die meisten bringen den Speekas nicht in konstanter Qualität zustande, weil sie nicht genau genug arbeiten. Selbst das Wetter spielt eine Rolle, weil sich bei drückendem Wetter die Keime rascher vermehren." Und so wird Speekas hergestellt: In die warme Magermilch vom Schaf - aus silagefreier Fütterung und nicht pasteurisiert - kommt das Ferment. Die Milch wird am Herd zwei Stunden stehengelassen, bis sich die Molke absetzt. Nun wird abgeseiht und gewürzt. Nach weiteren zwei bis drei Tagen ist der Speekas fertig und sollte dann innerhalb von 14 Tagen gegessen werden. Seine Außenhaut wird dann glasig. Ein Hinweis für Kalorienbewußte: Der Speekas enthält fast kein Fett.

Neben dem Speekas erzeugen die Schreders auch Kuhmilchkäse, und zwar einen Weichkäse mit Kräutern und einen Schnittkäse für Salate, außerdem Kuhmilchbutter. In den Monaten März bis November wird auch Joghurt aus Schafmilch hergestellt. Diese hat sich bei der Behandlung von Allergien bewährt - Schafmilchjoghurt aus manchen Großmolkereien enthält hingegen meist einen (erlaubten) Anteil an Kuhmilch und ist somit für Allergiker ungeeignet. (ph)

Anita und Georg Schreder, A-5760-Saalfelden, Diesbachgut, Breitenbergham 8, Tel. 0 65 82/421 64 oder 36 91. Der Verkauf erfolgt in einem eigenen Geschäft in Saalfelden, der "Reformstube Saalfelden" im Raikagebäude am Rathausplatz, in der Lofererstraße. Öffnungszeiten MO bis FR 8.30-12 Uhr und 14.30 bis 18 Uhr, SA 8.30 bis 12 Uhr. Außerdem wird der Naturkostladen in Zell am See beliefert.

Salzburg

Die Hauptstadt des gleichnamigen Bundeslandes ist vom Osten über die A 1 (Westautobahn), vom Westen über die A 8 (Innkreis-Autobahn) oder vom Süden über die A 10 (Tauern-Autobahn) zu erreichen.

Wanderungen und Besichtigungen: Die historische Altstadt, die Salzburger Festspiele, Schloß Mirabell, die Festung Hohensalzburg, die Wasserspiele in Schloß Hellbronn - auf Grund des großen Angebots können wir hier nur einige Stichworte liefern.

Gastronomie und Unterkünfte: Restaurants, die im Hinblick auf ihre Käsekultur eine Hervorhebung verdienen, sind das Mirabell im Sheraton (Tel. 0662/88 99 95), die Gersberg Alm (Tel. 0662/64 12 57), das Pfefferschiff in Söllheim bei Salzburg (Tel. 0662/66 12 42) und die Schmankerlkuchel in Neu Anif (Tel. 0 62 46/62 75).

Milchhof Salzburg: Der Emmentaler-Gigant

Im Jahre 1975 begann man auch beim Milchhof Salzburg mit der Emmentaler-Erzeugung, nachdem die Produktionsstätte in Nußdorf am Haunsberg aufgelassen worden war. Neben dem Montella wird hauptsächlich Emmentaler aus silofreier Milch erzeugt, jährlich 1.500 Kilogramm. Täglich sind es 60 Blocks, die nach zehn Wochen Reifezeit in der Folie ausschließlich im Inland vermarktet werden. Daneben wird auch Emmentaler in Laibform erzeugt und länger gereift Der Montella ist ein Schnittkäse, der mit Rotschmiere behandelt wird und vier Monate gereift ist. Durch die Verwendung spezieller Kulturen erhält er ein deftiges Aroma. Außerdem gibt es Edamer, Holländer, Gouda, Tilsiter und seit neuestem den St. Georg, ein milder Schnittkäse mit Bruchlochung. Direktor Dr. Hans Steiner sieht den Emmentaler zweierlei Gefahren ausgesetzt: einerseits dem Preisdruck durch den deutschen Emmentaler, andererseits der Verdrängung durch Holländer-Sorten.

Die Vermarktung erfolgt über die Almliesl Frisch GesmbH, eine gemeinsame Vertriebsfirma des Milchhofs Salzburg und der privaten Zentralmolkerei Furtmayr in Linz. (Diese unterhält in Sattledt einen Betrieb, wo sie neben Haltbarprodukten Cottage Cheese, Gouda und Käse nach Holländer-Art erzeugt.) In naher Zukunft soll zusammen mit der Bischofshofener Molkerei die "Alpenmilch Salzburg" gegründet werden. Gemeinsam will man dann die Produkte aus 120 Millionen Litern Milch jährlich vermarkten. (ph)

Milchhof Salzburg, GenmbH., A-5022 Salzburg, Postfach 20, Schillerstraße 2-4, Tel. 0662/45 06 76 Serie, Fax 45 06 76-15.

Seekirchen/Flachgau

Von Salzburg aus fährt man nördlich Richtung Elixhausen (rund fünf Kilometer), dann geradeaus weitere 4,5 Kilometer Richtung Obertrum. Rund 200 Meter vor dem Gasthaus Kothäusl biegt man links ab, nach rund einem Kilometer ist links der Hof von Josef und Maria Mangelberger zu sehen.

Josef und Maria Mangelberger, vlg. Krimpelstätten: Ein Nebenberufskäser mit solider Ausbildung

Josef Mangelberger ist einer der wenigen Salzburger "Nebenberufskäser", die diese Tätigkeit als Beruf wirklich erlernt haben: er war längere Zeit in einem Genossenschaftsbetrieb tätig. Gelernt hat er dort die Erzeugung von Emmentaler, doch weil das hier schon so viele machen, hat sich Mangelberger auf andere Produkte spezialisiert.

Als er Anfang der neunziger Jahre in die Käseproduktion als Selbständiger wieder einstieg, wollte er nichts dem Zufall überlassen. Er besuchte einige Kurse über neue Techniken des Käsemachens und konsultierte auch einen deutschen Berater.

Das Endergebnis dieser Bemühungen ist nun zu verkosten: Unter dem Namen "Mattigtaler" vertreibt Mangelberger Schnitt- und Weichkäse, auch in kleinen Portionen, hergestellt ausschließlich aus unpasteurisierter Kuhmilch und leicht mit Rotschmiere behandelt.

Mit dem Neustart haben Josef und Marianne Mangelberger ihren Betrieb auf die organisch-biologische Bewirtschaftung umgestellt und sind nun Mitglied bei "Ernte für das Leben". Verkauft werden außerdem noch Milch, Topfen, Butter, Äpfel und Most. (ph)

Josef und Maria Mangelberger, vlg. Krimpelstätten, A-5201 Seekirchen, Kraiham 9, Tel. 0 62 12/71 28. Ab-Hof-Verkauf nach telefonischer Vereinbarung. Zu kaufen gibt es den Mattigtaler auch bei Kaspeter in Salzburg, auf dem Bauernmarkt am Papagenoplatz und über die EVI (Erzeuger-Verbraucher-Initiative). Auch in einigen namhaften Restaurants wird Mangelbergers Käse zum Dessert angeboten: im Pfefferschiff in Söllheim und im Mirabell-Sheraton in Salzburg.

St. Michael/Lungau

Den Lungau erreicht man am einfachsten über die Tauern-Autobahn A 10, Abfahrt St. Michael, oder über die B 97 (Murauer Bundesstraße), wenn man den Weg über die Obersteiermark wählt. Von St. Michael kommend fährt man sechs Kilometer in Richtung Tamsweg. Rund 500 Meter nach der Kreuzung St. Margarethen beginnt die Einfahrt nach Oberbayrdorf. Am Ortsende fährt man bei der Weggabelung links und ist beim Trogerhof (Tips siehe unter Tamsweg).

Balthasar und Maria Kerschhaggl, vlg. Trogerhof: Der Bua wollt' unbedingt käsen

Die meisten Bauern, auf deren Höfen hier früher gekäst wurde, haben diese Kunst vergessen. Nur einzelne, wie die Kerschhaggls, haben im kleinen Stil wieder damit begonnen. Maria war wohl früher auf einer Alm, wo auch gekäst wurde, doch der eigentliche Anstoß kam vom Sohn, der auf der Landwirtschaftsschule mit dem Käsen in Berührung kam, und schließlich blieb wegen des kleinen Milchkontingents immer

Milch übrig. Wie so oft erfolgte der erste Kontakt und die Ausbildung über befreundete Bio-Bauern. Seit 1992 produzieren die Kerschhaggls - sie sind Mitglied beim Verband "Ertne für das Leben" - Käse, und zwar einmal in der Woche. Es wird Gervais in den Varianten Natur/mit Kräutern/mit Karotten und Schnittkäse aus Rohmilch hergestellt. Auf Vorbestellung, weil man ihn sofort essen soll, wird aus Magermilchtopfen auch Sauerkäse erzeugt. (ph)

Balthasar und Maria Kerschhaggl vlg. Trogerhof, A-5582 St. Michael, Oberbayrdorf 99, Tel. 0 64 76/498. Verkauf FR Vormittag am Bauernmarkt in St. Michael. Darüber hinaus wird auch ab Hof verkauft, und weil im Winter eine Loipe am Hof vorbeiführt, herrscht auch dann kein Mangel an Nachfrage.

Tamsweg/Lungau

Den Lungau erreicht man am einfachsten über die Tauern-Autobahn A 10, Abfahrt St. Michael, oder über die B 97 (Murauer Bundesstraße), wenn man den Weg über die Obersteiermark nimmt. Zufahrt zur Stockerbäuerin Kathi Kendlbacher: Wenn man von der Gemeinde Unternberg, die zwischen St. Michael und Tamsweg liegt, in Richtung Tamsweg fährt, zweigt nach dem Ortsende links eine schmale Straße ab. Es folgen mehrere Spitzkehren, deren zweite man geradeaus fährt und nach einem Kilometer zu einem alten und einem neuen Haus gelangt, dem Stockerschen Hof. Zufahrt zu Hans Seitlinger, vlg. Winkler: Fährt man von Westen in den Ort Tamsweg, biegt man vor der Unterführung rechts ab und beim Gasthaus Wassertrögl wieder links.

Wanderungen und Besichtigungen: Der Lungau, früher bedeutend als Nord-Süd-Verbindung über die Alpen (von daher stammt der Name Mauterndorf), ist heute sowohl als Wintersportregion als auch für Wanderungen sehr beliebt, in jüngster Zeit auch für Radtouren. An Sakralbauwerken sind bedeutend die Wallfahrtskirche St. Leonhard bei Tamsweg, die Wallfahrtskirche Mariapfarr, die Filialkirche St. Martin, die Pfarrkirche in St. Michael und die Filialkirche St. Ruprecht in Weißpriach. Schloss Moosham aus dem 13. Jahrhundert ist eine beeindruckende Anlage, ausgestattet im Stil der Gotik und der Renaissance. Eindrucksvoll ist auch der Tamsweger Marktplatz, der schon im 13. Jahrhundert angelegt wurde. Dort befindet sich das Lungauer Heimatmuseum. Ein Ausflug lohnt zum Pebersee, acht Kilometer nordöstlich von Tamsweg.

Gastronomie und Unterkünfte: Das mit Abstand bekannteste Restaurant der Gegend ist das Mesnerhaus in Mauterndorf (Tel. 0 64 72/75 95). In Tamsweg ist für Speis und Übernachtungen der Gasthof Knappenwirt zu empfehlen (Tel. 0 64 72/369) oder auch der Gasthof Zum Koller, der über eine eigene Landwirtschaft verfügt. Fremdenverkehrsverband Tamsweg: Tel. 0 64 74/416. In der Genossenschaft Tamsweg ist nur noch ein sogenannter Käsemarkt eingerichtet; Käse wird seit 1988 keiner mehr erzeugt, sondern die ganze Milch nach Bischofshofen geliefert.

Kathi Kendlbacher, vlg. Stocker: Sauerkäse nach der alten Schule

Die alte Bäuerin ist eine der wenigen dieser Gegend, die nie aufgehört hat, Käse zu produzieren, Sauerkäse um genau zu sein, eine traditionelle Sorte dieser Region. Sie macht ihn seit 1957, daneben auch Butter und Tilsiter, bemerkenswerter aber ist der Sauerkäse. Für diesen wird die Milch nur eingelabt, Starterkultur kommt keine dazu, denn im Käseraum scheinen die Bakterien, die zur Käseherstellung notwenig sind, schon so heimisch zu sein, daß eine zusätzliche Beigabe nicht erforderlich ist. Dies ist wohl auch der Grund, warum der Sauerkäse - für dessen Gelingen man viel Gefühl braucht, um die jeweiligen Umstände (den Zustand der Milch und die Wetterlage) richtig einzuschätzen - im neuen Haus nicht gelingen will. Dort ist alles verkachelt und in solcher Umgebung fühlen sich die gefragten Bakterien offensichtlich nicht wohl. (ph)

Kathi Kendlbacher, vlg. Stocker, A-5580 Tamsweg, Mitterberg 40, Tel. 0 64 74/62 76. Jeden Freitag von 9-12 Uhr ist die Stockerbäuerin am Bauernmarkt in Tamsweg. Sollten Sie den Käse ab Hof kaufen wollen, rufen Sie bitte zuvor an. Sollte beim Stocker alles ausverkauft sein, fahren Sie eine Spitzkehre weiter zu Rosa Aigner, Unternberg 53, Tel: 0 64 74/61 44.

Hans Seitlinger vlg. Winkler: Käsen nach dem Aussaatkalender

Bei den Winklers wird Sauerkäse hergestellt oder Lungauer Bierkäse, wie sie hier auch dazu sagen (nicht zu verwechseln mit dem Bierkäse aus dem Pinzgau und Tirol). Magermilch, wenn sie "schön sauer ist", wird erhitzt, das Ganze wird "ausgedrückt" und eine Woche stehen gelassen. "Dieser Käse wird fest gewürzt, sonst kommen die Fliegen dazu, und dann wird er lebendig." Gekäst wird hier von Mai bis Oktober, wobei auch der Aussaatkalender ein Wörtchen mitzureden hat. Eine weitere Variante des Sauerkäses kommt wie folgt zustande: zu ganz reifem Topfen wird Butter beigegeben, alles aufgekocht und angebraten. Dazu sagt man dann auch Glundner oder Röstkäse. (ph)

Hans Seitlinger, vlg. Winkler: A-5580 Tamsweg, Mörtelsdorf 21, Tel. 0 64 74/65 76. Verkauft wird ausschließlich ab Hof, wohin meist nur Einheimische gelangen.

Untermödlham bei Seekirchen

Auf der Straße von Salzburg Richtung Norden fährt man nach Obertrum, gelangt nach Elixhausen, zwei Kilometer später zweigt links eine Straße ab und führt später parallel zur ersten Straße nach Untermödlham. Als Alternative kann man auch über eine schmale Straße direkt von Obertrum nach Untermödlham gelangen.

Käsereigenossenschaft Untermödlham: Weltmeister aller Klassen.

Herr Haberlandner sen. ist bei unserem Besuch zufällig zugegen. Er hat den Betrieb von 1953 bis 1986 geleitet und mit seinem Emmentaler mehrere Auszeichnungen erkäst. Sein größter Erfolg war ein "Weltmeistertitel aller Klassen" 1979 in Wisconsin/ USA. Das heißt, daß sein Käse von den Käsekostern mehr Punkte erhielt als irgendein anderer Käse, egal welcher Kategorie.

Der bescheidene Ex-Käser führt das in erster Linie auf die Voralpengräser zurück, wie sie nur in Vorarlberg, Tirol, dem deutschen Allgäu und eben hier wachsen würden. Diese Gräser gebe es offensichtlich in dieser besonderen Würzigkeit weder in Oberösterreich noch in Niederösterreich.

Mittlerweile hat sein Sohn, Fritz Haberlandner, die Leitung der Käserei übernommen, und zusammen mit nur einem weiteren Käser verarbeitet er zwei Millionen Liter Milch pro Jahr. Das ergibt drei bis sieben Laibe pro Tag. Die Mödlhamer Genossenschaft ist damit der kleinste Emmentaler-Erzeuger im Flachgau. Dies hat einerseits den Vorteil, daß die nur 24 Lieferanten gut überwacht und betreut werden, was hervorragende Milchqualität mit sich bringt, andererseits steht der Betrieb, wie man uns erzählt, "schon seit 30 Jahren auf der Abschußliste." Doch durch hohe Erträge und kontinuierliche Investitionen sei die Stillegung abgewendet worden.

Die Emmentalerlaibe reifen zehn bis zwölf Wochen. Das ist nicht sehr lange, doch erreichen sie mit diesem Alter einen schönen, vollen Geschmack.

Nur sehr wenig Käse wird direkt ab Molkerei verkauft, der Vertrieb erfolgt fast ausschließlich über die AMF, die in Tirol ein zentrales Emmentaler-Lager unterhält, von wo aus der Export erfolgt. (ph)

Käsereigenossenschaft Untermödlham, A-5201 Untermödlham, Tel. 0 62 12/61 08.

Werfen/Pongau

Der beliebte Ausflugs- und Ferienort ist über die Tauern-Autobahn A 10 zu erreichen, von der es 45 Kilometer südlich von Salzburg eine eigene Abfahrt Werfen gibt. Von der Umfahrungsstraße Werfen geht, 200 Meter vor der eigentlichen Abfahrt Werfen, links bei einem markanten blauen Haus die Straße halbschräg steil hinauf, gleich in der nächsten Kurve liegt der Wimmersche Bauernhof.

Wanderungen und Besichtigungen: Neben zwei Barockkirchen aus dem 18. Jahrhundert ist vor allem die majestätische Festung Hohenwerfen sehenswert (11.-16. Jh.). Zu empfehlen ist ein Besuch in der Eisriesenwelt, der weltgrößten begehbaren Eishöhle.

Gastronomie und Unterkünfte: Weithin bekannt für ihre kulinarischen Kreationen sind die Brüder Obauer (Tel. 0 64 68/212-0); die Käsepflege ist hier sehr lobenswert. Das Restaurant Zur Stiege scheint diese Herausforderung angenommen zu haben (Tel. 0 64 68/256-0). Übernachtungsbetriebe gibt es hier sonder Zahl; auch die Obauers haben Zimmer. In der Metzgerei Obauer gibt es einige nennenswerte Käsespezialitäten, u. a. Schafkäse von Eisl, außerdem einen hervorragenden luftgetrockneten Speck. Fremdenverkehrsverband: Tel. 0 64 68/388.

Maria Wimmer: Die Passion der Hobbykäserin

Es gibt zahllose Bäuerinnen, die Käsekurse besucht haben oder sich das Wissen über das Käsen aus Büchern angeeignet haben. Mit mehr oder weniger Glück und/oder Geschick brachten es manche zu passablen Erfolgen. Daß für einen guten Käse aber nicht nur Handwerk nötig ist, zeigt sich etwa bei Maria Wimmer. Sie käst so geringe Mengen, daß wir ohne den Tip von Rudi Obauer ganz sicher nicht auf ihren Käse gestoßen wären. Eigentlich macht sie ihn buchstäblich auf dem Küchenherd, jedoch fast täglich. Ständig ist sie selbstkritisch bemüht, durch geringe Veränderungen im Herstellungsprozess und bei der Würzung, den Käse in Gechmack und Konsistenz zu optimieren. Ihr in Öl eingelegter Frischkäse aus Kuhvollmilch gewinnt seinen runden Geschmack vor allem aus der harmonischen Kombination von Kräutern, die sie dem Öl beigibt, und diese herauszufinden verlangt eben Passion und viele vergebliche Versuche, bis man jenen Typ Käse hergestellt hat, den man selber am liebsten ißt - denn das ist das unbestechlichste Kriterium. Wenn man nicht gerade bei den Obauers ißt und Maria Wimmers eingelegter Käse dort aufgetischt wird, sollte man sich vor einem Besuch auf dem Bauernhof unbedingt telefonisch erkundigen, ob die gewünschte Menge Käse überhaupt vorhanden ist. (ph)

Maria Wimmer, Imlau 14, A-5452 Werfen, Tel. 0 64 68/504. Ab-Hof-Verkauf nach tel. Anmeldung.

Margarete und Matthias Aichhorn, vlg. Pertill, A-5612 Hüttschlag, See 11, Tel. 0 64 17 /258. Hüttschlag liegt am Ende des Großarltales, das bei St. Johann im Pongau beginnt. Hier gibt es Bierkäse, Schnittkäse, Topfen, Speck und vor allem Schotten! Im Sommer sind die Aichhorns auf der Alm, es gibt also keinen Käse in dieser Zeit. Verkauf im Frühling und Herbst: täglich von 8-20 Uhr. "Ernte für das Leben."

Klaus Geisler, vlg. Reichl, Pfaffing 7, A-5760 Saalfelden/Pinzgau, Tel. 0 65 82/29 8 35. Mitglied bei "Ernte für das Leben." Frischkäse aus Kuhmilch, Ziegenmilch. DI 9-11 Uhr, FR 14-16 Uhr.

Waltraud und Josef Harlander, vlg. Eyersberghof, A-5622 Goldegg, March 7, Tel. 0 64 15/82 66. Nach Goldegg gelangt man über eine kleine Straße von Schwarzach im Pongau aus. Hier gibt es Bauernkäse, Frischkäse in Öl eingelegt, Obst und auch diverse Schnäpse. Verkauf wochentags oder nach tel. Vereinbarung. "Ernte für das Leben."

Maria und Andreas Hofer, vlg. Hohenbauer in Hohengarten, Mühlbach 37, A-5162 Obertrum/Flachgau, Tel. 0 62 19/291. Neben Frischkäse bietet der Hohenbauer auch eine Vielzahl von Produkten an, von Schnäpsen bis zu Wurstwaren und Sauerkraut. "Ernte für das Leben".

Anton Innerhofer, Dorf, A-5732 Mühlbach, Tel. 0 65 66/615. Zehn Kilometer westlich von Mittersill/Pinzgau. Pinzgauer Käse mit Ziegenmilch und, Ziegenkäse. MO bis SA 12-15 Uhr. In der restlichen Zeit kann man eine Nachricht auf dem Anrufbeantworter hinterlassen. "Ernte für das Leben."

Elfriede und Rupert Kocher, vlg. Schoberhof, Lintsching 93, A-5571 Mariapfarr/Lungau, Tel. 0 64 73/83 74. Neben Käse verkaufen die Kochers auch Dinkel, Roggen, Weizen, Gemüse und Kartoffeln. "Ernte für das Leben." Verkauf: SA 10-18 Uhr, nach tel. Vereinbarung.

Maria Leitinger, Widental 8, A-5092 St. Martin, Tel. 0 65 88/683. Der Ort liegt an der B 311 rund zwei Kilometeer vor Lofer. Hier gibt es Pinzgauer Käse, Topfen, Frischkäse, Butterkäse. Verkauf nach Vereinbarung.

Veronika und Alois Obermoser, vlg. Schrempfbauer, A-5622 Goldegg, Weng 12, Tel. 0 64 15/82 67. Weng liegt hinter Goldegg, das man über Schwarzach im Pongau erreicht. Hier gibt es vom Schaf Käse, Topfen, Joghurt und Milch, weiters auch Schnäpse. Die Käse sind aus reiner Schafvollmilch, unpasteurisiert. Von April bis September gibt es immer Käse, Anmeldung ist nicht erforderlich. "Ernte für das Leben."

Barbara und Matthias Saller, A-5500 Bischofshofen, Kreuzberg 14, Tel. 0 64 62/22 43. Hier gibt es Mager-, Nocken- und Frischkäse, Spezial-Öl-Frischkäse, Topfen, Schotten, sowie Würste und Wildhendl. Verkauf: DO ab 13 Uhr, FR 13-16 Uhr auf dem Bauernmarkt in Bischofshofen.

Anna und Rupert Viehauser, vlg. Schmaranzgut, A-5360 Bad Hofgastein, Wieden 52, Tel. 0 64 32/67 19. Neben Käse und Butter gibt es hier auch Speck und Würste. Verkauf: FR. "Ernte für das Leben."

Weitere Emmentalerkäsereien in Salzburg

Asperding-Seeham: Privatkäserei, Leiter: Franz Kastenauer, Tel. 06 23/27 00.

Berndorf: Privatkäserei, Leiter: Franz Maislinger, Tel. 0 62 17/81 02.

Bruckmoos: Käsereigenossenschaft, Leiter: Martin Simmerstätter, Tel. 0 62 19/366.

Enzersberg: Privatkäserei, Herbert Auswöger, Tel. 0 62 35/62 8 93.

Hüttenedt: Käsereigenossenschaft, Leiter: Alois Scheinast, Tel. 0 62 13/544.

Mattsee: Privatkäserei, Leiter: Martin Sturm, Tel. 0 62 17/73 37.

Untereching: Privatkäserei, Josef Haslauer, Tel. 0 62 72/81 14.

Waidach: Privatkäserei, Franz Pötzelsberger, Tel. 0 62 45/32 28.

Wertheim: Privatkäserei, Walter Thalhammer; Tel. 0 62 16/247.

Sämtliche nicht ausführlich beschriebenen EMKA-Mitgliedskäsereien sind im Anhang an den Text EMKA/Elixhausen aufgelistet.

Käseeinkauf in der Stadt Salzburg

Kaslöchl, Hagenauerplatz 2, Tel. 06 62/84 14 17. Das Kaslöchl, ganz in der Nähe der Getreidegasse, ist sicher das am besten sortierte Käsegeschäft in Salzburg.

Kaspeter, Tel. 06 62/87 96 40, ein engagierter Händler mit Käsemobil, ist meist am Grünmarkt anzutreffen. Hier gibt es beispielsweise Käse von Mangelberger.

Robert Reichl, Philharmonikergasse 3, Tel. 06 62/84 27 53. Ein Spezialitätengeschäft, wo es beispielsweise den Käse der Familie Eisl aus Abersee gibt.

Bauernmärkte in Salzburg

Abtenau, Stiftsgebäude, FR 13.30-16 Uhr, Kontakt: M. Schnitzhofer, Möselberg 10, A-5441 Abtenau, Tel. 0 62 43/25 18.

Bischofshofen, Gasteinerstr. 9, FR 13-16 Uhr, Kontakt: Barbara Saller, Kreuzberg 14, A-5500 Bischofshofen, Tel. 0 64 62/22 43.

Bruck, Landwirtschaftsschule, jeden ersten FR, Kontakt: Christian Dullnigg, Bahnhofstr. 5, 13.30-15.30 Uhr, A-5771 Bruck, Tel. 0 65 45/205.

Hallein, Unterer Markt, SA 8-12 Uhr, EVI, Kontakt: Helmut Stocker, Garnei 1, A-5431 Kuchl, Tel. 0 62 44/63 97.

Klessheim, Landwirtschaftsschule, SA 8-12 Uhr, Kontakt: Josef Geißler, Schwaighofen 7, A-5302 Eugendorf, Tel. 0 62 12/86 16.

Kuchl, Dorfplatz, jeden ersten SA, Kontakt: Christa Springl, Gasteig 25, 8-11 Uhr, A-5431 Kuchl, Tel. 0 62 44/60 57.

Neumarkt, vor der Raika, jeden zweiten SA, Kontakt: Johanna Krenn, Neufahrn 43, A-5202 Naumarkt, Tel. 0 62 16/68 4 94.

Oberalm, Landwirtschaftsschule Winkelhof, FR 13.30-16.30 Uhr, Kontakt: Dir. Danter, Winkelhof, A-5411 Oberalm, Tel. 0 62 45/24 27.

Saalfelden, Obstmarktstr. 7, SA 9-12 Uhr, Kontakt: Walter Eiböck, Sonnberg 8, A-5771 Leogang, Tel. 0 65 83/70 83.

Salzburg, Papagenoplatz, FR 8-13.30 Uhr, EVI, "Ernte für das Leben" Glanfeldsiedlung, FR 14-15.30 Uhr, EVI, "Ernte für das Leben" SCA, Shopping, MI 10-14 Uhr, Landwirtschaftskammer, Schwarzstr. 19, Center Alpenstr. 7, A-5020 Salzburg, Tel. 0662/87 05 71-18.

Käseeinkauf in Salzburg

St. Johann, Ing.-Pech-Str., FR ab 13 Uhr, Kontakt: Maria Leitner, Hallmoos 19, A-5600 St. Johann, Tel. 0 64 13/87 95.

St. Georgen, Tonigbauer, SA 9-11 Uhr, Kontakt: Johann Spitzauer, Aglassing 2, A-5110 St. Georgen, Tel. 0 62 72/73 8 52.

Tamsweg, Bezirksbauernkammer, Amtsgasse 4, FR, SA 9-12 Uhr, Kontakt: Monika Santner, Lintsching 41, A-5571 Mariapfarr.

Ursprung, HBLA Elixhausen, FR 15-18 Uhr, Kontakt: Leopold Klinghofer, HBLA, A-5161 Elixhausen, Tel. 0662/58 8 06.

Speck und Käse tanken...

Shellstation Voglstätter, A-5990 Lofer 210. Tel. 0 65 88/317. Anfahrt auf der B 312 von St. Johann i. T. kommend bei der Ortseinfahrt rechts. Hier gibt es Pinzgauer Käse, Bergkäse und andere Spezialitäten. Das Geschäft **Loferer Speckstuben** und die **Tankstelle Voglstätter** gehören nämlich zusammen. Die Speckstuben liegt im Zentrum des Ortes.

Oberösterreich ist seit jeher das Bundesland mit dem größten Milchaufkommen. Innerhalb Oberösterreichs war die Situation allerdings immer sehr unterschiedlich. Während im Süden, im Traunviertel, eine lange Tradition der Milchwirtschaft und der Käserherstellung, vor allem auf den Alpen und in der Nähe von Klöstern besteht, lag etwa im Hausruckviertel der Schwerpunkt der Landwirtschaft ursprünglich auf dem Ackerbau und der Rinderzucht. Auf die Milch wurde kein besonderer Wert gelegt. Sie war Angelegenheit der Bäuerin. Das Milchvieh wurde als notwendiges Übel angesehen, das hauptsächlich des Düngers wegen gehalten wurde.

Berichte über jene Zeit sprechen davon, daß das Käsen, wenn es überhaupt vorkam, nur von eingewanderten Käsern betrieben wurde und daß "es für den Bauern vielfach als schimpflich galt, Butter oder Butterschmalz zu verkaufen, weil sich die Dienstboten ein gewisses Recht auf den Verbrauch derselben anmaßten. Die Qualität der Butter war meist mangelhaft, und es wurde vielfach ein gewisser ranziger Zustand derselben vorgezogen."

Erst um die Jahrhundertwende fand eine Verschiebung hin zu vermehrter Milchwirtschaft statt. Da aber dem großen Milchaufkommen keine großen Verbraucherzentren gegenüberstanden, wurde die Milch, um sie haltbar und transportfähig zu machen, zu Butter gemacht. Charakteristisch für die oberösterreichische Milchwirtschaft ist dabei, daß bereits die Bauern die Milch entrahmten und nur den Rahm an die Molkereien lieferten, was nebenbei eine Einsparung bei den Transportkosten brachte. Die Magermilch verwendeten die Bauern an Ort und Stelle für die Viehzucht. Fast sämtliche Molkereien des Inn-, Hausruck- und Mühlviertels waren vor dem Zweiten Weltkrieg reine Rahmmolkereien. Oberösterreich wurde daher als das klassische Butterland bezeichnet.

Auch in den gebirgigen Regionen, wo ursprünglich die Klöster die Keimzellen der Käsekultur bildeten und in Form von Käse ihre Pacht von den Bauern verlangten, fand mit der Erfindung des Butterfasses eine Wende statt, sodaß die Erzeugung von Butterschmalz den Käse um 1700 schon fast vollständig verdrängt hatte.

Bemerkenswert ist auch die Entwicklung des Genossenschaftswesens in Oberösterreich. Es kam hier nämlich schon sehr früh, um die Jahrhundertwende, zur Bildung derselben, und zwar nicht nur von Produktions-, sondern auch von Verkaufsgenossenschaften, z. B. der Ersten Zentral-Teebutter-Verkaufgenossenschaft.

Im Jahr 1936 zählte man 46 Genossenschaften mit 25.000 Mitgliedern, und nur vier dieser Betriebe befaßten sich mit der Käseerzeugung. Anders als in anderen Bundesländern kam es hier zu keiner vollständigen

Oberösterreich

Einbindung in einen einzigen Verband: der genossenschaftliche Schärdinger Verband und der privatwirtschaftliche (gewerbliche) Mauerkirchner Verband standen sich lange konkurrenzierend gegenüber. In der Zeit nach 1945 wurde vermehrt Milch zu Käse verarbeitet, was durch neue Technologien und erhöhte Exportanstrengungen möglich wurde. Im Laufe der letzten Jahrzehnte sind so mit Molkereien in Gmunden, Geinberg und Feldkirchen einige der größten Käsereien Österreichs entstanden.

Eine kleine Gruppe von Käsebetrieben hat sich auf oberösterreichischem Gebiet rund um den Salzburger Flachgau angesiedelt. Manche davon befinden sich in silofreien Zonen und erzeugen hauptsächlich Emmentaler oder Mondseer. Als typisch für die Region um Grieskirchen gilt der Kochkäse.

Die bäuerlichen Käsehersteller erleben gerade einen unwahrscheinlichen Aufschwung in Oberösterreich. Vor allem im südlichen Teil des Landes, um Steyr und im Ennstal, regt sich viel Eigeninitiative. Hauptsächlich werden natürlich Frischkäse hergstellt, da diese unkompliziert in der Produktion sind und schnell umgesetzt werden können. Aber auch Camembert und Rotschmierekäse findet man in erstaunlicher Qualität. Es ist natürlich, aufgrund der leichteren und weniger kostenintensiven Tierhaltung, meistens Ziegen- und Schafmilch, die von diesen Bauern verarbeitet wird.

Der wichtigste Käse unter den regionaltypischen Produkten Oberösterreichs ist aber sicherlich der Schloßkäse, wie er nur an zwei Orten, dafür aber im großen Stil hergestellt wird: im Kloster Schlierbach und in der Almtaler Molkerei in Scharnstein (zuvor in Achleiten). Die Käse sind verwandt dem Romadur oder dem Limburger, haben allerdings die Form kleiner Laibchen mit einem Gewicht von 62,5 Gramm. Die Käse haben österreichweit eine so große Verbreitung und Bekanntheit, daß ihr Herkunftsort bereits zum Namen geworden ist: Man verlangt im Geschäft einen Schlierbacher oder einen Achleitner und meint jenes Produkt, das offiziell den Namen "Schloßkäse" trägt.

Von nicht weniger Bedeutung für die österreichische Käselandschaft sind heute die Käse vom Typ Camembert und Brie, wie sie in Neumarkt in der Privatkäserei Sirius und in der Molkerei Vorchdorf hergestellt werden. Übrigens in ganz ausgezeichneter Qualität. Die deftigen Aromen eines vollreifen französischen Rohmilch-Camemberts darf man freilich nicht erwarten, doch diese sind ja auch nicht jedermanns Sache. Was für viele andere österreichische Käse gilt, trifft auch bei diesen Weißschimmelkäsen zu: sie werden meist zu jung gegessen. (ph)

Altenberg bei Linz

Altenberg liegt im Mühlviertel, rund 15 Kilometer von Linz entfernt. Anfahrt über die A 7 (Mühlkreis-Autobahn), Abfahrt Linz-Dornach. Von dort ist der Weg nach Altenberg ausgeschildert. Um zu den Eckerstorfers zu gelangen, passiert man Altenberg und fährt 3,5 Kilometer weiter in Richtung Reichenau. In einer Rechtskurve zweigt links der Güterweg Pargfried ab.

Wanderungen und Besichtigungen: Die Altenberger bezeichnen ihren Ort als den "Balkon von Linz", weil man von hier aus auf die Stadt und auf das Donautal einen wunderschönen Ausblick hat. Im Mühlviertel kann man schöne Spaziergänge und Wanderungen unternehmen. Unweit von Altenberg, in Hellmonsödt, ist ein Freilichtmuseum eingerichtet.

Gertraud und Karl Eckerstorfer: Oberösterreichs bäuerliche Paradekäser

Es klingt schon etwas seltsam, aber bis vor fünf Jahren hatten die Eckerstorfers keine Ahnung von Ziegen und noch viel weniger vom Käsemachen. Damals waren beide berufstätig, also Nebenerwerbsbauern, und im Stall hatten sie Schweine und Stiere.

Ziegenfrischkäse mit Kräutern

Eines Tags beschlossen Getraud und Karl Eckerstorfer, Vollerwerbersbauern zu werden, doch blieb noch die Frage offen, worauf sie sich spezialisieren sollten. Nach eingehenden Recherchen entschieden sie sich für die Milchziege: aus Kostengründen, weil die Anfangsinvestition bei der Ziegenhaltung gering ist - wie sie uns erzählen - und weil ihre Landwirtschaft nur acht Hektar groß ist.

Gertraud Eckerstorfer besuchte zahlreiche Käsereikurse, hatte von Beginn an Erfolg bei der Produktion und investierte sukzessive in einen modernen Käsereiraum, einen großzügigen Stall und einen praktischen Melkstand. Mittlerweile haben beide ihren Nebenberuf aufgegeben und teilen ihre Arbeit so geschickt ein, daß sie keine weiteren Arbeitskräfte benötigen. Allerdings bleibt kaum Zeit für Urlaub. Nur im Winter, wenn die Ziegen - derzeit rund 60 Muttertiere - trocken stehen, ist an Erholung zu denken.

Die Eckerstorfers sind seit 1992 Mitglied bei "Ernte für das Leben" und gelten als bäuerlicher Musterbertrieb, den viele sehen wollen. Die Exkursionsbusse kommen so zahlreich, daß sich die engagierten Käser manchmal wünschen, weniger bekannt zu sein. Ein Agrarinnovationspreis und ein Agrarmarketingpreis brachten immerhin auch offizielle Anerkennung ihrer vorbildlichen Arbeit.

Ihren Käse bieten die Eckerstorfers in vielen Varianten an. Es gibt:

⇨ gewürzte Kugerln in Olivenöl: diese sind cremig und streichfähig,

⇨ gepreßten Frischkäse in Würfeln, ebenfalls in Olivenöl: ideal für Salate,

⇨ Frischkäse, neutral, mit geröstetem Mohn oder mit getrockneten Kräutern,

⇨ Frischkäse (paraffiniert oder im Vakuumbeutel) mit Knoblauch, mit Kräutern, leicht gesalzen, mit Thymian oder mit Frühlingskräutern,

⇨ Rotschmierekäse in verschiedenen Größen,

⇨ "Ziegenbert", ein weicher vollmundiger Käse nach Art des Camembert, gekäst "außer Haus" in der Molkerei Vorchdorf (siehe auch Josef Reiter, Laakirchen) und

⇨ Schnittkäse, sechs bis acht Wochen gereift, mit angenehm mildem Aroma.

Der Schnittkäse wird in Größen von 300 Gramm bis fünf Kilogramm hergestellt, weil sich am Markt die Kunden gerne vom ganzen Laib ein Stück abschneiden lassen. Dieser Schnittkäse wird manchmal die letzten 14 Tage der Reifezeit in Vakuum verpackt, weil er dadurch geschmeidiger wird.

Apropos Vakuumverpackung: Die Eckerstorfer geben zwar zu, daß der Vakuumbeutel ein schlechtes Image hat, sie halten diese Verpackungsmethode allerdings für zweckmäßiger als das Paraffinieren (Wachsen) von Käse. Denn bei vakuumverpacktem Käse (Haltbarkeit bis zu zehn

Wochen) kann man jede Veränderung des Käses während der Lagerung sofort erkennen. (Beim Wachs ist darauf zu achten, daß die Paraffinschicht nicht bricht - diesfalls sollte der Käse sofort gegessen werden.) Außerdem werden auch Aufstriche, Topfen und Milch angeboten. Sämtliche Waren sind aus 100 Prozent Ziegenmilch, was für Allergiker wichtig ist. An sie wird auch ein großer Teil der Produktion verkauft. Aufgrund der Betriebsgröße und zur Risikominimierung verwenden die Eckerstorfer zum Käsen keine Rohmilch. Die Milch wird aber nicht pasteurisiert (kurzfristige Erwärmung auf 72 Grad Celsius), sondern thermisiert (langsames Erwärmen auf 60 Grad Celsius). Verkauft wird das meiste auf Märkten und ab Hof. Es ist Gertraud Eckerstorfer wichtig zu wissen, daß Sie ihre gesamte Produktion selbst verkaufen könnte. Angebote von Handelsketten, die gesamte Produktion zu übernehmen, sind ihr suspekt. "Was mache ich, wenn einer kommt und mich bei einem Großkunden ausbootet?" Außerdem hat sie Angst, daß die Ware im Handel nicht sachgemäß gelagert wird und der Kunde dann dem Produzenten die Schuld gibt. Eine weitere wichtige Vertriebsschiene ist der Postversand an Privatkunden. (ph)

Gertraud und Karl Eckerstorfer, A-4203, Altenberg bei Linz, Pargfried 3, Tel. 0 72 30/481. Die Produkte gibt es ab Hof FR ab 14 Uhr, sonst nach tel. Vereinbarung, ferner in Linz am Südbahnhofmarkt FR von 6.30 bis 11.30 Uhr und am Bauernmarkt in Urfahr SA von 8 bis 11.30 Uhr. Weiters beliefert sie Fredis Käslädele in Bregenz, die Winklermärkte in Auhof und Altenberg bei Linz und den Millibauernladen in der Zollamtsstr. in Linz, sowie das Restaurant Donauhof in Ottensheim. Seit im ORF ein Bericht über sie gezeigt wurde, schickt sie vermehrt Käse an Privatpersonen "Sperrgut Express." Eine Führung (gegen entsprechendes Honorar) kann telefonisch vereinbart werden.

Feldkirchen bei Mattighofen

Mattighofen liegt an der B 147 zwischen Braunau und dem salzburgischen Flachgau. Von Mattighofen aus fährt man in Richtung Gundertshausen, nach vier Kilometern zweigt man links in Richtung Feldkirchen ab und erreicht dieses nach weiteren acht Kilometern.

Wanderungen und Besichtigungen: In der Pfarrkirche von Mattighofen befindet sich ein Hochaltar mit Figuren von Thomas Schwanthaler (1676). Die ursprüngliche Einrichtung wurde durch einen Brand zerstört und im Stil des ausgehenden Rokoko erneuert. Auf der Strecke zwischen Mattighofen und dem Flachgau sieht man viele Klöster.

Gastronomie und Unterkünfte: In Munderfing gibt es beim Schnapsbrenner einfache Gerichte und die Möglichkeit zu übernachten (Tel. 0 77 44 /333). Im salzburgischen Mattsee ist das Iglhauser Bräu, ein schon fast luxuriöses historisches Haus, zu empfehlen. Man kann dort gut essen und gut übernachten (Tel. 0 62 17/20 5 33).

Molkereigenossenschaft Feldkirchen:
Der Bergbaron läßt grüßen

Feldkirchen ist mit 6.000 Tonnen Jahresausstoß die größte Käserei Österreichs. Der Absatzriese ist der Bergbaron (3.500 Tonnen), gefolgt vom Holländer (1,4 Tonnen), Gouda (0,7 Tonnen) und anderen wie Edammer etc. Erzielt wird damit ein Umsatz von 450 Millionen Schilling pro Jahr. War der Export früher mit 35% sehr hoch, so genügt jetzt die starke Inlandsnachfrage für den Absatz der Produktion. Nur noch vier bis fünf Prozent gehen in den Export, dabei war der Bergbaron einmal ein reiner "Exportkäse".

Sämtliche Maßstäbe hier sind gigantisch. Zwei Drittel der Milch wird nicht direkt angeliefert, sondern zugekauft. Immer wieder sieht man große Tankwagen heranfahren. Jeder dieser Tanks ist in drei Kammern unterteilt, um Verschmutzungen leichter zurückverfolgen zu können. Während des ganzen Abpumpvorgangs wird kontinuierlich eine ganz kleine Menge Milch aufgefangen. Man erhält so einen Querschnitt der ganzen Kammer. Diese Proben werden innerhalb von vier Stunden analysiert.

Die Milch wird in die Produktionshalle gepumpt, die unter Überdruck steht, damit nur keimfreie Luft hineingelangen kann. Dort wird die Milch zentrifugiert (entrahmt), pasteuriesiert und durch die Baktofuge geschickt, dann gelagert. Im Chargenbetrieb werden fünf Käsefertiger à 10.000 Liter gefüllt, der fertige Bruch wird in drei riesige Presswannen befördert, dort gepresst und dann in Blöcke geschnittten. Diese kommen ins Salzbad und dann ins vollautomatische Regallagerhaus. Sämtliche Sorten reifen in der Folie.

Die geschmacklichen Unterschiede, der hier erzeugten Käse, sind nicht groß, ein geschulter Gaumen wird folgende Charakteristika feststellen:

⇨ Der Bergbaron, ein halbharter Schnittkäse nach schwedischer Art, rund sechs Wochen gereift und mit 45 % F.i.T., sollte mild, geschmeidig und süßlich sein, mit einer Rundlochung von Erbsgröße bis Großkirschengröße (infolge der Zugabe von Propionsäurekulturen). Erst nach der Reifung werden die ca. 12 Kilogramm großen Blöcke auf Handelsgröße halbiert.

⇨ Der Käse nach Holländer-Art reift fünf Wochen und hat 35 % F.i.T. Er ist milder als der Bergbaron.
⇨ Der Gouda reift fünf Wochen und hat 45 % F.i.T. Er ist etwas kräftiger als der Holländer.
⇨ Der Edamer reift ebenfalls fünf Wochen, hat 45 % F.i.T. und ist im Idealfall geschmeidig und leicht schmelzend. (ph)
Molkereigenossenschaft Feldkirchen, A-5143 Feldkirchen, Tel. 0 77 48/23 43, Fax 22 60.

Gaflenz

Auf der B 121 (Weyerer Bundesstraße) fährt man von Amstetten nach Waidhofen an der Ybbs, nach weiteren zwölf Kilometern trifft man in Gaflenz ein. Zum Hof von Hugo Leichtfried kommt man, wenn man vor Gaflenz links über die Bahn in Richtung Oberland fährt. Gleich links ist es der dritte Hof. Zufahrt zu Franz Aschauer: Unmittelbar bevor die Straße links nach Oberland zu Hugo Leichtfried abzweigt, ist rechter Hand der Hof von Franz Aschauer zu sehen.

Wanderungen und Besichtigungen: Der Ort Gaflenz selbst hat keine historischen Besonderheiten vorzuweisen, die nahen Orte Waidhofen und Weyer dafür umso mehr. In Weyer gibt es ein Flößermuseum. Als Ziel für Wanderer bietet sich im Gebiet Gaflenz der Sonntagsberg an.

Gastronomie und Unterkünfte: Sehr zu empfehlen im nahen Waidhofen an der Ybbs ist das Türkenpfeiferl (Tel. 0 74 42/35 07). Ludwig Mader hat sich der verfeinerten bodenständigen Küche verschrieben, er kreiert auch immer wieder interessante Käsegerichte, wobei er den Käse bei Bauern der Umgebung einkauft.

Franz Aschauer: Gupferl und Striezerl vom Schaf

Bis zum Jahr 1985 hielt Franz Aschauer Schafe, um ihr Fleisch zu verkaufen. Schaffleischzucht ist aber seiner Ansicht nach keine recht rentable Sache, darum begann er, auf Milchtiere umzustellen - derzeit sind es 130 Muttertiere - und versuchte es mit der Käseproduktion. Von Anfang an machte Franz Aschauer aus der gesamten anfallenden Milch ausschließlich Frischkäse, sogenannte Gupferl und Striezerl, denn diese sind einfach in der Herstellung, erfordern keine Reifung und die Kapitalbindung ist praktisch null. Beim Käsen hilft ihm tatkräftig seine Mutter, denn immer wieder fallen Feldarbeiten an oder die Ware muß nach Wien geliefert werden.
Der Absatz gab jedenfalls nie Anlaß, die Palette zu ändern, denn wie

Franz Aschauer es ausdrückt: "Der Käse geht so weg." Aufgrund des günstigen Verkaufspreises nehmen ihm allein die Inzersdofer Großhändler am größten Umschlagplatz für Gemüse in Wien 60 Prozent des Schafkäses ab. Der Rest geht an Restaurants in der Umgebung und an Wiener Spezialitätengeschäfte.

Franz Aschauer ist nicht Mitglied bei einem der Ernteverbände, weil er glaubt, daß ihm ein Beitritt keinen Marktvorteil verschaffen würde, und er außerdem nicht ganz auf Kraftfutter für die Schafe verzichten will.

Franz Aschauer, A-3334 Gaflenz, Oberland 1, Tel: 0 74 46/527. Ab-Hof-Verkauf gegen tel. Anmeldung. Die Käse gibt es im Restaurant Türkenpfeiferl in Waidhofen, in Wien im Käseland am Naschmarkt, bei Vidoni am Landstraßer Markt und bei Seeber am Brunnenmarkt.

Hugo Leichtfried: Käse von Charlys Ziegenherde

Im Hauptberuf ist Hugo Leichtfried bei der Post beschäftigt, aber als ausgeprägtes Hobby betreut er mit seiner Freundin 70 Ziegen, darunter sind 42 Muttertiere. Sie gehören zur Rasse der Deutschen Edelziege weiß und bunt, ihr Anführer trägt den Namen Charly, ist gleichzeitig Liebling der Familie und versteht es, sich bei jeder Gelegenheit in Szene zu setzen. Erzeugt wird Frischkäse, Ziegenmolkenkäse, gesalzener Ziegenhartkäse und Ziegencamembert.

Ein großes Problem für Hugo Leichtfried war lange Zeit der Absatz seiner Käse, denn in der Umgebung gibt es zu wenig Nachfrage. Andererseits ist er aber auch ein Verfechter der Nahversorgung. Also haben sich neun Bauern zusammengetan und unter dem Titel "Lebensqualität vom Bauernhof" zwei Biogeschäfte gegründet, sozusagen als erweiterten ab-Hof-Verkauf. Außerdem schafften sich die neun Bauern einen Kühlwagen an, mit dem sie Ballungszentren wie Wien und St. Pölten beliefern. Kindergärten und Schulen lädt Hugo Leichtfried gerne zu Exkursionen ein. Seit drei Jahren ist er Mitglied bei "Erde und Saat." (ph)

Hugo Leichtfried, A-3334 Gaflenz, Oberland 12, Tel. 0 74 46/366. Verkauf ab Hof und in den Bioläden "Lebensqualität vom Bauernhof": A-3340 Waidhofen, Ölberggasse 6 und A-4400 Steyr, Horatzmüllerstraße.

Garsten

Der Ort grenzt direkt an Steyr. Man nimmt auf der Westautobahn A 1 die Abfahrt Enns und fährt dann die B 115 (Eisen Bundesstraße) nach Steyr und ein kleines Stück weiter ins Ennstal.

Milchhof Steyr:
Feiner Schafkäse aus der großen Holländer-Käserei

Im Gebäude des einstigen Stifts Garsten ist jetzt eine Strafanstalt untergebracht - und daneben der Milchhof Steyr. Als letztes Relikt der sakralen Nutzung findet man direkt hinter dem Molkereigebäude einen Torbogen mit dem Bild von Abt Berthold - das Tor wirkt zwar reichlich deplaziert, doch muß man froh sein, daß wenigstens diese Mauerreste bis zum heutigen Tag erhalten geblieben sind.

Im Milchhof Steyr wird seit 1966 Käse erzeugt. Damals wurde die Molkerei Wolfern übernommen und damit auch die Produktion von Geheimratskäse und Edamer.

Der Unterschied zwischen diesen beiden Kuhmilch-Käsesorten der Holländer-Type liegt im Gewicht: ein Geheimratskäse wiegt 200 bis 300 Gramm, ein Edamer bis zu zwei Kilogramm. Beide haben Kugel- oder Laibform und sind mit rotem Paraffin überzogen. Nicht weniger als 40 Prozent der Jahresproduktion von 1,7 Millionen Kilogramm werden exportiert: nach Australien, Kanada, Spanien, Griechenland und Zypern - zum Teil als "Wiener Geheimratskäse", mit einem Fiaker als Emblem, ein Kuriosum für einen oberösterreichischen Käse.

Mitte der achtziger Jahre ging der Milchof Garsten dazu über, in zunächst kleinen Mengen Schafmilch von Bauern der Umgebung zu übernehmen. Diese Nischenproduktion ist inzwischen ein Aushängeschild der Molkerei geworden, und in der Woche werden 600 Liter Milch verarbeitet: zu Joghurt, Frischkäse und dem Doppelschimmelkäse Ennstaler Blu.

Gerhard Hanslik, ein Jahrgang 1960 und verantwortlich für den Schafkäse, war von Anfang an dabei und ist der Vater des Erfolgs. Mit Akribie und Besessenheit kämpft er um die qualitative Spitze, die er - nach seinem eigenen bescheidenen Urteil - Anfang der neunziger Jahre erreicht hat.

Werfen wir einen Blick auf die Palette dieser ausgezeichneten Schafkäse:

Den Frischkäse gibt es in zwei Varianten, beide in Gupf-Form: Der "Schaffrischkäse" zu 100 Gramm ist aus hundert Prozent Schafmilch, der "Mischkäse" zu 150 Gramm aus 60 Prozent Schafmilch und 40 Prozent Kuhmilch.

Dazu kommt dann noch der "Yppstaler Schafkäse in Rolle". Die Milch stammt von Karl Winkelmayer in Hollenstein an der Ybbs, gekäst wird im Sommer direkt beim Bauern, im Winter in der Molkerei - aus gefrorener oder getrockneter Milch. Das Verfahren ist überaus heikel und wird in Österreich nur von wenigen beherrscht. Es bringt aber bei einer entsprechenden Erfahrung hervorragende Qualitäten.

Der Ennstaler Blu ist ein ausgezeichneter Doppelschimmelkäse aus Schafmilch - außen mit Weißschimmel, innen mit Blauschimmel. Er besticht durch seine geschmeidige, fast cremige Konsistenz und durch seine feine Note. (rs)

Milchhof Steyr, A-4451 Garsten, Klosterstraße 1-7, Tel. 0 72 52/533 35, Fax 575-31. Obmann: Franz Riedl, Leiter: Ing. Ernst Wallner, Betriebsleiter: Karl Stadlbauer. Die Schafkäse werden von Harald Karner vertrieben, den Ennstaler Blu gibt es auch über Fredis Käslädele und über die Firma Mostviertler Bauernspezialitäten.

Geinberg

Der Ort liegt zwischen Ried im Innkreis und Braunau. Von Braunau aus fährt man auf der B 148 bis Altheim (17 Kilometer). Von dort sind es vier Kilometer bis nach Geinberg. Zur Molkereigenossenschaft gelangt man, wenn man vor Geinberg links abzweigt und den "Lagerhaus"-Schildern folgt. Man kommt dann zur Bahn, der entlang man direkt zur Molkerei fährt.

Wanderungen und Besichtigungen: Die leicht hügelige Gegend eignet sich besonders für ausgedehnte Radwanderungen. Innviertler Volkskunde bringt einem das Veichtlbauer-Museum in Ried im Innkreis näher. Der von barocken Giebelhäusern umgebene Hauptplatz ist sehr schön und typisch für diese Region. Ein Beispiel der Münchner Hofbaukunst ist das Schloß in Aurolzmünster aus dem Jahre 1711.

Gastronomie und Unterkünfte: Der Bauböck in Gurten ist ein empfehlenswertes Gasthaus, in dem man auch übernachten kann (Tel. 0 77 57/62 02). In Ried kann man Beim Fuchsl gut essen (Tel. 0 77 52/26 36). Wesentlich traditioneller geht es in Andrichsfurt beim Moar Sepp zu, einem sehenswerten alten Wirtshaus am Land (Tel. 0 77 50/302). Verkehrsbüro Braunau: Tel. 0 77 22/26 44.

Molkereigenossenschaft Geinberg: Ein Käsegigant mit Vielfalt

Geinberg ist die zweitgrößte Käserei Österreichs. Rund 5.000 Tonnen Käse werden jährlich im Schichtbetrieb erzeugt und ein Umsatz von 520 Millionen Schilling erwirtschaftet. Seit 1948 ist der Betrieb eine reine

Genossenschaftskäserei. Ursprünglich gehörte sie zu Schärdinger, jetzt zur AMF. 1972 wurde der Betrieb neu adaptiert. Die Molkerei Orth ist in der Genossenschaft Geinberg aufgegangen. Anfang 1993 wurde mit Verhandlungen begonnen, die zum Ziel haben, die Milchlieferung der Bauern an die Gesnossenschaftsbetriebe abzusichern. Vermutlich werden sich dabei die Genossenschaften Geinberg, Feldkirchen, Ried und Taufkirchen (Buttererzeugung), Münzkirchen, Dorf, Peuerbach und Pram zusammenschließen. Dennoch hält der Betriebsleiter von Geinberg, Franz Hörantner, zu große Zusammenschlüsse für falsch. "Hier (gemeint ist Geinberg) hat der Bauer noch einen Bezug zur Molkerei." Hörantner sieht Geinberg als Schwerpunktbetrieb, der für eine große Region Verantwortung trägt.

Erzeugt wird ausschließlich Schnittkäse. Geinberg hat das größte Produktsortiment unter Österreichs Käsereien. Es setzt sich wie folgt zusammen:

⇨ Österreichischer Tilsiter: Stangenkäse mit 35 % und 45 % F.i.T., wird mit Rotschmiere behandelt und reift vier bis fünf Wochen. Er ist recht geschmeidig und leicht säuerlich im Geschmack,

⇨ Traungold: wird im Block erzeugt (süßlich von der Propionsäuregärung), mit 25 % und 45 % F.i.T., reift sieben bis acht Wochen in der Folie. Traungold schmeckt süßlich nussig, trocken und weist eine recht gute geschmackliche Dichte auf.

⇨ Jausenkäse: mit 45 % F.i.T., fünf bis sechs Wochen in der Folie gereift (wird anders verpackt auch nach Spanien geliefert).

⇨ Mondseer: mit 45 % F.i.T., vier bis fünf Wochen gereift und mit Rotschmiere behandelt. Der Mondseer ist der Exportschlager. Er ist weich und schmeckt zart säuerlich.

⇨ Rauchkäse: ein Mondseer, der kalt geräuchert und paraffiniert wird und vier bis fünf Wochen reift. Er schmeckt rauchig und weist einen leicht säuerlichen Ton auf.

⇨ Prälatenkäse: Die Rezeptur wurde aufgrund alter Aufzeichnungen des Stiftes Reikersberg entwickelt. Der Käse hat 50 % F.i.T., er reift fünf bis sechs Wochen. Die Laibe werden plastifiziert, d.h. sie werden einmal pro Woche mit flüssigem Eiweiß bestrichen. Der Prälatenkäse schmeckt sehr cremig, voll und rund, mit einem leichten Anklang eines säuerlich-bitteren Tons.

⇨ Weißkäse in Olivenöl.

⇨ Atika: Weißkäse in Salzlake (Typ Feta, aber aus Kuh-, nicht aus Schafmilch).

Rund 35 Prozent der Produktion gehen in den Export. Hörantner: "Mit unseren Sorten fürchte ich mich nicht vor den EG. Unsere Mengen sind nicht so groß, als daß man sie nicht unterbrächte." Verkauft wird über die AMF. Diese bestellt die Ware, die dann nach Linz geliefert und dort zugeschnitten und verpackt wird. (ph)

Molkereigenossenschaft Geinberg, A-4943 Geinberg, Moosham 10, Tel. 0 77 23/24 25-0, Fax DW 28 62.

Gmunden

In den bekannten Kurort am Traunsee, der, bis die Eisenbahn gebaut wurde, das Zentrum des Salzhandels war, gelangt man über die Westautobahn A 1, Abfahrt Regau. Von dort sind es nur noch fünf Kilometer. Zur Molkereigenossenschaft gelangt man, wenn man bis zur Ampel beim ÖAMTC fährt, weiter Richtung Salzkammergut, nach der Überführung rechts (Ausfahrt Gmunden) bis zur Bahnhofstraße, dort wieder rechts, nach 200 Metern wieder rechts (nicht über die Bahn) und dann noch weitere 300 Meter geradeaus.

Wanderungen und Besichtigungen: Einen Besuch lohnen das Rathaus (16. Jahrhundert) mit seinen zahlreichen Lauben und einem Keramikglockenspiel, die Pfarrkirche (1678) und die Spitalkirche. Eines der bekanntesten Motive ist Schloß Orth, im Westen von Gmunden, das in den Traunsee gebaut wurde und über eine 130 Meter lange Brücke zu erreichen ist. Ausflugsziele sind der Grünberg und, etwas entfernter schon, das Almtal (Wildpark).

Gastronomie und Unterkünfte: Das Waldhotel Marienbrücke in Gmunden ist für seine Speisen und für Übernachtungen zu empfehlen (Tel. 0 76 12/40 11), in Ohlsdorf gilt selbiges für den Asamer (Tel. 0 76 12 /472). Käse kann man beim Brandstätter am Graben kaufen.

Molkereigenossenschaft Gmunden: Käse für die Schweizer

Die Gmundner Molkerei ist eine der großen österreichischen Molkereien. Sie wurde vor 60 Jahren von Bauern aus Altmünster und Traunkirchen gegründet und hat mittlerweile ein Einzugsgebiet, das, seit der Verschmelzung mit der Vorchdorfer und der Vöcklamarkter Molkerei, rund 2.200 Lieferanten rings um den Traunsee umfaßt. Pro Jahr werden 70 Millionen Kilogramm Milch verarbeitet, woraus unter anderem über 3.500 Tonnen Käse entstehen. Neben Käse wird vor allem Frischmilch, Hitghurt, Jogurella und Fru Fru erzeugt. Das ergibt einen jährlichen Umsatz von 460 Millionen Schilling.

Hauptsorten sind Traunseer Raclette, Gmundnerberg, Purbon, Schärdinger Toastkäse, Tilsiter und der neue Bad Ischler. Ein knappes Viertel davon wird exportiert, wobei die Schweiz mit den Käsesorten Traunseer Raclette und Fontina das Hauptabnehmerland ist. Eine kleine Menge Kefalotyri, ein salziger Schnittkäse, geht nach Griechenland.

Die Käsetraditon dieser Region ist recht lang, denn die hohen Niederschlagsmengen prädestinieren das Land nicht für den Ackerbau, sondern für die Viehzucht. Und aus dem Umstand heraus, daß Milch früher nicht gekühlt werden konnte und auch keine guten Transportwege vorhanden waren, kam man auf die Käseproduktion.

Eine Urkunde des Nonnenstiftes von Traunkirchen aus dem Jahre 1390 belegt die Verpflichtung der Bauern, die den Boden des Stifes gepachtet hatten, jeden Sonntag einen Laib Käse als Zins an das Stift abzuliefern. Noch bis in die Mitte dieses Jahrhunderts gab es vor allem auf den Almen des Salzkammergutes die Tradition, Käse auch warm zu essen, indem man den Leib in der Mitte aufschnitt und ans offene Feuer legte. Diese Käsetradition hat die Gmundner Genossenschaft mit dem Traunseer Raclette aufgenommen, und sie exportiert einen erheblichen Teil der Produktion in die Schweiz.

Im Schweizer Wallis, von wo auch der Name für diese Käsesorte stammt, wird traditionell viel Raclette gegessen. Mit der Konzentration der Schweizer Käsehersteller auf die bekannten Sorten Emmentaler, Greyerzer und Sbrinz blieb aber die Inlandsnachfrage ungedeckt, was wiederum den Gmundnern den Einstieg ermöglichte.

Daß der hier erzeugte Käse von erster Wahl ist, bezeugen auch Auszeichnungen wie der Titel "Käseweltmeister 1986/87" in Wisonsin/USA und ebendort die Prämierung des Raclette zum Sieger der Klasse "semi soft cheese with natural rind".

Der Raclette ist ein drei Monate gereifter, rahmiger, würziger, vollfetter Schnittkäse mit 55 % F.i.T. Er schmeckt am besten, wenn man ihn in ca. vier Millimeter starke Scheiben schneidet und im Rohr, im Grill oder in einem speziellen Elektroofen solange erwärmt, bis sich auf der gesamten Oberfläche Blasen bilden. Besonders delikat wird dabei die Rinde.

Der Gmundnerberg - ein österreichischer Fontina, der ebenfalls in die Schweiz exportiert wird - ist ein angenehm würziger Schnittkäse mit 45 % F.i.T. Er wird während der 100-tägigen Reifung mit Rotschmiere behandelt.

Der Bad Ischler ist ein in Folie gereifter Pinzgauer.

Außerdem wird noch Toastkäse erzeugt, dessen Name ohnehin alles über seinen Hauptzweck sagt und der in letzter Zeit allein auf Grund der neuen Namensgebung (Toastkäse eben) reißenden Absatz fand.

Familie Wührer
Almtaler Molkerei, Schloßkäserei Achleiten, Scharnstein
empfiehlt:

Almtaler Käsesuppe

Zutaten für 4 Personen

200 g Achleitner oder Achleitner Käsebruch, ca. 50 g Butter, ca. 40 g Mehl, 1 l Fleischbrühe (oder Wasser und 1 ½ Maggiwürfel), weißer Pfeffer, 1 Eigelb, Petersilie, Schnittlauch, Salz nach Bedarf, Sahne, wenn gewünscht - muß nicht sein.

Zubereitung

Mehl in Butter anschwitzen, mit Fleischbrühe aufgießen, unter ständigem Umrühren aufkochen. Käsebruch dazugeben und ca. 8 Minuten bei schwacher Hitze (umrühren) ziehen lassen. Von der Kochstelle nehmen, Eigelb verquirlen, Gewürze und Kräuter dazugeben. Weißbrotwürfel in Butter rösten und dazu bereiten.

Achleitner-Laibchen, die nicht einwandfrei rund oder verletzt sind, werden in der Almtaler Molkerei preisgünstig als Käsebruch verkauft und erfreuen sich großer Beliebtheit bei der Scharnsteiner Bevölkerung, die daraus Almtaler Käsesuppe macht. Außerhalb der Molkerei ist der Käsebruch natürlich nicht erhältlich, doch läßt sich das Rezept mit normalen Achleitner-Laibchen genauso gut realisieren. Je reifer der Käse ist, desto deftiger wird die Suppe. Familie Wührer empfiehlt, einen Käse mittlerer Reife zu verwenden. (rs)

Almtaler Molkerei, Schloßkäserei Achleiten, Wührer & Co. Mühldorf 56, A-4644 Scharnstein, Tel. 0 76 15/2311.

Käsemacher in Oberösterreich

Die Produktionsanlage in Gmunden ist enorm. Es ist die erste vollautomatische Käsereianlage im deutschsprachigen Raum. Sie wird im Schichtbetrieb gefahren und verkäst bis zu 15.000 Liter Milch pro Stunde. Die Milch wird, wie bei allen Großanlagen (Emmentaler ausgenommen), pasteurisiert und zentrifugalentkeimt. Die Betriebsräume sind peinlich sauber, und als Besucher (dies ist ein ganz seltenes Privileg) muß man sich in einen weißen Mantel kleiden, Überschuhe und eine Haube tragen.

Als Mitglied der AMF wird ein Großteil der Gmundner Produktion über diesen Dachverband vertrieben, ausgenommen die nähere und weitere Umgebung von Gmunden, die von hier aus betreut wird. (ph)

Molkereigenossenschaft Gmunden: A-4810 Gmunden, Theresientalstr. 16, Tel. 0 76 12 /28 91, Fax DW 39. Neben dem Fabriksgelände ist ein Milchshop (geöffnet MO bis FR 7.30-12.30 Uhr, 15-17 Uhr, MI und SA 7.30-12 Uhr).

Grieskirchen

Den Ort erreicht man über die B 137 von Wels aus oder über die Abfahrt Menggenhofen der Westautobahn A 1. Von Wels kommend liegt die Firma Wieser vier Kilometer vor Grieskirchen, rechts neben der Straße, leicht zu finden, weil gleich daneben ein Siloturm steht.

Wanderungen und Besichtigungen: Schloß Parz besticht durch seinen wunderschönen Innenhof und die Fresken an der Außenfassade. Es handelt sich um die größte durchgehende Freskenfront nördlich der Alpen. In Schloß Tollet ist ein Bezirksheimatmuseum untergebracht. Sehenswert ist außerdem das unweit der Innkreis-Autobahn A 8 gelegene Wasserschloß Aistersheim.

Gastronomie und Unterkünfte: Ein hervorragendes Restaurant mit gehobener Küche ist Heinz Grabmers Gasthaus Zur Waldschänke in Grieskirchen (Kickendorf 15, Tel. 0 72 48/23 08). Sie steht wirklich am Waldesrand, sodaß man vor oder nach dem Essen ausgedehnte Spaziergänge unternehmen kann. Außerdem gibt es schöne Gästezimmer. Der Gasthof Zweimüller hat einen schönen Garten, außerdem kann man hier auch übernachten.

Gerald Wiesner: Kochkäse nach Art der Großmutter

In Grieskirchen hat man sich auf Kochkäse spezialisiert, eine Käseart, die auch in Frankreich und Mitteldeutschland bekannt ist. In Österreich ist Gerald Wiesner der einzige Käser, der Kochkäse in größeren

Mengen produziert (zusammen mit sechs Angestellten) und diesen auch in Handelsketten plaziert. Neben ihm gibt es nur noch einige Bauern, die ihn mehr oder weniger für den Eigenbedarf erzeugen. Schon Wiesers Vater begann mit der Produktion, und zwar in den dreissiger Jahren, damals noch in beheizbaren Waschkesseln. Ausgangsbasis für den Kochkäse ist Magermilchtopfen, der aus Weizenkirchen zugekauft wird. Dieser wird drei Tage lang gereift und unter Zusatz von Gewürzen (Kümmel) geschmolzen. In einer ersten Phase wird er auf 80 Grad Celsius erhitzt und in einer zweiten auf 120 Grad Celsius. In den folgenden Varianten gibt es den Wiesnerschen Kochkäse zu kaufen:

⇨ mit 45 % F.i.T., mit Kümmel gewürzt oder mit Kräutern,

⇨ mit 15 % F.i.T., mit Kümmel gewürzt (die Standardvariante, verkauft sich am besten),

⇨ mit 0 % F.i.T., dunkel, geht ins bräunliche,

⇨ mit 0 % F.i.T., nach Großmutters Art (vom frischen Topfen), geht mehr ins grünliche,

⇨ mit 15 % F.i.t. unter der französischen Bezeichnung für Kochkäse, Concoilotte, mit Knoblauch und grünem Pfeffer.

Der Kochkäse eignet sich zu einer Jause mit Butter. Viele würzen ihn nach eigenem Gutdünken noch etwas nach. (ph)

Gerald und Anita Wiesner, A-4710 Dingbach 13, Schlüsselberg, Tel. 0 72 48/27 46. Wiesner beliefert die Handelsketten Pam Pam, Meinl, Interspar, Merkur und Billa.

Kirchdorf

Der Ort liegt an der B 138 (Pyhrnpaß Bundesstraße), wenige Kilometer südlich von Schlierbach. Um zur Familie Heikenwälder zu gelangen, fährt man von Kremsmünster kommend durch Kirchdorf und zweigt nach dem Zentrum rechts auf die Straße nach Ottsdorf ab. Nach ca. einem Kilometer ist rechts der Hof der Heikenwälder zu sehen. Um zur Familie Rainer zu gelangen, fährt man von Kirchdorf in westlicher Richtung eine Straße über einen Bergrücken nach Grünburg. Auf dieser Strecke stößt man bald auf den Rainer-Hof. Kommt man von Schlierbach nach Kirchdorf, fährt man bei der ersten Ampel nach dem Zentrum links in Richtung Oberschlierbach. Nach 1,7 Kilometern sieht man rechter Hand das Logo "Ernte für das Leben" (Tips siehe unter Schlierbach).

Anni und Willi Heikenwälder, vlg. Gradn: Käse nach Art von Rudolf Steiner

Die Vielzahl an Käse, die Anni Heikenwälder herstellt, ist enorm. Das Angebot reicht von Gervais und Topfenaufstrich über Frischkäse mit verschiedener Würzung, Cremekugerln in Rapsöl und Mozarella bis zu Weißschimmelkäse. Der Schwerpunkt liegt bei Camembert und Brie - sie verdienen wirklich eine große Aufmerksamkeit. Die sechs bis acht Wochen gereiften Käse sind cremig-rahmig und von subtiler Feinwürzigkeit. Die Ausgangsbasis für sämtliche Käse ist unpasteuriesierte Vollmilch. Sie wird mit Säurebakterien versetzt und nur ein wenig eingelabt. Das Know-how hat sich Anni Heikenwälder im großen und ganzen selbst erarbeitet. Wie sie uns erzählt, dauerte es lange, bis sie die Feinheiten der Camembert-Herstellung erlernt hatte. Viele Einflüsse, die man nicht leicht isolieren kann, spielen eine Rolle. Wußte Anni einmal nicht weiter, rief sie den ehemaligen Käsereimeister Hans Ottendorfer zu Hilfe, für viele kleine Käsererzeuger in Oberösterreich der rettende Strohhalm in höchster Not - wenn sie nicht mehr wissen, warum ihr Käse "nicht richtig tut" (Tel. 0 75 82/81 3 64). Die Heikenwälders sind konsequente Leute, in jeder Hinsicht. Genauso wie die Käserei bestens eingerichtet ist, so haben auch die 24 Kühe einen regelrecht komfortablen Stall, und genauso wenden sie sowohl in der Tierhaltung wie auch im Landbau sehr strenge Richtlinien an. Seit 1989 wirtschaften sie organisch-biologisch und seit 1992 biologisch-dynamisch. Damit sind sie eine der ganz wenigen Käseerzeuger in Österreich, die dem Demeterbund angehören und nach den von Rudolf Steiner entwickelten Methoden arbeiten. (ph)

Anni und Willi Heikenwälder, A-4560 Kirchdorf, Ottsdorf 16, Tel. und Fax 0 75 82/24 20. Ab-Hof-Verkauf nur gegen tel. Voranmeldung. Die Käse gibt es auch in IG-Naturkostläden in Kirchdorf, Gmunden, Schwanenstadt, Windischgarsten, Linz, Wels, Steyr, Salzburg und Wien.

Gertraud und Michael Rainer: Mit der Größe steigt die Nachfrage

Die Landwirtschaft der Rainers umfaßte noch 1982 nur zwei Hektar. Als ihnen damals mehr Land angeboten wurde, war dies der Auftakt zum Einstieg in den Vollerwerb und zum Übergang zu schonenden Methoden, die auch die eigene Gesundheit zum Ziel hatten. 1985 kaufte

Maria Rainer drei Schafe und ist heute bei einer Anzahl von 40 Muttertieren angelangt. 1989 erfolgte der Beitritt zu "Ernte für das Leben." Die Nachfrage nach 100%-iger Schafmilch ist wesentlich stärker als erwartet. "Je größer wir werden, und je größer damit auch der Bekanntheitsgrad wird, umso größer wird die Nachfrage." Um mit der Zeit mithalten zu können und um für EG und zukünftige Gesetzesänderungen gerüstet zu sei, haben die Rainers viel investiert. Ein moderner Melkstand wurde angeschafft, ein neuer Käseraum ist in Planung, und die Tiere stehen in einem sogenannten Fressliegeboxenlaufstall. Erzeugt wird neben Joghurt und Topfen (auch von der Kuh) ausschließlich Frischkäse. Reinen Schafkäse gibt es in Öl eingelegt, Mischkäse auch gewürzt (mit Kräutern, Knoblauch etc.). (ph)

Gertraud und Michael Rainer, A-4560 Kirchdorf an der Krems, Seebach 34, Tel. 0 75 82/31 59. Der Ab-Hof-Verkauf ist nicht zeitlich beschränkt - "De Leit kum'n eh wann's woin." Neben Käse verkaufen die Rainers noch Lammfleisch und Lammwurst, Schafwolle und Brennholz. Verkauft wird auch auf Märkten: SA Vormittag am Schlierbacher Bauernmarkt, MO Vormittag am Kirchdorfer Wochenmarkt, FR Nachmittag am Bad Haller Bio-Bauernmarkt, weiters in der Bäckerei Schaider in Kirchdorf, im Naturkistl Rohrauer in Leonstein und über die Hofmarke in Schlierbach (sie ist Teil der IEK, "Innovative-Erzeuger-Gemeinschaft Kremstal", und vertreibt Lebensmittel aus bäuerlichen Betrieben, Kontakt: A-4553 Schlierbach 13, Tel. 0 75 82/813 97 13, Fax 811 4 8 22).

Laakirchen

Der Ort liegt zehn Kilometer nördlich von Gmunden an der B 144, in unmittelbarer Nähe zur Westautobahn A 1, Abfahrt Steyrermühl. Zu Josef Reiter gelangt man, wenn man bei Vorchdorf von der Westautobahn A 1 abfährt, sich Richtung Kirchham hält, dort nach Laakirchen abbiegt und nach zwei Kilometern rechts nach Ülling/Überhülling fährt. Dann geht es durch Ülling durch und vor dem letzten Haus rechts nach Überhülling. Man fährt über einen Hügel und kommt zu drei Häusern, das linke ist der gesuchte Hof.

Gastronomie und Unterkünfte: Sehr zu empfehlen ist das Waldhotel Marienbrücke in Gmunden, im Restaurant kann man auch gut speisen (Tel. 0 76 12/40 11), in Ohlsdorf gilt dies für den Asamer (Tel. 0 76 12 /472). Im Restaurant des Golfclubs Laudachtal in Kirchham gibt es eine ausgezeichnete Küche (Tel. 0 76 19/25 76 12). Kurverwaltung Gmunden: Tel. 0 76 12/43 05.

Josef und Hermine Reiter.
Von Ziegenlilli und Ziegenbert

Das lateinische Wort *capra* für *Ziege*, sagt Josef Reiter, ist die Wurzel für das Wort *capriziös*. Denn: "Die Ziegen sind feinfühlig, empfindlich und launisch." Irgendwie aber scheint der eher besonnen wirkende Josef Reiter doch einen Narren an den *caprae* gefressen zu haben: nicht weniger als 40 Muttertiere zählt er zu seiner Herde. Seit 1987 erzeugt er Käse: Ziegengervais, Ziegenfrischkäse als Gupf und in Öl, Schnittkäse pur oder mit Kräutern. Auch ein milder geräucherter Ziegenschnittkäse und ein Toastkäse finden sich in seiner Palette, sowie ein sogenannter Schichtkäse (eine fette und eine magere Schicht werden abwechselnd übereinander gegeben, wobei der Bruch nicht geschnitten wird). Zur Sicherheit vor Keimen wird die Milch vor der Verarbeitung 1/2 Stunde lang auf 60 bis 65 Grad Celsius thermisiert.

Vor allem Kuhmilch-Allergiker sind seine Kunden. Die Konsumenten seien insgesamt vorsichtiger geworden, dafür bewußter, sagt Josef Reiter. Hinsichtlich des Absatzes geht er seit kurzem neue Wege. Weil den kleinen Produzenten die normalen Verkaufsschienen nicht offen stünden, hat er eine Kooperation initiiert. Die Milch von rund 30 Ziegenhaltern soll gesammelt, gemeinsam verkäst und vermarktet werden. In der Klosterkäserei Schlierbach soll ein Ziegencamembert entstehen, der unter dem Namen Ziegenbert in den Verkauf geht. In Scharnstein, wo der Achleitner erzeugt wird, soll ein Rotschmierekäse aus Ziegenmilch gekäst werden, die sogenannte Ziegenlilli (Namen ohne Gewähr, denn die Namensgebung war bei unserem Besuch noch nicht abgeschlossen). (ph)

Josef und Hermine Reiter, A-4663 Laakirchen, Überhülling 3, Tel. 0 76 13/50 47. Verkauf: ab Hof und FR Nachmittag am Bauernmarkt im Lagerhaus in Ohlsdorf/Gmunden.

Linz

Die Hauptstadt von Oberösterreich ist über die Westautobahn A 1 zu erreichen. Um zu Maria Hossinger zu gelangen, fährt man von Linz Richtung Altenberg, ca. 500 Meter nach dem Uni-Gelände zweigt links der Güterweg Schatz ab. Nach einem Kilometer kommt man zu dem großen Hof der Hossinger.

Wanderungen und Besichtigungen: Linz ist trotz der nahen Großindustrie eine wunderschöne Stadt. Sehenswert sind die Stadtpfarrkirche

Mariä Himmelfahrt, die Ignatiuskirche, die "Altstadt"-Gasse, das Schloßmuseum, die Zisterzienserabtei Wilhering bei Linz etc, hörenswert die Konzerte im Brucknerhaus (Brucknerfest und Ars Electronica).

Gastronomie und Unterkünfte: Von den zahlreichen ausgezeichneten Restaurants wollen wir hier nur die Kremsmünsterer Stuben (Altstadt 10, Tel. 07 32/28 21 11) hervorheben, und ein einfaches Gasthaus, das vom früheren Allegro-Chef G. W. Hager geführt wird: der "Stadtwirt" Ecke Landstraße/Bismarckstraße (Tel. 0 73 2/27 31 65).

Maria Hossinger: Ziegerlkas von der Kuh

Seit drei Jahren macht Maria Hossinger den sogenannten Ziegerlkas nicht nur für den Hausgebrauch, sondern verkauft ihn auch am Markt. Sie läßt damit eine alte Mühlviertler Tradition wieder aufleben, die fast völlig in Vergessenheit geraten ist.

Der Ziegerlkas wird aus Topfen hergestellt, der mit Salz und Kümmel gewürzt ist. Maria Hossinger formt kleine Laibchen und läßt sie trocknen, indem sie diese unter einen Dunstabzug legt. Dann wäscht sie die Laibchen mit verdünntem Mostessig, läßt sie wieder trocknen und anschließend ein bis zwei Wochen reifen. Außen ist der Ziegerlkas dann glasig, während er innen noch einen topfigen Kern hat. Der säuerlich schmeckende Käse hält sich noch zwei weitere Wochen im Kühlschrank.

Diesen einfachen Käse hat man früher in vielen bäuerlichen Haushalten zur Eigenversorgung hergestellt. Seinen Namen hat der Käse wohl von seiner Ziegelform, die früher gebräuchlich war. Maria Hossingers Ziegerlkas ist laibförmig, doch erinnert sie sich, daß das früher anders war. "Ich habe mich für die Laibform entschlossen, weil er so schneller reift." Wenn sie den Ziegerlkas am Markt verkauft, nennen ihn viele Leute auch "Bauernquargel". (ph)

Maria Hossinger, Hofbauerweg 1, A-4040 Linz, Tel: 0 7 32/ 25 40 90. Verkauf ab Hof DO, sonst gegen tel. Anmeldung. FR Vormittag findet man Maria Hossinger mit ihrem Ziegerkas am Südbahnhof-Markt in Linz.

Loibichl

Der Ort liegt nahe des östlichen Ufers des Mondsees, direkt neben der Westautobahn A 1 und ist fünf Kilometer von Mondsee entfernt. Die Käserei liegt mitten im Ort, nahe der Kirche. (Die Zufahrt von der Autobahnraststätte ist zwar möglich, aber wohl nicht legal.)

Käsemacher in Oberösterreich

Wanderungen und Besichtigungen: Diese Region ist wegen ihrer vielen Seen einer der beliebtesten Urlaubsorte Österreichs. Im Zentrum von Mondsee steht ein ehemaliges Benediktinerstift aus dem Jahre 748. In der gotischen Stiftskirche ist vor allem die barocke Ausstattung sehenswert.

Gastronomie und Unterkünfte: Mondsee ist reich gesegnet an hervorragenden Restaurants, darunter das Cantagallo (Tel. 0 62 32/22 54), La Farandole, wo es Kürnberger Schafkäse gibt (Tel. 0 62 32/34 75), dem Plotheger im Golfclub (Tel. 0 62 32/44 38-23) und dem genialen, aber launischen Eschlböck (Tel. 0 62 32/29 12-0).

Molkereigenossenschaft Loibichl: Emmentaler aus bester Milch

Die Molkereigenossenschaft Loibichl wurde im Jahre 1937 von nur wenigen Bauern gegründet. Heute sind es 220 Mitglieder mit einem durchschnittlichen Aufkommen von 27.000 Litern Milch pro Bauer und Jahr - und das bei der besten Milchqualität Österreichs, gemessen an Keimzahl (Hygiene) und Zellzahl (Eutergesundheit), wie uns Johann Kühleitner anhand der letzten veröffentlichten Molkereistatistik zeigt.

Hier paßt einfach alles: Loibichl liegt in einem Silosperrgebiet, und der Betriebsleiter, Johann Kühleitner, war bis zu seinem 20. Lebensjahr selbst Bauer. So hat er einen guten Draht zu den Genossenschaftsmitgliedern, die seine hohen Qualitätsansprüche voll mittragen. Und deshalb wollen wir von den rund zwölf Emmentalerkäsereien in Oberösterreich - sie alle liegen im Umfeld des Salzburger Flachgaus - die Molkereigenossenschaft Loibichl an dieser Stelle ausführlich beschreiben.

In drei großen kupfernen Käsefertigern werden täglich 22.000 Liter Rohmilch verkäst. Erzeugt wird der Emmentaler hier in seiner klassischen Laibform mit rund 80 Kilogramm Gewicht und mindestens zehn Wochen Reife, aber auch in der vom Handel forcierten Blockform - er ist leichter zu portionieren.

Der Käse reift mindestens zehn Wochen, aber Kühleitner und seine Mitarbeiter, darunter auch sein Sohn, machen sich ein Hobby daraus, den Käse auch länger reifen zu lassen. Vielleicht haben Sie beim Einkauf das Glück, auf einen solchen zu stoßen (er ist nicht ausdrücklich gekennzeichnet). Der Käse wird dann würziger und ist am Gaumen zartschmelzend. Doch auch der normal gereifte Emmentaler schmeckt ausgezeichnet: er ist geschmeidig im Teig, süßlich-nussig und fein-würzig im Geschmack.

Käsemacher in Oberösterreich

In Österreich, so glaubt Johann Kühleitner, wurde der Emmentaler kaputtgemacht, weil früher die gute Ware exportiert und nur der scharfe Käse im Inland behalten wurde. Dadurch glauben auch heute noch viele, Emmentaler sei scharf, was eine Kostprobe eindeutig widerlege. Weiters sei durch die Forcierung von Marken wie "Bergbaron" - nicht aus silofreier Milch, nur kurz gereift und im Geschmack sehr mild - eine enorme Konkurrenz entstanden.

Kühleitner meint, daß man Emmentaler - weil er in der Produktion relativ teuer ist - nur über Qualität verkaufen könne, und er schlägt vor, die silofreien Gebiete in Österreich besser zu schützen. Außer in Österreich gebe es solche zusammenhängenden Gebiete nur noch in der Schweiz, im Allgäu seien sie bereits zerstückelt worden. Und weil sich 1991 ein österreichischer Bauer in der Erwerbsfreiheit behindert sah, erwirkte er ein Verfassungsgerichtsurteil, welches auch Bauern in silofreien Gebieten die Silagefütterung erlaubt. Dadurch haben aber die betroffenen Molkereien zusätzliche Kosten, weil sie die Milch getrennt einsammeln und verarbeiten müssen.

Tatsächlich haben zwei Bauern der Genossenschaft Loibichl mit Silagefütterung begonnen. Zufall, daß es gerade die beiden größten Bauern waren?

Bei schlechter Silage können Buttersäurebakterien entstehen, die selbst durch Pasteurisieren und Zentrifugalentkeimung aus der Milch nicht völlig beseitigt werden können. Letzter Ausweg ist dann die Beigabe von Salpeter, um das Risiko einer Fehlproduktion auszuschließen. Daß auf der Verpackung solcher Käse die Verwendung von "Käsereisalzen" (und nicht von Salpeter) vermerkt ist, wird wohl von Kühleitner zu Recht als ein Euphemismus angesehen. (ph)

Käsereigenossenschaft Loibichl, A-5311 Loibichl 83. Tel. 0 62 32/21 01. Vertrieben werden die Produkte der Loibichler Genossenschaft über den Dachverband AMF. Im Genossenschaftsgebäude ist auch eine kleine Verkaufsstelle eingerichtet.

Neumarkt im Hausruckkreis

Der Ort liegt nordöstlich von Grieskirchen, Anfahrt über die Westautobahn A 1, beim Knoten Haid zweigt man ab auf die A 25, dann kurz die A 8 (Innkreis-Autobahn), Abfahrt Pichl, über die B 135 (Gallspacher Bundesstraße) Richtung Grieskirchen, dann die B 137 (Innviertler Bundesstraße) Richtung Neumarkt. Vor einer kleinen Brücke zweigt man links ab.

Rezepte mit Käse

Ziegenkäse im Speckhemd

Zutaten für 4 Personen
1 Rolle Ziegenfrischkäse (eher fest), 150 g Schinkenspeck.

Zubereitung
Die Ziegenkäse-Rolle in gleichmäßige 1 cm dicke Scheiben schneiden und mit je 2 Scheiben Schinkenspeck umwickeln. Entweder in einer Pfanne mit etwas Öl herausbraten, oder im Rohr bei 250°C rund 10 Minuten brutzeln lassen.

Bischofshofener Würstchen

Zutaten für 4 Personen
8 kleine Würstchen (Partywürstchen), 150 g Ziegett, drei kleine feste Tomaten, 150 g Hamburger Speck, möglichst dünn geschnitten.

Zubereitung
Die Würstchen der Länge nach durchschneiden und mit 1 Scheibe Ziegett und einer Scheibe Tomate füllen. Mit Speck umwickeln, mit 2 Zahnstochern fixieren, am Grill oder im Rohr anbraten.

Schafkäse-Palatschinken

Zutaten für 4 Personen
Teig: 3 gehäufte Eßlöffel glattes Mehl, 1 Eidotter, etw. Mineralwasser. Fülle: 150 g Schaffrischkäse (gepreßt), Petersilie und Thymian, 2 Tomaten, Olivenöl.

Zubereitung
Einen dickflüssigen Teig bereiten, dünne Palatschinken (Durchmesser 10 cm) herausbacken. Schafkäse zerkleinern, mit den Kräutern vermischen, auf die Palatschinke legen und diese zusammenklappen. In einer feuerfesten Schüssel bei 180°C im Rohr ca. 10 Minuten erhitzen. Vor dem Servieren mit Olivenöl beträufeln und mit Tomatenwürfel garnieren.

Wanderungen und Besichtigungen: Schloß Parz besticht durch seinen wunderschönen Innenhof und die Fresken an der Außenfassade. Es handelt sich um die größte durchgehende Freskenfront nördlich der Alpen. In Schloß Tollet ist ein Bezirksheimatmuseum untergebracht. Sehenswert ist außerdem das unweit der Innkreis-Autobahn A 8 gelegene Wasserschloß Aistersheim.

Gastronomie und Unterkünfte: Ein hervorragendes Restaurant mit gehobener Küche ist Heinz Grabmers Gasthaus Zur Waldschänke in Grieskirchen (Kickendorf 15, Tel. 0 72 48/23 08). Sie steht wirklich am Waldesrand, sodaß man vor oder nach dem Essen ausgedehnte Spaziergänge unternehmen kann. Außerdem gibt es schöne Gästezimmer.

SIRIUS Feinkäserei Wild: Vom Volkscamembert zum fashionablen ROSSO

Das Feinkostgeschäft Wild in der Wiener Innenstadt wollte eines Tages nicht nur feine Käse verschiedener Herkunft den Kunden anbieten, sondern auch selbst in die Produktion einsteigen. Deshalb sah sich Kommerzialrat Josef Wild sen. nach Kooperationspartnern um, und fand in Ing. Oskar Ritter von Raffay und Prof. Dr. Willibald Winkler (Universitätsprofessor an der Bodenkultur in Wien für das Fach Molkereiwesen und landwirtschaftliche Bakteriologie) zwei Interessenten, mit denen er 1904 in Neumarkt eine "französische Feinkäserei" aufzuziehen begann. Der Betrieb wurde zunächst in Pacht geführt, und schon 1911, kurz nachdem der Sohn von Josef Wild sen., Ing. Josef Wild, die Geschäftsführung übernommen hatte, konnte SIRIUS als Wort-Bild-Marke eingetragen werden. Zwei Jahre später erwarb die Familie alle Anlagen und fungiert seither als Eigentümer. Ein sichtbares Zeichen der Anerkennung war 1916 die Ernennung zum kaiserlich königlichen Kammerlieferanten durch Erzherzog Franz Salvator.

Von Anfang an hatten die Gründerväter ein Ziel im Auge: Sie wollten als erste in Österreich einen Camembert nach französischem Vorbild herstellen. Ein Vorhaben, das viele für nicht machbar hielten. Doch es gelang. Der Käse erfreute sich bald großer Beliebtheit.

SIRIUS wurde bald zum Synonym für Camembert. Man sagte im Geschäft: "Ich will einen SIRIUS!" und meinte: "Ich will einen Camembert!" Und die Neumarkter Privatkäserei reüssierte auch in anderen Bereichen der Milchverarbeitung. Eine Broschüre aus dem Jahre 1931 listet unter anderem folgende Produkte auf: Teebutter, Rahmtopf (vergleichbar mit unserer heutigen Crème fraîche), Romadur, oberösterreichischen Landl-Käs und ALPHORN (ein Schmelzkäse aus Emmentaler). Wenig bekannt ist, daß die Feinkäserei SIRIUS im Bereich Schmelzkäse sogar zu den Pionieren zählte. Hier wurde die erste Anlage Österreichs für die Erzeugung von Schmelzkäse errichtet, und zwar im Jahr 1923.

In den fünfziger Jahren leitete Kommerzialrat Peter Wild die Modernisierung des Betriebes ein, gleichzeitig erfolgte eine Spezialisierung auf Weichkäse. Durch diese unternehmerischen Akzente gelang es, den Erfordernissen des Marktes besser zu entsprechen.

Seit 1989, als Kommerzialrat Peter Wild plötzlich verstarb, leitet sein Sohn Mag. Florian Wild als geschäftsführender Gesellschafter den traditionsreichen Familienbetrieb. Seinem Betriebsleiter, Ing. Adolf Kleinferchner, läßt er freie Hand, und so kann dieser seine ganze Energie darauf konzentrieren, Tag für Tag den hohen Qualitätsanforderungen gerecht zu werden. Immerhin werden im Jahr aus 18,5 Millionen Liter pasteurisierter Milch rund 2.000 Tonnen Käse hergestellt.

Sirius Clou

Mag. Florian Wild - nach einem Intermezzo auf der Wiener Bodenkultur wechselte er zu Jus und wollte ursprünglich Richter werden - hat eine Vorliebe für den Geschäftsbereich Marketing entwickelt. So war es seine Idee, die Firmenbezeichnung zu ändern. Das Unternehmen nennt sich nun SIRIUS Feinkäserei Wild - nach seinem erfolgreichsten Produkt, dem "Volkscamembert" SIRIUS mit 45 % F.i.T. (Rahmcamembert mit 55 % F.i.T. wird auf Grund einer Produktabsprache nur von der

Molkereigenossenschaft in Vorchdorf erzeugt - und genauso wie der SIRIUS-Camembert unter dem Label "Schärdinger" von der AMF vertrieben.)

Außerdem hat sich Mag. Wild der Kreation neuer Sorten verschrieben. Vor kurzem wurden zwei ganz hervorragende neue Produkte am Markt lanciert: der SIRIUS CLOU und der SIRIUS ROSSO.

Der CLOU ist ein frischer Weichkäse mit einem topfigen zartschmelzenden Teig und natürlich frischem, leicht säuerlichem Geschmack. Der Käse hat eine hohe zylindische Form und ist in eine Art Strohmatte aus Kunststoff gehüllt. Somit erinnert er nicht nur im Geschmack, sondern auch im Aussehen an einen Chaource, und das ist ja wohl nicht die schlechteste Referenz.

Mag. Florian Wild wollte jedenfalls jenen zahlreichen Kunden eine Freude bereiten, die einen unreifen Camembert der Spitzenklasse lieben.

Sirius Rosso

Und das sind nicht wenige. Außerdem kann man ja beides mögen: einen überreifen, deftigen Rohmilch-Camembert und einen gut gemachten jungen Camembert aus pasteurisierter Milch.

Während der Chaource im Zuge der Reifung immer pikanter wird, hat das Pendant aus Neumarkt sozusagen die ewige Jugend gepachtet. Der Clou dabei ist die Verwendung besonderer Kulturen: Sie verrichten rasch ihre Arbeit und glänzen dann durch Faulheit. So bleibt der Käse möglichst lange frisch und jugendlich.

Eine weitere Innovation ist der feinwürzige SIRIUS ROSSO, eine Weichkäse-Spezialität mit Weißschimmel und Rotkultur. Im jungen Stadium ist der Teig fest, der Schimmel an der Oberfläche durchgängig weiß. Bei höherer Reife wird der Teig weicher, ja sogar leicht fließend, und an der Oberfläche kommt die Rotkultur stärker zum Vorschein. Im Geschmack dominiert je nach Reifegrad das zarte Weißschimmelaroma oder die pikante Rotkultur-Würze.

Ursprünglich wurde der Käse von Schärdinger als ROULETTE vertrieben, heute heißt der Käse SIRIUS ROSSO, und das Marketing hat Florian Wild höchstpersönlich in die Hand genommen. Nun kann jeder Genießer an Hand einer Reifeuhr am Schachtelboden den Reifezustand überprüfen: von der Produktion bis zur Gourmet-Reife.

Aber so innovativ der selbstbewußte Jungmanager auch sein man, so traditionsbewußt ist er, wenn es um das alte Firmensignet geht: eine stilisierte Sonne. Sie strahlt weiterhin auf allen Produkten des Hauses Wild. (rs)

SIRIUS Feinkäserei Wild GesmbH, Kenedingerstr. 1, A-4720 Neumarkt im Hausruckkreis, Tel. 0 77 33/68 13. In der Käserei kann man auch gut gereifte Käse kaufen (geöffnet MO bis FR von 7-12 und 13.40-15.40 Uhr). Die SIRIUS-Produkte werden von Schärdinger und von kleineren Zwischenhändlern vertrieben. Für die Firma Hofer wird ein Camembert mit der Bezeichnung MILFINA erzeugt. Das Feinkostgeschäft Gebrüder Wild im ersten Wiener Gemeindebezirk hat stets frische CLOUS und gut gereifte ROSSOS zum Verkauf - obwohl heute für das Geschäft in Wien und die Käserei in Neumarkt verschiedene Familienmitglieder verantwortlich sind und keine eigentumsrechtlichen Verflechtungen bestehen. Mag. Florian Wild in Neumarkt ist ein Cousin der Brüder Sebastian und Andreas Wild in Wien.

Peuerbach

Peuerbach liegt an der B 129 zwischen Linz (50 Kilometer) und Schärding (30 Kilometer). Von Linz kommend biegt man in Peuerbach beim Cafe Philip links in Richtung Stegen ab, dann nach einem Kilometer, beim Marterl, rechts ab Richtung Unterleinsbach.

Plangger und Lübke: Das Spiel mit der wilden Kultur

Lübke sen. hatte 1972 genug vom Leben eines Versicherungskaufmanns und versuchte sich in der Landwirtschaft, und zwar gleich ordentlich. Biologische und gesunde Ernährung war das Ziel. Weil man als Bio-

Käsemacher in Oberösterreich

Bauer Mist braucht, der Absatz der Kühe aber nicht wie gewünscht anlief, wurden Schafe und Ziegen angeschafft und die Milch zu Käse verwertet, allerdings auch nicht gleich mit durchschlagendem Erfolg. Käse ist in diesem Betrieb allerdings nur eines von vielen Produkten. Vorwiegend werden Gemüse und Kartoffeln gezogen.

Im Jahr 1983 kam Andreas Plangger, der Sohn des bekannten Tiroler Bio-Käsers, an den Hof - er heiratete die Tochter des Hauses. Sein Hobby ist Chemie, soweit es die Landwirtschaft betrifft. "Die Bodenforschung ist die Hauptsache, der Markt ist der Lebensnerv (siehe Südbahnhof-Markt in Linz)." Die Methode, nach der hier bewirtschaftet wird nennt sich CMC (Controlled microbiological composte) und ist die Weiterentwicklung der Ideen Rudolf Steiners durch den Amerikaner Pfeiffer. Dabei wird durch die Verwendung spezieller Mikrobenstarter versucht, den Boden in optimalem Zustand zu halten. Die Lübkes sind keinem Ernteverband beigetreten, sondern sind ein CODEX-Betrieb und werden direkt von der Lebensmittelpolizei überprüft.

Auch beim Käsen ist Andreas Plangger kompromißlos. Er ist einer der ganz wenigen, die in einem eigenen Brutschrank die Kultur für ihren Käse selber züchten. Sogar die Molkereigenossenschaft Gmunden kauft die Kulturen am freien Markt, bei Labors, die sich darauf spezialisert haben. Andreas Plangger experimentiert mit wilden Kulturen und will dem Käse dadurch einen individuellen Geschmack geben. Außerdem will er damit erreichen, daß Lochung und Konsistenz optimal sind.

Die Käsepalette besteht hier aus der sogenannten Käserolle, aus Schaf und Ziegenmilch (45% F.i.T., ein Monat gereift), sowie aus verschiedenen Frischkäsen. Die Käserolle hat einen zart säuerlichen Geschmack, als wäre sie leicht mit Rotschmiere behandelt und entwickelt einen breiten Fächer an Nuancen. Bei Verwendung einer stärkeren Kultur wird der Geschmack nussiger, doch keine Rolle schmeckt wie die andere.

An Frischkäsen gibt es folgende Produkte: Schaf pikant (mit wenig Salz, fünf Tage gereift), Pfannen- oder Molkenkäse (der Käser labt die Milch ein und läßt sie abtropfen - für Diätzwecke geeignet) und schließlich noch Kräuterkugerln und Tortenkäse vom Schaf. (ph)

Andreas und Beate Plangger, Siegfried und Uta Lübke, A-4722 Peuerbach, Untererleinsbach 1, Tel. 0 72 76/34 92. Die Produkte werden über das Geschäft "Lübke" am Südbahnhof-Markt in Linz verkauft.

Scharnstein

Der Ort liegt südlich von Wels. Man nimmt die A 1-Autobahnabfahrt Sattledt und fährt die B 138 Richtung Süden, zweigt bei Voitsdorf Richtung Pettenbach ab und landet in Scharnstein.

Wanderungen und Besichtigungen: Von Scharnstein aus kann man über Grünau weiter ins Almtal hineinfahren, bis man beim malerischen Almsee angelangt ist. Das Gebiet bietet zahlreiche schöne Wanderungen, zum Beispiel zur Ringhütte, zum Almtaler Haus oder zur Drackhütte. In Schloß Scharnstein ist ein Kriminalmuseum eingerichtet.

Gastronomie und Unterkünfte: In Grünau befindet sich ein Romantikhotel, der Almtalerhof (Tel. 0 76 16/82 04 Fax 82 04-66) mit einem exquisiten Restaurant. Zimmer-Information Almtal: Tel. 0 76 16/268. Sehr zu empfehlen ist die Pension Göschlseben (Tel. 0 76 16/82 80).

Almtaler Molkerei und Schloßkäserei Achleiten: Die Traditionalisten

Zwei Geschwister haben in der Almtaler Molkerei in Scharnstein das Sagen: Max Wührer jun. und Waltraud Müller. Aber auch die überaus rüstigen Eltern sich noch im Betrieb tätig, sodaß es eigentlich ein Vierer-Gespann ist, das in der Käserei und Molkerei mit den rund 20 Beschäftigten (Jahresproduktion 460.000 Kilogramm Käse) die Fäden zieht. Tradition wird jedenfalls groß geschrieben, und was die Familie Wührer in sechs Jahrzehnten aufgebaut hat, kann sich wirklich sehen lassen.

Man schrieb das Jahr 1932, als Joseph Wührer in Mühldorf 33 eine Molkerei gründete. Aus der damals üblichen Rahmanlieferung wurde in erster Linie Sauerrahmbutter erzeugt. Nach dem Zweiten Weltkrieg erfolgte dann nach und nach die Umstellung von Rahm- auf Milchanlieferung.

Am 1. Dezember 1957 ging die neu gebaute Molkerei nach dreijähriger Bauzeit am heutigen Standort Mühldorf 56 in Betrieb. Seit diesem Zeitpunkt wurde die Versorgung des Almtals mit Frischmilchprodukten wie Milch, Sauerrahm, Schlagobers, und vor allem die berühmte Sauerrahmbutter, sichergestellt.

Im Jahr 1972 verschaffte sich die Familie mit dem Erwerb der Schloßkäserei Achleiten ein zweites Standbein. Einige Jahre hindurch nahm man den Nachteil von zwei Standorten und den unrationellen Milchtransport von Scharnstein in das bei Kremsmünster gelegene Achleiten in Kauf, doch 1984 entschlossen sich die Wührers, die veraltete Käserei in Achleiten zu schließen und die Schloßkäseproduktion nach Scharnstein zu verlegen.

Die Existenz der Achleitner Schloßkäserei ist bis ins Jahr 1902 belegt. Damals, genauer gesagt am 11. Juli 1902, wurde nämlich dem Schloßbesitzer von Achleiten, Louis Ritter von Boschan, der Gewerbeschein zur Käseerzeugung ausgestellt. Die Familie Wührer vermutet, daß Ritter von Boschan aus der Milch der eigenen Landwirtschaft und einiger Bauern der Umgebung einen Käse nach Art des Camembert herstellte. Die dazu nötigen Pilzkulturen bezog er wohl aus Frankreich, doch

Achleitner Schloßkäse

dürften - so wird nun spekuliert - die Lieferungen hin und wieder ausgeblieben sein, sodaß er auch ohne diese Kulturen einen Käse herstellte: Dies könnte die Geburtsstunde des Achleitner Schloßkäses gewesen sein.

Frau Waltraud Müller zeigte uns zur Untermauerung dieser Theorie eine Spanholz-Käseschachtel eines Achleitner Schloßkäses - vermutlich aus den zwanziger Jahren. Das Etikett macht keine näheren Angaben über die Art des Käses. Jedenfalls muß der Käse 240 bis 280 Gramm gewogen haben, denn die Schachtel hatte in etwa jene Größe, wie Camembert-Schachteln aus der Normandie. Zum Vergleich: ein "Achleitner" wiegt heute genau 62,5 Gramm.

Wie dem auch sei - der Schloßkäse zählt heute zu den traditionsreichsten und beliebtesten Produkten unserer Käselandschaft. Er wird in seiner originalen Form nur an zwei Standorten hergestellt: hier in Scharnstein und im nicht weit entfernten Schlierbach. Ob es wohl Unterschiede zwischen "Schlierbacher" und "Achleitner" gibt? Wir stellten diese Frage Max Wührer jun. - und bekamen folgende kryptische Antwort: "Wir machen ihn nach der alten Tradition." Was soviel heißen könnte wie: "Daß er traditionell ein recht deftiger Bursche ist, stört uns nicht - so soll er bleiben." Übrigens: Den Achleitner Schloßkäse gibt es mit 35 % und mit 55 % F.i.T. Eine neue Entwicklung ist der Almseer Rahmkäse, ein weicher Schnittkäse mit Bruchlochung, der im Geschmack besonders mild-aromatisch ist und 55 % F.i.T. mitbringt. (rs)

Almtaler Molkerei und Schloßkäserei Achleiten, M. Wührer & Co., A-4644 Scharnstein, Tel. 0 76 15/311, Fax 72 45. Der Shop in der Käserei ist MO bis FR 7.30-16 Uhr, SA 7.30-12.00 Uhr geöffnet.

Schlierbach

Der Ort mit seinem mächtigen Stift liegt südlich von Wels im Kremstal. Anfahrt über Westautobahn A 1, Abfahrt Sattledt, dann die B 138 (Pyhrnpaß Bundesstraße) Richtung Kirchdorf an der Krems, kurz vor Kirchdorf zweigt man nach Schlierbach ab. Das Stift mit seiner Käserei kann man nicht verfehlen, um zur Familie Tretter zu gelangen, fährt man von Kirchdorf kommend in Richtung Schlierbach. Rund 500 Meter vor Schlierbach, nach einer Rechtskurve, ist ein Milchbankerl und ein Bildstock zu sehen. An dieser Stelle zweigt rechts ein Weg zu den Tretters ab.

Wanderungen und Besichtigungen: Das 1355 gegründete Zisterzienserstift Schlierbach zählt zu den prachtvollsten Barockbauten nördlich der Alpen. Bei Führungen durch das Stiftsgebäude kann der Bernhardisaal mit seinen zahlreichen Fresken und Bildern, die neu restaurierte Bibliothek, die Schlierbacher Madonna und die üppig ausgestattete Kirche (1679 fertiggestellt) besichtigt werden. Das Hochaltarbild von Franz Werner Tamm (1701) stellt die Himmelfahrt Mariens dar. Die im Stift untergebrachte Glasmalerei-Werkstätte veranstaltet jeden Sommer eine Ausstellung. Außerdem werden auch Hobby-Kurse abgehalten.

Gastronomie und Unterkünfte: Das Gasthaus Alfred und Eva Wöß (Schlierbach 187, Tel. 0 75 82/81 305) mit angeschlossener Fleischerei hat gute Hausmannskost. Jeden Samstag von 8.15 bis 11.30 Uhr ist der

Josef Neumair
Küchenchef im Stiftskeller Schlierbach
empfiehlt:

Schlierbacher, gebacken

Zutaten für 4 Personen
8 Stück Schlierbacher (55 % F.i.T.), 4 Eier, 200 g glattes Mehl,
200 g Brösel, 700 g Frittierfett

Zubereitung
Die Eier aufschlagen und mit etwas Salz und Pfeffer verrühren.
Die Schlierbacher Laibchen vorsichtig zwei Mal panieren, das
erste Mal in Mehl, Ei und Brösel, das zweite Mal nur in Ei und
Brösel. In hitzebeständigem Fett (z. B. Frittierfett) zwei bis drei
Minuten herausbacken, bis sie goldgelb werden. Das Fett muß
sehr heiß sein, damit sich rasch eine Kruste bildet, sonst läuft
der Käse aus (was in der ganzen Küche eine unangenehme
Geruchsentwicklung verursachen würde). Zu den gebackenen
Schlierbachern serviert man am besten Salzkartoffel und
Preiselbeeren. Pater Alfred, Geschäftsführer der Schlierbacher
Stiftskäserei, empfiehlt, den gebackenen Schlierbacher mit Ho-
nig zu essen, weil die Süße des Honigs einen interessanten
Kontrast zur deftigen Würze des Käses darstellt.

*Der Stiftskeller Schlierbach hat sich einer gutbürgerlichen
Küche verschrieben, sowohl mit regionaltypischen als auch
internationalen Gerichten. Neben dem gebackenen Schlier-
bacher - der traditionsreiche Käse wird in einem anderen
Gebäude des Klosters erzeugt - empfehlen wir den Kremstaler
Mostbraten mit Stöckelkraut und Semmelknödel. (rs)*

Stiftskeller Schlierbach, A-4553 Schlierbach 2, Tel. 0 75
82/82 89, DO Ruhetag.

Bauernmarkt im Gasthaus Schröcker geöffnet. Wer sich selbst überzeugen will, daß die Schweine auf Stroh gehalten werden und die Hühner frei herumlaufen, macht eine Bauernmarktwanderung zu den einzelnen Produzenten (Auskünfte unter 0 75 82/81 3 97 oder 81 2 23).

Stift Schlierbach: Geburtsort des Schlierbachers und Zentrum feiner Rotschmierekäse

Vieles gebe es über das Stift zu erzählen, aber wenig ist eindeutig belegt. Sicher ist, daß der Grundstein am 22.2.1355 von dem aus Schwaben stammenden Eberhard von Wallsee und seiner Frau Anne gelegt wurde. Es sollte ein Zisterzienserinnen-Kloster werden, und gleich nach der Fertigstellung holten die Gründer Nonnen aus ihrer schwäbischen Heimat nach Schlierbach, wo diese bis 1556 ihren stillen Tätigkeiten nachgingen.

Nach einem Beschluß des Kaisers im Jahre 1620 wurde das Kloster in eine Zisterzienserabtei umgewandelt. Das ist sie bis heute geblieben.

Da Unterricht und Erziehung immer ein Anliegen des Klosters waren,

Schlierbacher Schloßkäse

gründete Abt Dr. Alois Wiesinger 1920 ein Gymnasium - mit nur sieben Schülern. Heute sind es 400.

Im Jahre 1924 wurde dann von Frater Leonhard Kitzler die Stiftskäserei begründet. Zwei Jahre später begann Pater Petrus Raukamp mit der Glasmalerei, und schon 1953 wurde aus diesem Hobby rechtlich die "OÖ. Glasmalerei".

"Käserei und Glasmalerei GesmbH" lautet heute die ungewöhnliche Firmenbezeichnung, und dem Molkereikalender können wir entnehmen, daß "Mag. P. Alfred Strigl" Geschäftsführer dieser Firma ist. Er vereint das Unvereinbare. Warum auch nicht?

St. Hubertus

Allerdings würde niemand in Schlierbach auf die Idee kommen, den Geschäftsführer mit "Herr Direktor" oder mit "Herr Magister Strigl" anzusprechen. Alle kennen den liebenswürdigen Mann mit seinem gütigen aber entschiedenen Auftreten einfach als Pater Alfred. Er ist eine Integrationsfigur des Ortes - nicht nur wenn es ums Käsen und Glasbemalen geht. Wenn sich beispielsweise einige Bauern zusammenschließen, um ihre Freilandhühner besser zu vermarkten, dann hat Pater Alfred ebenfalls die Hände mit im Spiel.

Aber zurück zum Käse. In Schlierbach wird der in Österreich weit verbreitete und beliebte Schloßkäse erzeugt. Im Volksmund nennt man ihn allerdings anders: entweder "Schlierbacher" - und das ist eine Referenz an das traditionsreiche Zisterzienserstift - oder "Achleitner" - denn in Schloß Achleiten wurde dieser Käse lange Zeit hergestellt, ehe die Familie Wührer den Betrieb erwarb und die Produktion nach Scharnstein verlegte (siehe unter Scharnstein/Almtaler Molkerei und Schloßkäserei Achleiten). So kommt es, daß heute weder der "Achleitner" noch der "Schlierbacher" etwas mit einem Schloß zu tun haben, und doch tragen beide Käse auf Wunsch der dafür zuständigen Käse-Kodifizierer heute den Namen Schloßkäse. Worüber man sich im Zisterzienserstift naturgemäß wenig freut.

Wie dem auch sei. Jedenfalls handelt es sich um einen pikanten Weichkäse mit Rotschmiere, stets zu kleinen Laibchen von genau 62,5 Gramm geformt und in Folie verpackt. Wenn man den Käse richtig reifen läßt, wird er zerfließend und deftig - ein hervorragender Jausenkäse, zu dem Bier oder Most gut passen.

Wir fragen Pater Alfred nach dem Unterschied zwischen einem "Schlierbacher" und einem "Achleitner". Er zögert zunächst, meint, daß in Rezeptur und Herstellung wohl kein großer Unterschied liegen dürfte, und läßt sich lediglich zu der Aussage hinreißen, daß der "Schlierbacher" ganz bewußt eine Spur milder im Aroma gehalten werde als der "Achleitner". Der unausgesprochene Nachsatz lautet: Wahrscheinlich sind wir deshalb im Wettbewerb mit dem "Achleitner" so erfolgreich.

In der Stiftskäserei werden auch noch andere Rotschmierekäse erzeugt. Mit Romadur und Limburger stehen zwei nahe Verwandte des Schloßkäses auf der Angebotspalette. Die Unterschiede liegen im Grunde nur im Fettgehalt und in der Form. Der St. Severin hingegen ist ein anspruchvoller Weichkäse mit Rotschmiere, der auch zum Nachtisch gut paßt.

"Die Erzeugung von Rotschmierekäsen ist jedenfalls eine recht schwierige Sache", setzt Pater Alfred fort und streut seinem Betriebsleiter, Käsereimeister Karl Puchbauer, Blumen. "Und besonders schwierig ist die Erzeugung eines Doppelschimmelkäses."

Gemeint ist der 1992 herausgekommene "St. Hubertus", ein feiner Dessertkäse, außen mit zart-würziger Rotkultur, innen, im cremigen, vollmundigen Teig, findet sich ein markanter Grünschimmel. Pater Alfred: "Wichtig ist, daß der Grünschimmel nicht an die Oberfläche kommt - das schaffen in Österreich nur ganz wenige."

Auf dem neuen Produkt ist auch die Bezeichnung wieder ins rechte Lot gerückt: Am Etikett des "St. Hubertus" findet sich eine grafische Darstellung von Stift Schlierbach und die Aufschrift "Klosterkäse". (rs)

Stift Schlierbach, Käserei und Glasmalerei GmbH, Tel. 0 75 82/81 2 82, Fax 81 0 09. Im Stift ist ein Käseshop eingerichtet. Verkauf MO bis SA von 9-12 Uhr. Als wir das Stift besuchten, war auch davon die Rede, daß eine Schaukäserei eingerichtet werden soll. In Schlierbach wird auch ein Rotschmierekäse hergestellt, den Karner vertreibt.

Barbara und Franz Tretter; vlg. Jungbauer: Frischkäse, Sauerrahm, Topfen und Butter

Jene Milch der Tretterschen 22 Kühe, die über das Kontingent hinausgeht, wird von Barbara Tretter verkäst. Sie erzeugt Frischkäse auf Topfenbasis, auch mit Kräutern. Versuche, Hartkäse zu erzeugen, hat sie wieder aufgegeben. Dafür bietet sie außerdem noch Sauerrahm und Joghurt in 3/8-Pfandgläsern an, ebenso Butter.
Seit 1988 sind die Tretters beim Verband "Ernte für das Leben". Der überschüssige Topfen und die Molke wird übrigens an Hühner einer französischen Rasse verfüttert. Eine Besonderheit auf dem Jungbauern-Hof ist die eigene Pflanzenkläranlage.

Barbara und Franz Tretter, A-4553 Schlierbach 262, Tel. 0 75 82/28 70. Der Käse wird ab Hof verkauft (nach tel. Vereinbarung) und auf dem Schlierbacher Bauernmarkt (jeden SA von 8-11.30 Uhr).

Sigharting

Der Ort liegt an der B 129 (Eferdinger Bundesstraße) zwischen Linz und Schärding, ca. 20 Kilometer vor Schärding. Zum Hof der Standler gelangt man, wenn man in Sigharting in Richtung Engelhartszell abbiegt, nach 50 Metern wieder nach rechts abzweigt und nach 200 Metern die Straße schräg nach links nimmt. Nach einem Kilometer gelangt man in einen Wald, 250 Meter danach fährt man links. Nach weiteren 300 Metern sieht man rechter Hand den Hof.

Maria und Gerhard Reiter, vlg. Standler: Selbstvermarktung als grüner Zweig

Auch der Standler ist einer von vielen Höfen, dessen Landwirtschaftsfläche zu klein ist, um davon im Haupterwerb leben zu können, und andererseits zu groß, um sie im Nebenerwerb zu bewirtschaften. Die Reiters machten sich so ihre Gedanken und wählten schließlich den Ausweg in die Veredelung der Milch und die Selbstvermarktung des daraus gewonnenen Käses. Auf die Schafe kamen sie durch Zufall, Kühe halten sie ebenfalls. 1989 begann man mit der Käseproduktion und trat der Vereinigung "Erde und Saat" bei.
Die Milch von Kühen und Schafen wird strikt getrennt verarbeitet. Ein weiteres Credo ist die ausschließliche Verwendung von Vollmilch, und zwar ohne Pasteurisierung - damit sie möglichst viele Vitamine behält. Daß dabei Energie gespart wird, ist ein willkommener Nebeneffekt.

Erzeugt werden vom Schaf: verschiedene Frischkäse, sie schmecken cremiger, als wir es gewohnt sind. Außerdem gibt es den sogenannten Roten, ein Frischkäse mit Rotschmiere in 200 Gramm großen Stücken, bei überschüssiger Milch wird auch ein Schnittkäse hergestellt. Aus Kuhmilch gekäst ist der Rötling, ein mit Rotschmiere behandelter Weichkäse. Schnittkäse wird in folgenden Varianten erzeugt: Standlerbaron, Pfefferbaron (wie ersterer, aber mit Pfefferkörnern), Mönchsköpfe (kleine Laibe, die ihre Festigkeit durch höhere Verarbeitungstemperaturen erhalten). Der Vertrieb erfolgt "ausschließlich über kleine Strukturen", entweder ab Hof oder über den "Grünen Zweig", eine von Bauern getragene Organisation zur Selbstvermarktung. (ph)

Maria und Gerhard Reiter vlg. Standler, A-4771 Sigharting, Grub 10, Tel. und Fax 0 77 66/29 79. Verkauf ab Hof gegen tel. Voranmeldung und in Geschäften des "Grünen Zweigs" in Schärding, Ried, Rohrbach und in Linz am Südbahnhof-Markt.

St. Georgen am Fillmansbach

Auf der B 156 (Lamprechtshausener Bundesstraße) fährt man von Salzburg Richtung Braunau, biegt vor St. Georgen, 14 Kilometer vor Braunau (dort, wo links eine große Spedition auftaucht) rechts ab, dann geht es nach etwa 100 Metern wiederum rechts, dann zwei Kilometer geradeaus, bis man links den Hof der Wiesers sieht.

Wanderungen und Besichtigungen: Das nahegelegene Ibener Moor ist ein schöner Platz für Spaziergänge und vielleicht auch für ein altertümliches Moorbad. Außerdem lohnt ein Ausflug zur Benediktinerabtei in Michelbeuern, wo man sich in der Stiftskellerei auch gut verköstigen kann. In der Nähe, bei Pischelsdorf, befindet sich der Golfplatz Gut Kaltenbrunn.

Gastronomie und Unterkünfte: In St. Georgen zu empfehlen ist der Scheuern, ein Gasthaus mit bodenständiger Küche. Eigene Fleischerei und ein Jäger als Wirt garantieren gute Fleischqualität. Hier gibt es auch Fremdenzimmer. Im nahen Egelsberg ist ein empfehlenswertes Gasthaus mit Fremdenzimmern der Stögerwirt.

Martin und Christiane Wieser:
Die frankophilen Ziegenkäser

Anfangs fürchteten wir schon, daß wir ihn niemals finden würden, den Romanistikprofessor, seine Frau, seine Ziegen und ihren Vierkanter. Doch am Ende kam uns die Anfahrt nicht einmal so schwer vor.

Gleich nach der Begrüßung führt uns Martin Wieser durch seinen Hof, und diese Führung hat es in sich. In jeder Ecke, hinter jeder Tür, die man öffnet, fliegt ein aufgeschrecktes Federvieh auf. Dutzende verschiedene Rassen scheinen hier vertreten zu sein - eine Arche Noah kulinarischer Grundprodukte. Ursprünglich gab es auch freilaufende Bressehühner am Hof, doch dann hat man sich entschieden, stärker auf das Sulmtaler Huhn zu setzen - speziell für Restaurants.

Die Idee mit dem Käse, die kam Martin Wieser auf seinen vielen Fahrten durch Frankreich. Als Professor für Französisch hatte er zunächst nur die sprachliche Weiterbildung im Sinn, doch bald erwachten in ihm auch andere Interessen, und er wünschte sich nichts sehnlicher als einen eigenen Bauernhof nach französischem Vorbild.

Gesagt, getan. Doch mußte der zum Bauern avancierte Mittelschullehrer auch sein Lehrgeld zahlen. Er wußte zum Beispiel nicht, daß man junge Ziegen entwurmen lassen muß, und deshalb hatten die Zicklein aus dem ersten Wurf kein langes Leben.

Doch jetzt weiß Martin Wieser Bescheid, und die Ziegen gedeihen prächtig. Derzeit beläuft sich die Milchproduktion auf zwanzig Liter pro Tag, und die Wiesers wollen den Bestand weiter erhöhen - soviele wie man von Hand noch zu melken vermag, vielleicht mit einem Jahresertrag von 8.000 Litern.

Die Vielfalt an Ziegenkäse, die hier geboten wird, ist wohl einzigartig - denn was Wieser in Frankreich sieht, probiert er auch aus. Bei unserem Besuch verkosteten wir acht Sorten: vom ganz weichen, jungen und milden bis zum harten, stark nach Ziege schmeckenden Käse, ein in Weinblätter gewickelter Käse und natürlich eine kleine Pyramide, in Asche gehüllt. Alle waren hervorragend und wiesen ein prägnantes Ziegenaroma auf - wovor viele Käser in Österreich noch zurückschrecken. Übrigens: gesalzen wird nur mit Meersalz.

Martin Wieser konzentriert sich mit seinem Angebot an Geflügel und Ziegenkäse auf die Gastronomie. Ab Hof verkauft er wenig, auf Märkten gar nichts. Doch in zahlreichen Spitzenrestaurants können Sie auf einen seiner Ziegenkäse stoßen: im Stiegeleck in Mattighofen, im Pfefferschiff in Söllheim, in der Schmankerlkuchl in Neu Anif, bei den Obauers in Werfen, im Sigl in Obertrum, beim Hohlwegwirt in Niederalm-Hallein, in Salzburg im Kuglhof, im Mohren und in der Weinstube Andreas Hofer. (ph)

Martin und Christiane Wieser, A-5144 St. Georgen am Fillmannsbach, Steckenbach 3, "Berndl", Tel. 0 77 48/81 09. Ab-Hof-Verkauf nur nach tel. Vereinbarung. Ansonsten empfehlen wir, in den oben genannten Lokalen den Käse zu bestellen.

Ternberg

Ternberg liegt an der B 115 (Eisen Bundesstraße) 14 Kilometer südlich von Steyr, bzw. 35 Kilometer südlich der Autobahnabfahrt Enns (A 1). Zum Hof der Prüllers gelangt man, wenn man fünf Kilometer nach Ternberg fährt, unmittelbar vor Losenstein links in Richtung Koglerhof abbiegt und weitere zwei Kilometer bergauf weiterfährt.

Wanderungen und Besichtigungen: Ternberg ist ein kleiner Erholungsort an der Enns, an deren Ufer sich einige malerische Häuser aneinanderreihen. Im nahen Losenstein steht eine Burgruine aus dem Jahre 1186. Im Rairaminger Hintergebirge und am Trattenbach gibt es schöne Gelegenheiten für Wanderungen.

Gastronomie und Unterkünfte: In Ternberg selbst sind die Gasthäuser Kratochwil und Defler, die auch Gästezimmer haben, zu empfehlen. In der Region gibt es sehr viele nette Privatzimmer. Im nahen Steyr verwöhnt das Restaurant Rahofer seine Gäste (Tel. 0 72 52/54 606), in Waidhofen das Türkenpfeiferl (Tel. 0 74 42/35 07).

Karin und Franz Prüller: Alles begann mit einem Pferd

Es waren einige kuriose Zufälle, durch die Karin Prüller zum Käsen kam. Die alternativ bewegte Jungbäuerin (die Prüllers sind sog. ORBI-Umsteller) wollte, als sie 1982 den Hof zusammen mit Franz übernahm, neben den Kühen auch andere Tiere um sich haben, kaufte sich also ein Pferd. Doch die Haltung stellte sich als nicht ganz einfach heraus. Karin verkaufte es und erstand ein Kitz. Schließlich wurde daraus eine Ziegenfamilie. Was tun mit der Milch? Käse machen!

Den ersten Käse nennt Karin Prüller nachträglich "Katastrophenkäse". Nach weiteren Versuchen gelang es ihr schließlich, ihre Produkte überraschend gut zu verkaufen. Doch erst weitere zwei Jahre später begann sie - die früher nie Käse gegessen hatte - die Scheu vor ihrem eigenen Produkt zu überwinden und auch selbst von ihrem Käse zu essen. Heute hält sie 25 Muttertiere.

Karin Prüller erzeugt Ziegenkäse in Öl eingelegt, Ziegenfrischkäse gepreßt (mit verschiedenen Gewürzen) und ungepreßt und Ziegenjoghurt. Ganzjährig gibt es nur Kuhmilchtopfen. Verkauft wird an Stammkunden, die Karin Prüller regelmäßig telefonisch kontaktiert. Es gibt übrigens nicht immer Käse, telefonische Voranmeldung ist also ratsam.

Karin und Franz Prüller, A-4452 Ternberg, Wurmbach 20, Tel. 0 72 56/86 49. Ab-Hof-Verkauf nach tel. Vereinbarung. Außerdem bekommt man die Käse im Taborland in Steyr und im Müliladen in Linz.

Vorchdorf

Der Ort liegt an der Westautobahn A 1, rund 40 Kilometer westlich von Linz. Man nimmt die Abfahrt Vorchdorf.

Gastronomie und Unterkünfte: Hervorragend speisen kann man beim Tanglberg (Pettenbacherstr. 3-5, Tel. 0 76 14/83 97). Eine im selben Haus untergebrachte Galerie zeigt Arbeiten zeitgenössischer Künstler.

Molkereigenossenschaft Vorchdorf: Das Geheimnis der Champignion-Düfte

Weichkäse mit Weißschimmel, das ist das Metier von Adolf Gasperlmair, Geschäftsführer der Molkereigenossenschaft Vorchdorf. Hier werden Rahmcamembert und Rahmbrie in ganz ausgezeichneter Qualität hergestellt, ferner mit Raffinesse und Noblesse zwei Neuentwicklungen für die Kühlregale der Supermärkte.

"Schärdinger" Rahmcamembert

Gegründet wurde die Genossenschaft 1927, und für fast vier Jahrzehnte - von 1933 bis 1972 - drückte ihr der charismatische Geschäftsführer Rudolf Flotzinger den Stempel auf: Aus einer kleinen Molkerei ist durch einen ambitiösen Neubau ein großer Betrieb geworden.
Anfang der sechziger Jahre experimentierte man in einem kleinen Winkel des Gebäudes mit Camembert-Kulturen. "Dieser Käse war in der

bäuerlichen Bevölkerung völlig unbekannt", erinnert sich Gasperlmair - so wie Flotzinger stammt auch er aus einer Bauernfamilie. Als einzigen Camembert gab es damals den SIRIUS aus Neumarkt, und zwar mit 45 % F.i.T., deshalb legte man sich später darauf fest, Weichkäse mit Weißschimmel nur in höheren Fettstufen herzustellen.

Das heutige Spitzenprodukt ist die Rahmbrietorte - ein großes Stück davon sollte auf keinem Dessert-Teller und auf keiner Party fehlen - gefolgt vom Rahmcamembert. Beide Käse zeichnen sich durch ihre feinen Champignon-Aromen aus, wie sie für derartige Käse aus Österreich und Deutschland aufgrund der verwendeten Kulturen typisch sind. Die französischen Originale sind weicher und pikanter, aber - so Gasperlmair - "alles, was der französischen Linie ähnelt, wird ja bei uns abqualifiziert."

Bleibt die Frage, worin sich ein österreichischer Rahmbrie von einem österreichischen Rahmcamembert unterscheidet. In der Rezeptur gibt eskeine großen Unterschiede, die Pilzkulturen sind die gleichen, die Säureweckerkulturen variieren leicht, der Brie ist etwas weniger gesalzen. Entscheidend ist die Form des Käses. Eine Brietorte hat eine wesentlich größere Oberfläche im Verhältnis zu ihrem Volumen, und da der Käse von der Schimmeloberfläche her reift, wirkt sich das auf den Geschmack aus.

Bei beiden Käsen sollten man sich daher nach den schweren Gewichtsklassen umsehen: Ein Rahmcamembert mit 330 Gramm Verpackungsgröße schmeckt besser als einer mit 100 Gramm, ein Stück von einer ganzen Brietorte wird besser munden als ein Brie aus der sektorenförmigen Kleinpackung.

Raffinesse und Noblesse sind ebenfalls Weichkäse mit Weißschimmel, doch wird im Unterschied zu Rahmbrie und Rahmcamembert bei diesen Käsen der Bruch gewaschen, was zu einer Reduktion des Milchzuckers führt. Der in Ovalschachteln verpackte Raffinesse mit 65 % F.i.T. hat keinen topfigen Kern, sondern einen einheitlich strukturierten Teig. Seine Aromen sind rahmig-mild und im Geschmack ist er vollmundig. Diese Charakteristiken bleiben bis über die Aufbrauchsfrist hinaus erhalten. In einer anderen Varainte gibt es den Raffinesse auch in Stangenform und mit Schnittlauch bestreut. (rs)

Molkereigenossenschaft Vorchdorf, A-4655 Vorchdorf, Tel. 0 76 14/72 71 0, Fax 0 76 14/72 71/85. In einem kleinen Shop können MO bis FR von 7.10-12 Uhr Käse gekauft werden. Besonders beliebt sind die gut gereiften halben Rahmbrietorten. Sie werden zwar hauptsächlich von Vorchdorfern gekauft, wer aber als Reisender vorbeikommt, sollte an einen kleinen Halt in der Molkerei denken.

Wels

Wels liegt an der Gabelung der Westautobahn A 1 und der Innkreis-Autobahn A 8, rund 25 Kilometer südwestlich von Linz.

Wanderungen und Besichtigungen: Wels, das landwirtschaftliche Zentrum Oberösterreichs, ist durch seine Messe bekannt. Das Zentrum von Wels, der Stadtplatz, ist einer der schönsten seiner Art und steht auf den Ruinen der ehemaligen römischen Siedlung Ovilava. Die Stadtpfarrkirche ist eine dreischiffige Basilika aus dem 13./14. Jahrhundert.

Gastronomie und Unterkünfte: Am Stadtrand von Wels steht der Traditionsgasthof Wirt am Berg, der sich auf bodenständige Küche in verfeinerter Form und auf höchstem Niveau konzentriert. Aus dem gut bestückten Weinkeller kann man auch recht preiswert einige Flaschen mit nach Hause nehmen. (Tel. 0 72 42/45 0 59). Direkt am Stadtplatz befindet sich der Löwenkeller (Tel. 0 72 42/48 1 23). Fremdenverkehrsverband Wels: Tel. 0 72 42/43 9 95.

Landfrisch Molkerei/Milchhof Wels: Das Frischkäse-Zentrum Österreichs

Die Vorgängerorganisation der Landfrisch Molkerei, der Milchhof Wels, wurde im Jahre 1929 gegründet. Nach großen Anfangsschwierigkeiten konnte 1944 der Neubau fertiggestellt werden, doch wurde dieser kurz vor Kriegsende durch Bombentreffer vollständig vernichtet. Bis 1952 fand ein provisorischer Betrieb in Baracken statt, dann folgte die Phase des Wiederaufbaus.

Bereits 1954 erfolgte die Spezialisierung auf Frischkäse. Die Absicherung des Versorgungsgebiets konnte durch Zukauf und Fusionen entsprechend gewährleistet werden.

1993 gründeten die Genossenschaften Milchhof Wels, Molkereigenossenschaft Schwanenstadt und Molkereigenossenschaft Waizenkirchen die Landfrisch Molkerei. Im Rahmen dieses neuen Unternehmens wird seither in Wels vor allem Frischmilch, Buttermilch, Sauermilch und Crème fraîche erzeugt. Die Hauptproduktion ist jedoch Topfen in den verschiedensten Geschmacksrichtungen, sowie Gervais und Cottage Cheese.

Die Landfrisch Molkerei Wels ist der bedeutendste Frischkäsehersteller in Österreich. Seit 1974 wird Cottage Cheese unter dem Namen Landfrischkäse erzeugt. Neben den bekannten Gervaissorten werden vor allem die Marken "Gartenfein", "Le Goute" und seit Juni 1993 der neue "Concerto" in verschiedenen Geschmacksrichtungen hergestellt. Der

Rollino

Prestigekäse ist sicherlich der Rollino, der seit 1989 auf dem Markt ist und bei der International Cheese Show in London 1993 mit dem 1. Preis ausgezeichnet wurde.

Landfrisch Molkerei reg. Gen.m.b.H., A-4600 Wels, Schubertstr. 30, Tel. 0 72 42/46 9 96-0, Fax DW 11. Der Vertrieb erfolgt über die AMF. Vis à vis des Betriebes ist ein Milchshop eingerichtet.

Privatkäserei Heimold Nußbaumer GesmbH, A-5310 Mondsee, Tel. 0 62 32/22 69. Hier wird Mondseer hergestellt, ein halbfester Schnittkäse mit geschmeidigem Teig, mild-pikantem Geschmack, geprägt durch die Rotschmiere. Nähere Informationen über die Privatkäserei Nußbaumer konnten wir nicht einholen, weil uns Frau Nußbaumer schon telefonisch mit den Worten abwies: "Ich habe erst in drei Monaten Zeit, und es gibt schon genug Käsebücher."

Molkerei Seifried GesmbH, A-5252 Aspach 70, Tel. 0 77 55/305. Der Troubadour (65 % F.i.T.) ist ein feiner Doppelschimmelkäse - innen Blauschimmel, außen Weißschimmel - mit einer Reifung von etwa drei Wochen. Er ist zunächst schnittfest topfig, später zart cremig. Der Geschmack entwickelt sich von rahmig-mild bis kräftig-pikant. Der Käse ist ähnlich dem Weissensteiner oder dem Dolce Bianca.

Bäuerliche Betriebe - eine Auswahl

Theresia Anzengruber, A-4742 Pram, Edt 5, Tel. 0 77 36/63 50. Kochkäse, Verkauf FR Nachmittag nach tel. Vereinbarung.

Gaby Auinger, A-4645 Grünau im Almtal 153, Tel. 0 76 16/81 17. Kuh-Frischkäse, Kochkäse und Kuh-Hartkäse.

Hans Bachinger, A-4874 Pramet 17, Tel. 0 72 42/83 89 72. Schaf-Frischkäse und Schaf-Hartkäse. Verkauf jeden SA am Welser Wochenmarkt, Ab-Hof-Verkauf jeden FR.

Maria und Josef Berger, Wiesen 7, A-4142 Hofkirchen im Mühlkreis, Tel. 0 72 85/451. "Ernte für das Leben".

Johann Bieringer, Paul Hahn-Straße 38, A-4614 Marchtrenk, Tel. 0 72 43/29 66. Der Ort liegt rund zehn Kilometer östlich von Wels an der B 1. Anfahrt über A 1 bis Knoten Haid, dann die Autobahn A 25 bis Abfahrt Wels/Ost und drei Kilometer Richtung Linz auf der B 1. Hier gibt es von Mai bis Dezember Ziegen-Frischkäse. "Ernte für das Leben".

Hannes und Elisabeth Egger, A-4824 Gosau 132, Tel. 0 61 36/218 oder 88 21/12. Ziegen-Hartkäse und Kuh-Hartkäse.

Alfred Ennser, Aigen 8, A-4654 Bad Wimsbach-Neydharting, Tel. 0 72 45/51 35. Der Ort liegt südwestlich von Wels. Anfahrt über die Westautobahn A 1, Abfahrt Wels, dann die B 1 Richtung Lambach und ein kleines Stück die B 144. Hier gibt es Ziegen-Frischkäse. Er wird auf Bauernmärkten und auch ab Hof verkauft.

Roswitha und Josef Enzenhofer, A-4192 Schenkenfelden, Hinterkönigschlag 2, Tel. 0 72 14/46 62. Ziegen-Frischkäse.

Christine und Johann Feichtinger, A-4643 Pettenbach, Mitterndorf 49, Tel. 0 75 86/83 97. Schaf-Frischkäse wird wöchentlich FR in Vorchdorf verkauft.

Anna-Maria und Johann Fischhofer, Guggenberg 16, A-4893 Zell am Moos, Tel. 0 62 34/386. "Ernte für das Leben".

Angela Forster, Oberhörzing 2, A-4723 Natternbach, Tel. 0 72 78/38 23. "Ernte für das Leben".

Gertraud und Franz Gielesberger, Lederau 5, A-4655 Vorchdorf, Tel. 0 76 14/525. "Ernte für das Leben".

Marianne und Kurt Gittmair, Pumberg 3, A-4906 Eberschwang, Tel. 0 77 53/21 40. "Ernte für das Leben".

Marianne und Manfred Grabner, Laiter 4, 4894 Oberhofen, Tel. 0 62 13/380. "Ernte für das Leben".

Ursula und Elmar Greussing, Schacha 1, A-4751 Dorf an der Pram, Tel. 0 77 64/76 80. "Ernte für das Leben".

G. Grossmann und A. Vogt, A-5242 St. Johann im Walde, Schnaidt 12, Tel. 0 77 55/51 77. Ziegenfrischkäse.

Rosa und Franz Gruber, A-4483 Hargelsberg, Angersberg 10, Tel. 0 72 25/290. Schaf-Frischkäse und Ziegen-Frischkäse.

Maria und Karl Grubmüller, A-4040 Linz-Puchenau, Kainzenbergerstr. 10, Tel. 07 32/22 15 22. Erdäpfel-Käse. "Ernte für das Leben".

Ernestine Hahn, A-4655 Vorchdorf, Falkenohren 12, Tel. 0 76 19/22 04. Schaf-Frischkäse und Schaf-Hartkäse. Verkauf in Vorchdorf FR von 14-17 Uhr.

Gustav Hilger, A-4591 Molln Nr. 14, Tel. 0 75 84/24 84. "Ernte für das Leben".

Gerlinde und Josef Hofer, vlg. Steinalt, A-5422 Sierning, Niederbrunnenstr. 13, Tel. 0 72 59/30 10. Der Hof liegt fünf Kilometer nördlich von Siernig in Niederbrunnen. Gerlinde Hofer hält 135 Schafe und liefert die Milch jeden zweiten Tag nach Garsten in die Molkerei. Der Käse, der dort daraus entsteht, geht teilweise wieder an den Hof Steinalt zurück, wo man ihn kaufen kann. Auch im Großkaufhaus Taborland in Steyr ist ihr Käse erhältlich. Es gibt in dieser Region insgesamt 28 Schafbauern, die ihre Milch in Garsten verkäsen lassen.

Gitti und Fritz Hofer, Vorderdimbach 28, A-4371 Dimbach, Tel. 0 74 18/72 41. "Ernte für das Leben".

Stefan Hofer, Auberg 24, A-4171 St. Peter am Wimberg, Tel. 0 72 82/80 70. "Ernte für das Leben".

Synnöve und Anton Hoffmann, Inzersdorf 185, A-4560 Kirchdorf, Tel. 0 75 82/81 6 74. "Ernte für das Leben".

Leopold Hörmann, A-4451 Garsten, Lahrndorferstr. 210, Tel. 0 72 52/23 406. Schaf-Frischkäse. Verkauf SA in Garsten von 8-11 Uhr. Ab-Hof-Verkauf von März bis Oktober.

Maria und Franz Huber, A-4400 St. Ulrich bei Steyr, Ernstlwieserweg 1, Tel. 0 72 52/24 3 31. Schaf-Frischkäse aus einer organisch-biologischen Landwirtschaft.

Maria und Franz Huber, Ernstlwieserweg 1, A-4400 St. Ulrich, Tel. 0 72 52/54 3 31. Schaffrischkäse. "Ernte für das Leben".

Marianne Huber, A-4204 Reichenau 138, Tel. 0 72 11/349. Schaf-Frischkäse und Schaf-Hartkäse. Erhältlich bei AGRO-Linz und in Urfahr DO und SA, von Februar bis Oktober auch Ab-Hof-Verkauf.

Anna und Siegbert Hubinger, Bach 83, A-4852 Weyregg am Attersee, Tel. 076 64/474. "Ernte für das Leben".

Elisabeth und Herbert Huemer, A-4655 Vorchdorf, Lederau 41, Tel. 0 76 14/87 28. Ziegen-Frischkäse und Ziegen-Hartkäse.

Christine und Johann Illig, Maulham 5, A-4870 Vöcklamarkt, Tel. 0 76 82/65 02. Anfahrt über die Westautobahn A 1, Abfahrt Seewalchen, dann über eine kleine Verbindungsstraße zur B 1, nach fünf Kilometern ist man am Ziel. Hier gibt es in kleinen Mengen Frischkäse aus Kuhmilch und aus Schafmilch. Verkauf jeden Mittwochvormittag am Bauernmarkt in Vöcklabruck. "Ernte für das Leben".

Wilhelm Infanger, Wohlfahrtsbergweg 2, A-4400 St. Ulrich, Tel. 0 72 52/25 26 94 (51 7 71) oder 0663/07 64 20. Kuhfrischkäse. Infanger eröffnete im September 93 ein Geschäft in Garsten. "Ernte für das Leben".(ph)

Marianne Jungwirth, A-4281 Mönchdorf, Mönchwald 17, Tel. 0 72 76/430. Kuh-Frischkäse. Ab-Hof-Verkauf seit fünf Jahren.

Waltraud und Engelbert Kapeller, Geitenedt 3, A-4202 Kirchschlag, Tel. 0 72 15/21 94. "Ernte für das Leben".

Franz Knoll, A-4311 Schwertberg, Winden 20, Tel. 0 72 62/61 340. Kuh-Frischkäse und Kuh-Hartkäse. Ab-Hof-Verkauf.

Rezepte mit Käse

Auguste Zeman, Gasthof Abpurg, Scharnstein,
empfiehlt:

Achleitner Schloßkäsestrudel auf Gabelkraut

Zutaten für 4 Personen:
500 g gekochtes Geselchtes, 4 Stück Achleitner bzw. Käsebruch, Schloßkäse 55 % F.i.T., 2 Stück grüne Paprika, 2 Stück rote Paprika, 1 Zwiebel, 2 Knoblauchzehen fein gehackt, 600 g Kartoffelteig, 400 g Sauerkraut, 100 g Hamburger Speck in feine Streifen geschnitten, 2 Eidotter, 50 g Öl, Salz, Pfeffer und Majoran.

Zubereitung:
Das Geselchte, den Paprika und den Zwiebel in Würfel schneiden und mit dem Öl in einer Pfanne anrösten, sodann mit Salz, Pfeffer, Majoran und Knoblauch würzen, kaltstellen. Nun Achleitner Schloßkäse in Würfel schneiden und unter das Geselchte Mischen. Den Kartoffelteig ca. 1,5 cm stark ausrollen und die Masse in der Mitte der Länge nach aufschlichten. Dann den Kartoffelteig nach oben hin zusammenschlagen und fest zusammendrücken, mit Eidotter bestreichen und ca. 20 Minuten bei 180°C im Rohr backen. Hamburger Speck knusprig braten, über das Kraut gießen und mit dem Strudel anrichten.

Ein Gasthof in unmittelbarer Nähe der Almtaler Molkerei. Hier gibt es immer wieder Käsegerichte auf der Tageskarte: Neben dem Käsestrudel auch Almtaler Käsesuppe, Almtaler Kasnockerln mit Blattsalaten, Mondseer Käseknödel mit Gemüse wie Spinat, Tomatensauce oder Kohlrabi. Die Mondseer Käseknödel bestehen zu zwei Dritteln aus Semmelknödelmasse und zu einem Drittel aus Mondseer Käse, gewürzt wird mit Majoran. (rs)

Gasthof Abpurg, Mühldorf 35, A-4644 Scharnstein, Tel. 0 76 15/22 05, im Winter FR Ruhetag.

Hermann Kogler, A-4644 Scharnstein, Viechtwang 29, Tel. 0 76 15/377. Ziegen-Frischkäse und Ziegen-Hartkäse.

Hermann Kogler, Welserstr. 19, A-4644 Scharnstein, Tel. 0 76 15/23 77. Der Ort liegt westlich von Gmunden.

Renate und Maximilian Kopf, Dörfl 38, A-4443 Maria Neustift, Tel. 0 72 50/457. "Ernte für das Leben".

Raimund Kreiml, Dambach 13, A-4580 Windischgarsten, Tel. 0 75 66/261. "Ernte für das Leben".

Katharina Kriechbaumer, A-4741 Wendling bei Haag, Unterleiten 4, Tel. 0 77 36/65 71. Kochkäse. Verkauf in Grieskirchen, 14tägig SA.

Manfred Lang, Schölling 9, A-4152 Sarleinsbach, Tel. 0 72 83/321. "Ernte für das Leben".

Rosa und Franz Lechner, Breitenau 40, A-4591 Molln, Tel. 0 75 84/32 44. "Ernte für das Leben".

Johann Leitner, A-4224 Wartberg ob der Aist, Friensdorf 14, Tel. 0 72 36/430, auch Fax. Kuh-Frischkäse und Schaf-Frischkäse.

Karl Leopoldseder, Ritzenedt 10, A-4272 Weitersfelden, Tel. 0 79 52/65 30. Mit einem Silbernen Preis prämiert wurde 1991 von der Deutschen Landwirtschafts-Gesellschaft ein Gupferl Frischkäse aus Schafmilch mit 40 % F.i.T. Karl Leopoldseder übernahm 1980 den seit fünf Jahren stillstehenden Betrieb der Großeltern im Nebenerwerb. Seit 1986 ist er Schafbauer im Vollerwerb, seit zwei Jahren führt er den zehn Hektar großen Betrieb biologisch. Der Käse kann in Bioläden und in Geschäften in der Umgebung gekauft werden. Der Gupf ist eine oberösterreichische Schafkäseart. Neben Schaf-Frischkäse gibt es auch Schaf-Hartkäse. "Ernte für das Leben".

Rainer Macherhammer, Dobl 3, A-4775 Diersbach, Tel. 0 77 19/673. Der Ort liegt östlich von Schärding, von der B 129 zweigt eine kleine Straße in nördlicher Richtung nach Diersbach ab. Mit einem Bronzenen Preis prämiert wurde 1991 von der DLG ein "Schnittlauchkäse mit Knoblauch". Dabei handelt es sich um einen halbfesten Schnittkäse aus Schafmilch mit 30 % F.i.T. Rainer Macherhammer übernahm mit seiner Frau 1981 den Erbhof mit zwölf Hektar im Nebenerwerb. Zwei Jahre später begannen sie mit der Schafzucht, jetzt stellen sie auf organisch-biologischen Betrieb um. Die Produkte sind am Bauernmarkt in Schärding (ein Mal im Monat am SA) erhältlich.

Erika und Johann Makula, A-4120 Neufelden, Steinbruch 9, Tel. 0 72 82/50 98. Ziegen-Frischkäse aus organisch-biologischer Landwirtschaft.

Paula und Ernst Matschenko, A-4132 Lembach im Mühlkreis, Obernort 10, Tel. 0 72 86/69 24. Schaf-Frischkäse.

Berta und Adolf Mayer, Straße 2, A-5145 Neunkirchen/Enknach, Tel. 0 77 29/297. "Ernte für das Leben".

Helga und Johann Mayer, Kobernaußen 6, A-4923 Lohnsburg am Kobernaußerwald, Tel. 0 77 54/26 67. Der Ort liegt südwestlich von Ried im Innkreis. Hier wird aus Kuhmilch Käse hergestellt, und zwar ein Weichkäse und ein halbfester Schnittkäse nach Tilsiter Art. Die Käse gibt es am Bauernmarkt in Ried, jeden Freitag von 13-17 Uhr. Ab-Hof-Verkauf nach tel. Vereinbarung. "Ernte für das Leben".

Editha und Herbert Mayr, Schaumberg 19, A-4047 Stroheim, Tel. 0 72 72/40 13. "Ernte für das Leben".

Theresia Mörwald, A-4451 Garsten, Kammergraberstr. 17, Tel. 0 72 52/25 24 15. Kuh-Frischkäse. Verkauf in Garsten und in Steyr jeden SA von 8-11 Uhr.

Waltraud Muss, Winteredt 5, A-4872 Neukirchen an der Vöckla, Tel. 0 76 82/77 64. Hier gibt es in kleinen Mengen aus Kuhmilch hergestellte Frischkäse: einen Frischkäse mit Kräutern, einen in Öl eingelegten Frischkäse mit Kräutern und einen in Öl eingelegten Frischkäse mit Knoblauch. Die Käse werden jeden Mittwochvormittag am Bauernmarkt in Vöcklabruck angeboten. Ab-Hof-Verkauf jeden Dienstag-Abend.

Gabriele und Anton Nutz, A-4824 Gosau 136, Tel. 0 61 36/332. Kuh-Frischkäse und Kuh-Hartkäse. "Ernte für das Leben".

Leopold und Monika Oberforster, vlg. Habichler, A-4462 Reichraming 11, Tel. 0 72 55/82 06. Vom Hof - er gehört noch zu Reichraming, liegt aber näher zu Großraming, allerdings am anderen Ufer des Ennstals - hat man einen wunderschönen Ausblick auf die Enns und auf die Berge, wo die Schafe weiden. Hier gibt es einen rollenförmigen Schafmischkäse, einen reinen Schafkäse in Gupfform, Kräuterkäse. Pfefferkäse und einen in Olivenöl eingelegten Schnittkäse, ferner Lammfleisch, Bratwürstel, Faschiertes und Schafwurst. Der Hof hat von Kühen auf Schafe umgestellt, und die Direktvermarktung funktioniert perfekt: Von März bis Oktober ist an jedem ersten SA im Monat von 10-14 Uhr der Hofladen geöffnet, außerdem beliefern die Oberforsters Lebensmittelgeschäfte in der Region rund um Steyr. Bei der Anfahrt muß man von der Bundesstraße aus rechts zum Kraftwerk Reichraming abbiegen und über die Staumauer fahren.

Ursula und Karl Ortner, Marreith 15, A-4293 Gutau, Tel. 0 79 46/68 74. Produkte aus Schafmilch. DI und DO ist Auslieferungstag. "Ernte für das Leben".

Maria und Josef Pichler, A-4150 Rohrbach, Fürling 3, Tel. 0 72 89/83 803. Ein landwirtschaftlicher Betrieb mit Käseproduktion. "Ernte für das Leben".

Sepp und Ulli Pranz, Niederweilbach 5, A-4982 St. Georgen, Tel. 0 77 58/23 86. Mit einem Bronzenen Preis prämiert wurde 1991 von der Deutschen Landwirtschafts-Gesellschaft ein "Edelfeines Brietörtchen". Dabei handelt es sich um einen Weichkäse aus Schafmilch mit 50 % F.i.T. Sepp Pranz ist im Hauptberuf Käsereimeister, seine Frau betreut die 14 Milchschafe des Nebenerwerbbetriebs. Sie beliefern Läden in der Umgebung.

Ingeborg Pumberger, A-4980 Antiesenhofen 65, Tel. 0 77 59/54 25. Ziegen-Frischkäse wird von März bis Dezember verkauft, Ziegen-Hartkäse von April bis Dezember.

Maria und Johann Raffelsberger, Baumgarten 16, A-4644 Scharnstein, Tel. 0 76 15 /73 11. "Ernte für das Leben".

Rudolf und Maria Rauscher, A-4400 St. Ulrich bei Steyr, Garbweg 1, Tel. 0 72 52/25 28 65. Schaf-Frischkäse.

Josef Reiter, Überhülling 3, A-4663 Laakirchen, Tel. 0 76 13/50 47. Ziegen-Frischkäse und Ziegen-Hartkäse. Verkauf in Ohlsdorf, Kleinreith, Gmunden (FR).

Marianne und Alois Reiter, A-5121 Ostermiething, Ettenau 16, Tel. 0 62 78/74 56. Ziegen-Frischkäse aus organisch-biologischer Landwirtschaft. "Ernte für das Leben".

Berta und Johann Reitner, Schiefersteinweg 31, 4460 Losenstein, Tel. 0 72 55/516. "Ernte für das Leben".

Franz Riedler, A-4644 Scharnstein, Hacklberg 21, Tel. 0 72 64/42 87. Schafkäse, Schafwolle, Teppiche, Polster, Decken und Fleisch. Verkauf: Plus, 14tägig MI, ferner Ab-Hof-Verkauf.

Hans-Albert Riedmann, A-4760 Raab Nr. 151, Tel. 0 77 62/33 83. Frischkäse vom Schaf und von der Ziege. "Ernte für das Leben".

Rosa Roither, A-4741 Wendling bei Haag, Unterleiten 3, Tel. 0 77 36/65 71. Kochkäse. Verkauf in Wels wöchentlich FR, ferner ab Hof.

Erich Schaller, A-4293 Gutau, Erdmannsdorf 30, Tel. 0 79 46/468. Ziegen-Frischkäse und Ziegen-Hartkäse. Verkauf von März bis Dezember in Wels, Linz Plus City, wöchentlich SA und MI.

Edeltraud Schaubschläger, A-4191 Stumpten 48, Tel. 0 72 19/63 86. Schaf-Frischkäse, wöchentlich im Auhof und Ab-Hof-Verkauf.

Helga und Michael Schiszler, A-4943 Geinberg, Winten 13, Tel. 0 77 23/83 83. Ziegen-Frischkäse. "Ernte für das Leben".

Monika und Heinz Schmitzberger, Winkl 8, A-4801 Traunkirchen, Tel. 0 76 17/27 05 od. 34. "Ernte für das Leben".

Johann Schneeweis, Wildenhag 2, A-4880 St. Georgen im Attergau, Tel. 0 76 67/483. Anfahrt über die A 1, Abfahrt St. Georgen, Wildenhag liegt südlich der Autobahn, in der Nähe von Straß. Hier gibt es Schaf-Frischkäse und Schaf-Hartkäse. Der Käse ist ab Hof erhältlich und einmal im Monat am Samstag in St. Georgen.

Rupert Schütter, A-4814 Neukirchen bei Altmünster, Blasserweg 15, Tel. 0 76 18/401. Ziegen-Frischkäse aus organisch-biologischer Landwirtschaft. Ab-Hof-Verkauf von März bis Dezember.

Hermine und Johann Schwarz, Ufer 17, A-4310 Mauthausen, Tel. 0 72 38/2142. "Ernte für das Leben".

Erich und Theresia Sieberer, A-4644 Scharnstein, Mauergraben 1, Tel. 0 76 16/85 41. Schaf-Frischkäse, er wird verkauft in Kleinreith, Salzkammergut Bauernmarkt SA und ab Hof.

Regina Spernbauer(vorm. Kogler), Welserstr. 20, A-4644 Scharnstein, Tel 0 76 15/23 77. "Ernte für das Leben".

Leopold Spitzbart, A-4643 Pettenbach, Hammersdorf 39, Tel. 0 75 86/81 77. Schaf-Frischkäse. Verkauf ab Hof und in Vorchdorf FR Nachmittag.

Gudrun und Dietmar Steininger, A-4742 Pram, Schulterzucker 5, Tel. 0 77 36/62 28. Ziegen-Frischkäse.

Gudrun und Dietmar Steininger, Schulterzucker 5, A-4742 Pram, Tel. 0 77 36/62 28. "Ernte für das Leben".

Maria und Josef Steinmaurer, Viechtwang 14, A-4644 Scharnstein, Tel. 0 76 15/688. "Ernte für das Leben".

St. und M. Strutzenberger, A-4595 Waldneukirchen, Steinersdorf 33, Tel. 0 72 58/38 33. Schaf-Frischkäse.

Theresia Sturmaier, A-4682 Geboltskirchen, Traunhof 2, Tel. 0 77 32/30 46. Kochkäse, Verkauf in Grieskirchen, Chemie Linz, SA und DO 14-tägig.

Adele und Klaus Tolar, A-4725 St. Aegidi, Simling 22, Tel. 0 77 17/665. Schaf-Frischkäse. "Ernte für das Leben".

Felicitas und Franz Widhofner, A-4191 Vorderweißenbach, Bernhardschlag 41, Tel. 0 72 19/431. Ziegen-Frischkäse und Ziegen-Hartkäse. "Ernte für das Leben".

Gertrude und Leopold Wildfellner, A-4710 Grieskirchen, Hiering 24, Tel. 0 72 48/83 57. Schaf-Frischkäse und Ziegen-Frischkäse. Heinz Grabmer vom Gasthaus Zur Waldschänke in Grieskirchen schwört beispielsweise auf diesen Käse.

Hans und Franziska Zimmer, A-4655 Vorchdorf, Eichham 8, Tel. 0 76 14/88 18. Schaf-Frischkäse und Ziegen-Frischkäse. Verkauf in Vorchdorf (FR) und ab Hof. "Ernte für das Leben".

Rosa Zöttl, Ramskogl, Dörfl 19, A-4434 Maria Neustift, 0 74 46/493. Der Ort liegt westlich von Waidhofen an der Ybbs und ist von dort über eine kleine Straße zu erreichen. Mit einem Bronzenen Preis prämiert wurde 1991 von der Deutschen Landwirtschafts-Gesellschaft ein Schaf-Frischkäse mit 30 % F.i.T. Das Ehepaar Zöttl bewirtschaftet den Hochramskoglerhof, steile 70 Hektar. Die sieben Kinder und die Omi helfen mit. Der Frischkäse von 35 Milchschafen wird an Läden in der Umgebung Steyr-Weyer und ab Hof an Private verkauft.

Ein Marktrundgang am Südbahnhofmarkt in Linz

Der Südbahnhof-Markt befindet sich an jener Stelle, wo einst die Station der Pferdeeisenbahn Linz-Budweis war. Ein Teil des Bahnhofsgebäudes besteht heute noch, während die Pferdestallungen, die auch an dieser Stelle standen, weichen mußten. Auf der alten Trasse durch das Mühlviertel sind heute teilweise Spazierwege angelegt, wo man hin und wieder auf alte Bausubstanz trifft. Aus dem Pferdebahnhof wurde mittlerweile ein gebührenpflichtiger "Auto-Bahnhof" und ein Markt mit zahlreichen fixen und offenen Ständen. Verkauf ist täglich außer Sonntag, nicht alle Standler aber sind täglich hier.

Käse an permanenten Ständen

Käseboutique Grössenbrunner: (MO bis MI tgl 7-14 Uhr, DO geschl., FR 6-18 Uhr, SA 7-12 Uhr). Unter den zahlreichen in- und ausländischen Käsen finden sich u. a. ein Vorarlberger Bergkäse und Schaffrischkäse.

Lübke Bioprodukte: Andreas Plangger, Tel. 0 27 76/34 92. Käse aus eigener Produktion (Schaf-, Ziegenkäse) sowie die bekannten Produkte des Vaters aus Tirol, werden angeboten, in der Hauptsache aber Gemüse und Kartoffeln aus dynamischem Anbau (siehe Andreas Plangger, Peuerbach).

Der Grüne Zweig: Unter dem Motto "Frische Lebensmittel aus biologischem Anbau" werden hier Milchprodukte, Gemüse, Brot, Wein und Fleisch verkauft. Auch die Käse von Maria Reiter (siehe Sigharting) sind hier erhältlich. Der Grüne Zweig ist eine von Bauern getragene Organisation zur Selbstvermarktung, die auch in den Städten Schärding, Ried und Rohrbach Geschäfte betreibt.

ORBI-Bauernladen: Produkte von Biobauern, darunter auch Käse von Kuh, Schaf und Ziege, aus Oberösterreich, aber auch aus anderen Gebieten Österreichs. Öffnungszeiten: MO, MI, DO 7.30-13 Uhr, DI 7-17 Uhr, FR 7-18 Uhr, SA 7-12.30 Uhr.

Käse an offenen Ständen

Die verschiedenen Ziegenkäse der Fam. **Eckerstorfer** (siehe Altenberg bei Linz) gibt es FR und SA Vormittag.

Leopold Brandstätter, A-4180 Zwettl an der Rodl, Unterdreiegg 6, Tel. 0 72 12/453. Neben Frischkäse und Topfen ist es vor allem sein geräucherter Ziegenschnittkäse in den Geschmacksrichtungen Pfeffer oder Kümmel begehrt. Verkauf: SA Vormittag.

Käseeinkauf in Oberösterreich

Agnes und Gerhard Angebrand aus Bad Hall, Möderndorf 12 (Tel. 0 72 58/50 51) bieten verschiedene Schaf- und Ziegenfrischkäse an. Vor allem auch in reiner Form.

Bei einem Fleischhauer findet man Schafkäse, der von Türken in Wartberg ob der Aist gemacht wird. Es ist ein salziger, trockener Typ (jeden Vormittag außer MO).

Müliladen in Linz, Zollamtsstr. 18, Tel. 0732/77 56 88. Der Müliladen führt Produkte vom Bauern, darunter auch einige Käse. Öffnungszeiten: MO-FR 9-12.30 Uhr und 14-18 Uhr, SA 8-12.30 Uhr.

ORBI-Bauernladen in Linz, Grünmarkt Uhrfahr, Tel 0732/23 18 633. Auch unter vielen Erzeugnissen vom Bauernhof auch verschiedene Käsesorten. MO-DO 7.30-13 Uhr, MI 15-17 Uhr, FR 7.30-18 Uhr, SA 7.30-12 Uhr.

Bauernkorb im Einkaufszentrum Arkade, Martin Kainz, Landstr. 12, Tel. 0732/79 57 31. Der Bauernkorb versteht sich als Bio-Geschäft und führt diverse Produkte aus biologischer Landwirtschaft, auch Weine. Der Käse hier stammt nicht ausschließlich vom Bio-Bauern. Die Auswahl ist manchmal sehr gut. Vor allem Ziegen- und Schafkäse aus Oberösterreich werden angeboten, sowie ein Teil der Käsepalette vom Käsfredi aus Bregenz, wie Bergkäse, Räßkäse, Bachensteiner, Bantel-Camembert etc.

Käseeinkauf in Linz:

Wein und Käse, A-4020 Linz, Bethlehemstr. 1d (hinter dem Haus Landstraße 15), Tel. 07 32/28 17 19, MO bis FR 9-19 Uhr, SA 9-13 Uhr, langer SA 9-19 Uhr, Juni, Juli und August von 13-16 Uhr Mittagspause. Käse (allerdings nur ausländischen), Wurst, Wein und Tee finden sich im Sortiment dieses Feinkostladens im Zentrum von Linz.

Bauernmärkte mit Ständen von Bio-Bauern

Braunau, Filzmoserwiese: jeden zweiten FR 13-16 Uhr, **Bad Hall,** Evangelisches Hospiz: jeden ersten FR Nachmittag im Monat, Jänner und Februar geschlossen, **Garsten:** SA Vormittag, **Linz-Urfahr,** neues Rathaus: SA Vormittag, **Mondsee,** im Karlsgarten: SA Vormittag (Juni bis September), **Pettenbach:** jeden ersten SA im Monat 8.30 Uhr bis 11 Uhr, **Prambachkirchen:** jeden ersten und dritten SA im Monat 8-12 Uhr, **Ried/Innkreis,** Messegelände: FR 13-16 Uhr, **Rohrbach:** jeweils am ersten und dritten SA im Monat, **Schärding:** jeweils am ersten SA im Monat, **Schlierbach:** SA 8-11.30 Uhr, **Steyr,** vor der Bezirksbauernkammer; FR 13.30 bis 16 Uhr und SA 8-11.30 Uhr, **Ternberg,** Kirchenplatz, von April bis Oktober SA 8-12 Uhr, **Vorchdorf:** FR 14-17 Uhr, **Wels-BBK,** Haus der Landwirtschaft, Rennbahnweg 15, FR Nachmittag 14-17 Uhr.

Wochenmärkte mit Ständen von Bio-Bauern

Amstetten: DO Vormittag, **Bad Ischl:** FR Vormittag, **Gmunden:** DI Vormittag, **Kirchdorf:** MO Vormittag, **Linz/Bindermichl:** SA Vormittag, **Linz/Südbahnhofmarkt:** DI und FR Vormittag, **Linz/Urfahr-Grünmarkt:** SA Vormittag, **Perg:** SA Vormittag, **Ried im Innkreis:** DI Vormittag, **Schärding:** DO Vormittag, **Schwanenstadt:** DO Vormittag, **Steyr,** Stadtplatz: DI, DO und SA Vormittag, **Vöcklabruck:** MI Vormittag, **Wels:** DO Vormittag und SA Vormittag.

Rezepte mit Käse

Günter Stalzer
Juniorchef und Koch im Restaurant Stalzer, Pöllau
empfiehlt:

Ziegenkäseravioli

Zutaten für 4 Personen
Für den Teig: 250 g Mehl, 30 g Grieß, 1 ganzes Ei, 1 Eidotter,
½ Eßlöffel Öl.
Ziegenfrischkäse, 60 g Butter, Petersilie, (Lauch).

Zubereitung
Die Zutaten für den Teig werden vermengt und sehr gut durchgeknetet. Eine Kugel formen und mit etwas Öl bestreichen, damit die Masse nicht austrocknet. An einem nicht zu warmen Ort eine halbe Stunde rasten lassen. Hat man eine Nudelmaschine mit Ravioliaufsatz, ist die Herstellung keine Problem. Ansonsten rollt man den Teig mit einem Nudelwalker dünn aus und schneidet runde oder eckige Flecken von 8 cm Durchmesser aus. Man schneidet den Ziegenkäse in Scheiben und wendet diese in gehackter Petersilie. Die eventuell gesalzenen Scheiben auf die Teigflecken legen, diese zuklappen und am Rand gut zudrücken.
Die Ravioli in kochendes und gesalzenes Wasser geben und einige Minuten ziehen lassen. In einer kleinen Pfanne Butter braun anlaufen lassen und die fertigen Ravioli darin schwenken. Dazu paßt fein geschnittener und angedünsteter Lauch.

Das Restaurant Stalzer ist ein gemütliches, sehr gutes Familienrestaurant in Pöllau, in der Nähe von Hartberg. Günter Stalzer verwendet für seine Küche möglichst authentische Zutaten aus der Umgebung, darunter oft auch Käse. (ph)

Restaurant Stalzer, A-8225 Pöllau, Görzgasse 142, Tel. 0 33 35/227 60, Küchenzeiten: DI-SA 12-14 Uhr und 18-21.30 Uhr, SO 12-15 Uhr.

Die "grüne Steiermark" ist ein Bundesland mit einer langen Käsetradition, die recht gut belegt ist. So wissen wir, daß im Mittelalter auf den Schwaigen, das sind Viehhöfe in Talnähe, ganzjährig fleissig gekäst wurde. Der Schwaiger hielt auf seinem gepachteten Viehhof rund ein Dutzend Kühe, sowie Schafe und Ziegen, und mußte dafür an den Besitzer - ein Kloster, ein Stift oder der weltliche Grundherr - einen Naturalzins in Form von Käselaiben abliefern. Von den verbleibenden Erträgen ernährte er sich und seine Familie. So erhielt die 1074 gegründete Benediktinerabtei Admont - westlich des Gesäuses gelegen - im 11. Jahrhundert jährlich rund 30.000 Stück Käse, die vermutlich rund ein Kilogramm wogen. Ebenso viele erhielt das Kloster Seckau in der zweiten Hälte des 13. Jahrhunderts. In der ganzen Steiermark gab es nicht weniger als 650 Schwaigen.

Sicher wurde damals in der Abtei Admont besonders viel Käse gegessen, denn die Regeln des Heiligen Benedikt verbaten den Verzehr von Fleisch vierbeiniger Tiere, sodaß den Ordensangehörigen nur Geflügel, Fisch und Milchprodukte als tierische Eiweißlieferanten blieben. Man nimmt aber an, daß in damaligen Zeiten der Käse-Pro-Kopf-Verbrauch im allgemeinen ganz beachtlich war: vermutlich 25 bis 50 Kilogramm im Jahr (zum Vergleich: der jährliche Prc-Kopf-Verbrauch von Käse lag 1990 in Österreich bei 7,8 Kilogramm).

Daß Käse ein bedeutender Wirtschaftsfaktor war, zeigt auch folgendes Ereignis, das in den Archiven von Stift Admont festgehalten ist. Als 1292 - anläßlich von Streitigkeiten zwischen den Wittelsbachern und Habsburgern - die Bayern ins Ennstal einfielen, erbeuteten sie in der Abtei nicht weniger als 80.000 Stück Käse. Da sie nicht genug Säcke hatten, um den Käse abzutransportieren, verwendeten sie Kutten aus den Kleiderkammern der Mönche - diese hatten sich vorher noch rechtzeitig vor den Angreifern in Sicherheit bringen können.

Aus dem 13. Jahrhundert sind auch noch Urbare der Abtei Admont erhalten, genaue Aufzeichnungen über die Zinseinkünfte. Demnach belief sich der jährliche Naturalzins je nach Betriebsgröße auf 200 bis 600 Stück Käse. Dabei handelte es sich sicherlich um kleine Laibe von Hartkäse, die unter Zusatz von Lab hergestellt wurden.

Aus den Urbaren geht hervor, daß nicht nur auf den Schwaigen Käse erzeugt wurde. Viele Zinseintragungen von Gehöften beinhalten neben Käse auch Gerste und Hafer, das heißt es wurde Vieh- und Landwirtschaft gleichzeitig betrieben. Ein Käse kostete drei Pfennig, das war der Wert von drei Eiern.

Der Einfluß der Stifte und Klöster auf die Käsereiwirtschaft war jedenfalls groß. Oft verliehen die Klöster auch Käsekessel und andere Gerätschaften an die Bauern und unterrichteten sie im Käsen - aus dem ureigenen Interesse, einen qualitativ hochwertigen Käse als Naturalzins zu erhalten.

Um das Jahr 1300 tritt dann an Stelle des Käses allmählich das Butterschmalz als Abgabe in den Vordergrund. Ausschlaggebend dafür war eine neue Technologie bei der Buttererzeugung: das Stoßbutterfaß wurde überall in den Alpen durch das Rollbutterfaß ("Rührkübel") ersetzt. Um 1700 hatte das Butterschmalz den Käse völlig verdrängt, und es war auch im 19. Jahrhundert noch ein wichtiger Ausfuhrartikel der Alpenländer.

Schon 1879 wurde in Graz die "Erste steirische Molkerei" gegründet, einer der ersten Genossenschaften Österreichs. Sie war lange Zeit für die Frischmilchversorgung Wiens von großer Bedeutung, später konzentrierte sie sich auf die Milchversorgung der Landeshauptstadt Graz und - gemeinsam mit den Molkereigenossenschaften der Obersteiermark - um die Belieferung der steirischen Industriegebiete. Die Überschußmilch wurde in der Obersteiermark hauptsächlich zu Emmentaler verkäst, während in der Mittel- und Oststeiermark die Buttererzeugung vorherrschte. 1936 machte beispielsweise die Emmentaler-Produktion der damals sechs Käsereigenossenschaften 42 Waggon-Ladungen aus, dazu kamen 20 Waggon Tilsiter und Weichkäse.

Heute kommen aus der Steiermark zahlreiche Käsespezialitäten neueren Datums, die sich in kürzester Zeit einen hervorragenden Ruf erworben haben. Dazu gehören die aus Gröbming stammenden Käse wie Trautenfelser Edelschimmel, Dolce Bianca, Weissensteiner (die beiden letztgenannten Käse laufen heute parallel, eines Tages soll der Weissensteiner mit seiner günstigeren Produktgröße den Dolce Bianca ersetzen), aber auch der in Leibnitz entwickelte und nun in Mureck hergestellte Südsteirische Hauerkäse, ein Weichkäse der in Rotweingeläger reift.

Ganz hervorragend ist auch die Gaishorner Auslese, ein mindestens sechs Monate gereifter Emmentaler. Die AMF, die ja in Vorarlberg über keinen Mitgliedsbetrieb verfügt, hat sich offensichtlich in einem anderen Bundesland nach einem Silosperrgebiet umgesehen, wo günstige klimatische Bedingungen für Weideflächen herrschen. Und daß dieser Käse nun aus der Steiermark kommt - aus einem Gebiet südlich des Gesäuses -, ist sicher kein Zufall.

Außerdem gibt es in der Steiermark einen regionaltypischen Käse, der sich großer Beliebtheit erfreut: der Steirer Kas. Er wird im Ennstal, zwischen Admont und der steirisch-salzburgischen Grenze hergestellt - hauptsächlich auf Almen. Als Reibkäse wird er auf die Ennstaler Krapfen oder aufs Butterbrot gestreut, auch Kasnockerln und Kasknödel kann man damit machen.

Einen nicht unwesentlichen Einfluß auf die Weiterentwicklung der steirischen Käsewirtschaft im bäuerlichen Bereich hat in den letzten Jahren die alternative Szene ausgeübt. Daß Vertreter dieser Szene Mitte der siebziger Jahre in die Landwirtschaft einstiegen, hing mit der Randlage der Steiermark zusammen. Ähnlich wie im Waldviertel und im Burgenland mußten viele Bauern wegen sinkender Erträge ihre Höfe verlassen, und da traten die Aussteiger auf den Plan und versuchten als Bio-Bauern ihr Glück.

Natürlich wollten sie nicht so weitermachen wie ihre Vorgänger, also wurden Alternativen gesucht, die meist wenig Investitionen erfordern durften. Eine Landwirtschaft ohne Maschinen, ohne Chemie und mit gesunden Produkten sollte es sein, Produkte, von deren Erträgen man noch dazu gut leben kann. Da bot sich die Schaf- und Ziegenzucht förmlich an, und das Verkäsen der Milch. Es war eine echte Marktlücke, wie sich bald herausstellen sollte, denn vor allem beim städtischen Publikum gingen diese bäuerlichen Käse weg wie die warmen Semmeln. (rs/sk)

Burgau/Thermenland

Der Ort liegt in der Oststeiermark, östlich von Waltersdorf. Man nimmt auf der Südautobahn A 2 die Abfahrt Sebersdorf und fährt über Neudau nach Burgau. Den Gutshof Borckenstein erreicht man, indem man Richtung Burgenland weiterfährt. Die Tafeln mit der Aufschrift "Apartments Borckenstein" weisen den Weg.

Wanderungen und Besichtigungen: Der Marktplatz von Burgau wurde bereits neu gestaltet, das Schloß wird gerade renoviert. Berühmt ist das Schwimmbad, das in Beständen des Wasserschlosses errichtet worden ist. Früher, als Bäder eine Seltenheit waren, fuhren Badelustige aus Graz und sogar aus Wien hierher. Heute bezeichnet sich Burgau auch gerne als "Raddorf" - es gibt schöne Rad- und Wanderwege, sogar eine Mountain-Bike-Strecke mit Zeitnehmung.

Gastronomie und Unterkünfte: Die nahegelegenen Thermalbäder haben dafür gesorgt, daß die Infrastruktur nichts zu wünschen übrig läßt. Hier seien nur das Hotel Thermenhof mit seinem Restaurant A la Maison (Tel. 0 33 33/ 28 01) und das Steigenberger-Hotel Römerweg (Tel. 0 33 33/32 11-0), beide in Bad Waltersdorf, genannt. Immer einen kurzen Abstecher von der Südautobahn A 2 wert ist das bezaubernde Hofstüberl (Tel. 0 33 33/29 59) im Schloßhotel Obermayerhofen in Sebersdorf. Harald Peham und Peter Eggenreich verwöhnen ihre Gäste in dem kleinen Lokal - im Sommer auch im Garten - mit einer verfeinerten Regionalküche und ausgezeichneten österreichischen Weinen. Einen Versuch wert ist auch der aufstrebende Safenhof in Bad Waltersdorf (Tel. 0 33 33/22 39).

Tryn-Eugenie und Werner Borckenstein: Zwei Aussteiger als Schafzüchter

Hausherr Werner Borckenstein führt auf den ersten Blick ein Dasein, wie in einschlägigen Heimatfilmen das Leben auf Gutsherren-Art dargestellt wird. So irgendwie hat er sich das auch vorgestellt, als er und seine Frau Tryn-Eugenie vor rund 15 Jahren ihre gut dotierten Jobs in der Industrie aufgaben und sich auf den Hof in Burgau zurückzogen. Doch der 30 Hektar große Besitz (Wald nicht mitgerechnet) - er stammte von Werner Borckensteins Familie - ließ den Aussteigern keine Zeit für Müßiggang. Und weil die Ackerflächen eben bewirtschaftet sein wollten, die Borckensteins aber nicht auf den klassischen Landbau einsteigen wollten, wurden es Schafe. Mit zwei hat er begonnen, rund 60 Ostfriesische Milchschafe hat er mittlerweile und Platz für noch viel mehr Tiere. "Gut fünfmal so viele" könnten es sein, meint Borckenstein. Aber er mag nicht: "Wir haben jetzt genausoviele Tiere, wie wir alleine mit einer einzigen zusätzlichen Arbeitskraft versorgen können. Hätten wir mehr Schafe, müßten wir mehrere Helfer anstellen. Außerdem kann ich so größere Koppeln abstecken und den Tieren das ganze Jahr über wirklich bestes Futter bieten."

Eine Scheibe vom Schaffrischkäse

Gelernt hat der heutige Obmann des steirischen Schafzuchtverbandes die Käserei und den Umgang mit Schafen von der Pike auf und unter Ablegung eines stattlichen Lehrgeldes. Schließlich war alles neu für ihn, als er begann: die Schafzucht, die Käserei, der Umgang mit Tieren.

Heute verkaufen die Borckensteins ihre Schafmilch-Produkte an die umliegenden Hotels der Thermenregion und verschicken sie bahnexpress an ausgesuchte Hoteliers und Gastronomiebetriebe in ganz Österreich. Aus 100 Prozent Schafmilch wird ein ausgezeichneter Schaffrischkäse hergestellt, in einer unregelmäßigen Halbkugelform, so wie der Käse in Tüchern aufgehängt wird und Form annimmt. Eine derartige Halbkugel soll rund ein Kilogramm wiegen, es kann aber schon auch 900 Gramm oder 1.200 Gramm sein, denn natürlich wird händisch geschöpft. Verkauft wird ohnedies nach Gewicht, sodaß der Konsument in keinem Fall draufzahlt.

In Zeiten eines großen Milchanfalls - also im Frühjahr und Frühsommer - gibt es auch noch andere Käse. So wird ein Teil des halbkugelförmigen Frischkäses in einem Räucherschrank bei niedrigen Temperaturen (rund 20 Grad Celsius) geräuchert. Außerdem wird auch ein Weichkäse hergestellt. Eine Joghurt-Produktion ergänzt die Schafmilch-Palette.

Daneben werden Zimmer an Touristen vermietet - die Familie Borckenstein wohnt in einem umgebauten Kutscherhaus, in dem noch Großvater Borckenstein seine Kutschen abzustellen pflegte - und Selbsterzeugtes wie Eier ("von glücklichen Hühnern") und Lammfleisch verkauft. Zur Überraschung der Gäste laufen auf dem Hof nicht nur Gänse (die ja zu einem Gutshof so nah zum Burgenländischen schon aus dekorativen Gründen gehören), Enten und Hühner herum, sondern auch zottelige, langmähnige Schottische Hochlandrinder. (sk/rs)

Tryn-Eugenie und Werner Borckenstein/Gutshof Borckenstein, A-8291 Burgau 75. Tel. und Fax 0 33 83/26 05. Ab-Hof-Verkauf täglich an Vormittagen, ab Sommer, wenn die Milchmengen geringer werden, ist eine telefonische Vorbestellung ratsam. Den Frischkäse gibt es in Wien im Bauernland, außerdem wird er von Hermann Oberascher vertrieben. Versand bei Bestellungen ab vier Kilogramm.

Deutschlandsberg/Frauental a. d. Laß

Am leichtesten ist Deutschlandsberg und sein Nachbarort Frauental a. d. Laß über die Südautobahn A 2, Abfahrt Lieboch, zu erreichen. Dann nimmt man die B 76 (Radlpaß Bundesstraße) über Stainz nach Deutschlandsberg. Von Deutschlandsberg aus führt ein Weg nach Frauental zur Hofkäserei Deutschmann. Wer ins Gut Prinzental möchte, biegt ebenfalls in Deutschlandsberg nach links Richtung Frauental ab und fährt auf einem Waldweg am Schloß Frauenthal samt Golfplatz vorbei, rund zwei Kilometer durch den Wald hoch, bis in der Senke einer Lichtung die Fischteiche, Weiden und Stallungen des Gutes Prinzental auftauchen.

Wanderungen und Besichtigungen: Von der 1185 erstmals erwähnten Burg Landsberg hat man eine schöne Aussicht. An der Schilcher Weinstraße sind zahlreiche Buschenschenken eingerichtet. Der rosa schillernde Wein aus der blauen Wildbachertraube ist säurebetont und erfrischend, er paßt ideal zu einer Brettljause. Die schönen Spazierwege durch die reizende Weinlandschaft locken viele Besucher.

Gastronomie und Übernachtung: Das Burghotel Deutschlandsberg (Tel. 0 34 62/56 56) hat wunderschöne, individuell eingerichtete Zimmer, im noblen Hotelrestaurant kann man gut speisen. In Deutschlandsberg am Hauptplatz ist das Gasthaus Kollar Göbl (Hauptpl. 10, Tel. 0 34 62/26 4 20), mit angeschlossener Fleischerei sowie Fremdenzimmern, zu empfehlen. Die bodenständige Kost wird gekonnt zubereitet.

Hofkäserei Franz Deutschmann:
Fünf Bauern auf Innovationskurs

Eine Novelle der Marktordnung aus dem Jahre 1992 schuf erstmals die Möglichkeit, daß mehrere Bio-Bauern bei aufrechtem Milchkontingent gemeinsam Käse erzeugen dürfen - wenn sie eine Reihe von Voraussetzungen erfüllen: So müssen es mindestens fünf Bauern sein, die sich zusammenschließen, und die täglich an die Gemeinschaftskäserei gelieferte Milchmenge ist mit 100 Kilogramm je Bauer beschränkt. Verkauft werden darf Käse nur direkt an Endverbraucher und an Einzelhändler (ohne Zwischenhandel).

Schon im folgenden Jahr haben sich fünf Bauern zusammengefunden, um diese Liberalisierung im Bereich der Kuhmilchverwertung zu nutzen, wobei das wirtschaftliche Konzept von Dipl. Ing. Robert Perauer erstellt worden ist, der als landwirtschaftlicher Berater auch bei der Überwindung der bürokratischen Hürden hilfreich war.

Am Bauernhof von Franz Deutschmann haben die fünf Bauern in eine Gemeinschaftskäserei im Wert von 2,5 Millionen Schilling investiert: mit modernsten Geräten, Hygieneschleuse, Schaukäserei und allem Drum und Dran. Hier werden nun zwei Arten Rohmilchkäse erzeugt.

Der Fassl-Käs ist ein halbfester Schnittkäse in Laiben von 3,5 Kilogramm. Der Teig zeigt eine höchstens erbsengroße Rundlochung, die Oberfläche wird mit Rotschmiere und dann mit Rotweingeläger behandelt. Ein Hinweis für den Konsumenten: Wenn sich auf der dunklen Käseoberfläche ein leichter Belag von weißem Milchschimmel bildet, dann ist das ein natürlicher Vorgang und kein Käsefehler. Zum Verkauf wird der Käse in ein Tuch gehüllt und oben verschnürt.

Das zweite vielversprechende Produkt wird ebenfalls aus Rohmilch hergestellt, ein Weichkäse mit Weißschimmel nach Art eines Camembert - und so wie sein französisches Vorbild soll er nach den Vorstellungen des Käsers bei entsprechender Reifung auch schmecken, also mit einem deftig-würzigen Aromaspiel. Einige dieser Käse aus der Startphase der Produktion ließ Käsesommelier Herbert Schmid im Wiener Restaurant Steirereck sorgfältig reifen, und sowohl die Konsistenz als auch das Aroma entwickelten sich ausgezeichnet. Dieser Käse kommt in die Spanholzschachtel - damit er auch von der Verpackung her so aussieht, wie wir es von seinem französischen Vorbild gewohnt sind.

Es sind also zwei schwierige Käse, die man sich als Produktlinie ausgesucht hat. Und das mit Absicht, wie Franz Deutschmann zu berichten weiß: "Die Latte liegt sehr hoch. Aber nur mit schwierigen Produkten haben wir eine Chance, uns zu behaupten. Die einfachen Käse macht heute schon fast jeder." Und so hat man lange mit dem Fassl-Käse herumexperimentiert, ehe man mit der Qualität zufrieden war. Das frische Rotweingeläger wird einmal aufgekocht und dann gekühlt oder tiefgefroren aufbewahrt, denn es ist anfällig für die Entwicklung von Fremdbakterien, wenn es später einmal auf der Käserinde aufgetragen ist - eine Erfahrung, die auch die Erfinder des Südsteirischen Hauerkäses (zum Unterschied vom Fassl-Käse kein halbfester Schnittkäse, sondern ein klein dimensionierter Weichkäse) machen mußten (siehe unter Mureck). Doch die fünf innovativen Bauern der Hofkäserei Deutschmann haben noch immer alle Klippen umschifft, sodaß ihrer Käseproduktion eine große Zukunft vorausgesagt werden kann.

Milcherzeugergemeinschaft Franz Deutschmann und Co. A-8523 Frauental, Oberberglastr. 10. Tel. 0 34 62/40 57. Ab-Hof-Verkauf FR von 17-19 Uhr und gegen tel. Anmeldung. Weiters gibt es noch Ab-Hof-Verkauf bei Johann Kainz, A-8503 St. Josef, St. Joseferstr. 11 und bei Christian Edegger, A-8530 Deutschlandsberg, Oberlauffeneggerstr. 69. Die Höfe der zwei anderen Bauern sind so entlegen, daß sie wohl weniger für einen Verkauf in Frage kommen. Dennoch seien sie hier erwähnt: Johann Tschampa, A-8504 Preding, Wieselsdorf 15 und Andreas Kappel, A-8504 Preding, Wuschan 16. Dipl. Ing. Robert Perauer, PERATEC INNOVATIONEN, ist in A-8413 St. Georgen, Ragnitz 31A, Tel. 0 31 83/72 27 zu erreichen.

Plackner/Schramm/Eisl: Feine Schaf- und Ziegenkäse vom Gut Prinzental

Eigentlich ist der geplante Bau einer Autobahnabfahrt bei Eugendorf/ Salzburg daran schuld, daß im Prinzental heute gekäst wird: Franz Plackner verkaufte 1988 seine Landwirtschaft, die er im Nebenerwerb führte, an ein Autohaus und erwarb sich mit dem Erlös dieses Idyll. Umgeben von Wald steht hier ein wunderschöner Gutshof mit 18 Hektar Grund und mehreren Fischteichen.

Christian Eisl, ein Verwandter von Josef Eisl aus Abersee, ist ebenfalls mit von der Partie. Und seit kurzem ist Brigitte Schramm dazugestoßen. Sie kam mit ihren 25 Ziegen eher durch Zufall nach Prinzental, wo sich durch ihren Zuzug die Zahl der zu melkenden Tiere auf 140 Stück (78 Ziegen, 62 Schafe) vermehrte.

Die gebürtige Deutsche war ein Teil der bereits legendären ARGE Rosenauer Wald, die vor zehn Jahren im Waldviertel eines der ersten österreichischen Experimente alternativer Landwirtschaft und Lebensweise gestartet hatte. Vor sieben Jahren, als sich dieser Versuch in die

Käse schließt den Magen, eine gute Zeitung öffnet die Augen.

Die Zeitung für Leser

Bestandteile aufzulösen begann, zog Schramm mit ihren Ziegen in die Südsteiermark, genauer gesagt ins Leibnitzer Feld.

Dort machte sich Schramm, die das Käsen in der Lehranstalt Rotholz in Tirol gelernt hatte, im Lauf der Zeit mit ihren Ziegenkäsen einen Namen. Rund 60 verschiedene Sorten Ziegenkäse probierte sie aus, behandelte die Oberfläche der Käse mit Wein, Most oder Kräuteressenzen, hüllte den Weichkäse in Weinrebenasche oder in Kräutermischungen, versuchte auch einmal einen besonders sensiblen Ziegen-Camembert - bis ihre Käserei im Leibnitzer Feld schließlich jenes besondere Reifeklima hatte, das die Produktion von Käse in gleichbleibender Qualität erst möglich macht. Viel Geld, Liebe und Energie steckte Schramm in ihren sieben Leibnitzer Jahren auch in den Aufbau einer perfekt aufeinander abgestimmten Produktionsstätte aus Melkstand, Kühlhaus, Reifekeller und Verpackungsraum.

Doch plötzlich wurden die Ziegen, die sich bei Schramm einer ungewöhnlich liebevollen Pflege und Obhut erfreuen, immer öfter krank, einige starben sogar. Die Ursache dafür war ebenso einleuchtend wie beunruhigend: Das Grundwasser im Leibnitzer Feld, einem der Zentren des heimischen Maisanbaus, hatte eine Schadstoffbelastung erreicht, die sich zumindest bei Schramms Tieren gesundheitsgefährdend niederschlug. An eine Produktion biologisch "sauberen" Käses war unter diesen Umständen nicht mehr zu denken, erinnert sich Schramm. Also zog sie, ein "Maisflüchtling", mit Sack und Pack nach Prinzental. Hier haben sich die Ziegen erholt und Schramm hat sich eingelebt.

Brigitte Schramm macht nach wie vor eigenständig ihren Käse, genauso wie das Gespann Plackner und Eisl. Aber weil alle im selben Käsereiraum arbeiten, können sie sich kostengünstig eine moderne Ausrüstung leisten, und vermarktet wird auch gemeinsam.

Die Schrammschen Käse sind aus Rohmilch und tragen die Bezeichnung "Sieben Geislein". Es gibt einen rollenförmigen Ziegenfrischkäse und einen laibförmigen Ziegenschnittkäse in Weinrebenasche. Wenn sich die Ziegen erholt haben, will Brigitte Schramm in die Produktion von Ziegen-Camembert einsteigen.

Die Käse von Plackner und Eisl sind aus thermisierter Milch, und sie tragen die Bezeichnung "Prinzentaler". Auf dem Programm stehen ein Schnittkäse aus Schafmilch und ein Schnittkäse aus Ziegenmilch (in Ein-Kilo-Laiben vier Wochen gereift oder in Drei-Kilo-Laiben drei bis vier Monate gereift), außerdem eine Prinzentaler Joghurt "Schazie" - wie der Name schon sagt aus Schaf- und Ziegenmilch, und zwar pasteurisiert.

Neben außergewöhnlichen Käsen hat Prinzental einige ebenfalls außergewöhnliche Attraktionen zu bieten. Da ist einmal die vom Vorbesitzer übernommene Nutria-Zucht - artgerecht, versteht sich. In großzügig angelegten Stallungen wachsen die mit den Bibern und Bisamratten verwandten Pelztiere zu beeindruckenden Exemplaren heran, ehe sie den Weg aller Pelze gehen. (Nur wegen der Pelztierhaltung hat der Ernteverband bisher dem Betrieb die Mitgliedschaft verweigert, obwohl die drei Bio-Bauern bei der Schaf- und Ziegenhaltung und beim Käsemachen alle Vorschriften penibel einhalten.) Ebenfalls im Freiluftgehege tummeln sich die vom Aussterben bedrohten, schwalbenbäuchigen Mangalizaschweine (im Volksmund Altösterreichische Wollschweine genannt), die zu Fleisch- und Wurstspezialitäten verarbeitet werden. Der weite Obstgarten des Anwesens ist mit 130 Nußbäumen bewachsen, in den umliegenden Fischteichen tummeln sich Karpfen, Hechte, Welse und Zander. Frisch- und Räucherfische werden ebenso angeboten wie Schafwürste, Lamm- und Kitzfleisch, Ziegen- und Schaffelle, Wolle, Kräuter und Kräutertees. (sk/ph)

Franz Plackner, Brigitte Schramm und Christian Eisl, Gut Prinzental, A-8530 Deutschlandsberg, Frauental, Tel. 0 34 62/54 74. Verkauf ab Hof DI, FR, SA und SO von 7-18 Uhr. In Wien gibt es die Käse in Naturkostgeschäften (z. B. im 3. Bezirk in der Salmgasse und im 7. Bezirk am Spittelberg) und im 16. Bezirk beim Stand der ARGE Rosenauer Wald am Yppenmarkt. In Graz finden sich die Produkte aus Prinzental bei "Feinkost Roschitz" (Belgiergasse 14) und bei "Frau Annemarie" Coppus (Markt am Kaiser Josef-Platz). Auch in vielen Restaurants werden die Käse serviert, z. B. im Burgrestaurant Schloß Kapfenstein, im Weststeirischen Hof in St. Stefan, beim Jagawirt am Reinischkogel, beim Steirertoni in Bad Gams und beim Berghof in St. Martin. Während der Sommermonate finden an Sonn- und Feiertagen Führungen durch das Gut statt (tel. Anmeldung erforderlich).

Gaishorn am See

Der Ort liegt an der B 113 (Schoberpaß Bundesstraße), die zum Teil parallel zur A 9 (Pyhrn-Autobahn) verläuft.

Wanderungen und Besichtigungen: Hier kann man schöne Wanderungen unternehmen, zum Beispiel in die Flitzenschlucht und weiter zur Mödlinger Hütte. Der Gaishorner See ist neu angelegt worden und lockt viele Badefreudige. Deshalb trägt der Ort auch stolz die Bezeichnung "am See".

Gaishorner Auslese: Ein Emmentaler der Extraklasse

Die kleine Emmentaler-Käserei in Gaishorn entspricht nicht den romantischen Vorstellungen, die man von einer Alp-Käserei hat. Sie liegt im Tal, und sie ist modernst ausgestattet. Das tut aber der Qualität des Käses nur gut, wie inzwischen jeder Gourmet weiß.

Gekäst wird aus Milch von den saftigen Almen rund um Gaishorn und Treglwang, beide liegen im Silosperrgebiet, und zwar nicht viel mehr als ein halbes Dutzend Laibe pro Tag, das sind im Jahr 180 Tonnen Emmentaler.

Seinen Namen "Auslese" bezieht der Käse aus dem Umstand, daß die 70 bis 80 Kilogramm schweren Laibe nicht nur die vorgeschriebene Mindestreife von rund drei Monaten aufweisen. Es werden vielmehr die besten Laibe ausgesucht, die dann weitere drei Monate reifen dürfen. Das ergibt eine besondere Würze unter Wahrung des klassischen nußkernartigen Geschmacks.

Die hochwertige Rohmilch wird von 40 Bauern angeliefert, die ihre Tiere auf Weiden in einer Höhe von 700 Metern (das ist hier praktisch Talhöhe) bis 900 Metern halten. Betriebsleiter Hubert Rieberer: "Unser niederschlagsreiches Gebirgsklima ist prädestiniert für die Emmentaler-Erzeugung. Zu 80 Prozent hängt alles von der Milch ab, der Rest ist die Arbeit in der Käserei."

Emmentaler wird hier das ganze Jahr über erzeugt, im Winter werden die Kühe hauptsächlich mit Heu, Futterrüben und Gerstenschrot gefüttert. Rieberer: "Mein Ziel ist es, das ganze Jahr einen guten Käse zu machen, aber natürlich ist die Milchqualität im Frühjahr und Sommer besser. Die Kügelchen des Milchfetts sind weicher, in der Milch ist mehr Karotin, der Käse wird geschmeidiger. Die Winterbutter ist ja auch fester und blasser."

In jeden Laib wird eine Kaseinmarke mit Erzeugungsdatum und Betriebsnummer gepreßt, damit auch später die Händler über das Alter des Käses Bescheid wissen. Die besten sechsmonatigen Emmentaler sind natürlich jene, die im Sommer erzeugt worden sind und im Winter in den Handel kommen. In einem Jahreszeiten-Kalender für Feinschmecker müßte eigentlich dieses Datum vermerkt sein.

Aber auch zu anderen Zeiten des Jahres ist die Gaishorner Auslese ein Emmentaler der Spitzenklasse, den man sich nicht entgehen lassen sollte.

Emmentaler-Käserei des Milchhofs Leoben, A-8783 Gaishorn 5, Tel. 0 36 17/22 04. Käse kann man hier täglich von 8-12 und von 14-17 Uhr, SA von 7-12 Uhr kaufen.

Gröbming/Ennstal

Der Ort liegt im Ennstal, westlich von Liezen. Man fährt die B 146 in westlicher Richtung und passiert zunächst Stainach. Hier ist das Verwaltungsgebäude der Landgenossenschaft Ennstal und die Molkerei. Einige Kilometer später sieht man linker Hand Schloß Trautenfels. Nach ihm ist einer der besten österreichischen Käse benannt, ein Blauschimmelkäse nach Art des Roquefort. Und schließlich landet man dann in Gröbming, wo die Käserei der Ennstaler Landgenossenschaft angesiedelt ist.

Wanderungen und Besichtigungen: Die im 15. Jahrhundert erbaute Pfarrkirche von Gröbming ist durch ihren Flügelaltar bemerkenswert. In drei bis vier Stunden gelangt man zu Fuß auf den 2.048 Meter hohen Stoderzinken, schneller geht es mit dem Auto auf einer zwölf Kilometer langen Mautstraße. Schloß Trautenfels ist im 13. Jahrhundert als Sperrfestung erbaut worden, heute präsentiert sich das Schloß als eine geglückte Synthese von Alt und Neu: bei der letzten Renovierung wurde ganz bewußt durch moderne Elemente ein Kontrapunkt gesetzt: der neue eingebaute Lift versteckt sich nicht, sondern der Schacht ist infolge einer Glaskonstruktion für jedermann einsehbar, das Geländer der neuen Außentreppen ist ebenfalls unkonventionell konzipiert (die üblicherweise senkrechten Verstrebungen verlaufen hier im rechten Winkel zur Neigungsfläche der Treppen), ein neu zugebautes Restaurant mit moderner Innenarchitektur lädt zum Essen ein. Jedes Jahr finden in Schloß Trautenfels Sonderaustellungen statt, die sich großer Beliebtheit erfreuen.

Gastronomie und Unterkünfte: Das Silence-Hotel "Landhaus St. Georg" der Familie Lang - mit Hallenbad, Dampfbad und Sauna - zeichnet sich durch seine wunderschöne Lage und seine hervorragende Küche aus (Kulmweg 555, Tel. 0 36 85/227 40 Fax 227 40-60). Das Restaurant kann auch von Nicht-Hotelgästen besucht werden, und wenn es täglich auch nur ein einziges Menü mit kleinen Abwandlungen gibt (also keine Möglichkeit, à la carte zu speisen), so tut dies der Freude keinen Abbruch. Als Dessert werden die in Gröbming hergestellten Blauschimmelkäse der Landgenossenschaft Ennstal angeboten.

Landgenossenschaft Ennstal:
Blauschimmel-Spezialisten auf Erfolgskurs

Früher war hier eine Emmentaler-Käserei, aber schon 1957 wurden erstmals Experimente mit Blauschimmelkäse unternommen, und heute zählt die in der Betriebsstätte Gröbming angesiedelte Käserei der Ennstaler Landgenossenschaft zu den Blauschimmel-Spezialisten Österreichs. Insgesamt werden im Jahr mit 25 Beschäftigten rund 1,3 Millionen Tonnen Käse produziert, darunter ist 20 Tonnen Schafkäse.

Mit Österzola hat es begonnen, dann ging es Schlag auf Schlag, sodaß nun mit Trautenfelser, Weißer Prinz, Dolce Bianca, Weissensteiner, Bon Bleu und Dana Blu ein großes Sortiment für den Käse-Feinschmecker angeboten wird. Unter der Ägide des jungen und dynamischen Genossenschaftsdirektors Erich Greßmann sorgt die Ennstaler Genossenschaft aber auch immer wieder auf noch andere Weise für Gesprächsstoff. Sei es, daß seit geraumer Zeit amerikanische GIs fern der Heimat bei ihren militärischen Einsätzen mit Milch und Milchprodukten der Ennstaler versorgt werden, oder sei es die Gründung einer gemeinsamen Vertriebsfirma mit der Stuttgarter Südmilch AG. Greßmann: "Wir wollen in Zukunft für den Verkauf österreichischer Milch in Österreich auch die Südmilch-Marke *Landliebe* verwenden, die im gesamten deutschen Sprachraum mit einem hohem TV-Werbeaufwand beworben wird."

Kurzum: Die Ennstaler Landgenossenschaft tankt Kondition für die Liberalisierung der Milchmarktordnung in Österreich und holt sich dafür einen deutschen Partner - was wirtschaftlich vernünftig ist, von manchen Funktionären der Milchwirtschaft aber nicht gern gesehen wird. Daß die deutsche Südmilch im Sommer 1993 wirtschaftlich ins Trudeln gekommen ist, wird die Ennstaler - wie sie sagen - von der beabsichtigten Marketing-Kooperation übrigens nicht abhalten.

Aber zurück zum Käse. Der Österzola, mit dem alles begann, ist ein Edelschimmelkäse aus pasteurisierter Kuhmilch nach Art eines Gorgonzola, wie er in Italien beheimatet ist. Er hat einen leicht krümeligen Teig mit den typischen Grünschimmeläderchen, der Geschmack ist pikant, und mit zunehmender Reife wird der Käse würziger und schärfer. Daß er heute bei Feinschmeckern in Österreich unter seinem Wert geschlagen wird, hängt wohl damit zusammen, daß er in vielen Fachgeschäften nur in der kleinen Verpackungseinheit erhältlich ist. Unser Tip: Halten Sie Ausschau nach einem Stück Österzola, das direkt vom ganzen Laib oder vom halben Laib geschnitten wird, und sie werden die wahre Qualität kennenlernen. Die ganzen, zylindrischen Laibe wiegen rund 2,5 Kilogramm, in dieser Größe reift der Käse am besten weiter. Aber auch ein Stück von einem halben Laib ist empfehlenswert. Die Zylinder werden horizontal halbiert, was zur Folge hat, daß die Güte der Edelschimmeläderung an der Schnittstelle gut zu sehen ist.

Leider werden auch viele Österzola im Geschäft viel zu jung verkauft. Wer die Würze und Schärfe eines reifen Österzola schätzt, der braucht schon eine Portion Glück, um nicht enttäuscht zu werden. Der Käse wird jedenfalls fünf bis sechs Wochen nach Produktionsbeginn ausgeliefert, und er kann noch weitere sechs bis acht Wochen reifen, bis er sich in jener Verfassung zeigt, die von Gourmets geschätzt wird.

Greßmann bringt dieses Problem, das für viele österreichische Käse, auch für Camembert und für Käse wie den Dolce Bianca gilt, so auf den Punkt: "Die Käse, die man in Frankreich im Geschäft findet, wären in Österreich schon längst verboten. Doch genau diese Käse werden von Feinschmeckern geschätzt."

Geschätzt wird der Österzola auch von Feinschmeckern in Spanien, denn rund ein Drittel der Jahresproduktion geht in den Export auf die iberische Halbinsel. Dort heißt er "El Dragon Austriaco. Edelpilzkäse" und trägt am Etikett groß das Wappen der Steiermark. Der Panther im steirischen Wappen hat nämlich den Spaniern so gefallen, daß sie ihn zum Namen des Käses erhoben. Und sieht der Panther nicht wirklich beinahe wie ein Drachen aus? Greßmann: "Die Spanier lassen ihn ordentlich reifen, formen ihn zu kleinen Kugeln und essen ihn wie Oliven mit einem Zahnstocher."

Trautenfelser Edelschimmel

Der Bon Bleu ist ein dem Österzola ähnlicher Edelschimmelkäse mit etwas weniger Fettgehalt (50 % F.i.T.). Er wird in kleinen Produkteinheiten für die Kühlregale der Supermärkte angeboten.

Ein jüngeres Kind der Ennstaler Landgenossenschaft ist der Trautenfelser, er hat in der Fachpresse und in der Gastronomie alle Herzen im

Nu erobert. Dieser Käse wird ähnlich wie der Österzola hergestellt, die Schimmelkulturen werden bereits der Milch beigegeben, durch das Anstechen des Käses (Pikieren) kann Sauerstoff ins Innere eindringen, wodurch sich der Schimmel im Teig ausbreitet.

Doch drei Umstände unterscheiden die beiden Käse. Während der Österzola aus Kuhmilch erzeugt wird, stammt der Trautenfelser Edelschimmelkäse aus Schafmilch, und zwar von rund zehn Ennstaler Bauern. Während die Milch des Österzola mit einem Gorgonzola-Grünschimmel versetzt wird, kommt beim Trautenfelser ein Roquefort-Blauschimmel zum Zug. Und während der Österzola immer auf den vorgegebenen Fettgehalt von 55 % F.i.T. eingestellt wird, wird beim Trautenfelser Milch mit natürlichem Fettgehalt verkäst.

Weissensteiner

Der Trautenfelser - mit seinen rund 50 % F.i.T. - ist also das sensiblere, aber gleichzeitig auch das bei Feinschmeckern besonders begehrte Produkt. Anderthalb bis zwei Wochen im Winter gibt es überhaupt keine Schafmilch, und im Rest des Jahres kann es Schwankungen in der Qualität geben. Aber das tut dem Erfolg des Trautenfelsers keinen Abbruch. So wie der Österzola reift auch der Trautenfelser fünf bis sechs Wochen in den klimatisierten Kellern der Käserei, ehe er ausgeliefert wird. In den folgenden sechs bis acht Wochen legt er an Würze kräftig zu, bis sich jene attraktive, pikante Schärfe entwickelt, die für diesen Käse typisch ist. Die Laibe sind 400 bis 500 Gramm schwer.

Große Klasse sind auch die beiden Doppelschimmelkäse Dolce Bianca und Weissensteiner. Sie werden aus pasteurisierter Kuhmilch gekäst, Innen findet sich ein pikanter Blauschimmel, außen ein milder Weißschimmel. Der Käse reift etwa drei Wochen in den Kellern von Gröbming, der Teig ist zunächst schnittfest-topfig, später zart-cremig. Der Geschmack entwickelt sich von rahmig-mild bis kräftig-pikant. Der Unterschied zwischen Dolce Bianca und Weissensteiner liegt vor allem in der Form und in der Größe: der Dolce Bianca ist ringförmig, er bringt 1,2 Kilogramm auf die Waage, der Weissensteiner kommt in praktischen Stangen von rund 700 Gramm auf den Markt. Doppelschimmelkäse sind immer die hohe Kunst des Käsens. Das hebt auch Direktor Greßmann hervor: "Der blaue Schimmel muß zuerst anspringen, ehe der weiße Schimmel an der Oberfläche zu wachsen beginnt. Denn sonst verschließen sich die Stichkanäle, und der Sauerstoff kann nicht ins Innere des Teigs." Das Ergebnis wären Käse, die außen braune Flecken und innen eine ungleich verteilte oder unterentwickelte Blauschimmelstruktur aufweisen würden.

Um den Feinkostverkäufern die verschiedenen Reifestadien eines Dolce Bianca zu veranschaulichen, wurde ein Diagramm entwickelt, das sich Reifeuhr nennt. Es zeigt auch optisch die Entwicklung des Käses von den vier Reifestufen bis zur Gourmet-Reife.

Last but not least stellen wir hier den Weißen Prinz vor, ein Weichkäse mit Weißschimmel, der aus pasteurisierter Schafmilch gewonnen wird. Er hat einen hellen, weichen bis cremigen Teig und ein zartes bis kräftiges Schafmilcharoma - wenn man ihn lang genug reifen läßt.

Aber was wäre eine Ennstaler Käserei ohne Steirer Kas? Deshalb hat sich die Landgenossenschaft auch dieses bodenständigen Käses angenommen, der für die Region typisch ist, und nur zwischen Admont und der steirisch-salzburgischen Grenze - hauptsächlich auf Almen - hergestellt wird. Wer diesen hellbraunen, bröseligen Sauermilchkäse probieren möchte, greift am besten zu einem Glas "Ennstaler Steirerkäse" mit 125 Gramm Inhalt. Der Käse wird nach der Buttererzeugung aus der verbleibenden pasteurisierten Milch gewonnen. Er ist mager - 100 Gramm haben nur 960 Kilojoule (226 Kilokalorien) - und leicht gepfeffert. Er wird für Steirerkrapfen, Kasnockerln oder Käseknödel verwendet - oder einfach aufs Butterbrot gestreut. (rs)

Landgenossenschaft Ennstal, Betriebsstätte Gröbming, Molkerei und Geschäftsführung Stainach, A-8950 Stainach, Tel. 0 36 82/228 26, Fax 248 35. Wer in der Region Urlaub macht und einen Österzola in perfekter Lagerqualität sucht, der ist in den Supermärkten der Landmarkt KG an der richtigen Adresse. Landmarkt ist nämlich ein Tochterunternehmen der Landgenossenschaft Ennstal für die Nahversorgung.

Knittelfeld

Der Ort liegt im Murtal, an der S 36, die durch die Obersteiermark in Richtung Kärnten führt, und ist 30 Kilometer von Leoben entfernt. Zum Hof von Toni Hubmann gelangt man, wenn man von der S 36 unmittelbar vor Knittelfeld, bei St. Margarethen abbiegt. Von dort aus geht es sechs Kilometer in östlicher Richtung in die Glein. Im Ort, bei der Kapelle, dort, wo die vielen Hühner herumlaufen, ist der Toni Hubmann zuhause.

Wanderungen und Besichtigungen: Die größte Bekanntheit erreichte die Industriestadt Knittelfeld aufgrund des Österreichringes. Einen Besuch lohnen vor allem das nahe gelegene Benediktinerkloster Seckau sowie Judenburg, eine ehemals römische Siedlung. Von dort aus gelangt man auch zum Ausflugsziel Ruine Liechtenstein.

Gastronomie und Unterkünfte: Findet man keine Privat-Unterkunft, wohnt man in Knittelfeld Paul's Hotel (Tel: 0 36 12/72 2 00). Im nahegelegenen Judenburg ist das einzige Spitzenrestaurant der näheren Umgebung, der Lindenwirt (Tel. 0 35 72/23 06).

Toni Hubmann: Bergkäse vom Schaf

Er ist ist keiner, der zufällig zu käsen begann. Toni Hubmann absolvierte die landwirtschaftliche Mittelschule, arbeitete in einer Lehrkäserei, besuchte Käsereikurse in Frankreich und Italien und erlangte die Gewerbeberechtigung zum Betrieb einer Käserei. Im Jahr 1987 begann er die Milch von zehn Schafen zu verkäsen, mittlerweile sind es 400 bis 500 Schafe, eine gewaltige Menge für österreichische Verhältnisse. Sein zweites wirtschaftliches Standbein sind Eier von freilaufenden Hühnern. Auch die Schafe haben es hier gut. Jene, die im Sommer trocken stehen, verbringen diesen auf der Alm.

Erzeugt werden Joghurt, Frisch-, Schnitt- und Hartkäse, alles zu hundert Prozent aus Schafmilch. Selbst die Kulturen sind aus Schafmilch. Seine Produkte, sagt Toni Hubmann, müßten sich von Kuhmilchprodukten eindeutig unterscheiden, sie müßten absolut frisch sein und gesund - und das ist offensichtlich der Fall.

Der Schnittkäse ist vom Typ "Feta", wie man ihn aus den südeuropäischen Ländern kennt. Er reift in der Salzlake, ist darum etwas salzig im Geschmack und sehr beliebt als Beigabe zu Salaten.

Der Hartkäse, der sogenannte "Bergschafkäse", entstand aus der Notwendigkeit heraus, Produktionsspitzen in Zeiten geringer Nachfrage aufzufangen. Mit mindestens sechs Monaten Reifezeit ist er eine Besonderheit in der österreichischen Käselandschaft. Erzeugt wird er in zwei verschieden großen Laiben von einem und von drei bis vier Kilogramm Gewicht. Für den Hartkäse verwendet Toni Hubmann Rohmilch. Gefahr durch unerwünschte Bakterien besteht dabei wenig, da diese aufgrund des niedrigen Wassergehalts nicht das für ihre Ausbreitung notwendige Klima vorfinden.

Tonis Bergkäse

Hat Toni Hubmann seine Käse zu Beginn noch auf Bauernmärkten selbst verkauft, so ist dies bei den jetzigen Mengen nicht mehr möglich. Seine Abnehmer sind Käsefachgeschäfte sowie Handelsketten. Sein langgehegter Wunsch, daß endlich gesetzlich vorgeschrieben wird, daß Schafmilchprodukte, die als solche deklariert werden, auch tatsächlich keine andere Milch enthalten dürfen, wird in absehbarer Zeit wohl leider nicht in Erfüllung gehen.

Übrigens ist Toni Hubmann derzeit gerade ein Umstellungsbetrieb bei "Ernte für das Leben", obwohl er sich eigentlich keine großen Vorteile davon erwartet und glaubt, daß die meisten Halter von Schafen ohnehin korrekt arbeiten - denn die Tiere seien sehr empfindlich. Dennoch werden sich umweltbewußte Konsumenten über diesen Schritt freuen.(ph)

"Tonis Milchschäferei", Anton und Grete Hubmann, A-8720 Knittelfeld, Glein 14, Tel. 0 35 12/57 25. Ab-Hof-Verkauf nach telefonischer Anmeldung. Den Käse gibt es in einigen Filialen von Meinl, Spar, Merkur und Konsum.

Gerlinde Langs, Landhaus St. Georg, Gröbming, empfiehlt:

Käse-Laibchen

Zutaten
300 g mehlige Kartoffeln, gekocht, 300 g Käse gerieben (Emmentaler, Tilsiter), 3 ganze Eier, Salz, Muskat, Petersilie, 4 EL Haferflocken, Fett zum Ausbacken.

Zubereitung
Kartoffeln und Käse nicht zu fein reiben, alle Zutaten vermengen, etwas rasten lassen, Laibchen formen und in Fett ausbacken. Mit Salat servieren.

Kasseiling

Zutaten
(leider keine genaue Mengenangabe möglich - nach Gefühl)
ca. 500 g Mehl, 1/3 l kochendes Wasser, Steirer Kas nach Geschmack.

Zubereitung:
Mehl salzen, Steirer Kas einbröseln und mit kochendem Wasser überbrühen und abkneten. Mit Löffel Nocken (oder Laibchen) formen und im schwimmenden Fett herausbacken.
Mit Rahmsuppe oder Kartoffelsalat servieren (auch als Suppeneinlage verwendbar).

Das Landhaus St. Georg ist ein Hotel in wunderschöner Lage, schon praktisch in den Bergen, sodaß man sich auf der großzügig angelegten Terrasse wie auf einer Alm fühlen kann. Trotzdem bietet es jeden Komfort (Schwimmbad, Sauna etc.) und eine verfeinerte regionale Küche, die auch Hausfremde genießen können. Angesichts der hohen Qualität der Speisen wird man es gar nicht als Einschränkung empfinden, daß es nur ein Menü gibt. (rs)

Landhaus St. Georg, Familie Langs, A-8962 Gröbming 555, Tel. 0 36 85/227 40.

Christoph Wagner

KÄSE FÜR KENNER

Geschichte und Gegenwart der österreichischen Käsekultur

Österreichs Käsekultur ist ebenso reich an regionalen Spezialitäten wie an Geschichte und Geschichten, die sich darum ran-
ken. Mit diesem Buch liegt ein umfassendes Kompendium der
heimischen Käsekultur vor, das die jahrhundertealte Tradition
der österreichischen Käserei dokumentiert.
Ausgehend von einer gesamteuropäischen Kulturgeschichte der
Käserei werden Schritt um Schritt zunächst die alpenländischen
und dann die österreichischen Käse-Spezialitäten vorgestellt.
Der „Serviceteil" des Buches informiert den Leser z. B. über die
richtige Behandlung und Pflege von Käse, aber auch über die
perfekte Wahl des Getränkes zu den einzelnen Käsesorten.
Ein umfangreiches Sachregister macht das Buch zu einem praktischen Nachschlagewerk für Käseprofis und Käsegenießer.

Photographien von Gerhard Trumler u. a.
Ca. 208 Seiten mit ca. 120 Vierfarb- und ca. 30 Schwarzweiß-Abbildungen.
ISBN 3-85447-477-6
DM 78,–, öS 590,–, sfr 79,90
Erscheint: Anfang 1994

AUS DEM VERLAG CHRISTIAN BRANDSTÄTTER

Mureck

Der Ort liegt an der B 69 (Südsteirische Grenzstraße), direkt an der Grenze zu Slowenien. Wenn man von der A 9, also der Pyhrn-Autobahn kommt, nimmt man die Abfahrt Straß oder die Abfahrt Spielfeld.

Wanderungen und Besichtigungen: Vom Klöcher Berg hat man eine gute Fernsicht, bis weit in die Pannonische Ebene. Auch Ausflüge nach Radkersbrug mit seiner schönen Altstadt oder in den Kurort Bad Gleichenberg sind zu empfehlen. Für Radfahrer wurde die Tour de Mur angelegt, eine Radroute von der Murquelle bis nach Bad Radkersburg, wo der Fluß Österreich verläßt.

Gastronomie und Unterkünfte: Von Mureck aus ist man rasch an der oststeirischen Weinstraße, die von Klöch über St. Anna und Kapfenstein nach Fehring führt. Hier können Sie in Buschenschanken herrliche trockene Weißweine probieren, z. B. bei Albert Neumeister in Straden 42 (Tel. 0 34 73/308), ein Buschenschank mit wunderschönem Ausblick und zahlreichen Käsespezialitäten auf der Karte. Gastronomischer Höhepunkt ist stets ein Besuch des Schloßrestaurants Kapfenstein (Tel. 0 31 57/22 02), eine alte Wehrburg, in deren historischen Mäuern man übernachten kann. Das Schloßweingut etwas weiter unten am Fuß des Berges, geführt von Georg Winkler-Hermaden (Tel. 0 31 57/23 22 oder 22 02), zählt zu den besten Weinbaubetrieben der Region. Oder sie fahren zu Manfred Platzer in Tieschen (Pichla 25, Tel. 0 34 75/23 31), ebenfalls ein Spitzenwinzer und Lieferant des Weingelägers, in dem der Hauerkäse reift.

Südwest-Milch: Der schwierige, aber geniale Südsteirische Hauerkäse

Er gehört zu den interessantesten Käsekreationen, die Österreich in den letzten Jahren hervorgebracht hat, wenngleich er ein recht komplizierter Bursche ist, der den Käsern in der Südwest-Milch-Käserei in Mureck immer wieder Sorgen bereitet. Südsteirischer Hauerkäse wird er genannt, und die Südsteiermark, wo herrrliche Weine wachsen, ist auch seine Heimat. Dort hatten findige Köpfe in der Käserei Leibnitz Ende der achtziger Jahre eine Idee: Lassen wir doch einen Käse in Rotweingeläger reifen!
Schon dieses Rotweingeläger ist ein schwieriges Produkt. Es handelt sich dabei um Trubstoffe, die am Boden des Weinfasses absinken und normalerweise weggeschüttet werden (manchmal, eher selten, auch zu einem Gelägerbrand verarbeitet werden). Die Käse-Erfinder waren sich

bald darüber im klaren, daß die Qualität des Gelägers stimmen muß. Deshalb hat man sich entschlossen, bei einem weithin anerkannten Spitzenwinzer, nämlich Manfred Platzer in Tieschen, und in der angesehenen Weinbauschule in Silberberg diesen Reststoff zu kaufen. Außerdem wird dieses Geläger gleich nach Eintreffen in Mureck pasteurisiert und filtriert, in sterile Behälter gefüllt und kurz vor der Verwendung ein zweites Mal pasteurisiert - mehr kann man wohl nicht tun.

Südsteirischer Hauerkäse

Der Käse selbst ist ein 125 Gramm schwerer Weichkäse in Laibform mit einer leichten Bruchlochung. Er reift zwei Wochen im vorbehandelten Geläger - das übrigens zum größten Teil von Zweigelt-Weinen, zu einem geringeren von Blaufränkisch-Weinen stammt -, und erhält dabei eine kräftig-pikante Note. Seine volle Reife erreicht der Käse etwa sieben bis acht Wochen nach der Käsung.

Die grün-schwarze Rinde des Hauerkäses kann mitgegessen werden. Und wenn der Käse einen Anflug von weißem Milchschimmel auf der Rinde zeigt - durch das Rotweingeläger manchmal auch eine Spur dunkler in der Farbe -, so ist dies kein bedenklicher Fehler, sondern entspricht dem Sortenprofil. (Problematisch wäre ein wilder Grünschimmel, der in der Farbe unter Umständen ins Schwarze geht.)

Käsemeister Josef Bund ist auch für den Murecker Butterkäse verantwortlich, der so wie der Hauerkäse eine wahre Delikatesse ist. Hier wird nämlich der Butterkäse so erzeugt, wie es vor Jahrzehnten üblich war: nicht paraffiniert, sondern mit Rotschmiere behandelt. Dadurch ist der

Käse pikant und gehaltvoll, nicht so ausdruckslos wie manche Butterkäse aus der Kühlvitrine. Was außerdem für den Murecker Butterkäse spricht: Er kommt nur in großen Stücken in den Handel, von denen der Verkäufer für jeden Konsumenten ein Stück abschneidet. Hier bewahrheitet sich wieder der Grundsatz, daß die Käse im Großen viel besser

Murecker Butterkäse

reifen als im Kleinen. Als wir den Murecker verkosteten, gab es ihn in 450 Gramm großen Blöcken, doch in Planung war schon eine Produktgröße von einem Kilogramm. Das sollte auch die Händler freuen, die dann weniger Anschnitt haben.

Südwest-Milch, Südweststeirische Molkerei, Sitz und Verwaltung: Bahnhofstraße 11, A-8430 Leibnitz, Tel. 0 34 52/22 27 oder 44 19, Fax 735 66. Käsereibetrieb Mureck: A. Fuggerstraße 6, A-8480 Mureck, Tel. 0 34 72/34 04, Fax DW 18. In einem Geschäft der Lagerhausgenossenschaft kann man von 7.30 bis 12.00 Käse kaufen.

Petersdorf bei St. Marein

Ein Tip für Grazer: Recht in der Nähe, genauer gesagt in Petersdorf II, das sich von Petersdorf I dadurch unterscheidet, daß man es am leichtesten über die Schemmelhöhe in Richtung Kirbach erreicht (ca. 20 Kilometer südöstlich von Graz), liegt auf der Anhöhe Schulberg 35 der Hof der Familie Spreitzer.

Manfred und Mathilde Spreitzer: Vom Entwicklungshelfer zum Käsemacher

Auf dem rund zehn Hektar großen Besitz tummeln sich 40 Ziegen, die im Jahr rund 20.000 Kilogramm Milch geben, die zu Frischkäse verarbeitet wird. Auf Ziegen kamen die Eheleute Spreitzer, die seit 1984 am Hof sind und seit 1988 Ziegen halten, in unsteirisch weit entfernten Gefilden: in Ekuador. Dort haben beide ein gutes Jahrzehnt als Entwicklungshelfer zugebracht und die Ausdauer, Genügsamkeit und Zähigkeit der Ziegen schätzen gelernt. In die Steiermark zurückgekehrt, fanden sie in der Nähe von Graz den Hof in einem Gelände, dessen Bodenbeschaffenheit sich ideal für die Ziegenzucht eignete, weil er wenig fettes, leguminosae-reiches Futter liefert.

Gelernt haben die Spreitzers die Käserei in der Schweiz. Zunächst wurden auch Hart- und Schnittkäse aus Ziegenrohmilch hergestellt, heute sind die beiden auf Ziegenfrischkäse im Knoblauch- und Kräutermantel eingestellt. Pro Woche werden etwa 50 Kilogramm Käse hergestellt, die nach Linz, Graz und Wien an Naturkostläden verschickt werden.

Spreitzers Käse ist dichter, cremiger und pastöser als die meisten Käse seiner steirischen Kollegen. Der sehr milde, ausgesprochen feine Ziegenmilchgeschmack wird von den sparsam verwendeten Gewürzen hervorragend begleitet. Ein Tip: Köstlich schmeckt er auf getoastetem Schwarzbrot, dazu ein junger Rotwein oder, noch besser, als Salut an die Steiermark: der vergorenen Saft der blauen Wildbacher Traube, genannt Schilcher, den der Schriftsteller Reinhard P. Gruber so vortrefflich besingt. (sk)

Manfred und Mathilde Spreitzer, A-8323 St. Marein/Petersdorf II, Schulberg 35, Tel. 0 31 19/28 12.

Stallhofen bei Köflach

Von Graz kommend fährt man in westlicher Richtung von Steinberg über Hitzendorf nach Stallhofen. Dort wählt man den Weg nach Bernau, wo noch vor der Ortstafel eine Brücke in einer Rechtskurve überquert wird. Direkt nach der Brücke nimmt man die erste Abzweigung links, fährt rund 200 Meter und wählt wieder die erste Abzweigung nach rechts, die auf eine Anhöhe durch einen Wald führt. Sobald sich dieser lichtet, sei scharf nach rechts und nach einigen Metern wieder nach links abgebogen, wo der (beschilderte) Weg direkt zum Hof des Vinzenz Krobath am Muggauberg führt.

Wanderungen und Besichtigungen: Die hügelige Umgebung von Stallhofen lädt zu ausgedehnten Wanderungen ein. In Bärnbach steht neben der bekannten, von Friedensreich Hundertwasser verhübschten Kirche ein sehenswertes Glasmuseum. Wer es eher mit Pferden hält, sollte einen Besuch in das Lipizzaner-Gestüt Piber nicht versäumen.

Vinzenz Krobath: Vom Schaf auf die Ziege gekommen

Seit acht Jahren beschäftigt sich Vinzenz Krobath, im politischen Nebenerwerb Vizebürgermeister der Gemeinde, mit der Aufzucht von Schafen und Ziegen. Das Käse-Geschäft mit Schafmilch hat er bald aufgegeben, weil die Tiere zu lange trockengestellt werden müssen (von Oktober bis März), danach eine zweimonatige Stillperiode für die Jungtiere folgt und nur von Mai bis Oktober ordentlich Käse gemacht werden kann. Also stieg er, der 1972 den rund 14 Hektar großen Hof übernommen hatte, aus Ertragsgründen auf die Ziegenzucht um.

Bis 1974 züchtete Krobath Ferkel und Schweine, die zunächst ohne große Schwierigkeiten an die Agrosserta verkauft wurden. Als dann allerdings die Kosten zu explodieren begannen, in einem Jahr etwa 400.000 Schilling für Mastfutter aufgewendet werden mußte und bei den Tieren noch dazu die Schnüffelkrankheit ausbrach, die nur mit teuren Medikamenten unter Kontrolle gebracht werden konnte, hatte Krobath genug von der herkömmlichen Schlachtvieh-Haltung. Er stellte 1984 den Hof auf biologischen Anbau um, setzte zunächst auf Schafe und später auf Ziegen. Begonnen hat er mit zwei Rassen, die "von rundherum" gekauft wurden und den Nachteil hatten, daß keine Böcke zum Austausch vorhanden waren, also der Inzucht Tür und Tor geöffnet war. Doch nachdem die Anfangsschwierigkeiten überwunden waren, vergrößerte sich die Ziegenherde Krobaths rasch auf rund 60 Tiere.

Krobath produziert zwei Sorten von Ziegen-Rohmilchkäse, die an Bioläden in Graz und ab Hof verkauft werden. Besonders angetan sind seine Kunden vom geräucherten Schnittkäse, dessen Wohlgeschmack für die arbeitsintensive Produktion entschädigt. Der Käse wird langsam im nur 20 Grad Celsius warmen Rauch eines Buchenholzfeuers geräuchert, wobei er über 20 Prozent seines Gewichts durch Wasserverlust einbüßt und trockener, kompakter wird. Daneben stellt Krobath einen ungeräucherten, fetteren Ziegenkäse und im Winter einen halbfesten Kochkäse her.

Außer Käse bietet Krobaths Hof Ziegenmilch, Ziegenfleisch und Ziegenwurst, Butter, Topfen sowie Obst und Hokkaido-Kürbisse an. Mit der Umstellung auf biologischen Anbau ging auch eine Veränderung der Produktionspalette einher. Heute wird Schweinefleisch nur noch "zeitweise" angeboten. Dafür widmet sich Krobath umso intensiver der Erhaltung aussterbender Haustierarten, die natürlich nicht kommerziell "verwertet" werden. Auf seinem Hof tummeln sich Altösterreichsche Wollschweine, Murbodner Rinder und Sulmtaler Hühner. Daneben gibt es noch Perlhühner, Enten, Legewachteln und Pfaue sowie vier Pferde (Isländer und Haflinger). Auch die Aufteilung der Ackerbauflächen wurde auf den Futterbedarf des buntgemischten Viehbestandes abgestimmt. Auf drei Hektar Ackerfläche werden Gerste, Hafer, Körnererbsen, Weizen und Burgunder angebaut. Das Erntegut wird an Schweine, Kühe, Ziegen und Pferde verfüttert. Winterweizen und Roggen wird zusätzlich zur eigenen Brotversorgung angebaut. Die restlichen 10,5 Hektar des Betriebs verteilen sich auf Wald (7 ha) und Wiesen (3,5 ha). Besonderen Wert legt Krobath auf Zwischenfruchtanbau, wobei Kleegras immer in die Fruchtfolge kommt. (sk)

Vinzenz und Maria Krobath, Muggauberg 25, A-8152 Stallhofen, Tel. 0 31 37/24 56. Verkauf nach tel. Anmeldung.

St. Martin am Wöllmißberg

Die Zufahrt zum Hof der Familie Hans und Doris Edler ist ein wenig kompliziert, aber lohnend. Der schöne Hof liegt auf einem Ausläufer der Packer Alpen "in den Auen" und ist entweder über die B 70 (Packer Bundesstraße) oder über Krottendorf bei Ligist zu erreichen. Bei Krottendorf (zwischen Lieboch und Stallhofen, westlich von Graz) biegt man links ab und folgt dem Fluß der Teigitsch, den Teigitschgraben entlang. Bald erreicht man den schönen, auf einer Anhöhe gelegenen Hof der Edler.

Hans und Doris Edler, vlg. Wölartsima: Ein Betrieb zum Herzeigen

Daß die Edlers nicht unbedingt, zu den kleineren Bauern gehören, wird schon an der Größe ihres Besitzes deutlich: rund 44 Hektar, davon die Hälfte Wald, (acht Hektar Äcker, der Rest Wiesen und Weiden) gehören zum Hof. Daß Größe nicht unbedingt mit tradioneller Gewinnmaximierung gleichzusetzen ist, wird spätestens in der Käserei der Edlers deutlich. Hier wird die Milch von 20 Kühen in einer Art und Weise verarbeitet, die sich erheblich von den herkömmlichen, ein wenig nach Provisorium aussehenden Käsereien so mancher privaten Käsemacher unterscheidet. Rund 1,5 Millionen Schilling haben die Eheleute in den Aufbau einer Produktionsstätte gesteckt, die sich durchaus mit allen technischen Möglichkeiten großer Käsereien messen kann. Etwa 4.000 Liter eigene Milch werden jährlich zu rund 2.500 Kilogramm Käse und Milchprodukten verarbeitet. Bevor 1983 die Umstellung auf biologischen Anbau begann, war der Hof der Edlers ein herkömmlicher, großer Milchlieferant, der rund 6.000 Liter Milch pro Jahr ablieferte. Auf die Käserei sei man durch die Konsumenten gekommen, meint Doris Edler, die in den früher achtziger Jahren einen mehrfachen Bewußtseinswandel feststellte. Zum einen stieg auf Konsumentenseite die Nachfrage nach qualitativ hochwertigen, naturbelassenen Lebensmitteln, zum anderen entdeckten immer mehr Bauern, daß ihnen mit der reinen Zulieferung an die großen verarbeitenden Betriebe die Verantwortung für die Qualität ihrer Erzeugnisse abgenommen wurde. Also reagierten die Edlers mit dem Ausstieg aus dem herkömmlichen Produktionskreislauf und der Umstellung auf eigene Milchverarbeitung.

Unter tatkräftiger Mithilfe eines pensionierten Käsereimeisters entstand beim Wölartsima eine Käserei, deren Produkte keinen internationalen Vergleich scheuen müssen. Aus thermisierter Kuhmilch werden zwei mit Rotschmiere behandelte Tilsitersorten und ein Camembert gewonnen, die ab Hof und in den Grazer Bio-Läden verkauft werden. Sowohl Tilsiter als auch Camembert gehören zu den besten österreichischen Käsen, die wir verkostet haben.

Außer Käse werden hier auch Sauermilch, Joghurt, Sauer- und Schlagrahm sowie Acidophilus- und Bifidus-Milch hergestellt. Bereits jetzt gilt der Wölartsima als Musterhof des biologischen Landbaus, der von Praktikanten aus dem In- und Ausland aufgesucht wird. Dem Land Steiermark war die Innovationslust des ausbildenden Betriebs bisher immerhin eine Förderung von 90.000 Schilling wert. (sk)

Hans und Doris Edler, vlg. Wölartsima, In den Auen 543, A-8583 Edelschrott, Tel. 0 31 44/35 45. Verkauf gegen tel. Anmeldung. Den Käse gibt es auch in Grazer Bio-Läden.

St. Nikolai

St. Nikolai liegt südlich von Gröbming im Tal des Großsölkbachs. Man fährt von Gröbming nach Stein an der Enns, von dort Richtung St. Nikolai. Kurz nach Großsölk kommt man in den Ort Fleiß. Gleich nach der Ortstafel biegt man rechts ab auf die Strickeralm. Die kleine Tafel ist nur im Rückspiegel zu sehen, aber das ist die Absicht der Sennerin Anna Schiefer: "Wer auf die Strickeralm will, findet schon her. Zimperlinge und Extrawürste gehen eh net auf die Alm." Entweder man stellt das Auto am Beginn der Forststraße ab und wandert rund eine Stunde bis anderthalb Stunden zur Strickeralm hinauf, oder man fährt mit dem Auto direkt auf die Strickeralm (1.353 Meter Seehöhe). Kurz vor der Alm muß man ein Gatter öffnen, das die Jungstiere von den Jungkälbern trennt und sofort wieder geschlossen werden sollte. Von der Strickeralm kann man ausgedehnte Wanderungen und Kletterpartien unternehmen.

Anna Schiefer, vlg. Stricker:
Der echte Steirer Kas

Sie ist ein Original, viele Touristen und Wanderer kommen deswegen auf die Strickeralm, weil es hier "oft a Affengaudi gibt" - wie es die Sennerin Anna Schiefer selbst formuliert. Außer der Gaudi gibt es in der seit 220 Jahren nachgewiesenen Almhütte herrliche Brettljausen, Milch und Buttermilch, verschiedene selbstgebrannte Schnäpse (Obstler, Hollerbrand, Vogelbeerbrand), wenn es sein muß auch Bier, Almdudler und Kaffee. Und außerdem ist Anna Schiefer eine engagierte Käserin, die den Steirer Kas in seiner ursprünglichen Form bewahren will. Schon dafür gebührt ihr Lob und Beifall.

Die Alm ist eine Agrargemeinschaft von vier Bauern. Auf den saftigen Wiesen weiden sieben Kühe und 100 bis 120 Jungstiere und Jungkälber. In einer Saison produziert Anna Schiefer aus der Milch der sieben Kühe rund 190 Käse in Stockform - in der Größe ähnlich wie ein Gugelhupf, wenn dieser unpassende Vergleich erlaubt ist. Der Andrang nach diesen naturechten Produkten unter den Einheimischen ist so groß, daß man sich zwei oder drei Monate - oft sogar schon im Winter - anmelden und einen Steirer Kas bestellen muß. Sonst heißt es: Ausverkauft! Wenn man als Wanderer auf der Strickeralm auftaucht, kann man aber doch eine kleine Kostprobe dieses bröseligen Sauermilchkäses erwerben.

Anna Schiefer erzeugt den echten Steirer Kas, "der eigentlich richtig Ennstaler Kas und nicht Steirer Kas heißen sollt', denn es gibt 'n ja nur bei uns." Abweichungen vom Originalrezept sind ihr ein Dorn im Auge. "Man gibt zwar etwas Salz dazu, aber keinen Pfeffer. Pfeffer hat man nur deshalb genommen, damit keine Fliegen dazukommen. Wenn man hygienisch sauber arbeitet, ist kein Pfeffer notwendig."

Reifen soll er fünf bis sechs Wochen, und nicht ein bis drei Monate, wie in manchen Büchern steht. "Ein Waschen mit Käsewasser ist nicht sinnvoll, der Käse muß sehr trocken sein." Am Vortag läßt Anna Schiefer die aus der Butterproduktion anfallende Magermilch einmal kurz aufwallen. "Das ist für den Käse gut, weil er dann nicht so eine dicke Rinde bekommt." Die Säuerung ist kein Problem, zu Beginn der

Saison nimmt sich die Sennerin etwas Sauermilch mit auf die Alm, dann läuft alles von selbst. Ein Steirer Kas ist rund ein Jahr lagerfähig, man kann ihn auch portionieren und einfrieren. Mit längerer Reife wird der Käse immer schärfer, aber das tut seiner Beliebtheit keinen Abbruch.

Verwendet wird der Käse für die berühmten Steirerkrapfen und für die Ennstaler Kasnocken. Beide Gerichte kann man auf der Strickeralm bestellen und in ihrer urtypischen Form genießen. Außerdem schmeckt der Käse auch gut auf einem Butterbrot.

Die Strickeralm ist jedenfalls eine Attraktion für jung und alt. In der Hütte kann man eine alte Feuerstelle mit einem Kupferkessel fürs Käsemachen besichtigen - so wie heute die Anna Schiefer hat man auch in alten Zeiten auf der Alm gelebt und Käse erzeugt. Unterdessen können die Kinder mit einem Butterrad, das durch die Wasserkraft eines kleinen Bergbachs betrieben wird, Wasserspiele veranstalten. Für Kühlzwecke wird das Wasser anschließend in einem kleinen Teich aufgefangen, ehe es dann über die Forststraße weiterrinnt.

Sogar Kinderspielzeug ist vorhanden. Anna Schiefer: "Meine Kinder sind schon so alt, daß ich sie im Sommer alleine im Tal lassen kann. Wenn Gäste mit Kindern auf die Alm kommen, sollen sich auch die Kinder wohlfühlen. Das ist auch der Grund, warum ich nichts dagegen habe, daß man mit dem Auto auf die Strickeralm fährt. Sonst hätten Familien mit Kindern keine Chance, auf die Alm zu kommen." (rs)

Anna Schiefer, vlg. Stricker, A-8961 St. Nikolai im Sölktal, Fleiß 31, Tel. 0 36 89/212. Das ist die Postadresse und die Telefonnummer aus dem Tal, auf der Alm gibt es kein Telefon. Die Alm ist von Anfang Juni bis Ende September bewirtschaftet. Es gibt herrliche Brettjausen, und wenn ein paar Gäste gemeinsam bestellen, kocht Anna Schiefer auch ein bodenständiges Gericht mit Steirer Kas. Keine Übernachtungsmöglichkeit, außer in Notfällen, z. B. bei Schlechtwettereinbruch.

Weiz

Der Ort liegt am Kreuzungspunkt der B 72 (Weizer Bundesstraße) und der B 64 (Rechberg-Bundesstraße).

Gastronomie und Unterkünfte: Das Romantikhotel Modersnhof (Büchl 32, Tel. 0 31 72/37 47) bietet jeden Komfort, die Küche ist ausgezeichnet. Der Kirchenwirt (Gasthaus Ederer, Weizberg. 2, Tel. 0 31 72/23 49) zeichnet sich durch seine gute bodenständige Küche aus, auch die Käsekennerschaft ist ganz beachtlich.

Almland/Oststeirische Molkereigenossenschaft:
Die Renaissance des Liptauers

Vorbei sind die Zeiten, wo man sich eine Liptauer-Imitation aufs Brot streichen mußte. Oder darauf warten mußte, bis aus der Slowakei im Mai oder im Juni der Brimsen (Schaf-Topfen) ins Land kam. Seit April 1993 gibt es aus Österreich einen klassischen Liptauer, und alle Feinschmecker dürfen sich freuen.

Echter Liptauer

Der Liptauer wird in der Oststeirischen Molkereigenossenschaft Almland hergestellt, und zwar aus zwei Drittel Schaf-Topfen und ein Drittel Kuhmilchbutter - wie uns Betriebsleiter Dipl. Ing. Friedrich Lozar bereitwillig erzählt. Der Streichkäse wird ohne Konservierung und Hitzebehandlung abgefüllt, weshalb eine eigene Luftreinhalteanlage angeschafft wurde, die für klinisch saubere Räume sorgt. Natürlich kommen vorher noch die Gewürze dazu, worüber Lozar schon weniger gern spricht: sicher, Paprika und Zwiebel sind dabei, und außerdem eine nicht näher definierte Kräutermischung.

Wer sich selbst einen Liptauer mischen möchte, der kann auch den in Weiz hergestellten Schaftopfen kaufen und selbst die verschiedenen Zutaten dazugeben, so wie es früher einmal der gute Brauch war. H. Alfonsus, der Österreich-Autor des 1974 von Heinrich Mair-Waldburg herausgegebenen "Handbuchs der Käse" vermerkte noch unter dem Stichwort "Österreichischer Liptauer": "In Gasthäusern wird Liptauer oft auch garniert angeboten. Auf einem Teller werden die einzelnen Zutaten ... nebeneinander aufgelegt; der Gast kann dann mit dem Gabelrücken die Mischung selbst vornehmen. Der Vorteil dieser Art Anbietung liegt darin, daß man alle Zutaten genau sieht." Wer kann sich heute noch daran erinnern, daß ihm auf diese Art ein Liptauer angeboten wurde? Alfonso gibt aus der zugeschütteten Liptauer-Vergangenheit noch einen weiteren Tip: "In Gaststätten wird der Liptauer zur Erhöhung der Geschmeidigkeit häufig mit Bier angemacht."

Steirischer Selchkas

Der echte Liptauer aus Weiz schmeckt jedenfalls etwas topfig, fast bröselig, jedenfalls nicht fett, wie viele seiner Imitationen. Wer will, kann ihn noch mit Kapern, Gurkerln und anderen Gewürzen verfeinern. Und der Einsatz von High-Tech bei der Erzeugung macht ihn auch zu einem einwandfreien und sauberen Produkt. Über die Liptauer-Herstellung in der Slowakei - das Grundprodukt wird auf den Almen gesalzen gelagert, ehe im Tal die Endverarbeitung stattfindet - werden ganz andere Dinge erzählt, doch weiß man nicht, ob es sich dabei um eine Propaganda der österreichischen Konkurrenz handelt. Daß der slowakische Liptauer billiger ist, kann allerdings als unbestritten hier vermerkt werden.

Übrigens: Herrlich schmeckt der völlig naturbelassene Schaftopfen auf gestoastetem dunklem Brot mit etwas Schnittlauch.

In der sehr jungen Käserei in Weiz wird auch der Steirische Selchkas hergestellt. Ursprünglich war er aus rund 50 Prozent Kuhmilch und 50 Prozent Schafmilch gekäst, heute stammt er aus reiner Schafmilch. Die

Käsemacher in der Steiermark

700 bis 800 Gramm schweren Laibe entwickeln innerhalb von vier Wochen in klimatisierten Reifekellern ihr Aroma. Ihre endgültige Geschmackskomposition erhalten sie in der Räucherkammer in mehreren schonenden Selchvorgängen über Buchenholz. So ein Selchkas ist lange lagerfähig, bis zu einem halben Jahr - also bestens geeignet als Reserve für überraschende Gäste (gemeinsam mit einem kräftigen Wein). Er paßt nicht nur zu einem Rosé oder einem Schilcher - wie manche Puristen meinen -, sondern zu fast jedem kräftigen Weißwein und Rotwein (der Teig ist ja nur schwach geräuchert und die Rinde wird ohnedies nicht gegessen).

Eine Feinschmecker-Spezialität, die auf vielen Käsewagen in der Spitzengastronomie zu finden ist, ist der Steirische Knappenkäse. Er wird aus pasteurisierter Schafmilch mit natürlichem Fettgehalt nach einem alten Rezept gekäst. Der Käsebruch wird in Formen gefüllt und ohne Pressen zwei Wochen lang bei 16 Grad Celsius und einer Luftfeuchtigkeit von 95 % vorgereift. Erst in der darauffolgenden zweiwöchigen Reifezeit entwickelt er durch eine sorgfältige Oberflächenbehandlung mit Rotschmiere seinen charakteristischen pikant würzigen Geschmack, der sich bis zum Reifehöhepunkt harmonisch intensiviert. Verpackt wird er in atmungsaktive Spanholzschachteln.

Aus Anlaß des Rosegger-Jahres haben die Bio-Bauern aus Roseggers Waldheimat einen neuen Käse herausgebracht, der sich "Rosegger" nennt. Es ist ein mit Rotschmiere behandelter Käse nach Art eines österreichischen Esrom, aber mit mindestens 45 % F.i.T., manchmal sogar bis zu 55 % F.i.T. Außerdem gibt es unter der Marke "Roseggers Waldheimat" auch eine Teebutter aus biologischer Landwirtschaft. Zum Unterschied von den anderen Produkten werden die zwei Rosegger-Produkte nicht über die AMF vertrieben. (rs)

Almland/Oststeirische Molkereigenossenschaft, Schlachthausgasse 5, A-8160 Weiz, Tel. 0 31 72/25 01 Fax DW 47. Schaftopfen gibt es nur von Februar bis Ende Oktober.

Voitsberg-Köflacher Milchring, A-8570 Voitsberg, Grazer Vorstadt 112, Tel. 0 31 42/22 8 24. Nach Bereinigung der Produktpalette konzentriert man sich hier auf den "Rosentaler": ein "Dreimilchkäse", also aus Schafmilch, Kuhmilch und Ziegenmilch, und zwar ein block-förmiger, foliengereifter Schnittkäse.

Weitere Bäuerliche Betriebe - eine Auswahl

Gabriela Abel, Fötschach 9, A-8463 Leutschach-Glanz, Tel. 0 34 54/ 63 84, Hartkäse vom Schaf, Schafkäse in Öl, Ziegenkäse in Öl, Weich-käse vom Schaf, Winzerkäse vom Schaf

Renate Baumann, Pürgschachen 12, A-8904 Ardning, Tel. 0 36 12/ 73 17, Butter, Buttermilch, Sauermilch, Sauerrauhm, Sauerrahmbutter, Schotten, Steirer Käse, Magertopfen.

Margarete Blasl, Bichl 6, A-8932 Weißenbach, Tel. 0 36 32/71 37, Frsichkäse und Weichkäse vom Schaf.

Rupert Burgstaller, Bärndorf 50, A-8784 Rottenmann, Tel. 0 36 14/31 20, Sauerrahmbutter, Steirer Kas, Magertopfen, Weichkäse.

Andreas Erber, Petzendorf 8, A-8143 Dobl, Tel. 0 31 36/531 75, Joghurt, Schnittkäse, Vollmilchtopfen.

Franz Flecker, Krottendorf 115, A-8564 Krottendorf, Tel. 0 31 43/33 87, Joghurt, Schafmilchkäse.

Norbert Ganster, Schmiedviertel 28, A-8252 Mönichwald, Tel. 0 33 36/45 30, Schnittkäse.

Ernst und Waltraud Gföller, Hausergraben 40, A-8734 Kleinlobming, Tel. 0 35 16/22 78. Familie Gföller macht aus der Kuhmilch Kräuter-butter, Liptauer, Steirer Kas, Süßrahmbutter, Topfen, Vollmilchkäse, Sauerrahm und Süßrahm.

Doris und Hermine Giritsch, Hirschbach 2, A-8692 Neuberg, Tel. 0 38 57/82 89. Aus der Milch von zwölf Ziegen erzeugt Doris Giritsch mit ihrer Mutter Hermine Frischkäse, Weichkäse und Hartkäse.

Martha und Hubert Klammler, Hohenau 102, A-8162 Passail, Tel. 0 31 79/235 96. Martha Klammler macht aus Kuhmilch Kräuterbutter, Sauerrahmbutter, Schnittkäse, Steirer Kase und Magertopfen. Verkauft wird hauptsächlich am Bauernmarkt in Passail.

Sophie Knaus, Fastenberg 19, A-8970 Rohrmoos-Untertal, Tel. 0 36 87/232 63, Steirer Kas, Käse in Öl und Sauerrahmbutter.

Elisabeth Matlschweiger, Wieden 3, A-8903 Lassing, Tel. 0 36 12/ 822 77, Käse in Öl, Süßrahmbutter, Magertopfen und Weichkäse.

Elisabeth Nachbagauer, Johnsbach 21, A-8912 Johnsbach, Tel. 0 36 11/293. Elisabeth Nachbagauer macht aus Schafmilch Hartkäse, Joghurt, Käse in Öl, Molke, Schnitt- und Weichkäse.

Magdalena und Robert Ofner, Steinberg 37, A-8812 Mariahof, Tel. 0 35 84/27 89, Tillsitter, Hauskäse, Joghurt, Sauerrahmbutter, Steirer Kas, Süßrahmbutter, Magertopfen und Weichkäse.

Gisela Ortner, Erzherzog-Johannstraße 133, A-8967 Haus, Tel. 0 36 86/24 16. Gisela Ortner macht aus der Schafmilch Frischkäse, Hartkäse und Joghurt.

Johann Pichlhöfer, Vornholz 86, A-8250 Vornholz, Tel. 0 33 37/ 24 26, Butter, Hartkäse, Schnittkäse und Weichkäse.

Elfriede Rinnhofer, Geiregg 10, A-8680 Ganz, Tel. 0 38 52/44 35, Schaffrischkäse.

Maria und August Ritt, Reiflingviertel 39 A-8933 St. Gallen, Tel. 0 36 32/75 68. Familie Ritt macht aus der Kuhmilch Buttermilch, Steirer Kas und Magertopfen und aus der Schafmilch Frischkäse, Käse in Öl, Schafmilchprodukte, Schafkäse, Schnittkäse und Weichkäse.

Alois Rosenberger, Ponigl 11, A-8160 Thannhausen, Tel. 0 31 72/ 441 92, Sauermilch, Mager-, Kräuter- und Vollmilchtopfen, Joghurt, Schnitt- und Weichkäse.

Anna Schaumberger, Wörschachberg 53, A-8942 Wörschach, Tel. 0 36 82/233 91, Steirer Kas, Käse in Olivenöl, Käse in Öl, Sauerrahmbutter, Schnittkäse, Mager- und Vollmilchtopfen.

Helene und Johann Schiefer, Weißenbach 17, A-8967 Haus, Tel. 0 36 86/45 17, Buttermilch, Süßrahmbutter und Weichkäse.

Trude und Hans Schwaiger, Lantschern 1, A-8952 Irdning, Tel. 0 36 82/230 30 Butter, Frischkäse und Käse in Öl.

Anton Stockner, Tober 69, A-8163 Fladnitz, Tel. 0 31 79/275 69, Butter, Joghurt, Hart- und Weichkäse.

Elisabeth und Josef Unterberger, Krumau 51, A-8911 Admont, Tel. 0 36 13/32 07, Steirer Kas, Sauerrahmbutter, Mager- und Vollmilchtopfen.

Matthias Vogel, Lichendorf 178, A-8083 St. Stefan i. R., Tel. 0 31 16/ 88 71, Frischkäse, Hauerkäse, Schafkäse in Öl.

Alois und Cäcilia Weissensteiner, Weißenbach 87, A-8932 Weißenbach, Tel. 0 36 32/575, Butter, Rahmkäse, Sauerrahm, Schafkäse, Mager- und Vollmilchtopfen.

Emilie Welser, Lipsch 45, A-8423 St. Veit a. Vogau, Tel. 0 34 72/ 81 42, Käse, Topfen.

Gerda Wilfinger, Hall 371, A-8911 Hall, Tel. 0 36 13/201 72, Buttermilch, Käse in Öl, Sauerrahm- und Süßrahmbutter, Mager- und Vollmilchtopfen, Weichkäse.

Helmut Zettelbauer, Hall 4, A-8911 Hall, Tel. 36 13/21 93. Helmut Zettelbauer macht aus Schafmilch Joghurt, Käse in Öl und Weichkäse.

Erika Zierler, Haselbach 34, A-8063 Brodingberg, Tel. 0 31 17/27 03, Ziegenfrischkäse, Hart- und Weichkäse.

Ein Rundgang am Kaiser Josef-Markt in Graz

Der Markt ist täglich bis 13 Uhr geöffnet, doch wer auf das Besondere wert legt, kommt am Feitag und am Samstag, denn dann sind auch bäuerliche Anbieter hier zu treffen. Wer nach Käse Ausschau hält, dem können die drei fixen Stände empfohlen werden, bei denen man Milchprodukte und Käse erwerben kann. Beim Feinkostladen Schnabelweide dominieren neben den Schafkäsen von "Die Käsemacher" zwar die ausländischen Sorten, doch gibt es gelegentlich auch den ausgezeichneten Schafkäse vom Gutshof Borckenstein. Auch das Geschäft "Molkereiprodukte Kurath" führt dieses ausgezeichnete Produkt (siehe unter Burgau). Und beim beim Milchproduktestand Färber gibt es Schafkäse und Joghurt von Toni Hubmann aus Knittelfeld. Nicht zu letzt wollen wir hier die Frau Annemarie (Coppus) erwähnen: Sie führt unter anderen die Prinzentaler Käse (siehe Deutschlandsberg). Diese Käse gibt es auch an einem offenen Stand in der Mitte des Marktes zu kaufen.

Käseeinkauf in Graz

Fritz Nußbaumer, Paradeisgasse 1, Tel. 0 316/82 91 62. Das Spezialitätengeschäft in einer winzigen Seitengasse hinter dem Hauptplatz hat das beste Käseangebot der Landeshauptstadt. Doch der Schwerpunkt liegt auf ausländischen Sorten. Außerdem ist Nußbaumer bekannt für sein Angebot an exotischen Bieren.

Bauernmärkte

Bezirk Bruck/Mur: Kapfenberg SA 8-11 Uhr, Bruck MI, SA 7-12 Uhr, St. Marein MI, SA 8-12 Uhr.

Bezirk Deutschlandsberg: Deutschlandsberg DI, FR 7-12 Uhr, FR 14-20 Uhr, Stainz SA 7.30-12 Uhr, Eibiswald SA 8-12 Uhr.

Bezirk Feldbach: Fehring (Fa. Gady) SA 8-10 Uhr, Fehring (Lagerhaus), SA 8-10 Uhr, Zerlach FR 15-18 Uhr, Gnas SA 8-10 Uhr, Kirchberg SA 8-10 Uhr, Studenzen SA 8-10 Uhr, Bad Gleichenberg FR 14-16 Uhr.

Bezirk Fürstenfeld: Fürstenfeld DI/FR/SA 7.30-12 Uhr, Loipersdorf tägl. 14-17 Uhr.

Graz: Kaiser-Josef-Platz tägl. 6-13 Uhr, Lendplatz tägl. 6-13 Uhr, Hofbauerplatz MI, SA 6-13 Uhr, Andritz SA 6-13 Uhr, Ragnitz DI, FR 6-13 Uhr, Triesstensiedlung MI, SA 6-13 Uhr, Liebenau Casalgasse 68

FR ab 15 Uhr, Ostbahnhof SA 6-13 Uhr, Wetzelsdorf SA 6-13 Uhr, Gösting SA 6-13 Uhr, Hasnerplatz MI, SA 6-13 Uhr, Straßgang SA 6-13 Uhr, Interkauf SA 6-13 Uhr, St. Peter SA 6-13 Uhr, IKEA Markt DI, FR 10-19 Uhr, SA 9-13 Uhr.

Bezirk Graz: Kumberg SA Vormittag, Hitzendorf FR Nachmittag, Feldkirchen FR Nachmittag, Lieboch FR Nachmittag, Semriach SA, Übelbach SA, Gratkorn SA, Deutschfreistritz SA, Stralegg SA.

Bezirk Hartberg: Hartberg DI/FR 14-18 Uhr, Pöllau FR 14-18 Uhr, Pingau 14 tägig SA 8-12 Uhr, Vorau 14 tägig FR 14-18 Uhr, Waltersdorf DI, DO 14-18 Uhr, Stubenbergsee an Badetagen und FR 15-19 Uhr.

Bezirk Judenburg: Judenburg SA 9-12 Uhr, Weißkirchen SA 8-12 Uhr.

Bezirk Knittelfeld: Knittelfeld SA 7.30-12 Uhr.

Bezirk Leibnitz: Leibnitz MI, SA 7-11 Uhr, Ehrenhausen FR 14-17 Uhr, Arnfels SA 7.30-11 Uhr, Leutschach MI, SA 7-11 Uhr.

Bezirk Leoben: Leoben DI, FR 7-13 Uhr, Trofaiach einmal SA/Monat 8-12 Uhr.

Bezirk Liezen: Bad Aussee DO 7-12 Uhr, Liezen DO 8-12 Uhr, St. Gallen SA 8-12 Uhr, Schladming FR 9.30-12.30 Uhr.

Bezirk Mürzzuschlag: Kindberg SA 7-11.30 Uhr, Mürzzuschlag SA 7-11.30 Uhr.

Bezirk Bad Radkersburg: Mureck SA 8-12 Uhr, Bad Radkersburg: Stadt DO 14.30-17.30 Uhr, Therme FR 15.30-18 Uhr, SA 15.30-18 Uhr.

Bezirk Voitsberg: Köflach FR 7-18 Uhr, Voitsberg FR 14-18 Uhr, SA 7-12 Uhr.

Bezirk Weiz: Gleisdorf MI, SA 7-12 Uhr, St. Ruprecht SA 7.30-10 Uhr, Weiz MI, SA 7-10.30 Uhr, St. Margarethen SA 8-11 Uhr, Stralegg 14 tägig 14-15.30 Uhr, Passail SA 14 tägig 8.30-10.30 Uhr, Birkfeld FR 14 tägig. 8.30-10.30 Uhr, Ratten SA 14 tägig 9-11 Uhr.

Bauernmärkte in der Dachstein-Tauern Region mit Ennstaler Bauernspezialitäten

Bauernmarkt Gröbming: 14 tägig FR 8.00-16 Uhr von Ende März bis Ende Oktober am Hauptplatz von Gröbming. Es gibt frisch gebackene Krapfen, Steirer Kas, Schnaps, Bauernbrot, Geselchtes etc.

Käseeinkauf in der Steiermark

Bauernmarkt in Öblarn: Palmsamstag, Pfingstsamstag, erster SA im August vor dem "Landmarkt", Schafbauerntag im Oktober in der Freizeithalle 8.00 bis 12.00 Uhr. Es gibt Speck, Brot, Krapfen, Schafbrat- und Selchwürstel, Steirer Kas, Schnaps, Honig Lammfleisch etc. **Bauernamrkt in Schladming:** FR von 9.00 bis 12.30 Uhr, Sommer: Wetzlarer Platz, Winter: Stadtsaal-Vorhalle. Es gibt Topfen und Frischkäse, Lammfleisch und Lammwürstel, Bauernbrot, Steirerkrapfen, Selchspezialitäten, Nesteier, Gemüse, Sauerkraut, Forellen etc. Weitere Informationen bei: **Gutes vom Bauernhof,** Gebietsverband Dachstein-Tauern, Tel. 0 36 87/23 3 10.

Bauernhand Naturkost, A-8200 Gleisdorf, Ludwig Binder Str. 13, Tel. 12/26 54. Die Bauernhand ist eine Vereinigung von Bio-Bauern in der Oststeiermark, die bisher hauptsächlich Restaurants mit Gemüse und anderen bäuerlichen Produkten, aber eben auch Käse, beliefert hat. Unter dem Titel "die grüne Familie" wurde der Zustellservice der Bauernhand 1993 auch auf Privatpersonen ausgeweitet. In der Region Weiz-Gleisdorf-Graz bekommt jeder Abonnent jede Woche ein Gemüsekisterl zugestellt.

Man schrieb das Jahr 1485, als sich der Patriarch von Aquilea, Kardinal Marco Barbo, der Notwendigkeit geistlicher Basisarbeit auch in den nördlichen Bistumsgebieten, also im heutigen Kärnten, besann. Er stellte eine Expedition unter der Leitung des Bischofs von Caorle, Pietro Carlo, zusammen und gab ihm seinen persönlichen Sekretär, Paolo Santonino, mit auf den Weg. In den kommenden zwei Jahrzehnten bereiste die Gruppe, versehen mit wenig mehr als dem nötigen Kleingeld, dem Segen des Patriarchen und einem sich erst allmählich wandelnden Vorurteil, das Land der Barbaren.

Den Caranthanen eilte der Ruf voraus, die lateinische Gelehrsamkeit ebensowenig mit dem Löffel gegessen zu haben wie denselben bestenfalls zum Ausschöpfen wässriger Milchsuppen zu gebrauchen. Umso größer war die Überraschung der verwöhnten Italiener, als sich ihnen ein kulinarisches Schlaraffenland öffnete. Des Kardinals Sekretär Santonino, ein lebenslustiges, allen weltlichen Genüssen zugeneigtes Kind der Renaissance, hielt die Verwunderung der geistlichen Herren und ihre Schlemmereien im neu entdeckten Phäaken-Reich in einem lesenswerten Reisetagebuch fest.

In den Gailtaler Gasthöfen, in denen die Reisegesellschaft Quartier nahm, bogen sich die Tische: "An der Tafel des Bischofs wurden als erstes Gericht aufgetragen zwei gemästete und im eigenen Safte gedünstete Kapaune. Von diesen blieb nichts übrig, weil sie schmackhaft waren und als erstes Gericht gierig von den Mahlgenossen verzehrt wurden, welche von der Reise und der etwas verspäteten Speisestunde schon etwas mit dem Hunger kämpften. Als zweiter Gang folgten Forellen und Äschen ähnlich gesotten in breiten Pfannen aufgetragen ohne Suppe; von einigen wurden sie mit Kräuteressig genossen, obwohl der vom Schweiße durchnäßte Fischer sie kurz vorher gebracht hatte. Den dritten Gang bildete Fleisch von Vögeln, die schneller fliegen, und Tieren, die rascher springen, Rebhühner und Braten von jungen Gemsen. Dabei kann ich die Überraschung berichten, daß alle Mahlgenossen doch mit Messer und Zähnen dem Fluge der Rebhühner in der Schüssel nachgingen, obwohl sie selbst besser sprangen, als flogen. Dann wurde aufgetragen ein Gericht, das sie Gepfeffertes nennen, von dem nahmen nur mehr wenige. Es kamen hierauf Äschen und Forellen, länger als die früheren, schwimmend in einer durch Gewürze buntgefärbten Brühe. Wir fischten sie sofort heraus, ließen die Brühe dem Gastgeber und dem Koch. Die Reihe setzten nun fort andere Rebhühner, in Wasser gesotten mit Waldhühnern, die in den wilden Gebirgen der Gegend erbeutet werden ..."

Fische aller Art gab es, in allen Größen, Nieder- und Hochwild, Haus-

und Wildgeflügel, Eichkätzchen in Pfeffersoße, außerdem Gemsenfleisch, gesotten und gebraten, und Gerichte, die bis heute in kaum veränderter Form genossen werden: die deftigen, safrangefärbten Fleischsuppen, die mit "Kletzen" gefüllten und als "Nudeln" bezeichneten Teigtäschchen ("Kletzen" sind passierte und mit Topfen vermengte Mostbirnen), Fleisch und Obst in rauhen Mengen - aber kein Käse. So hingerissen Santonino von der Reichhaltigkeit der Festtafeln auch war, so detailliert er die Speisefolge schilderte, eine Speise kam höchst selten auf den Tisch: Käse.

Kärnten hat keine große Käse-Tradition. Wohl wurde auf den Hochalmen des Gail- und Drautales auch damals schon Milch verkäst, allerdings nie in annähernd vergleichbarem Umfang wie in Vorarlberg oder Tirol. Und verglichen mit Italien war Kärnten damals ein Käse-Entwicklungsland: Denn dort gab es bereits Parmigiano, Gorgonzola und Taleggio, Käse, deren Herstellung bis ins 11. und 12. Jahrhundert nachgewiesen ist.

Umso überraschender ist es daher, zu welcher Vielfalt sich in den vergangenen zehn Jahren die Angebotspalette gewerblicher und privater Kärntner Käsereien entwickelt hat. Da ist, um geographisch bei Santonino zu bleiben, ein Aufblühen der Käseherstellung nach italienischer Tradition auf den Gailtaler Almen zu verzeichnen, die Mitte der siebziger Jahre bereits zum Stillstand gekommen schien. Da verabschieden sich immer mehr, vor allem jüngere Landwirte, von der väterlichen Tradition der Fleisch-, Futtermittel- und Milchproduktion, um alternative Wege zu gehen: Fruchtwechsel statt Monokultur, kleinere Produktionseinheiten mit höherer Wertschöpfung, zunehmender Ausstieg aus der dünge- und schadstoffmittelintensiven Landwirtschaft sind die Antworten der Söhne. Daß sich so viele Jungbauern für die alternative Milchverarbeitung, sprich Käserei, entschlossen haben, hat mehrere Ursachen: Zum einen die gelockerte Marktordnung und die neue Milchkontingentierung, die der seinerzeitige Landwirtschaftsminister Josef Riegler durchgesetzt hat (vor allem die privaten Kärntner Käser preisen noch heute seinen Namen). Sie begünstigt sogenannte Bio-Landwirte, die exakte Auflagen zum weitgehenden Verzicht chemischer Wachstumshilfen und die strenge Differenzierung der Anbauflächen beachten, mit höheren Milchkontingenten zur privaten Verarbeitung als herkömmliche Betriebe. Zum andern zeigte das Bauernsterben der sechziger und siebziger Jahre drastisch die Notwendigkeit neuer Produktionsweisen auf.

Als in den letzten zehn Jahren auch noch die Holzpreise zu verfallen begannen, sahen viele Kärntner Landwirte ihre letzten, für harte Zeiten aufgesparten Reserven bedroht. Diese wirtschaftlichen und eine Menge anderer Fakten, die hier nicht behandelt werden sollen, bewirkten bei einer wachsenden Zahl von Kärntner Bauern ein Umdenken, das wiederum in den vergangenen sechs Jahren ein regelrechtes Aufblühen der Käseproduktiom bewirkte.

Mit Ausnahme des Rosentales wird heute in allen Tälern Kärntens Käse hergestellt. In den höher gelegenen Bergtälern und ihren Almen (Gail,- Drau,- Malta-, Gitsch- und Lesachtal) ist der italienische Senn- und Käser-Einfluß nicht zu übersehen. Da werden die klassischen Hart- und Schnittkäse aus roher Kuh- und Ziegenmilch hergestellt. In den flachen, von Hügeln gesäumten Tälern Mittel- und Unterkärntens (vor allem Glan-, Jaun- und Lavanttal) sind vor allem Schaf- und Ziegenkäseproduzenten am Werk. Dazu kommen in Unterkärnten drei große kommerzielle Käsereien des Molkereiverbandes, die in Wolfsberg, St. Veit und Völkermarkt ein breitgefächertes Angebot von Hart-, Schnitt- und Weichkäsen, bzw. die für die Kärntner Küche unabdingbaren Topfen- und Rahmprodukte herstellen. In Oberkärnten verfügt die "Oberkärntner Molkerei" (OKM) in Spittal über eine Käserei, die Drautaler Parmesan herstellt.

Doch ehe wir die eigentliche Erkundungsreise in Kärtens Tälern beginnen - wobei wir uns hin und wieder auch auf unser Fahrrad schwingen werden -, wollen wir hier eine Käsespezialität vorstellen, die bei keiner Kärntner Brettljause fehlt und ein Teil der kulinarischen Identität Kärntens ist - und zwar über Kas-, Fleisch- und Kletznnudeln hinaus: der Glundner Kas.

Zunächst ein Tip zur Aussprache: Man bestelle in tatsächlich als "Kaas" mit weitgezogenem "aa", weil die Bestellung "Glundner Käse" dem jeweiligen Wirt ein verächtliches Schnauben ob soviel kulinarischer Ignoranz entlocken könnte.

Der Glundner wird auf beinahe jedem Hof, der Kuhmilch verarbeitet und dem müden Wanderer Brettljausen offeriert, hergestellt und schmeckt überall anders. Es gibt ihn in jeder Konsistenz (schnittfest bis fließend) und er sieht in keiner Form besonders appetitlich aus: eine gelb-grau-grünlich schimmernde Masse, in der sich deutlich der braune Kümmel und weißliche Topfen-Einschlüsse ausmachen lassen.

Man lasse sich nicht täuschen. Auf einem Stück frischen Bauernbrots und einer dünnen Butterunterlage schmeckt der Glundner himmlisch. Sein zart rauchiger Geschmack, die verarbeiteten Gewürze und ein Duft, der an sonnige Wiesen nach der Mahd oder in voller Reife stehende Weizenfelder nach einem kurzen Regenguß erinnert, sind unvergeßlich. Dazu sollte kühler Birnenmost aus dem Tonkrug getrunken werden.

Rezepte mit Käse

Sissy Sonnleitner
Restaurant und Landhaus Kellerwand, Kötschach-Mauthen
empfiehlt:

Ziegenkäsenockerln

Zutaten
200 g Ziegenkäse, 2 Dotter, 75 g Butter, 4,5 entrindetes Weißbrot, 1/8 l Rahm, 70 g Mehl, 40 g Grieß, 2 Eiweiß, Salz, Pfeffer
und Muskat.

Zubereitung
Den Ziegenkäse durch die Kartoffelpresse drücken, mit Dotter
und Butter schaumig rühren. Das Weißbrot mit dem Rahm befeuchten, mit dem Mehl und dem Grieß zur Käsemasse geben
und den Schnee von zwei Eiweiß unterheben. Mit Salz, Pfeffer
und Muskat abschmecken.
Mit Brennessel- oder Cremespinat anrichten.

*Ein köstliches Rezept zum Selbermachen. Sissy Sonnleitner
versteht es, einfache Rezepte der bodenständigen Küche zu
verfeinern und zur Perfektion zu treiben. Nicht zufällig ist ihr
Restaurant Kellerwand mit vielen Hauben und Kronen deko-
riert. (sk)*

Kellerwand, Landhaus, Sissy Sonnleitner, Mauthen 24,
A-9640 Kötschach-Mauthen, Tel. 0 47 15/269. MO und DI
Ruhetag.

Die Ethymologie des Glundners verrät ein bißchen über seine Herstellungsweise. "Glunden" ist eigentlich eine Verbform im Präteritum, der die Lust des Kärntner Dialekts, die Vokale hier zu verlängern und dort zu kürzen, zwischen "g" und "l" ein "e" geraubt hat. Der dazugehörige Infinitiv heißt "linden" und meint die Tätigkeit des Erhitzens auf kleiner Flamme (vereinzelt auch "anlinden"), wobei es sich sowohl um das Anrösten von Haidenmehl oder Maisgrieß als auch um das Einkochen angesäuerter Milch handeln kann. Letzteres ist beim Glundner der Fall, wobei zuerst ein trockener Topfen hergestellt wird. Dieser wird abgeschöpft, reifen gelassen, dann in ein geschlossenes Behältnis getan und in einem warmen Wasserbad "gelindet", also geköchelt. Nach dem Linden werden die Gewürze hinzugemischt, etwa Kümmel, Salz, Pfeffer und die jeweiligen Hausgeheimnisse des Produzenten, danach kommt der Käse in den Kühlraum, wo er seiner Reifung entgegendämmert.

In großem Umfang wird der Glundner nur von der St. Veiter Molkerei hergestellt. Wie es die genau macht, konnten wir nicht eruieren. Denn, wie der zuständige St. Veiter Käser uns mitteilte, da könnte ja ein jeder kommen und sagen, er schreibe ein Buch über Käse und wolle nun alles mögliche wissen: Zum Beispiel wieviel dieser Köstlichkeit in St. Veit hergestellt und wieviel in Österreich verkauft werde. Und vielleicht sogar seit wann das so sei und überhaupt. Wo man heute doch nicht wissen könne.

Ohne Gefahr zu laufen, ein Betriebsgeheimnis zu verraten, teilte er jedoch mit, daß der Glundner in der Verpackung der St. Veiter Molkerei über die fünf großen Handelsorganisationen, die den heimischen Lebensmittelmarkt beherrschen, vertrieben werde. Und daß der Glundner ursprünglich eine lokale Kärntner Besonderheit gewesen sei, die nun in ganz Österreich Verbreitung finde. Wir wünschen es ihm.

Abschließend noch einige Worte zu einem Kärntner Nationalgericht, den Kaasnudeln. Den Hauptteil ihrer Fülle macht ein sehr trockener, bröseliger Topfen aus, und wie die meisten der alten Kärntner Speisen sind sie recht einfach in der Herstellung und gerade deshalb sehr kompliziert.

Seit alters her wird in Kärnten ein erbitterter Richtungsstreit darüber geführt, ob die Bindung der Topfenfülle durch die Beigabe von sehr mehligen zerdrückten Kartoffeln oder aufgeweichten Semmelstückchen zu erreichen sei. Ferner ist es ebensolange ein erregt ausgetragener Disput, ob die Kaasnudeln ohne Beilage mit zerlassener Butter und unter Begleitung eines grünen Salats gereicht werden sollen oder mit "Grammalan" (geröstete Bauchspeckwürfel) veredelt zu warmen Sauerkraut gegeben werden dürfen. Seit neuestem, also in den letzten hundert Jahren, ist die Lehrmeinung zugunsten der ersten Variante ausgeschlagen: zerlassene Butter und grüner Salat, sonst nichts. Auch ist der Variante mit den zerdrückten Kartoffeln als Bindemittel der Vorzug einzuräumen, aus dem einfachen wie einleuchtenden Grund: es schmeckt besser und gatscht nicht.

Kaasnudeln schmecken, wie es bei allen regionalen Spezialitäten der Fall ist, richtig gut nur in Kärnten. Oder haben Sie schon außerhalb Friauls eine annehmbare *pasta e fagioli* gegessen? Wer die Kaasnudeln in einem anderen Bundesland als Kärnten nachkochen will, achte auf einige Kleinigkeiten, die das Resultat seiner Bemühungen zwar verbessern, aber nie auch nur annähernd an den im Ursprungsland erreichten Wohlgeschmack heranführen können.

Zunächst ist die Wahl des Topfens von entscheidender Bedeutung. Je trockener, umso besser, lautet die Faustregel. In Wien (Naschmarkt!) und wesentlichen lukulischen Zentren des Landes wird ein spezieller "Kärntner Bröseltopfen" zur Verfertigung der Kaasnudeln angeboten: Man nehme ihn und bereue es nicht. Außerdem ist der Erwerb frischer Kräuter wichtig, wobei - in dieser Reihenfolge - auf frische Minze, Kerbelkraut (kärntnerisch: "Kefafül" = Keferfil) und weiße Zwiebel zu achten ist.

Vor allem im Bereich der Minze spielen sich besonders in den östlichen Bundesländern oft unbeschreibliche Szenen ab. Überliefert ist der Fall eines Kärntner Studenten, dem ein gewissenloser Wiener Händler ein Päckchen Pfefferminztee als Ersatz für die feine, braune Gartenminze andrehen wollte. Auf sein Verkaufsargument: "Wos wüllst, waunst es im Tee saufst, kaunst es in de Nudln a einihaun" soll ihm der Kärntner seine Version von "einihaun" vermittelt haben, wie er den amtshandelnden Beamten später mitteilte, aus zweifacher Beleidigung seines Selbstverständnisses: erstens ob der kochtechnischen Zumutung und zweitens ob der Unterstellung, als gesunder Mensch Pfefferminztee zu saufen.

Sind frische Minze und Kerbelkraut erworben, ist nur noch auf fette Kartoffeln, glattes Mehl und Zwiebeln zu achten, letztere sollten klein, frisch und weiß sein und einen langen, frischen Schalottenbund aufweisen (das ist das Grüne, das bei den gleichnamigen Zwiebeln hinten hervorsteht).

Beim Kochvorgang ist eigentlich nur darauf zu achten, daß die Kräuter nach und nach den angerösteten Zwiebeln beigegeben werden und nicht zu lange am Feuer stehen, weil vor allem die sensible Minze leicht anbrennt und einen unangenehm bitteren Beigeschmack annimmt. Wer allerdings bereits die Zwiebeln anbrennen läßt, hat sich die Achtung als Kaasnudelkoch auf lange Zeit verspielt. Die Kombination von angebrannten Zwiebeln und frischem Bröseltopfen ist nämlich nicht mehr zu retten. Eine weitere Geschmacksfrage ist die Verwendung von Knoblauch in den Kaasnudeln. Zu empfehlen ist eine kleine Zehe, die feingeschnitten zusammen mit den Gewürzen angeröstet wird. Hier also ein authentisches Rezept für Kaasnudeln, wie man es auch außerhalb Kärntens probieren kann. Für 16 mittelgroße Kaasnudeln nehme man folgende Zutaten:

Nudelteig: 250 g glattes Mehl, 1 TL Salz, 1 Ei, 8 EL Milch oder Wasser.

Fülle: 500 g trockenen Topfen, 500 g Kartoffeln, 1 TL Salz, 50 g Butter, 4-6 kleine Schalotten, einen halben Teelöffel folgender Gewürze: braune Minze, Kerbelkraut, grüne Petersilie. Dazu etwas Majoran.

Zubereitung des Nudelteigs: Alle Zutaten vermischen und zu einem glatten, nicht zu festen Nudelteig kneten. Über Nacht gut zugedeckt rasten lassen. Den Teig messerrückendick ausrollen, in regelmäßigen Abständen mit Fülle-Kugeln belegen. Soviel Teig darüberschlagen, daß rundherum ein 1 cm breiter Rand bleibt. Den Teig gut an die Fülle andrücken und die Nudeln "ausradeln". Man kann aber die Teigränder auch mit Daumen und Zeigefinger so zusammendrücken, daß ein zackenartiger Rand entsteht ("kreandeln").

Wenn die Nudeln fertig verpackt sind, werden sie für 10 Minuten in reichlich kochendes Salzwasser gelegt. Danach abseihen und mit heißer, zerlassener Butter übergießen.

Zubereitung der Fülle: Die Kartoffeln in der Schale kochen, heiß schälen und passieren. Fein aufgeschnittene Zwiebel, Lauch, Knoblauch in Butter kurz anrösten und gegen Ende des Röstvorganges die restlichen Gewürze beimengen. Die Kräuter werden zuvor klein gehackt. Topfen, Kartoffeln und Kräuter werden gut durchmischt, gesalzen, die Masse in den Teig gehüllt.

Man serviert die Kaasnudeln - wie gesagt - mit grünem Salat, dazu trinkt man am besten Hirter, Villacher oder Schleppe-Bier.

(sk)

Rezepte mit Käse

Sissy Sonnleitner
Restaurant und Landhaus Kellerwand, Kötschach-Mauthen
empfiehlt:

Knöderln von Räucherschotten auf Brennesselcreme

Zutaten
150 g geräucherten Schotten (oder Topfen, ersatzweise auch ungeräucherten), 2 Dotter, 1 Ei, 60 dag Butter, 30 dag Semmelbrösel (selbstgemahlene), 1/16 l Rahm, 20 g Mehl.

Zubereitung
Butter und Dotter schaumig rühren, das Ei und den Räucherschotten zufügen. Die Brösel mit Rahm befeuchten und mit dem Mehl unter die Käsemasse rühren.

Für die Brennesselcreme

50 g junge Brennesseln, 1 gehackte Schalotte, 1 dl Rahm, wenig Rindsuppe, 2 TL Butter, Salz, Knoblauch, weißen Pfeffer und Muskat.

Zubereitung
Die Brennesseln in kochendem Wasser blanchieren, in kaltem Wasser abschrecken. Die Schalotte in Butter goldgelb anrösten, die Brennesseln dazugeben, mit wenig Suppe und Rahm aufgießen, weichkochen lassen, mixen, durch ein Sieb streichen und abschmecken. Nach Bedarf mit wenig Mehlbutter binden.

Dieses Gericht wird nicht nur das Herz jedes Vegetariers höher schlagen lassen. Versuchen Sie es als Hauptgericht. Sissy Sonnleitner verwendet einen Schotten eines Bauern aus Kötschach-Mauthen. (sk)

Kellerwand, Ladhaus, Sissy Sonnleitner, Mauthen 24, A-9640 Kötschach-Mauthen, Tel. 0 47 15/269. MO und DI Ruhetag.

Glanegg/Glantal

Man erreicht das bei St. Veit gelegene Glanegg entweder auf der Route über den Semmering, Bruck an der Mur, Judenburg und den Neumarkter Sattel - der klassischen, seit der Römerzeit als Handelsweg benutzten Nord-Süd-Verbindung, die am bequemsten per Bahn zu bewältigen ist. Oder man wählt die Südautobahn A 2, läßt das Auto in Klagenfurt stehen und steigt auf das Fahrrad um. Kaum hat man Klagenfurt auf dem Drahtesel und der Feldkirchner Bundesstraße B 95 in nördlicher Richtung rund sechs Kilometer hinter sich gelassen und die Steigung zum Tentschacher Schloß bewältigt, öffnet sich dem gemächlich Reisenden eine Landschaft, deren Reiz sich im schnelleren, motorisierten Fortbewegungsmittel nicht halb so intensiv vermittelt.

Wanderungen und Besichtigungen: Zwischen Magdalens- und Ulrichsberg bietet sich eine Zeitreise von der frühen Kelten- über die Römerzeit bis hin zur karolingischen Renaissance an, reich dokumentiert in alten Wehranlagen, Ausgrabungen römischer Städte und keltischer Siedlungen, romanischen Wehr- und frühgotischen Filialkirchlein, mächtigen Domen (Maria Saal) und Klosteranlagen (Karnburg). Steht dem Radelnden der Sinn zunächst nach Käse, so halte er sich auf jener Anhöhe nur rundblickweise auf und fahre etwa zwölf Kilometer nach Glanegg, wo er im Glantscha genannten Ortsteil sein Rad im Hof der Familie Rössler abstellt.

Gastronomie und Unterkünfte: Das Landhaus Mayer in Glanegg (Mautbrücken 15, Tel. 0 42 77/21 60) ist ein auf Fisch spezialisiertes Landgasthaus von überdurchschnittlicher Qualität. In diesem Haus kann man nicht nur gut speisen, sondern auch einkaufen: Bauernkäse von Elmar Rössler, Edelbrände von Böckl, Wein, Kernöl, Marmeladen etc.

Elmar und Doris Rössler, vlg. Moosrössler: Exzellenter Käse zu erschwinglichen Preisen

Vor vier Jahren ging hier der Jungbauer Elmar mit Hilfe seiner Frau Doris und seiner Eltern daran, den Hof auf biologische Landwirtschaft umzustellen. Heute ist er Mitglied des "Verbandes organisch-biologisch wirtschaftender Bauern Österreichs" und verarbeitet jährlich rund 40.000 Liter roher Kuhmilch zu Käse.

Sein Hauptanliegen, "guten Käse in gleich bleibender Qualität zu erschwinglichen Preisen" herzustellen, hat er erreicht, an den weiteren Ausbau der Produktion ist nicht gedacht. Neben Butter und Topfen erzeugen die Rösslers Streichkäse mit Knoblauch, Kräutern, Schnittlauch und Kren, Mozanella, Schnittkäse und natürlich den aus Topfen gekochten Kärntner "Glundner". Von Sonntag bis Dienstag wird beim Rössler gekäst, am Dienstag ab Hof, mittwochs und samstags am St. Veiter Markt verkauft.

Erlernt hat Elmar Rössler die Käserei auf Exkursionen in die Schweiz und nach Tirol, begonnen hat er mit einem leichter zu verarbeitenden, Gervais-ähnlichen Streichkäse. Später kam zunächst der Mozanella hinzu, der als Kärntner Antwort auf den italienischen Mozarella betrachtet werden kann. Ähnlich wie in Italien, wo der ursprünglich aus Büffelmilch gewonnene Käse bereits zur Rarität geworden ist, wird Rösslers Mozanella aus - allerdings unpasteurisierter - Kuhmilch hergestellt.

Das Prunkstück des Betriebes ist aber der "Glantaler Landkäse", ein milder, aus Kuhmilch hergestellter und mit Rotschmiere behandelter Schnittkäse.

Alle Käse Rösslers werden aus im eigenen Betrieb erzeugter Kuhmilch, die nicht über 42 Grad Celsius erwärmt wird, hergestellt. Die Verkäsung und Pflege des "Glantalers" erfolgt selbstverständlich händisch, die Reifezeit im eigenen Keller beträgt je nach Größe drei bis fünf Monate. Außer dem Salz im Salzbad und dem Rotschmiere-Auftrag werden den Rösslerschen Käsen keine wie immer gearteten Zusatzstoffe beigegeben.

Elmar Rössler hat, wie er glaubwürdig versichert, den Weg nicht bereut, der ihn von der düngemittel- und energieintensiven Landwirtschaft weggeführt hat. "Ganzheitlich denken und handeln" heißt für ihn, vor allem auf produktive Expansion zu verzichten, die zwar möglich wäre, aber die über Jahrzehnte gewachsene Größe des Hofes übersteigen würde. Richtige Fruchtfolgen, Grünsaat zwischen den Kulturen, schonende Bodenbearbeitung, organische Düngung und artgerechte Tierhaltung: das alles habe sich nicht nur auf die Qualität der Milch seiner Kühe positiv ausgewirkt, sondern auch auf die eigene Lebensqualität, die von einem längst verloren geglaubten Einklang mit der biologischen Uhr der Natur geprägt werde.

Und diese Lebensqualität will Rössler nicht mehr aufgeben: "Klar könnten wir mehr produzieren. Aber das würde das ganze Gleichgewicht des Hofes durcheinanderbringen." (sk)

Elmar und Doris Rössler, vlg. Moosrössler, Glantscha 8, A-9555 Glanegg Tel. 0 42 77/26 04. Ab-Hof-Verkauf jeden Dienstag, am St. Veiter Markt verkaufen die Rösslers ihre Produkte MI und SA. Außerdem gibt es Käse von den Rösslers im nahegelegenen Landhaus Mayer.

Hermagor und Egg/Gailtal

Die Orte des Gailtals sind über die Südautobahn A 2 (Klagenfurt-Villach) Richtung Italien am schnellsten zu erreichen. Knapp vor der italienischen Staatsgrenze fährt man auf die Bundesstraße ab und fädelt ins Gailtal ein. Nach rund 40 Kilometern auf der Bundesstraße erreicht man die größte Stadt des Tales, Hermagor. Dort biegt man nach Möderndorf ab und erreicht auf einem schmäler werdenden Weg nach ungefähr elf Kilometern die Egger Alm.

Anton Wilhelmer/Egger Alm

Seit ungefähr zehn Jahren hat Anton Wilhelmer den Gasthof und die Käserei auf der Egger Alm (1.420 Meter Seehöhe) gepachtet. Das beliebte Ausflugsziel liegt mitten im Karnischen Höhenweg in einem von Berggipfeln gesäumten weiten Talboden. Ein seichter Almsee lädt zum Baden nach schweißtreibender Wanderung ein (sehr kalt und voll mit Blutegeln).

Neben dem vorzüglichen Gailtaler Speck kann die Egger Alm mit einem feinen Almkäse aufwarten. Der kleingelochte Kuh-Rohmilchkäse schmeckt ein wenig säuerlich und ist eher nach der Art der benachbarten italienischen Schnittkäse geraten. Sein frischer, kräftiger Geschmack hat im Tal aber gehörigen Anklang gefunden, sodaß viele Wanderer den Fußweg auf die Alm vor allem wegen des Käses auf sich nehmen. Rund 30 Kühe hält Wilhelmer von Juni bis September auf der Gemeinschaftsalm, etwa 20 bis 25 Kilogramm Käse werden täglich produziert. Nach altem Brauch geht ein Teil davon an die Bauern, die ihre Kühe eingestellt haben, der Rest wird ab Alm verkauft.

Peter Sagmeister/Rattendorfer Alm

Seine Alm erreicht man über Hermagor, Richtung Naßfeld. Man fährt nach Tröpolach bis zur Tankstelle, biegt rechts nach Richtung Rattendorf ab und geht (Wagen stehenlassen, Wanderung lohnt sich) bei der Ortskirche den Weg links hinauf. Dieser endet in 1.330 Metern Höhe auf der Rattendorfer Alm. Peter Sagmeister hat im Vorjahr eine Auszeichnung für den besten Almkäse Kärntens gewonnen. Er gilt unter den Gailtaler Käsern ein bißchen als Käse-Guru und nimmt sich, anders als viele seiner Kollegen, viel Zeit. Zeit, die er zur Hege der 70 bis 80 Kühe verwendet, Zeit, die vor allem der Lagerung seiner Hartkäse zugute kommt. Er läßt sich, auch wenn ein schneller Schilling winkt, nicht dazu drängen, seine Käse vor vollendeter Reifung zu verkaufen. Mit den 300

Liter Milch fassenden Kesseln hat sich seine Almkäserei zu einem kleinen Käse-Zentrum in den Gailtaler Bergen entwickelt. Noch gilt Sagmeister als so etwas wie ein Geheimtip. Sollte ein Wanderer "zufällig" bei ihm vorbeikommen, luchse er ihm ein Stückchen des "Einjährigen" ab. Der Geschmack des herben, ins parmesanartige hinüberlappenden Bergkäses sucht in seiner Würze seinesgleichen. Doch auch im Tal selbst wird wieder intensiv Käse produziert. Böse einheimische Zungen behaupten, daß der Talkäse mancherorts besser sei als jener vom Berg, weil er vor allzu gierigen und hungrigen Touristen, die sommers die Berggipfel stürmen, verschont bleibe. Ein Tip für Menschen, die es gern gemächlicher angehen: Jeder Gendarmerieposten, jeder Bauer im Tal weiß, wo es guten Käse gibt. Die Gailtaler sind freundliche und hilfsbereite Menschen. Wer es auf seiner Käsetour von Hof zu Hof versucht, wird dies in reichem Maß erfahren.

Helmut und Gottfriede Oman/Eggforst

Die Omans haben vor drei bis vier Jahren mit der Käserei begonnen. Die Landwirtschaft wurde intensiviert, mit den Milchkontingenten war nicht mehr so viel Geld zu machen. Also setzten Helmut und Gottfriede auf Käse. Beigebracht haben sie sich das Käsen selbst, mit dem Nachbarn Wilhelmer (von der Egger Alm) wurde Know-how ausgetauscht. Von Anfang an habe es keinerlei Probleme gegeben, sagt Oman, der Käse wurde, wie er geplant war: geschmeidig und voll im Geschmack. Rund 80 Liter Milch werden drei- bis viermal wöchentlich zu Käse verarbeitet, der sich ausgezeichnet verkauft. Fast zu gut, wie Oman anklingen läßt. Es gebe vor allem im Sommer Zeiten, wo die Nachfrage die notwendige Reifezeit drastisch verkürze. Von sechs- bis achtmonatiger Lagerung könne dann keine Rede mehr sein.

Helmut und Gottfriede Oman, Eggforst 1, A-9620 Hermagor, Tel. 0 42 82/27 78.

Liebenfels/Glantal

Verläßt der Radler das verträumte Glanegg, gestärkt von Elmar Rösslers Käse und köstlichem Most (natürlich aus Bio-Äpfeln), so wende er sich auf der Bundesstraße Feldkirchen-St. Veit dem etwa 15 Kilometer entfernten St. Veit zu. Nach etwa sieben Kilometern lasse er sich von der freundlich herwinkenden, an die längst versunkenen Zeit des Minnedienstes und Tjostierens gemahnende Liebenfelser Burganlage nicht zu nachhaltig verzaubern, sondern halte rund einen Kilometer vor Liebenfels linkerhand am Tschadamer Hof.

Sissy Sonnleitner
Restaurant und Landhaus Kellerwand, Kötschach-Mauthen
empfiehlt:

Gratinierte Almkäsesuppe

Zutaten
20 g Butter, 2 kleine gehackte Schalotten, 40 g entrindetes
Weißbrot, 4 dl Rindsuppe, 2 dl Rahm, 80 g Almkäse, 60 g
Schafskäse, 1 dl Rahm, Salz und Pfeffer.

Zubereitung
Schalotten in der Butter anlaufen lassen, das entrindete Weißbrot dazugeben und kurz mitrösten, mit der Suppe und dem
Rahm aufgießen, aufkochen lassen, den Schafkäse und 30 g
vom Almkäse dazugeben und im Mixer pürieren. Ab-
schmecken. Den Rahm schlagen, mit wenig Salz und Pfeffer
abschmecken und den restlichen Almkäse darunterheben. Die
Suppe in die Tasse einfüllen, einen Löffel vom Käseobers
dazugeben und sofort bei starker Hitze gratinieren.
Versuchen Sie dieses bodenständige Gericht, Sie werden damit
Furore machen. Servieren Sie dazu gebuttertes getoastetes
Schwarzbrot, und Sie haben ein exquisites Abendmahl.

*Das Landhaus wurde um einen Atriumhof erweitert, die Gäste-
zimmer durch fünf Luxusapartments ergänzt. In der Innenausstattung und im gesamten Ambiente der "Kellerwand" wird
die nahe italienische Grenze recht deutlich. Sonnleitners Küche
zeichnet sich durch phantasievolle Varianten der kärntnerisch-
italienischen Kreationen aus: So harmoniert in der "Kellerwand" z. B. ein Erdäpfelgulasch (kärntnerisch) ausgezeichnet
mit Zanderravioli (italienisch). Als Nachspeisen kommen aus
dem kulinarischen Umfeld Kärntens u. a. Lesachtaler und
Drautaler Bauernkäse sowie Rhabarbergrießstrudel auf den
Tisch. (sk)*

Kellerwand, Landhaus, Mauthen 24, A-9640 Kötschach-
Mauthen, Tel. 0 47 15/269. MO und DI Ruhetag.

Fritz Pirker, vlg. Tschadamer: Der Routinier

Zu erkennen ist der Tschadamer Hof nicht nur an dem rund 200 Jahre alten, gelben und stirnseitig zur Straße gelegenen Hauptgebäude, dem von alten, hohen Bäumen halbverdeckten Nebengebäude und dem mächtigen Stall, sondern vor allem an dem auf den umliegenden Weiden grasenden, recht unkärntnerisch wirkenden Vieh. Schottische Highland-Rinder hat der Besitzer Fritz Pirker hier angesiedelt, stämmige, wetterfeste Tiere, die auch den Winter auf den Weiden verbringen: "Problemlose Flächennutzung mit geringem Aufwand", sagt Pirker. Er ist wahrscheinlich der umtriebigste und geschäftstüchtigste der Glantaler Käsebauern. Bei ihm ist die Käserei noch Nebenerwerb, der Hauptteil seiner Milch wird traditionsgemäß an den Molkereiverband abgeliefert. Trotzdem hat Pirker die Verkäsung von jährlich etwa 10.000 Liter Milch und den Vertrieb der Endprodukte am professionellsten organisiert.

Vor zehn Jahren hat Pirker "eher aus Zufall" mit der Käserei begonnen: "Die Kinder wollten Ziegen haben, da ist dann auch Milch angefallen, und so hat sich das halt entwickelt." Entwickelt hat es sich seither prächtig, wie der wortkarge Pirker in angeborenem understatement nicht weiter veranschaulichen muß. Wie viele andere hat er sich die Käserei autodidaktisch beigebracht, zunächst auf den Almen des Gailtales, dann in Italien, den Niederlanden und in Tirol. Heute erzeugt Pirker ganzjährig den "Vierberge Käse" (ein mit Rotschmiere behandelter Schnittkäse), den "Glantaler Mischkäse" (ein leicht geschmierter Weichkäse aus Ziegenmilch und Kuhmilch), den "Butterkäse" (ein aus kuhwarmer Milch gekäster Frischkäse, der mit italienischen Kulturen versetzt wird und dann kurz ins Salzbad kommt) den "Geräucherten Schotten" (ein ricotta-ähnlicher Frischkäse aus Molke, über Buchenholz geräuchert) und einen "Cicotta" genannten Molketopfen für Süßspeisen.

Sein "Vierberge-Käse" ist ein mildwürziger Schnittkäse mit 45 % F.i.T. aus roher Kuhmilch, der drei bis sechs Monate in einem aus natürlichem Felsen gehauenen Keller reift. Dieser Felsenkeller, Pirkers Stolz, sorgt sommers und winters für gleichbleibende, natürliche Kühlung und ein stabiles Reifeklima.

Der mit Rotschmiere behandelte Schnittkäse verdankt seinen Namen jenen vier Kärntner Bergen, die seit der Keltenzeit so etwas wie ein mystisches Quadrat in der Mittelkärntner Landschaft bilden und auch dem alljährlich stattfindenden "Vierberge-Lauf", einem seltsam heidnisch-katholischen Brauch der Fruchtbarkeitsbeschwörung, die Bezeichnung gegeben haben: Ulrichsberg, Magdalensberg, Josefiberg und Lorenziberg. Jeder der vier ist eine - nicht allzu schwierige - Besteigung wert, alle vier in einem Umlauf zu bewältigen, eine Herausforderung für sportliche Esotheriker.

Anders als manche seiner käsenden Kollegen setzt Pirker neben dem Ab-Hof-Verkauf auch auf herkömmliche Vertriebswege. Der Zeitaufwand, den er in den Verkauf stecken müßte, werde durch den Vertrieb der Produkte durch professionelle Vertreter erheblich verringert, sagt Pirker. Mittlerweile werden seine Käse nicht nur in der umliegenden Gastronomie, sondern auch in Villach oder Wien verkauft. In Zukunft will Pirker die Angebotspalette vergrößeren und den Betrieb auf vollbiologischen Anbau umstellen. (sk)

Fritz Pirker, vlg. Tschadamer, A-9556 Liebenfels, Tschadam 1, Tel. 0 42 15/22 00). Produkte vom Tschadamer-Hof werden von Hermann Oberascher (Tel. 0 53 32/770 91 oder 0663/85 76 85) vertrieben. Den Ricotta gibt es in Villach in "Pasta Italiana", den Butterkäse und den geräucherten Schotten in Wien bei "Alles Käse".

Liesing/Lesachtal

Fünf Orte in einem 25 Kilometer langen, von Bergen gesäumten, schmalen Tal entlag der Gail, vom Ende des Gailtales bei Kötschach-Mauthen bis hin zur Osttiroler Grenze bei Maria Luggau - das ist das Lesachtal. Rund 1.800 Menschen leben hier, seit Jahrhunderten einem rauhen Klima zwischen den Bergen ausgesetzt, ganze Winter lang abgeschlossen in diesem entlegenen Tal, in dem der Schnee oft bis zu drei Meter hoch liegt und die enge Verbindungsstraße ins Gailtal wochenlang unpassierbar macht. In Liesing, im oberen Drittel des Lesachtals, wohnt die Familie Unterguggenberger, die als einzige im Lesachtal Schafkäse herstellt. (Die Sippen der Guggenbergers, Luggauers, Brunners und ihre durch das Unterscheidungspräfix Ober- und Unter gekennzeichneten Verzweigungen scheinen das Tal allein durch ihre Namenspräsenz zu beherrschen.)

Wanderungen und Besichtigungen: Die Menschen leben von der Landwirtschaft, vom Handwerk und natürlich dem Fremdenverkehr, der besonders im Sommer den herben Reiz dieses Tales entdeckt hat, in dem die Uhren langsamer ticken, die Menschen bedächtiger sprechen und sich selbst die Natur mehr Zeit für Blühen, Wachsen und Reifen zu nehmen scheint. Umkränzt von 2.500ern kann man hier vor allem im Sommer und Frühherbst eine urtümliche Almlandschaft erleben, die noch nicht zum touristisch erschlossenen und entsprechend gepflegten Alpin-Garten verkommen ist. Wer einmal einen dieser gläserenen Sommertage in dieser kaum von Maschinenlärm gestörten, fast jenseitigen

Rezepte mit Käse

Sissy Sonnleitner, Restaurant und Landhaus Kellerwand, Kötschach-Mauthen, empfiehlt:

Melanzane-Schafkäserouladen mit marinierten Paprikaschoten

Zutaten
1 Melanzane, Erdnußöl zum Braten, Salz, 250 g frischen Schafkäse, 4 EL saurer Rahm, Salz, weißer Pfeffer, Zitronensaft, 1 marinierte Paprikaschote (siehe Rezept), 3 Blatt Gelatine.

Zubereitung
Die Melanzane in Scheiben von ca. 0,5 cm schneiden, salzen und im Wasser ziehen lassen. Den Schafkäse mit den Gewürzen und dem Sauerrahm in der Moulinette gut mixen. Die Gelatine in kaltem Wasser einweichen und mit wenig Flüssigkeit auflösen, rasch unter die Käsemasse rühren. Die kleingehackte Paprikaschote unterziehen. Die Masse kühl stellen, bis die Gelatine anzieht. In der Zwischenzeit die ausgetretene Flüssigkeit der Melanzane abwaschen und diese in Olivenöl braten. Auf eine Küchenfolie legen, die Käsemasse draufstreichen und im Kühlschrank fest werden lassen.
Die Paprikaschote waschen und im Rohr bei ca. 200°C braten, bis die Haut Blasen wirft und schwarze Flecken bekommt. In einer Alufolie abkühlen lassen. Aufschneiden, entkernen und die Haut abziehen. Mit Oregano, Knoblauchscheiben und Sardellenfilets schichtweise in eine Schüssel legen und mit Olivenöl bedecken. Mindestens eine Stunde - besser über Nacht - durchziehen lassen.
Als Variante kann man anstelle von Paprikaschoten frische Kräuter in die Käsemasse geben und mit Tomatensalat servieren.

Der pikante Geschmack von Schafkäse und die zarte Bitterkeit von Melanzane und Paprika ergeben hier eine wunderschöne Kombination. Den frischen Schafkäse bezieht Sissy Sonnleitner von einem Bauern aus Osttirol. (sk)

Kellerwand, Mauthen 24, A-9640 Kötschach-Mauthen, Tel. 0 47 15/269. MO und DI Ruhetag.

Stille erlebt hat und unter einem wolkenlosen Himmel, in dem ein Adlerpaar kreist, dahingezogen ist, wird dieses Erlebnis nicht so schnell vergessen. Wer es sportlich liebt, sollte im Winter eine der Skitouren in dem kaum begangenen Gebiet versuchen. Im Sommer lockt die Gail zum Paddeln und Raften, in Kötschach-Mauthen bietet ein Veranstalter Rafting- und Paddeltouren unter sachkundiger Führung an. Auskünfte: Fremdenverkehrsverband Karnische Region, A-9620 Hermagor, Tel. 0 42 82/31 31.

Josefa Unterguggenberger: Feiner Schafkäse von hohen Almen

Begonnen hat es vor sechs Jahren und aus der Einsicht, daß mit einem Milchkontingent von 16.000 Liter pro Jahr ein lebensfähiger Betrieb nicht aufrechtzuerhalten wäre. Heute halten die Unterguggenbergers zehn Schafe, erzeugen pro Tag drei Kilogramm sorgfältigst gepflegten Käse, der ab Hof und an einige Fremdenverkehrsbetriebe verkauft wird. Daneben vermieten die Unterguggenbergers einige Zimmer und kommen so über die Runden, ohne den hochgelegenen Hof aufgeben zu müssen, auf dem außerdem Kühe, Jungtiere, zwei Pferde und Hühner gehalten werden.

Was den weichen Schafkäse der Unterguggenbergers so besonders macht, daß man die weite Anreise auf sich nehmen sollte, ist nicht so sehr die Konsistenz oder Herstellungsart. Die unterscheidet sich nicht von den anderen Kärntner Schafkäsen. Es ist der Geschmack dieses Käses. Die Schafe weiden auf saftigen, hochgelegenen und überhaupt nicht chemisch gedüngten Almweiden. Das kräftige, mineralstoffreiche Futter gibt eine kräftige, würzige Milch, also kräftigen, würzigen Käse. Es lohnt sich, den Lesachtaler Schafkäse mit einem anderen, in tieferen Regionen hergestellten Kärntner Käse zu vergleichen. Er ist weder besser noch schlechter, er ist einfach anders: So unbeschreibbar anders, daß man ihn im Vergleichstest verkosten und bei der Bewertung seinem persönlichen Geschmack folgen sollte.

Josefa Unterguggenberger, Tscheltsch 4, A-9653 Liesing, Tel. 0 47 16/283. Ab-Hof-Verkauf gegen tel. Anmeldung. Es gibt auch Fremdenzimmer.

Mittertrixen/Jauntal

Die Anreise erfolgt von Völkermarkt (26 Kilometer östlich von Klagenfurt an der Schnellstraße/Südautobahn nach Wien) in nördliche Richtung nach St. Magarethen ob Töllerberg, von dort Richtung St. Georgen am Waisenberg. Bei der Abzweigung Waisenberg, rund neun Kilometer von Völkermarkt entfernt am Fuß von Schloß Waisenberg, bewirtschaftet Josef Nuart den Hafner-Hof. Er liegt in einem weiten, ruhigen und abgeschlossenen Talboden im etwas höher als Völkermarkt gelegnen Mittertrixen.

Wanderungen und Besichtigungen: Das Jauntal und die Umgebung Völkermarkts, von Bergen umkränzt, von weiten, sonnigen Talböden durchzogen, haben nicht nur den spätexpressionistischen Maler Werner Berg ein Leben lang in ihren Bann gezogen. Seine Bilder sprechen vom schwermütigen Zauber dieser Landschaft, die noch ein wenig unentdeckt im Südosten Kärntens liegt. Verläßt man das Seengebiet rund um den Klopeiner- und Turnersee, so findet man ein Wander- und Reitergebiet von unvergleichlichem Reiz. Allein die Umgebung Völkermarkts bietet 200 Kilometer Wanderwege, 59 Tennisplätze, einen 18-Loch-Golfplatz, mehrere Surfschulen und eine Reithalle. Wer es weniger sportlich liebt, kann in der Drau Forellen, Schleien, Hechten und Welsen nachstellen, oder er erwandert die Umgebung der Wildensteiner Wasserfälle, der Rosalla-Grotte und den wildromantischen Trögener Klamm.

Gastronomie und Unterkünfte: Keinesfalls versäumen sollte man einen Besuch des Hauses Valentin Latschen in Ruden. Sein Obstgut Pfau ist ja mittlerweile weit über Kärntens Grenzen hinaus bekannt geworden, umsomehr, als sich sein besonderer Charakter als leicht zu transportieren erwies: Im Inhalt der schlanken Schnapsflaschen mit dem Aufdruck des Pfaus teilt sich einiges von der segensreichen Fruchtbarkeit dieses Landstriches mit. Die Brände aus dem Kern-, Stein- und Beerenobst gelten Feinspitzen längst als erste Adresse. (Mein Favorit: Pfaus Heidelbeerschnaps, die destillierte Erinnerung an den duftigen Glanz eines Sommertages tief im Holz eines Fichtenwaldes ...) Wer darüber hinaus an Obst interessiert ist, kann sich an Äpfeln, Williamsbirnen, Most und Apfelsäften gütlich tun. Oder kaltgepreßte Pflanzenöle (Sonnenblume, Soja, Raps, Kürbiskern) erwerben, wenn es vor dem Klaren "danach" in der Speisefolge davor unbedingt etwas Gesundes, Gemüsig-Salatiges sein muß.

Josef Nuart, vlg. Hafner: Der Schafmilch-Papst

Der engagierte Jungbauer hat sich innerhalb der vergangenen acht Jahre den Ruf eines ausgesprochenen Schafkäse-Spezialisten erworben. Den Betrieb hat Josef Nuart von seinem Vater übernommen, der 1972 auf

Hans Tschemernjak
Kärntner Gasthof Tschebull, Egg
empfiehlt:

Gailtaler Käsestrudel

Zutaten für 4 Personen
Teig: 250 g Mehl, 2 EL heimisches Sonnenblumenöl, 1 Ei,
1 TL Salz, 1 TL Zitronensaft, 1 dl lauwarmes Wasser.

Fülle: 3 EL heimisches Sonnenblumenöl, 3 Zwiebel oder
4 Schalotten in Streifen geschnitten, 3 Eigelb verquirlt, 4 EL
Semmelbrösel, 100 g Gailtaler Bergkäse, gerieben, Salz, Pfeffer, Paprika, Muskatnuß, 2 Eiweiß, 2 Eigelb zum Bestreichen.

Zubereitung
Sämtliche Zutaten für den Teig zusammen vermischen und 10-15 Minuten sehr gut durchkneten, bis er ganz elastisch ist. In Klarsichtfolie verpackt eine Stunde rasten lassen. Anschließend auf einem gut bemehlten Tuch sehr dünn auswalken.
Für die Füllung Zwiebeln und Paprika in Öl 5 Minuten dünsten, auskühlen lassen und mit restlichen Zutaten vermischen. Das Eiweiß steif schlagen und unterheben. Die Masse auf den Teig aufstreichen, sodaß rundherum ein Rand von 3 cm frei bleibt, diesen mit Ei bestreichen.
Den Strudel mit Hilfe des Tuches aufrollen und die Seiten nach unten umbiegen. Auf ein Backblech geben, mit Ei bestreichen und im vorgeheizten Ofen (200°C) ca. 30 Minuten backen. Vor dem Servieren 5 Minuten ruhen lassen.

Ein Eßlokal im wahrsten Sinne des Wortes. Man kommt, um zu essen, und bekommt beste Qualität serviert. (sk)

Gasthof Tschebull, A-9580 Egg, Egger Seeufer Straße 26, Tel. 0 42 54/21 91.

Nebenerwerbslandwirtschaft umgestellt hatte. Dadurch blieb der Hof in seiner Substanz und ohne hypothekarische Belastung erhalten, ein ungemeiner Vorteil, wie Nuart heute meint: "Daß der Hof nicht verplant war, hat uns bei der Umstellung auf organisch-biologische Landwirtschaft und Käseproduktion enorm geholfen."

Auf Schafe kam Nuart, weil er die Wertschöpfung der acht Hektar umfassenden Weideflächen so weit erhöhen wollte, daß die Familie davon leben konnte. Gleichzeitig sollte eine funktionierende, umweltgerechte Kreislaufwirtschaft unter Schonung der natürlichen Ressourcen wiederhergestellt werden. Nicht zuletzt schien die Aussicht reizvoll, Arbeits- und Lebensraum am gleichen Ort zu vereinen und wieder voll in die Landwirtschaft, jedoch in einer "sanften" Variante, einzusteigen.

"Das Schlachten, also die Nutztierhaltung, war mir zuwider", erzählt Nuart. "Übrig blieb die Milchverarbeitung. Weil aber die Marktordnung für Kuhmilch zu streng war, um etwas daraus zu machen, schafften wir Schafe an." Aus fünf Schafen und einem Widder hat Nuart mittlerweile den gesamten Bestand von rund 60 Tieren herausgezüchtet.

"Zuerst war der Kundenstock größer als die Produktion", beschreibt Nuart, der heute 15.000 Liter Schafmilch pro Jahr verarbeitet, die mühseligen und zeitintensiven Anfänge. Auch er und seine Frau haben sich die Käserei selber, bei Seminaren im In- und Ausland, beigebracht und permanent aus der täglichen Praxis dazugelernt: Von der Dimensionierung der Melkstände bis zur Analyse eventuell auftretender Fehlgärungen in der Produktion oder dem Aufspüren und Ausmerzen der Fehlerquellen war es ein ständiger Lernprozeß.

Heute ist Nuarts Hof ein sensibel abgestimmter Produktionskreislauf aus Futtermittelerzeugung (ohne Chemiebeigabe), Milchgewinnung, Verarbeitung, Kompostierung und Tierhaltung im artgerechten, nach den Empfehlungen der kritischen Tiermedizin angelegten Stall. Bei Erkrankungen seiner Tiere greift Nuart lieber zu homöopathischen als zu pharmazeutischen Mitteln. Im Stall, Melkraum und selbstverständlich in der Käserei und den Reiferäumen herrscht peinliche Sauberkeit, jeder Schritt der Milchgewinnung und Käseerzeugung wird mit geradezu pedantischer Sauberkeit durchgeführt: So wäscht Nuart seinen Schafen vor dem Melken nicht nur händisch den Euter, sondern trocknet ihn auch mit weichem Krepp-Papier sorgfältig ab: "Die Tiere müssen sich wohl fühlen."

Hafners Käse wird zu 100 Prozent aus roher Schafmilch erzeugt. Von Mitte März bis Ende November gibt es Frischkäse, Weichkäse, Kräuter- und Knoblauchgervais, Schicht- und Schafkäse in Olivenöl mit Kräutern sowie Natur- und Fruchtjoghurt aus Schafmilch. An Produktionserweiterung ist nicht gedacht, wohl aber an Kooperationen. So hat ein Nachbar die Aufzucht der Nuartschen Junglämmer mit Kuhmilch übernommen.

Josef Nuart, vlg. Hafner, Waisenberg 6, A-9102 Mittertrixen, Tel. 0 42 31/20 43. Verkauf SA ab Hof, wobei auch andere Spezialitäten aus dem Umland, wie Edelbrände, Brot, Lammfleisch und Getreide angeboten werden. Darüberhinaus geht der Käse auch an Hotellerie und Gastgewerbe, den Handel und Erholungseinrichtungen in Kärnten und anderen Bundesländern, wie z. B. Tirol.

Spittal/Drau

Man erreicht Spittal/Drau entweder über die Südautobahn (Klagenfurt-Villach) oder über die Tauern Autobahn (von Salzburg kommend). Die Stadt, rund 70 Kilometer nordwestlich von Klagenfurt, liegt in einem weiten bergumkränzten (Reicheck- und Goldeck-Gruppe) Talboden, der von der Drau - noch unreguliert! - durchflossen wird.

Wanderungen und Besichtigungen: Die imposante Berglandschaft der Umgebung lädt zu Wander- und Klettertouren ein: im Winter findet man hier ein wunderschönes Touren-Skigebiet, das sowohl Anfängern als auch Fortgeschrittenen alle Möglichkeiten bietet. Im Sommer ist die Drau bei Spittal ein wahres Anglerparadies, dessen Ruhe nur selten - etwa von Rafting-Sportlern - gestört wird. Ausgedehnte Flußwanderungen im Paddelboot sind aber sehr zu empfehlen. Ein architektonische Sehenswürdigkeit ersten Ranges ist das Schloß Porcia, das zu den am besten erhaltenen Renaissance-Ensemblen nördlich der Alpen gezählt wird. Im Sommer finden die Komödienspiele des Carinthischen Sommers im schönen Schloßhof statt.

OKM/Oberkärntner Molkerei: Parmesan aus Österreich

Die OKM zählt zu den größten milchverarbeitenden Betrieben Österreichs. Rund 55 Millionen Liter Milch werden jährlich verarbeitet, davon etwa 30 Millionen zu Käse. Die OKM-Milchwagen fahren im ausgedehnten Bergbauernland Oberkärntens zweimal pro Woche Touren von hunderten Kilometern, um die Milch auch der entferntesten Höfe ins Tal zu bringen.

Natürlich sind die Produktionskosten dadurch weit höher als in den Flachländern der EG, meint Marketingleiter Helmut Petschor. Trotzdem sähe man der EG nicht wirklich ängstlich entgegen, die Hausaufgaben seien gemacht. Qualitätssteigerung heißt die Devise. Daß sich die

Rezepte mit Käse

Sissy Sonnleitner, Restaurant und Landhaus Kellerwand, Kötschach-Mauthen, empfiehlt:

Käse-Lauchfleckerln

Zutaten
300 g gekochte Fleckerln, 300 g Lauch, etwas gerösteten Zwiebel, 300 g Käse, 60 g Butter, 2 Eier, 2 Dotter, 1/4 l saurer Rahm, Pfeffer, Salz.

Zubereitung
Einen Butterabtrieb herstellen, den Lauch blanchieren und die restlichen Zutaten bis aufs Eiweiß untermischen. Das Eiweiß zu Schnee schlagen und unterheben. In Förmchen abfüllen, mit Brösel bestreuen und backen.

Ein köstliches Gericht, das einmal mehr Sissy Sonnleitners Kreativität und Liebe zu bodenständigen Grundprodukten beweist. Nicht zufällig zählt des Restaurant Kellerwand zu den besten Adressen Österreichs. Sissy Sonnleitner nimmt übrigens eine Käsemischung aus 50 Prozent Emmentaler und 50 Prozent Parmesan.

Das Landhaus wurde um einen Atriumhof erweitert, die Gästezimmer durch fünf Luxusappartemens ergänzt. In der Innenausstattung und im gesamten Ambiente der "Kellerwand" wird die nahe italienische Grenze recht deutlich. Sonnleitners Küche zeichnet sich durch phantasievolle Varianten der kärntnerisch-italienischen Kreationen aus: So harmoniert in der "Kellerwand" z. B. ein Erdäpfelgulasch (kärntnerisch) ausgezeichnet mit Zanderravioli (italienisch). Als Nachspeisen kommen aus dem kulinarischen Umfeld Kärntens u. a. Lesachtaler und Drautaler Bauernkäse sowie Rhabarbergrießstrudel auf den Tisch. (sk)

Kellerwand, Landhaus, Sissy Sonnleitner, Mauthen 24, A-9640 Kötschach-Mauthen, Tel. 0 47 15/269. MO und DI Ruhetag.

Spittaler durchzubeißen verstehen, zeigt das Beispiel ihres Parmesans. Als einzige österreichische Molkerei und vermutlich als weltweit einziger Betrieb außerhalb Italiens stellt die OKM seit gut 30 Jahren einen Parmesan her, der seinem großen Bruder nach Ansicht der Fachleute mindestens ebenbürtig ist. Bisher war das Produkt, dessen Verpflanzung ins Drautal der Legende nach die Italiener aus Parma wegen Milchmangels während der 60er Jahre vorgenommen haben sollen, mit staatlichen Stützungsgeldern gefördert, die es weltweit konkurrenzfähig machten. Was auch bitter nötig war: Die italienische Regierung stützt die Parmesanproduktion durch EG- und Eigenmittel in einem Ausmaß, das den Mitarbeitern wenig Platz läßt: Ein Kilogramm italienischer

Drautaler Parmesan

Parmesan kommt so mit 80 Schilling in den Verkauf, obwohl allein die Produktionskosten mit 140 bis 150 Schilling pro Kilogramm kalkuliert werden.
Seit 1993 sind die österreichischen Stützungsgelder für Käse minimiert, jene für den Drautaler Parmesan völlig weggefallen. Durch die langen Reifezeiten (anderthalb Jahre) sei es nicht möglich, billiger auf den Markt zu gehen, sagt Petschar. Also blieb nur die Flucht in noch bessere Qualität: "Wir produzieren trotz dieser Schwierigkeiten weiter Parmesan. Zur Zeit sind wir weltweit der einzige Betrieb, der den geriebenen Käse frisch vom Laib und ohne Rinde nimmt. In Italien wird er geschnitten, dann getrocknet und danach gerieben und konserviert. Da ist von der Rinde abwärts alles an Resten dabei. Bei uns wird er frisch vom

Laib gerieben." Auch bei den anderen Produkten (Edeltaler, Drautaler, Pizzorella und Mascarino) geht Qualität vor. Wobei zum Teil italienische Käse Pate standen, wie schon die Namen zeigen. **Oberkärntner Molkerei (OKM),** A-9800 Spittal/Drau, Villacher Straße 92, Tel. 0 47 62/610 61, Fax 610 61 DW 43.

St. Veit an der Glan

"Übern Glantalboden, übers Glantalmoos" schleicht der Radler nicht, wie es im Lied heißt, zu seinem beim Liebenfelser Schloß wartenden "Diandle", sondern fährt von Tschadam den Katzensprung nach St. Veit. Dort wende er sich Richtung Treibach, teile sich die verbliebene Kraft für einen 2,5 Kilometer langen Anstieg ein, zweige bei Hunnenbrunn links zum Kraiger See ein und nehme nach 300 Metern in Tratschweg die erste Abzweigung links. Keuchend erreicht er den Hof der Mayers, wo ihn Frau, Kind, Mann sowie ein Hund (Doggenmischling, sehr zugetan), ein Esel, einige Schafe und 50 Ziegen erwarten.

Wanderungen und Besichtigungen: Das Gebiet um St. Veit ist reich an mittelalterlichen Schlössern und Burgen, deren berühmteste wohl Hochosterwitz ist. In Friesach sind die Sommerfestspiele zu einer festen kulturellen Einrichtung geworden, der Dom von Maria Saal, die Ausgrabungen am Magdalensberg, das Kloster Tanzenberg oder Schloß Frauenstein sind allemal einen Tagesausflug wert. Empfehlenswert ist ein Abstecher nach Gurk, dessen Dom nicht nur wegen seiner Krypta ein sehenswertes Denkmal romanischer Baukunst ist.

Gastronomie und Unterkünfte: Ein kulinarischer Tip, der durch seine wachsende Bekanntheit noch nichts an Aktualität verloren hat, ist das Restaurant Pukelsheim in St. Veit. Hier ist eine Reservierung empfehlenswert, denn die ungemein phantasievolle und kreative Neuinterpretation der Kärntner Küche hat genauso wie der ausgezeichnet sortierte Weinkeller des Hauses bereits zahlreiche Anhänger gefunden. Wer es gern zünftiger mag, sollte auf einen Ausflug nach Hirt, besser in die Hirter Brauerei, nicht verzichten. Dieses traditionsreiche Haus, in der berüchtigten "Hirter Kurve" an der alten Bundesstraße nach Wien gelegen, hat die Studienzeit manches Kärntner Studenten weit über die Mindestdauer hinaus verlängert. Wie von selbst, so beteuerten nachher alle, die verspäteten Studiosi und lebenslangen Pendler auf dieser Strecke, sei ihr Fahrzeug in der "Hirter Kurve" förmlich auf den Parkplatz der Brauerei hinausgeflogen, und das trotz verminderter Geschwindigkeit. Dort wurde der Abschied von der Heimat mit einem Gläschen verschönt, die Schrecken des dräuenden Auslandsaufenthaltes wurden mit einem weiteren bekämpft und schließlich, bevor man sich endgültig zur Übernachtung im freundlichen Hirt entschied, trank man noch einige Krügel auf die glückliche Wiederkehr. Selber schuld, wer hier nach Villacher Bier verlangt.

Hansjörg Mayer, vlg. Valtl: Der Ziegenkäse-Spezialist

Vor fünf Jahren haben Mayers mit zwei Ziegen begonnen, die sich rasch vermehrten. Ebenso rasch nahm die Milchmenge zu, die mit den wenigen erhältlichen Rezepten zur Milchverarbeitung schließlich nicht mehr bewältigt werden konnte. Über die Verkäsung von Ziegenmilch war in der Klagenfurter Landwirtschaftskammer recht wenig bekannt, also gingen die Mayers wie fast alle "privaten" Kärntner Käser den steinigen Weg des "learning by doing". Aus mühsam zusammengetragener Fachliteratur und auf Fachexkursionen im In- und Ausland brachten sich die Mayers das nötige Basiswissen bei.

Nach Bewältigung der theoretischen Gipfel folgten jedoch die Mühen der praktischen Ebene: "Ziegenmilch hat mehr Molkeneiweiß als Kuhmilch, der Ziegenmilchbruch ist sensibler, also muß man vorsichtiger, präziser und in allen Arbeitsgängen äußerst sauber arbeiten."

Mayer verarbeitet ausschließlich Ziegen-Rohmilch (30.000 Liter pro Jahr). Produziert werden Hart-, Schnitt-, Weich- und Frischkäse, die mit diversen Kräutern, Pfefferkörnern und Nüssen versetzt werden. Demnächst will sich das Ehepaar an die Herstellung von Weiß- und Blauschimmelkäsen wagen.

Über die Anfangsjahre und Anfangsinvestitionen (rund 700.000 Schilling) sind Brigitte und Hansjörg Mayer gut hinausgekommen: "Die Schwierigkeit war, daß wir alles selber lernen und machen mußten: die Schimmelkulturen züchten, ein gutes Reifeklima schaffen und natürlich auf die Gesundheit der Tiere achten."

Das stolzeste Resultat ist neben den Weich- und Schnittkäsen ein mit Rotschmiere behandelter, sieben Monate gereifter Ziegen-Hartkäse, eine auf der Zunge zergehende Köstlichkeit, die dabei alle Nuancen - vom feinmilden Aroma eines Frischkäses bis zum vollherben Geschmack eines Hartkäses - in wunderbar konzentrierter Abfolge auf den Gaumen zaubert. (sk)

Hansjörg Mayer, vlg.Valtl, Tratschweg 1, A-9300 St. Veit, Tel. 0 42 12/22 59. Ab-Hof-Verkauf nach tel. Vereinbarung.

Wolfsberg/Lavanttal

Der Ort liegt im Lavanttal, an der Autobahn A 2 und an der B 70 (Packer Bundesstraße).

Wanderungen und Besichtigungen: Im Lavanttal hat der "Herbst des Mittelalters" eine Reihe gotischer Sakralbauten hinterlassen, die wenig oder überhaupt nicht barockisiert, in ihrer ursprünglichen Bausubstanz erhalten geblieben sind. Die Leonhardikirche mit ihren gotischen Glasfenstern ist eines von vielen Beispielen der klaren ornamentalen Ausdruckskraft dieser Epoche. Andere sind die Wallfahrtskirche Sommerau, die Pfarrkirche Maria Rojach, die Wehrkirche Lading, die Pfarrkirche Lavamünd und die Kirche St. Thomas bei Wolfsberg. Gotische Wegkreuze wie jenes bei St. Michael vermitteln etwas von der Intensität, mit der hier, auf den Resten keltisch-römischer Kultstätten, die Christianisierung des bis heute allen Autoritäten geistlicher und weltlicher Natur recht skeptisch gegenüberstehenden Menschenschlages betrieben wurde. Ein Denkmal dieses Bekehrungswerkes ist das 1091 gegründete Benediktinerstift St. Paul, dessen monumentales Profil bis heute das Weichbild des unteren Lavanttales beherrscht. Die prächtige und berühmte Kunstsammlung, anläßlich der Landesausstellung 1991 in neuem Glanz der Öffentlichkeit zugänglich gemacht, ist als permanente Ausstellung in den Räumen des Stiftes zu bewundern. Kunsthandwerk (Adelheid-Kreuz) und Gemälde alter Meister (Dürer, Breughel, Rembrandt, Rubens), sakrale und profane Kunst geben einen Einblick in die lange Tradition benediktinischer Geistlichkeit, die von den Ordenszentren Hirsau und St. Blasien im Schwazwald ihren Weg nach Kärnten fand und in St. Paul ein Zentrum ihres Glaubenswerkes setzte. Die Bibliothek des Stiftes umfaßt rund 30.000 Bände, darunter seltene Luther-Bibeln und mittelalterliche Buchmalereien von unfaßbarer Schönheit.

Gastronomie und Unterkünfte: Wer gut lavanttalerisch essen will, sollte im Landhaus Gillig in Wolfsberg (Weissenbachstr. 1, A-9400 Wolfsberg, Tel. 0 43 52/32 54 oder 51 382) einkehren: Das Landhendl in Kräuterrahm mit Getreidenudeln oder der Mostbraten mit Schupfnudeln sind Versuchungen, denen zu widerstehen auch im Schatten der Lavanttaler Kirchen nicht lohnt.

Wolfsberger Molkerei: Die Tilsiter-Hochburg

Rund 1,3 Millionen Tonnen Käse werden in Wolfsberg jährlich zu Käse erzeugt. Die große Liebe des verantwortlichen Direktors und Käsemeisters Hans Hauser gilt dem Tilsiter, was wiederum irgendwie mit seiner

Familiengeschichte zusammenhängt. Sein Großvater, ein Steirer, zog vor bald 100 Jahren in die Welt, um sie käsenderweise zu erobern. Er kam bis ins ostpreußische Städtchen Tilsit, lernte dort die Fabrikation des gleichnamigen Käses und kehrte über Umwege in seine steirische Heimat zurück, wo er sein Wissen an den Sohn weitergab. Der wiederum schenkte seinen Landsleuten in den fünfziger Jahren den Jerome, eine österreichische Variante des dänischen Esrom. Aber das ist wieder eine andere Geschichte.

Seinem eingangs erwähnten Sohn Hans blieb es jedenfalls vorbehalten, das Wissen der Väter nach Kärnten zu tragen. Als Leiter der Wolfsberger Molkerei baute er dem Betrieb in kürzester Zeit eine moderne Käserei ein und setzte fortan, die gute Milch der Lavanttaler Bauern nutzend, auf die Produktion feiner Schnitt- und Hartkäse.

Der Erfolg stellte sich nicht nur umsatzmäßig ein - rund 100 Millionen Schilling erzielt die Käserei jährlich. Der eher beiläufig zum welt-größten Käsetest in Barcelona entsandte Monte Nero rollte mit der Goldmedaille 1991 in den Stammbetrieb heim. Diesem Verkaufserfolg, der sich sogar im Mekka der Käserei, in Frankreich, durchsetzen konnte, folgte im Jahr darauf ein speziell auf den Geschmack der EG-Märkte abgestimmter Rahmtilsiter. Nach Großvaters Rezept mit Rotschmiere behandelt und mit 60 % F.i.T. ein aromastarkes Stück, ist der sorgsam handbehandelte Käse seit 1992 auf dem heimischen Markt. Dazu kommen seit kurzem drei weitere Tilsiter-Sorten mit 25 %, 35 % und 45 % F.i.T.

Pro Jahr werden rund 100 Tonnen Wolfsberger Tilsiter auf den Markt geworfen. Daneben wird als jüngstes Produkt der Monte Bianco vertrieben, ein milder Schnittkäse mit regelmäßiger Bruchlochung, der mit 50 % F.i.T. denselben Fettgehalt aufweist wie der Monte Nero und sich von seinem leicht säuerlichen Bruder nur durch den rahmig-milden Geschmack unterscheidet. Im Gegensatz zum Monte Nero wird jedoch der Monte Bianco nicht exportiert.

Bäuerliche Milchunion Kärnten Süd-Ost GmbH, Betriebsstätte Wolfsberg, A-9400 Wolfsberg, Tel. 0 43 52/51 1 31-0, Fax DW 13.

Vinzenz Guggenberger, Oberpirkach 2, A-9781 Oberdrauburg, Tel. 0 47 10/26 44. Almkäse und Almräucherkäse.

Elisabeth Gruntnig, Maria Feicht/Gegend 3, A-9555 Glanegg, Tel. 0 42 77/22 17. Glantaler Landkäse aus Kuhmilch, Weichkäse, Glundner, Vollmilch- und Magertopfen und Liptauer.

Margit und Anton Heritzer, Pollheim 5, A-9411 St. Michael/ Lavanttal, Tel. 0 43 52/611 61, Kochkäse, Liptauer, Frischkäse, Magertopfen und Glundner.

Hans-Peter Jung, Puchreit 5, A-9861 Eisentratten, Tel. 0 47 32/ 30 60, Hartkäse, Bergkäse, Glundner und Topfen.

Peter Lautemann, Römerweg 20, JA-9062 Moosburg, Tel. 0 42 72/830 15, Schaffrischkäse.

Sopie und Helmut Luger, A-9121 Tainach, Siedlung 70, Tel. 0 42 39/3267. Aus der Milch von 22 Ziegen ("mehr sollen es nicht werden") erzeugt Sophie Luger einen Ziegen-Frischkäse mit Knoblauch und Kräutern, der bei der Qualitätsprüfung der Deutschen Landwirtschafts-Gesellschaft 1991 einen Silbernen Preis erhielt. Bronze gabe es damals für einen einen ungewürzten Ziegenfrischkäse. Ziegenweichekäse gibt es in zwei Varianten: mit grünem Pfeffer oder in Olivenöl eingelegt. Gekäst wird seit 1988.

Ernst Mager, Gerlitzenstraße 13, A-9551 Bodensdorf, Tel. 0 42 43/26 45, Ziegenkäse.

Ema und Michael Mischkulnig, Franzendorf 2, A-9072 Ludmannsdorf, Tel. 0 42 28/31 51, Hartkäse, Weichkäse mit Kräutern, Liptauer und provenzialischer Käsetopfen.

Walter Neidhart, Maitratten 8, A-9563 Gnesau, Tel. 0 42 78/302, Ziegenkäse. "Ernte für das Leben".

Gottfriede und Helmut Oman, Eggforst 1, A-9620 Hermagor, Tel. 0 42 82/27 78, Hartkäse.

Elfriede Petschnig, Moos 44, A-9132 Gallizien, Tel. 0 42 21/20 35, Ziegenfrischkäse mit Gewürzen.

Josef Petschnig, Sagerberg 14, A-9141 Eberndorf, Tel. 0 42 37/25 69, Hartkäse, Frischkäse mit Kräutern und Landkäse.

Elisabeth Tiefnig, Berg 49, A-9771 Berg/Drautal, Tel. 0 47 12/615, Ziegenkäse, Schafkäse und Schnittkäse. Elisabeth Tiefnig beliefert das Spitzenrestaurant Kellerwand.

Hubert Zankl, Stollwitz 3, A-9635 Dellach/Gailtal, Tel. 0 47 18/565, Bergkäse, Hauskäse, Frischkäste mit Kräutern, Liptauer, Frischkäse mit Knoblauch und Wolka-Topf'n. "Ernte für das Leben".

Käseeinkauf in Klagenfurt

In den großen Delikatessengeschäften der Landeshauptstadt gibt es gute Käseabteilungen, die auf internationale und insbesonders italienische Produkte spezialisiert sind, aber auch gute österreichische Ware führen. Um ein größeres Sortiment bäuerlicher Käse aus Österreich sind auch in Klagenfurt eher die Naturkostläden bemüht.

Naturkost/Bauernladen, Villacherstr. 13, A-9020 Klagenfurt, Tel. 04 63/564 77, geöffnet MO bis FR 8-12.30, 15-18 Uhr, SA 8-12 Uhr. Alfred Wogritsch führt Schaf-, Ziegen- und Kuhmilchkäse aus bäuerlichen Betrieben Kärntens, z. B. von Pirker, Petschnik und Luger. Ferner gibt es den Bantelschen Camembert und Käse von Herbert Plangger aus Niederndorf in Tirol. DO Vormittag und SA Vormittag ist Wogritsch auf einem Stand am Benediktinerplatz zu finden.

Naturprodukte, Renngasse 1, A-9020 Klagenfurt, Tel. 04 63/573 58. Hier gibt es Hatzenstädter Emmentaler, Camembert von Bantel und einige andere Produkte aus dem Sortiment des Großhändlers Oberascher.

Bauernmärkte

Bad St. Leonhard, Hauptplatz, jeden zweiten SA im Monat 8-11 Uhr, **Brückl,** Dorfzentrum, Rasthaus Wildhaber jeden ersten und dritten. SA im Monat 8-11 Uhr, **Einöde** 24, MI/DO 8-18.30 Uhr, FR 8-19.30 Uhr, SA 8-16 Uhr, **Glanegg,** Volksschule FR 18-19.30 Uhr (Juli und August FR 19-20.30 Uhr), **Gmünd,** Hauptplatz SA 8-11.30 Uhr, **Hermagor,** Rathaus (bei Schlechtwetter) oder Wulfenia Platz (Schönwetter) SA 8-11 Uhr, (Sommer auch MI ab 17 Uhr), **Kötschach,** Rathaus, 14 tägig SA 8-11 Uhr, **Radenthein,** Raiffeisenplatz, letzter SA im Monat 8-12 Uhr, **St. Daniel/Gailtal,** durchgehend die ganze Woche, **St. Georgen** Klagenfurt-Süd bis IMO-Baumarkt jeden ersten SA im Monat 8-14 Uhr, **Velden,** Gemeindeamt jeden ersten DO im Monat 19-21 Uhr, **Wolfsberg,** Offner-Straße (Fußgeherzone) DO 7-12 Uhr und Klagenfurter Straße 47 DI und SA 6.30-11 Uhr.

Grüne Börse

Museumgasse 5, A-9020 Klagenfurt, Tel. 04 63/58 50/257. Informationen über bäuerliche Produkte aus Kärnten, Hofadressen, Bauernläden etc, Fachauskünfte: Dipl. Ing. Bernhard Tscharre, Gertraud Lauritsch, Sekretariat: Gerda Mader.

Niederösterreich

Der Einfluß der böhmischen Küche im Osten Österreichs hat das Aufkommen einer nennenswerten Käsekultur lange Zeit beeinträchtigt. Denn die böhmische Köchin verstand es, unter großem Beifall der Gäste herrliche Süßspeisen auf den Tisch zu zaubern. Wer mochte angesichts so unwiderstehlicher Köstlichkeiten wie Powidltascherln, Palatschinken, Marillen- oder Germknödel noch an Käse denken?

Bäuerliches Schafgupferl

Außerdem spielten auch ökonomische Faktoren eine Rolle, daß Niederösterreich kein traditionsreiches Käseland werden konnte. Hier, im Umfeld von Wien, war alles darauf ausgerichtet, eine Großstadt mit Milch und Butter zu versorgen - zum Verkäsen fehlte einfach die Milch.
Besonders problematisch war die Milchversorgung in der Zeit nach dem Ersten Weltkrieg. In diesen Jahren war Österreich auch ein Land mit einem deutlichen Käse-Handelsdefizit, erst Anfang der dreißiger Jahre überstiegen die Exporte erstmals die Importe, wobei der Anteil Niederösterreichs an der landesweiten Käseproduktion nicht gerade groß war. Eigentlich begann in Niederösterreich die Käseerzeugung erst im Jahre 1927 mit rund 80.000 Kilogramm, und es sollte bis zum Jahre 1936 dauern, ehe die Grenze von einer Million Kilogramm überschritten werden konnte.
Die ersten Milchgenossenschaften kleineren Umfangs wurden schon im vorigen Jahrhundert gegründet. Geschäftszweck war aber ausschließlich die Verwertung von Milch als Frischmilch. Außer der Niederösterreichischen Molkerei in Wien bestanden damals keine Genossenschaften, die

sich mit der Verarbeitung von Milch zu Butter und Käse befaßten. Anfang unseres Jahrhunderts formierten sich dann drei Molkereigenossenschaften, die auch Käse erzeugten: St. Valentin, St. Georgen am Ybbsfelde und Mank. Seit dem Jahre 1925 kam es dann zu einer wahren

Bäuerliche Ziegenrolle

genossenschaftlichen Gründerzeit: Neue Großmolkereien entstanden, um die nun vorhandene überschüssige Milch systematisch zu verarbeiten.

Drei Jahre später wurde als gemeinsame Dachorganisation und kaufmännische Zentrale der "Verband niederösterreichischer landwirtschaftlicher Molkereigenossenschaften" mit Sitz in Tulln gegründet, der auch selbst in die Käseproduktion einstieg. Man entschied sich für einen Magermilch-Käse, denn bei der Verarbeitung von Milch zu Butter fällt bekanntlich Magermilch an, und die sollte sinnvoll verwertet werden. Außerdem ging es darum, einen Käse im eigenen Land herzustellen, der bisher importiert wurde. Mit der heutigen Terminologie würde man von Importsubstitution sprechen.

Und so entstand die große Quargelfabrik in Tulln, die am 30. Dezember 1928 feierlich eröffnet wurde und bis heute jenen deftigen Käse produziert, der früher aus Olmütz eingeführt worden war. Die Quargel eroberten jedenfalls rasch den Wiener Markt und auch der Versand in die anderen Bundesländer hat sich von allem Anfang an günstig gestaltet, sodaß die Fabrik in kurzen Abständen zweimal vergrößert wurde.

Schafkäse und Ziegenkäse gehörten in Niederösterreich auch schon im vergangenen Jahrhundert zur bäuerlichen Produktpalette, die rollenförmigen oder gupfförmigen Käse - oft auch Mischkäse - dienten hauptsächlich für den Eigenbedarf und wurden höchstens in kleinen Mengen rund um den Kirchturm der Dörfer zum Verkauf angeboten.

Mit dem Ersten Weltkrieg ging auch die Schaf- und Ziegenhaltung zurück, und es sollte lange dauern, bis sich eine nennenswerte Zahl von Bauern entschloß, in einem größerem Umfang auf die Verwertung von Schaf- und Ziegenmilch zu setzen.

Eigentlich kam der Umschwung erste Mitte der achtziger Jahre, und er ist mit zwei Namen verknüpft: Landwirtschaftsminister Josef Riegler und Franz Krenthaller, bis heute der rührige Chef des NÖ. Landeszuchtverbandes für Schafe und Ziegen. Sie erkannten, daß eine Belebung nur durch eine verbesserte Ausbildung der Schaf- und Ziegenbauern möglich ist, und förderten mit einem Zuschuß die Kosten von Kursen über das Verkäsen von Milch. So kam es zu einem richtigen Run lernwilliger Käsemacher auf die Kurse in der Bundesanstalt in Wolfpassing - zuerst aus Niederösterreich, dann auch aus anderen Bundesländern.

Krenthaller formuliert die Zielsetzungen seines Verbandes so: "Die Bauern müssen Unternehmer, Erzeuger und Verkäufer sein. Dabei leisten wir Hilfestellung. Wir haben für NÖ. Schafkäse, NÖ. Schafmischkäse und NÖ. Ziegenkäse eigene Marken kreiert, weil die Verwendung von Marken den Verkauf fördert. Vertriebslinien sind in erster Linie der Verkauf ab Hof, außerdem der Verkauf an die Gastronomie und mit Hilfe des Verbandes auch an Großfilialketten. All das hat so gut funktioniert, daß viele unserer Mitglieder vom Nebenerwerb zum Vollerwerb wechseln konnten."

Interessant ist, daß die Form der niederösterreichischen Frischkäse regional unterschiedlich ist. Im Westen, insbesondere im Ybbstal und im Erlauftal, gibt es seit jeher den rollenförmigen Käse (auch Striezel genannt, weil sich die Rolle beim Transport so verformt, daß sie an den Enden dünner und in der Mitte dicker wird und wie ein Striezel aussieht). Im Osten ist eher die Gupfform (im Volksmund "das Gupferl") gebräuchlich. Die Grenze zwischen diesen beiden "Käsewelten" verläuft in etwa entlang einer Linie, die man durch Melk und Mank in nord-südlicher Richtung ziehen könnte. Warum westlich dieser Grenze der Striezel und östlich das Gupferl zur vorherrschenden Form geworden ist, konnten wir leider nicht eruieren. (rs)

Ardagger

Stephanshart liegt zwischen Amstetten und der Donau. Anfahrt über die Westautobahn A 1, Abfahrt Amstetten, dann die B 119 nach Ardagger Stift, dort links abbiegen in eine kleine Straße, die nach Stephanshart führt.

Wanderungen und Besichtigungen: Von der 1049 gegründeten Abtei ist noch die gotische, später barockisierte Kirche erhalten. Sehenswert sind die Glasfenster aus dem 13. Jahrundert und die romanische dreischiffige Krypta. Neben der Kirche befindet sich ein Kreuzgang aus dem 14. Jahrhundert mit Fresken. Wer eine Fahrt mit einem Schiff donauabwärts unternimmt, kann das mächtige Schloß Persenbeug bewundern (erbaut im 10. Jahrundert, erneuert im 17.).

Gastronomie und Unterkünfte: Die Villa Nowotni in Ybbs war lange Zeit ein exklusiver Treffpunkt für Gourmets. Doch eines Tages beschlossen die Nowotnis, den Gourmettempel aufzugeben, und eine einfache ländliche Gasthausküche aufzuziehen - in Ardagger - wo nun beim Dorfwirt ganz vorzüglich aufgekocht wird (Tel. 0 74 79/63 88-0). Im gleichen Haus ist ein Mostmuseum untergebracht. Hier erfährt man alles über die Geschichte dieses Apfel- oder Birnenweins, der einer ganzen Region den Namen gegeben hat. Außerdem kann hier Most von verschiedenen Bauern erworben werden, gefüllt in wunderschöne Flaschen, die einen vierkantigen Grundriß haben - eine Referenz an die hier vorherrschende Hofform, den Vierkanter. Das Etikett gibt Auskunft darüber, ob der Most mild oder resch ist. Es ist nur eine Frage der Zeit, bis dieses Getränk auch in den Großstädten "in" ist. Bis dahin kann man sich vor Ort durchkosten und einige Flaschen mit nach Hause nehmen.

Stephansharter Hofkäserei/Ilse und Anton Neu: Zwei Bauern machen gemeinsame Sache

Nicht weit entfernt vom neuen Gourmetzentrum Ardagger (das Mostmuseum und Nowotnis Landgasthaus locken viele Besucher) tut sich auch in Sachen Käse einiges. Hier haben sich zwei Bauern zusammengeschlossen, um gemeinsam einen Rohmilchkäse von der Ziege zu erzeugen - mit herausragender Qualität.

Der Betrieb nennt sich Stephanharter Hofkäserei, wo Ilse und Anton Neu die Fäden ziehen. Genau 23 Melkziegen wurden dort im Jahr 1993 gehalten, und in Zukunft sollen es noch mehr werden. Der Partnerbetrieb von Anna und Richard Fraubaum - nur sechs Kilometer entfernt, aber schon zum Bezirk Amstetten gehörig, hat 30 Melkziehen im Stall. Das ergibt eine Milchmenge, mit der sich schon etwas machen läßt. Wobei nur am Bauernhof von Ilse und Anton Neu verkäst wird, doch beide Familien arbeiten fleißig mit.

Räucherling

Es gibt drei Gruppen von Käse: Frischkäse, Weichkäse und Schnittkäse. Der Frischkäse ist ein Ziegenrohmilchkäse nach Art eines Gervais. Den Weichkäse gibt es in verschiedenen Varianten: als Pfefferkäse, als Kräuterkäse (mit Kräutern der Provence), eingelegt in Rotwein, eingelegt in Cognac, mit grünem Pfeffer oder als "Räucherling", das heißt schwach geräuchert in einer Selchkammer und dann paraffiniert. Den Schnittkäse gibt es nach Tilsiter Art (gelblich paraffiniert) oder nach Gouda Art (rot paraffiniert). Anton Neu mißt für die zukünftige Entwicklung der Ziegenzucht eine große Bedeutung bei. "Früher war die Hausziege bunt gemischt, quer durch alle Rassen. Erst in den letzten Jahren hat man begonnen, systematisch zu züchten. Wir haben Toggenburger, unsere Partner haben Bunte und Weiße Edelziegen. Was besser ist, läßt sich heute noch nicht sagen. Es wird noch einige Zeit dauern, bis die Forschung zu klaren Ergebnissen kommt." Solange wollen wir nicht warten. Wir erfreuen uns schon jetzt an den feinen Produkten der Stephansharter Hofkäserei.

Stephansharter Hofkäserei, Ilse und Anton Neu, A-3321 Ardagger, Stephanshart 34, Tel. 0 74 79/440. Fax DW 5. Die Käse werden vertrieben von der Firma Ing. Franz Schnetzinger, Arbeitsgemeinschaft Mostviertel, (A-3352 Kürnberg 176, Tel. 0 72 52/304 92 od. 0663/81 89 33, Fax 0 72 52/304 92.) Sie sind u. a. in Wien im BAUERNLAND erhältlich.

Diendorf am Kamp

Der Ort liegt in unmittelbarer Nähe von Grafenegg, und er ist nicht leicht zu finden. Diendorf ist so klein, daß es auf den meisten Landkarten nicht eingezeichnet ist, außerdem gibt es südlich der Donau zwei weitere Orte dieses Namens und einige Kilometer nördlich ein Diendorf im Walde. Die Anfahrt nach Diendorf am Kamp erfolgt von Wien aus über die B 3 (Donau Bundesstraße), bei Grafenwörth biegt man ab Richtung Grafenegg. Von Grafenegg aus geht es weiter Richtung Sittendorf, dann führen bereits Wegweiser nach Diendorf am Kamp.

Wanderungen und Besichtigungen: Der Berg Heiligenstein, ein berühmter Weinberg, lockt viele Spaziergänger. Von der Kamptalwarte hat man einen wunderbaren Ausblick auf das Donautal. Nicht weit entfernt liegt Schloß Grafenegg - das ehemalige Renaissance-Schloß wurde im vergangenen Jahrhundert im Tudor-Stil umgebaut. In Schloß Gobelsburg werden in einer ständigen Ausstellung des Wiener Volkskundemuseums Majoliken, Gläser, Hinterglasmalereien und Bauernmöbel ausgestellt (geöffnet Mai bis Oktober tägl. 11-18 Uhr).

Gastronomie und Unterkünfte: Im Heurigenhof Bründlmayer in Langenlois (Walterstr. 14, Tel. 0 27 34/28 83, DO bis FR 17-23 Uhr, SA und SO 13-23 Uhr, Mitte Dez. bis Ende Feb. geschlossen) kann man nicht nur die Weine des gleichnamigen Weinguts erwerben, sondern auch ausgezeichnet speisen. Der Winzer Willi Bründlmayer zählt zu einer Leitfigur der Region rund um Langenlois. Wenn Sie einen österreichischen Spitzenwein kosten wollen, dann probieren Sie seinen Chardonnay. Die beste Trinkreife hat er allerdings erst nach vier bis fünf Jahren Lagerung. Das Spitzenlokal in der näheren Umgebung ist wohl das Gasthaus "Zur Traube" in Feuersbrunn, Kleine Zeile 13-17, genannt "Der Mörwald" (Tel. 0 27 38/22 98, DI abend geschlossen). Aber auch in den Kellergassen der Weinbauorte läßt sich bei einer Brettljause und einem guten Grünen Veltliner der Abend angenehm verbringen. Zum Beispiel in Straß in der Buschenschank Eduard und Renate Schreibeis am Ende der Gaisberger Kellergasse (Tel. 0 27 35/75 38).

Rezepte mit Käse

Josef Knoll
Loibnerhof, Unterloiben
empfiehlt:

Topfenhaluschka/Brimsenhaluschka

Zutaten für 4 Personen
250 g Nudelmehl (evtl. Durumweizen), 4 Eidotter, etwas Wasser, Salz, 200 g Selchspeck, 300 g Schaftopfen oder Brimsen

Zubereitung
Aus dem Mehl, Eidotter, Wasser und Salz einen festen Nudelteig bereiten, leicht trocknen lassen und in Fleckerln schneiden. Gewürfelten Selchspeck (sollte kein Rohspeck sein, sonst werden die Grammeln zu hart) in der Pfanne auslassen. Wenn die Grammeln leicht gebräunt sind, die frisch gekochten, abgetropften (nicht abschwemmen!) Fleckerln dazugeben. Schaftopfen (oder Brimsen) zerbröselt darüberstreuen, durchschwenken und abschmecken. Wenn Sie jenen Schaftopfen verwenden, der seit kurzem in Weiz erzeugt wird, empfiehlt es sich, je nach Geschmack etwas zu pfeffern und zu salzen. Brimsen ist hingegen bereits gesalzen, sodaß Sie meistens fast ohne Würze auskommen werden.

Der Loibnerhof mit seinem schönen, riesigen Gastgarten lockt viele Wachau-Besucher an. In der Tat gibt es kaum etwas Schöneres, als im Frühling unter den blühenden Obstbäumen zu sitzen, die Schiffe vorbeiziehen zu sehen und sich von Josef Knoll kulinarisch verwöhnen zu lassen. Eine besondere Attraktion sind die ausgezeichneten Weine von Emmerich Knoll, dem Cousin des Lokalbesitzers. Doch schon allein der Umstand, daß der Loibnerhof seit vielen Jahren die fast ausgestorbenen Topfenhaluschka erfolgreich wiederbelebt, würde hier eine Hervorhebung dieser Lokalität rechtfertigen. (rs)

Loibnerhof, Familie Knoll, Unterloiben 7, A-3601 Dürnstein, Tel. 0 27 32/82 8 90, MO und DI Ruhetag.

Robert Paget: Jazz und Kinderfeste am Käsebauernhof

Der kleine Mann mit dem bärtigen Gesicht und den lebendigen Augen strahlt sofort Sympathie aus und hat immer alle Hände voll zu tun. Nicht nur daß er rund 70 Ziegen im Stall hat, zusätzlich kümmert er sich auch noch um die Renovierung seines Gutshofes - einst der Verwaltungshof des Schlosses Walkersdorf - und veranstaltet Kinderfeste und Konzerte, von Kammermusik bis zu Jazz.

Robert Paget, Jahrgang 1952, studierte an der Wiener Universität Biologie, doch Ende der sechziger Jahre, kurz vor Abschluß des Studiums, zog es ihn gemeinsam mit Freunden aufs Land. "Nur am Traktor sitzen und Felder auf und ab fahren, konnte ich mir allerdings nicht vorstellen. Mir war schon von Anfang an klar, daß ich etwas mit Tieren machen will."

Durch Zufall ist Robert Paget auf die Ziege gekommen: "Es war das erste Tier, das ich hier in der Gegend angegriffen hab', und ich war sofort begeistert. Inzwischen weiß ich, daß diese emotionale Entscheidung auch rational vernünftig war. Ziegen sind überaus intelligente Wesen, und die Produktion von Ziegenkäse ist eine faszinierende Aufgabe."

Einmal hat es Paget auch mit Schafen probiert, aber das war nur ein kurzes Intermezzo. Heute kommentiert er es so: "Sie waren mir einfach zu blöd."

Gemeinsam mit seiner aus der Normandie stammenden Frau Soizig unternahm er Erkundungsreisen zu französischen Käsereien, ehe er sich als Käsemacher voll ins Geschäft stürzte. "Wenn du dir im dritten Jahr eine Käserei baust, ärgerst du dich im zehnten Jahr grün und blau. Ich hab' im siebten Jahr begonnen und muß mich nicht ärgern."

Auf der Angebotsliste der Pagets stehen nun bereits drei Produkte, durchwegs Ziegenkäse aus Rohmilch.

Pagets Ziegen werden in der Zeit der Käseproduktion nur mit Grünfutter ernährt. Wenn der Käsemacher auf Heu umstellt, geht bei ihm die Saison zu Ende. Aber der nächste Frühling kommt bestimmt, und umso mehr freuen sich die Kunden auf den neuen Frischkäse.

Nun zu den drei Produkten, die - grob gesprochen - von Ostern bis Allerheiligen im Verkauf sind:

Der rollenförmige Ziegenfrischkäse zeichnet sich durch seinen delikaten und milden Geschmack aus. Mit etwas Olivenöl und gartenfrischen Kräutern mundet er als Vorspeise ganz vorzüglich.

Außerdem gibt es seit dem Sommer 1992 einen Weißschimmel-Ziegenkäse mit dreimonatiger Reifung - nach Vorbild des Sainte-Maure.

Ein bereits altbewährtes Produkt der Pagets ist der Ziegenkäse nach

Camembert-Art. Er ist drei Monate gereift und kann im Haushalt noch drei weitere Wochen gelagert werden. Dann wird er im Geschmack besonders kräftig und würzig, gerade richtig für Käseliebhaber. Abgepackt ist dieser Käse in der klassischen runden Spanholzschachtel, wie sie seit mehr als hundert Jahren in der Normandie, im Mutterland des Camembert, gebräuchlich ist.

Und wenn eine alte Geiß am Ende eines erfüllten Ziegenlebens geschlachtet werden muß - in der Regel im Alter von rund zehn Jahren -, wird auch Fleisch und Haut verwertet: Der Kremser Star-Fleischer Hans Reither produziert würzige Kant- und Hartwürste, ein Gerber das Rohmaterial für Ziegenlederjacken. (rs)

Robert und Soizig Paget, A-3492 Diendorf am Kamp Nr. 2, Tel. 0 27 35/72 76. Verkauf ungefähr von März bis Dezember nach tel. Vereinbarung, auch an Wochenenden. Zu Beginn und am Ende der Saison sind die Käsemengen so gering, daß Käse nur an Stammkunden abgegeben wird. In der Spitzengastronomie der Region sind Pagets Ziegenkäse ebenfalls zu finden: im Haubenrestaurant Zur Traube in Feuersbrunn und im Heurigenhof Bründlmayer in Langenlois. In Wien ist Pagets Käse im Käsespezialitätengeschäft Gerhard Urbanek am Wiener Naschmarkt erhältlich.

Eichgraben

Der Ort liegt an der Westbahn und ist über die B 44 (Neulengbacher Bundesstraße) oder über die Westautobahn A 1, Abfahrt Preßbaum, zu erreichen. Um zum Burweghof zu gelangen, fährt man ins Zentrum und dann weiter Richtung Altlengbach. Gleich nach dem Bahnviadukt biegt man rechts ab, von hier ist der Weg gut beschildert.

Wanderungen und Besichtigungen: Eichgraben ist ein beliebter Zweitwohnsitz für Wiener, ohne nennenswerte Sehenswürdigkeiten. Allerdings gibt es im nicht weit entfernten Maria Anzbach viel zu sehen: eine Wallfahrtskirche aus der 2. Hälfte des 15. Jahrhunderts - hier hat 1677 Abraham a Sancta Clara gepredigt -, Grabhügel aus der Römerzeit und frühgeschichtliche Befestigungen auf dem Buchberg, von wo man auch einen schönen Rundblick hat. In Neulengbach finden auf der Burg im Sommer Theateraufführungen statt.

Gastronomie und Unterkünfte: Ein Haubenlokal in Neulengbach ist Breiteneckers Alter Markt (A-3040 Neulengbach, St. Pöltnerstraße 81,

Tel. 0 27 72/531 33). Zimmernachweis Neulengbach: Tel. 0 27 72/521 05, Zimmernachweis Eichgraben: Tel. 0 27 73/62 31 oder 62 81.

Gerhard und Maria Lingler/Burweghof: Ein engagierter Selbstvermarkter

Vor einigen Jahren hat sich Gerhard Lingler in der Steiermark in das Handwerk der Käserei einführen lassen, und siehe da, es bereitete ihm so viel Freude, daß er sich sofort einen schönen Käsereiraum baute und im Nebenerwerb als Käsemacher sein Glück versuchte: mit großem Erfolg. Lingler, ein Jahrgang 1948, produziert aus der Rohmilch von 16 Kühen einen Schnittkäse, seine Frau Maria erzeugt Butter, und die restliche Milch geht an die Molkerei. Den Schnittkäse gibt es in zwei Fettstufen: mit 30 bis 35 % F.i.T. und mit 45 bis 50 % F.i.T. Der Käse wird nach Tilsiter Art hergestellt, ohne Pressung und mit Rotschmierebehandlung. Der Käse hat meist eine Bruchlochung in der Größe von Gerstenkörnern, und er reift acht bis zwölf Wochen, ehe er in den Verkauf kommt. Wobei Lingler die gesamte Ware direkt ab Hof vermarktet - zusammen mit Dinkel, Kartoffeln und Weizen, alles aus organisch-biologischer Landwirtschaft. "Ich mache das aus Überzeugung, wir müssen mit der Natur arbeiten und nicht gegen die Natur - sozusagen der Natur auf die Finger schauen." Linglers Schnittkäse schmeckt fein-säuerlich und würzig, wobei der Käsemacher empfiehlt, mit etwas Kümmel zu würzen - ein Tip, der sich bei Tilsitern ganz allgemein bewährt.

Linglers Burweghof ist bis in die zweite Hälfte des 18. Jahrhunderts dokumentiert, wobei sich der erste Wortteil aus "Buren", das heißt Bauern ableitet. Daß am letzten Stück der Zufahrt ein Güterweg den Namen "Burghof" trägt, ist auf einen bedauerlichen Irrtum eines Gemeindebediensteten zurückzuführen. (rs)

Gerhard und Maria Lingler/Burweghof, A-3032 Eichgraben, Burwegstraße 88, Tel. 0 27 73/64 83. Verkauf ab Hof FR 14-19 Uhr und SA 8-13 Uhr oder nach tel. Vereinbarung. Lingler züchtet auch Damhirsche.

Kürnberg

Von der B 122 (Voralpen Bundesstraße) zwischen Steyr und Amstetten zweigt acht Kilometer nach Steyr beim Gasthaus Zaucherwirt rechts die Straße nach Kürnberg ab, nach vier Kilometern kommt man in diesen Ort. Wer zur Familie Dorfer möchte, fährt von Kürnberg aus die Straße

Richtung Steyr bis kurz nach dem Ortsende, unmittelbar vor dem Gasthaus Sammer, links eine Straße abzweigt. Nach weiteren 600 Metern geht es bei einem Heustadel links zum Hof, der in unmittelbarer Nähe der oberösterreichischen Grenze liegt.

Wanderungen und Besichtigungen: Die Landschaft hier ist rund und lieblich, kurvige Straßen, hügerlauf hügerlab führen durch sie hindurch. Spaziergänge drängen sich geradezu auf. Von der Kaiserin Elisabeth-Warte genießt man einen Überblick über das Mostviertel und Most ist auch das Stichwort für gezielte gastrosophische Ausflüge.

Gastronomie und Unterkünfte: Im Restaurant Sommer "Unterwirt" ist besonders der Mittwoch zu empfehlen, denn da ist Knödeltag. Übernachten kann man bei Josef Hinterlehner "Schußgrub" werden. Im nahen Weistrach ist der Landgasthof Kirchmayr eine empfehlenswerte Adresse für Speis und Schlaf (Tel. 0 74 77/423 80).

Arbeitsgemeinschaft Mostviertel: Verschiedene Erzeuger - gemeinsamer Vertrieb

Sie besteht aus dem Zusammenschluß mehrerer käseerzeugender Bauern, die sich ausschließlich auf die bäuerlichen Tätigkeiten beschränken, sowie eines Mannes, der hauptberuflich den Vertrieb besorgt. Durch diese Arbeitsteilung werden Zeit und Geschick optimal verteilt. Ing. Franz Schnetzinger, selbst beschlagen im Fach Käseerzeugung, holt den fertigen Käse ab, liefert ihn aus, sorgt für die Abrechnung und das Wiedereinbringen der Pfandbehältnisse. In seiner Palette befinden sich auch Produkte die nicht aus der Arbeitsgemeinschaft stammen.

Zur Arbeitsgemeinschaft zählen:

Hans und Reante Dorfer (Schafe), A-3352 Kürnberg 71, Tel. 0 72 52/302 07; Alfred und Lotte Mitterhauser (Schafe), Kürnberg 73, Tel. 0 72 52/302 08; Hubert und Renate Zöttl (Kühe), A-4443 Sulzbach, Hohenreith 27, Tel. 0 72 50/370; Roman Weindlmaier (Säfte), Kürnberg, Grub 34, Tel. 0 72 52/302 37. (ph)

Ing. Franz Schnetzinger, Arbeitsgemeinschaft Mostviertel, A-3352 Kürnberg 176, Tel. 0 72 52/304 92 od. 0663/81 89 33, Fax 0 72 52/304 92. Beliefert werden u.a.: Die Salzburger Restaurants Purzelbaum, Österreichischer Hof, Gersbergalm, K+K-Restaurants, La Farandole in Mondsee, der Stadtwirt in Linz, versch. Heurige in Wien, sowie das Korso, das Sacher, das Hilton, das Plaza, Feinkost Gebrüder Wild sowie diverse Naturkostläden wie das Salvia im 13. Wiener Gemeindebezirk.

Hans und Renate Dorfer: Die reine Schafmilch

Soweit das Auge reicht nur Hügel, Wald und Weideland. Kuh- und Schafhaltung haben eine lange Tradition, so auch die Käseherstellung, allerdings nur als Kuh- oder Mischkäse. Hans Dorfer hält hundert Schafe und erzeugt reinen, 100%-igen Schafkäse und Schafjoghurt. Zum Melken hat sich der findige Bauer einen sehenswerten Milchstand gebaut, in dem die Schafe förmlich Karussell fahren, während sie an die Melkmaschine angeschlossen sind. Ihrem stürmischen Andrang zufolge scheinen sie's zu mögen. Das Käsen wiederum ist die Sache der Frauen, der Gattin und der Mutter von Franz Dorfer. Besonders die Mutter verfügt über die Erfahrung, wie die Milch zu behandeln und der Produktionsablauf zu steuern ist, denn Schafmilch kann in ihrer Zusammensetzung sehr unterschiedlich sein, schwankt stärker als Kuhmilch. Erzeugt werden Schaffrischkäse, als Rolle und als Gupf, aus unpasteurisierter Milch. Hygiene ist dabei oberstes Gebot. Die Dorfers haben daher viel Geld in eine möglichst saubere und komplett ausgerüstete Käserei investiert. Pasteurisiert wird nur die Milch für das Joghurt, da dieses sonst nicht "stichfest" wird. Das Joghurt wird übrigens in Pfandgläser abgefüllt, was sehr großen Aufwand für die Rücknahme und Reinigung bedeutet und sich rein finanziell nicht rechnet. Aus persönlicher Überzeugung und fürs Image will die Arbeitsgemeinschaft Mostviertel diesen Weg aber weiterverfolgen. Die Verwertung der in größeren Mengen anfallenden Schafwolle ist übrigens ein unerwartet großes Problem. Sie hat einen Marktwert von nur 3,90 bis 9,90 Schilling und wird von den meisten Bauern an Firmen verkauft, die daraus Dämmplatten für die Baustoffindustrie fertigen. (ph)

Hans und Renate Dorfer, A-3352 Kürnberg 71, Tel. 0 72 52/302 07. Ab-Hof-Verkauf am Wochenende und nur gegen telefonische Vorbestellung, da die Produktion hin und wieder ausverkauft ist. Verkauf über die Arbeitsgemeinschaft Mostviertel.

Lichtenau im Waldviertel

Der Ort liegt nördlich von Krems. Man fährt die neu ausgebaute B 37 (Kremser Bundesstraße), läßt Gföhl links liegen und biegt erst kurz danach Richtung Lichtenau nach links ab. In Scheutz ist der Betrieb "Die Käsemacher" leicht zu finden. Er liegt rechter Hand im Ortskern.

Hermann Ploner/"Die Käsemacher": Frischkäse aus dem elterlichen Betrieb

Leicht hat er es nicht gehabt: Als er zwölf Jahre alt war, starb sein Vater. Damit war klar, daß er so früh wie möglich den Hof übernehmen mußte. Für eine solide Ausbildung war keine Zeit, es begann sofort der Ernst des Berufslebens.

Hermann Ploner, ein Jahrgang 1958, ist seit April 1991 Geschäftsführer der Firma "Die Käsemacher" - eine GmbH mit rund 20 Beschäftigten, im bäuerlichen Betrieb der Eltern macht er bereits seit 1983 Käse.

Ploner ist heute einer der profiliertesten Produzenten von Schaf- und Ziegenkäse im Osten Österreichs. In der Gastronomie, in Käse-Fachhandlungen und in gut sortierten Supermarkt-Ketten gibt es seine Feinschmecker-Ware.

Ploner: "Daß ich immer wieder etwas dazulernen muß, versteht sich von selbst. Nicht nur beim Käsemachen, sondern beispielsweise auch auf dem Gebiet der Betriebswirtschaft. Mein Ehrgeiz, etwas Neues zu lernen, ist sicher überdurchschnittlich."

Im Bauernhof seiner Eltern in Scheutz bei Lichtenau hält Ploner rund 190 Ostfriesische Milchschafe. Außerdem kauft er Ziegenmilch und Schafmilch von 23 Bauern zu. "Die Milch wird täglich mit LKWs gesammelt, die gesamte Tagesroute macht 400 Kilometer aus."

Ein Teil der Milch wird nach Lichtenau geliefert, wo die Frischkäseproduktion konzentriert ist, ein anderer nach Waldkirchen, weit im Norden, knapp an der tschechischen Grenze. Hier haben "Die Käsemacher" eine stillgelegte Genossenschaftsmolkerei übernommen und produzieren nun gereiften Käse (siehe unter Waldkirchen).

Bei seiner gesamten Produktion geht der Käsemacher kein Risiko ein. Die Milch wird pasteurisiert, außerdem werden regelmäßig von der angelieferten Milch Proben gezogen und in den "Milchuntersuchungsring Nord" nach Gmünd geschickt. Ploner: "Über Fax bekommen wir dann rasch das Ergebnis der Untersuchung übermittelt."

Das Um und Auf der Käseproduktion ist natürlich eine gute Milch, und hier hat sich Ploner ein finanzielles Anreizsystem ausgedacht: Wenn die Milch weniger Keime enthält, bekommen die Bauern mehr Geld. Am liebsten sind ihm Betriebe mit 200 bis 300 Muttertieren. "Da kann sich eine Familie ohne fremde Arbeitskräfte um alles kümmern." Doch einige Betriebe, die Milch liefern, sind größer. Anton Moser in A-3650 Brennhof 2 hat beispielsweise rund 700 Schafe im Stall stehen.

Aus Lichtenau stammt der "Brio blanc", ein Schaffrischkäse mit mindestens 50 % F.i.T., der Ziegenfrischkäse "Rosalies Fest" mit 40 % F.i.T., ferner ein würfelförmiger, in Öl eingelegter Schafschnittkäse, gewürzt mit frischen Kräutern, Salz und Knoblauch, zirka 50 % F.i.T., und ein kugelförmiger Ziegenfrischkäse, ebenfalls gewürzt und in Pflanzenöl eingelegt, mit zirka 45 % F.i.T. Für die Zukunft hat Ploner klar umrissene Pläne: "In einigen Jahren werde ich 'Die Käsemacher' in Waldkirchen konzentrieren - und hier in Scheutz wird eine Rohmilchkäse-Produktion entstehen." (rs)

Hermann Ploner, "Die Käsemacher", A-3522 Lichtenau im Waldviertel, Scheutz 3, Tel. 0 27 18/356 und 357 oder 0663/232 90. Kontaktperson und Betriebsleiterin in Scheutz ist Ploners Schwester, Edeltraud Lang. Den Käse gibt es in gutsortierten Filialen von Supermarkt-Ketten wie Interspar, Metro, ADEG und Meinl, ferner in Käsefachhandlungen und in den Filialen von Pastavino in Wien. Ab-Hof-Verkauf MO bis FR 7-20 Uhr, am Wochenende nach tel. Vereinbarung.

Mottingeramt

Bei diesem Ort handelt es sich um eine kleine Streusiedlung nordwestlich von Krems. Anfahrt von Krems über die S 33 (Kremser Schnellstraße) Richtung Norden, Gföhl läßt man links liegen, ehe man dann rechts nach Mottingeramt abbiegt. Man durchquert den Ort, und wenn einige Kilometer weiter links ein Gasthaus auftaucht, muß man sofort rechts in den kleinen Güterweg abbiegen. Einige Kilometer weiter ist ein rosa Haus zu sehen: das Wohngebäude der Familie Schörpf.

Wanderungen und Besichtigungen: Der Ottensteiner Stausee lockt Bootfahrer und Badehungrige. Sehenswert ist die Burg Ottenstein, vor allem die schön renovierte romanische Kapelle.

Gastronomie und Unterkünfte: Im Schloßrestaurant Ottenstein (Peygarten-Ottenstein 1, Tel. 0 28 26/254) kann man gut speisen. Außerdem gibt es in den Monaten Juli und August jeweils DO und FR einen Heurigen - eine besondere Attraktion ist das Surschnitzel.

Markus Schörpf:
Ein Vorarlberger macht Flachlandkäse

Geboren ist Markus Schörpf in Vorarlberg, und zwar in Lochau, die Eltern haben seinerzeit die gesamte Milch an eine Genossenschaft geliefert, mit Käse fingen sie sich nichts an. Heute produziert der Sohn, den es ins Waldviertel verschlagen hat, ausgezeichneten Ziegenkäse - unterstützt von seiner Frau Barbara, einer frei praktizierende Hebamme. Schörpf, ein Jahrgang 1948, hat sich Mitte der Achtzigerjahre einen Ziegenstall und eine moderne Käserei mit Reiferaum gebaut - in einer perfekten organisatorischen Anordnung. Nun hat er mit rund 70 Mutterziegen und drei Böcken eine für ihn ideale Betriebsgröße erreicht: "Ich will nicht größer werden, denn mehr würde ich allein nicht schaffen."

Ziegenfrischkäse

Der hagere und überaus liebenswürdige Käsemacher produziert aus Rohmilch einen Frischkäse mit rund 40 % F.i.T und einen mit Rotschmiere behandelten Schnittkäse mit rund 45 % F.i.T. Der Käse ähnelt einem Tilsiter, er reift rund acht Wochen. Der in Laiben geformte Käse kommt in zwei Größen auf den Markt: mit 20 cm und mit 30 cm Durchmesser.

Schörpf gehört dem Verband der organisch-biologisch wirtschaftenden Bauern Österreichs an. Obwohl ein Großteil der Produktion direkt in den Handel geht ("Das ist ein gesicherter Absatz, auch wenn einmal kein Ausflugwetter ist."), freut sich Schörpf über jeden Ab-Hof-Käufer, der den Weg zu seinem entlegenen Bauernhof auf sich nimmt. (rs)

Markus Schörpf, A-3532 Mottingeramt 4, Tel. 0 28 26/342. Der Ziegenfrischkäse ist von März bis Dezember, der Ziegenschnittkäse ab Mai im Verkauf. Den Käse der Familie Schörpf gibt es in der Wiener Innenstadt in der Meinl-Filiale am Graben, in den Läden der Erzeuger-Verbraucher-Initiative (EVI) in St. Pölten, Krems und Zwettl, ferner in den Läden der BERSTA. Ab-Hof-Verkauf nach tel. Vereinbarung. Außer Käse gibt es noch Dinkel, Roggen und Weizen.

Pöggstall

Der Ort liegt nordöstlich von Melk an der B 216 (Weitental Bundesstraße).

MIRIMI-Käsewerk: Ein Schnittkäse nach dänischem Vorbild

Dem 1957 gegründeten Milchring NÖ Mitte gehören heute sieben Molkereigenossenschaften an. Ziel des Zusammenschlusses war die Schaffung einer starken, tragfähigen Molkereigenosenschaft mit hoher Eigenkapitalausstattung. So konnte ein umfangreiches Investitionsprogramm durchgezogen werden:
Die heutigen Betriebsstätten umfassen in Prinzersdorf die zentrale Verwaltung und das Milchwerk, in St. Georgen das Butterwerk und in Pöggstall das Käsewerk (hier wird auch das Molkegetränk Lattella hergestellt). Weitere Geschäftszweige sind die Brüterei und Schlächterei von Geflügel.
Es werden täglich rund 200.000 Liter Milch angeliefert, die von 176 Mitarbeitern verarbeitet werden (Jahresumsatz: 787 Millionen Schilling).
Im Käsewerk Pöggstall erzeugen 36 Beschäftigte auf modernsten Anlagen 1.000 Tonnen Käse im Jahr, größtenteils Schnittkäse. Zum Beispiel den Yspertaler, eine österreichische Variante des dänischen Samsö. Ursprünglich war der Samsö dem Emmentaler nachempfunden, doch dann gingen die Dänen ihren eigenen Weg, und die Österreicher folgten nach. Der in Blöcken hergestellte Yspertaler hat 45 % F.i.T., der Teig ist recht fest, mit wenigen erbs- bis kirschgroßen Löchern durchsetzt. Im Geschmack ist er mild und herb säuerlich.
Außerdem werden hier noch Tilsiter und Raclette, beide in Laibform, erzeugt, sowie ein Gouda in Blöcken.
MIRIMI-Käsewerk, A-3650 Pöggstall, Tel. 0 27 58/23 01 und 24 54, Fax 23 01-16. A-3385 Prinzersdorf, Wachaustr. 45, Tel. 0 27 49/24 85-19. Das angeschlossene Geschäft ist nur für Genossenschaftsmitglieder und Wiederverkäufer bestimmt.

Rust im Tullnerfeld

Der Ort liegt südwestlich von Tulln, Anfahrt von Tulln aus über die B 19 (Tullner Bundesstraße), dann nach Asparn abzweigen und über Neusiedl nach Rust. Aus den westlichen Wiener Bezirken fährt man am besten über den Riederberg, durch Sieghartskirchen, nach Streithofen, dann rechts über Michelhausen nach Rust, einem kleinen Haufendorf. Sehr gut beschildert ist das ebenfalls in Rust gelegene Leopold Figl-Museum, es empfiehlt sich daher den entsprechenden Schildern zu folgen.

Wanderungen und Besichtigungen: In Rust liegt ein Museum, das das Lebenswerk des österreichischen Bundeskanzlers Leopold Figl würdigt (Rust 55, Tel. 0 22 55/68 00). Wer in der Hofkäserei Figl einkauft, kann dies mit einem Besuch des nahegelegenen Museums verknüpfen. Weitschichtig verwandt sind wohl alle der zahlreichen Ruster Figls mit dem legendären ÖVP-Parteiobmann und niederösterre/ichischen Landeshauptmann: Der Großvater des Schafbauern Rudolf Figl sen. war ein Cousin von Leopold Figl.

Gastronomie und Unterkünfte: Fünf Kilometer von Tulln entfernt liegt Langenlebarn, allen Gourmets bekannt durch sein Haubenrestaurant Zum Roten Wolf (Bahnstraße 58, Tel. 0 22 72/25 67, MO und DI geschlossen). Nicht viel weiter ist es Zum lustigen Bauern, ein ländliches Gasthaus mit verfeinerter bodenständiger Küche (Kirchenplatz 1, Tel. 0 22 42/704 24).

Rudolf Figl: Mit Schafen das Glück gefunden

Der Hof hat Tradition: Bis ins 17. Jahrhundert läßt sich seine Geschichte nachvollziehen, und genauso lange ist er in Familienbesitz. Die Vorfahren der Figls sind in der Zeit der Türkenbelagerung aus Schwaben zugewandert, in die entvölkerten Gebiete des Tullner Beckens, nicht weit entfernt von Wien.
Heute zählen sie zu jenen Schafkäse-Betrieben, die mit Fug und Recht von sich behaupten können: Wir haben unseren Weg gemacht.
Dabei war der Hof der Figls lange Zeit ein recht durchschnittlicher Betrieb. Nach dem Zweiten Weltkrieg hat man sich beispielsweise so wie viele andere dem Braunvieh gewidmet und voll auf Kuhmilch gesetzt, dann - irgendwann Mitte der Sechzigerjahre - hat der Gemüsebau überhandgenommen. Im Tullnerfeld - wo auch heute noch Gemüse und Blumen zum wichtigsten landwirtschaftlichen Wirtschaftszweig gehören - keine ungewöhnliche Entscheidung.

Die Zäsur kam 1987, denn da beschlossen Rudolf und Barabra Figl, in die Schafzucht einzusteigen. Deren Sohn Rudolf, heute Lehrer auf einer Landwirtschaftsschule, kommentiert das so: "Natürlich könnten wir sagen: Schafe sind so liebe Tiere, darum haben wir uns für die Schafzucht entschieden. Aber in Wirklichkeit waren ökonomische Gründe ausschlaggebend. Wir wollten in einem Bereich tätig sein, wo es keine Regulierungen gibt, sondern freier Markt herrscht." Diesen Markt haben sich die Figls in der Tat rasch erobert. Ihre Schafjoghurt und ihr Schafkäse zählt in Wien und Umgebung zur beliebten Feinschmeckerware. Rudolf Figl jun.: "Aber wir müssen uns im klaren sein, daß in Zukunft keine großen Umsatzzuwächse zu erwarten sind. Es treten immer mehr Mitbewerber am Markt auf, und man muß sehr kreativ sein, um mit neuen interessanten Produkten seine Position behaupten zu können."

So wird aus der Milch von 320 eigenen Schafen und aus zugekaufter Milch von Bauern des Pielachtals eine sich immer wieder leicht verändernde Palette von Schafmilchprodukten hergestellt. Zum Beispiel eine "Schafmilchjoghurt in der Glasflasche" - natur, mit Erdbeeren oder mit Früchtemüsli. Sehr beliebt ist auch der "Frische Schafkäse natur in seiner Molke", eine klassische Frischkäserolle aus 100 % Schafmilch, hergestellt ohne Bruchbearbeitung.

Bei den anderen Käsen wird der Bruch bearbeitet: Der "Pfefferkräuterkäse" hat einen cremigen Teig mit sanft-würziger Knoblaucheinlage. Die "Früchteroulade" ist ein finessereiches Produkt - mit Heidelbeeren und Hollunder -, während bei der "Kräuterroulade" und bei dem cremigen Streichkäse mit der Bezeichnung "Frischer Schafkäse mit Kräutern", wie schon der Name sagt, die Kräutermischungen den Ton angeben.

Alle Produkte - hergestellt aus pasteurisierter Milch - sind von der Deutschen Landwirtschafts-Gesellschaft (DLG) vielfach prämiert worden. Diese Ehren sind auch dem "Tullner Donauprinz" zuteil geworden - ein Schnittkäse aus Schafmilch mit 45 % F.i.T. Der "Donauprinz" wird nach Schweizer Tilsiter-Art mit Bruchlochung hergestellt und hat einen nussigen, aromatischen Geschmack. "Die Laibe sind drei bis vier Kilogramm schwer. Der Verkauf beginnt nach zweimonatiger Reife, ideal ist eine Reife von drei bis vier Monaten, aber wir haben ihn auch schon ein Jahr reifen lassen."

Die Prämierungen sind so zahlreich ausgefallen, daß die Familie schon den Überblick verloren hat. Aber sicher ist eines: Die Hofkäserei ist der von der Deutschen Landwirtschafts-Gesellschaft (DLG) am meisten prämierte bäuerliche Betrieb Österreichs.

Auch für die Zukunft sind bereits die Weichen gestellt. In den nächsten Jahren wird Gerhard Figl den Hof übernehmen. Sein Bruder Rudolf bleibt im Lehrberuf, wird aber auch weiterhin der Familie mit Rat und Tat zur Seite stehen. Schon jetzt benützt er regelmäßig die Ferien dazu, um am Bauernhof bei der Stall- und Feldarbeit mitzuhelfen. Somit wird auch weiterhin die Hofkäserei Figl ein klassischer Familienbetrieb bleiben, in der Qualität vor Quantität geht. (rs)

Hofkäserei Rudolf Figl, Rust im Tullnerfeld 41, A-3541 Michelhausen, Tel. 0 22 75/298, Fax 63 98. Ab-Hof-Verkauf täglich von 7-20 Uhr, auch am Wochenende. Eine tel. Anmeldung ist nicht erforderlich. Außerdem verkaufen die Figls ihre Produkte am Markt in St. Pölten (am Domplatz, DO Vormittag und SA Vormittag). Frischkäse und Joghurt gibt es in einigen BILLA-Filialen.

Sarasdorf

Der Ort liegt in der Nähe von Bruck an der Leitha und ist von Wien aus in 20 Minuten zu erreichen. Man fährt an über die Flughafenautobahn, nimmt die Abfahrt Schwechat, dann die Bundesstraße 10, von wo rechts eine Straße Richtung Sarasdorf abzweigt.

Franz und Elisabeth Trapl:
Vom Radiohändler zum Käsemacher

"Mein Mann trinkt gerne Milch, und so haben wir uns Ziegen angeschafft", erzählt uns Elisabeth Trapl in ihrer offenen und freundlichen Art. Doch was ursprünglich nur für den Eigenbedarf gedacht war, wurde allmählich zu einem Nebenerwerb. "Ein Bekannter von uns hat einen Heurigen, dort ging der Käse weg wie die warmen Semmeln." Und je populärer ihr Käse wurde, desto öfter stellten sich die Trapls die Frage, ob sie nicht den Nebenerwerb zum Hauptberuf machen sollten.
Diesen radikalen Schritt vollzogen sie im Laufe der Jahre 1992 und 1993. Sie stockten ihre Ziegenherde auf über 50 Tiere auf, bauten sich eine modern ausgerüstete Käserei und verpachteten ihr Radio- und Fernsehgeschäft an Angestellte.
Somit stand einer erfolgreichen Karriere als Ziegenbauern nichts mehr im Wege. Sie verkaufen mit großem Erfolg Frischmilch, Kefir, Joghurt, Molke-Orange, Molke-Natur und Butter, ferner Frischkäseröllchen mit Pfeffer oder Kräutern, Sarasdorfer Weichkäselaibchen in Öl mit Kräutern oder mit Knoblauch, einen halbfesten Schnittkäse mit grünen Pfef-

ferkörnern oder natur, einen Frischkäse in Weinblättern und Kräuterbällchen.

In Zukunft wollen die Trapls auch Kuhmilch-Käse erzeugen. Sie haben
sich bereits einige Jersey-Kühe angeschafft, deren Milch wegen ihres
hohen Fettgehalts für die Käseerzeugung als besonders geeignet gilt.

Franz und Elisabeth Trapl, A-2454 Sarasdorf, Weingärteng. 2, Tel.
0 21 69/24 30. Die Käse werden hauptsächlich an die Spitzengastro-
nomie verkauft (z. B. an den Taubenkobel in Schützen am Gebirge). In
Kürze will man sich auch um den Wiener Markt kümmern. Ab-Hof-
Verkauf täglich 8-9 Uhr oder gegen tel. Anmeldung. Im betriebseigenen
Heurigenkeller finden Wein- und Käseverkostungen statt.

Schwarzau im Gebirge

Der Ort liegt zwischen Rax und Schneeberg, im Ursprungsgebiet der
1. Wiener Hochquellwasserleitung. Anfahrt über die Südautobahn A 2,
Abfahrt Wöllersdorf, dann nimmt man die B 21 (Gutensteiner Bundesstraße), passiert Pernitz, kurz nach Gutenstein zweigt man nach links auf
eine Landstraße ab, durchfährt das Piesting- und das Klostertal und
biegt dann nach rechts Richtung Schwarzau ab. Nach dem Ortsende
zeigt eine nach links weisende Tafel mit der Aufschrift "BIOHOF-
Schafkäse" den Weg zur Familie Waltraud und Peter Niel an.

Wanderungen und Besichtigungen: Vom "BIOHOF" Waltraud und
Peter Niel ist es eine Viertelstunde zum "Schneebergbankerl" - so seltsam dieser Begriff auch klingen mag, man hat hier einen schönen Ausblick auf den Schneeberg. Ausgedehnte Wanderungen bietet der Natur-
park Schwarzau. Etwas südlich, in einem Seitental des berühmten Höl-
lentals, liegt Naßwald. Hier gibt es die Hubmer-Gedächtnisstätte, eine
historisch originalgetreue Holzfällerhütte mit zahlreichen forst-
wirtschaftlichen Werkzeugen (geöffnet von 1. Mai bis 31. Okt. SA 13-
17 Uhr und SO 9-17 Uhr, Anmeldung von Gruppen für Führungen und
Sterz-Essen, auch wochentags, unter Tel. 0 26 67/72 42). Die Brüder
Hubmer haben dieses Gebiet für die Forstwirtschaft nutzbar gemacht
und den Ort Naßwald gegründet. Georg Hubmer (1755-1833), genannt
der "Raxkönig", hat Kanäle gebaut, auf denen das Brennholz seinerzeit
im Schwemmverfahren bis nach Wien transportiert wurde. Durchfährt
man das Höllental, landet man schließlich in Reichenau an der Rax, wo
jeden Sommer das Kurtheater mit großem Erfolg bespielt wird. Nicht
weit entfernt, im Thalhof, lebte Olga Waissnix, die Gattin des Hotelbe-
sitzers und unerfüllte Liebe Arthur Schnitzlers. (Auskünfte über den

Spielplan des Kurtheaters und Kartenvorverkauf: Tel. 0 26 66/25 28). Eine besonders reizvolle Museumsbahn, die Höllentalbahn, führt von Payerbach-Reichenau nach Hirschwang (Auskünfte: Tel. 0 26 66/25 52.)

Gastronomie und Unterkünfte: Schwarzau ist ein Erholungsdorf mit einer gut ausgebauten Infrastruktur. Empfehlenswert sind das Gasthaus Erna und Hans Gruber (A-2662 Schwarzau, Graben 1, Tel. 0 26 67/202), das Gasthaus Herbert Strasser (Markt 1, Tel. 0 26 67/216) und das Gasthaus Falkenstein/Herma Geisler (Markt 12, Tel. 0 26 67/217). Zimmernachweis für die Region Semmering-Rax-Schneealpe: 0 26 66/ 28 65. In Reichenau an der Rax, und zwar in Edlach, befindet sich das beste Restaurant der Region, der Peterhof (Tel. 0 26 66/361 20). Empfehlenswert in Reichenau ist auch der Knappenhof im Alpen-Kurhotel (Kleinau 34, Tel. 0 26 66/36 33 oder 36 34).

Waltraud und Peter Niel/BIOHOF: Pioniere der bäuerlichen Schafkäse-Kultur

Peter Niel besuchte zunächst eine Höhere Technische Lehranstalt in Wien, um Impulstechnik und Datenverarbeitung zu studieren. Aber das Technische war für ihn zu leblos, er wollte zum Lebendigen. Von Zuhause ist er regelrecht ausgerissen, trampte als Hippie durch England, wo er Anfang der siebziger Jahre Jesus People kennenlernte.

"Ich war verwahrlost und orientierungslos, doch sie haben mir zu essen gegeben und in einem Gebet Jesus dafür gedankt, daß sie mich kennenlernen durften. Das hat mich völlig überrascht und zutiefst gerührt. Später habe ich Jesus mein Leben in die Hand gegeben und bin dadurch ein anderer Mensch geworden."

Waltraud Niel arbeitete früher einmal als Bürokaufmann, aber das Bauernsein lag ihr schon im Blut: Die Eltern hatten einen Bauernhof in der Nähe von Preßbaum, mußten ihn allerdings wegen des Autobahnbaus aufgeben und siedelten sich schließlich in der Nähe von Steyr an.

Zusammen haben sich die beiden - Waltraud und Peter Niel - inzwischen als Pioniere der bäuerlichen Schafkäsekultur in Österreich einen Namen gemacht. Peter Niel, Jahrgang 1952, und seine Frau Waltraud führen seit 1989 den BIOHOF am Rande von Schwarzau. Mit viel Eigeninitiative und Engagement: das Gebäude mußten sie von Grund auf renovieren, alles war ziemlich verfallen.

Ihre Erfahrungen mit Schafkäse reichen weit zurück. Nach Besuch der Landwirtschaftsschule praktizierte Peter Niel bei einigen Bauern und war Mitte der siebziger Jahre einer der ersten, der in Österreich Schafkäse produzierte. Diese lange Erfahrung ist spürbar, wenn man den Käsebauern in Schwarzau aufsucht. Der Käsereiraum und die drei kleinen Reiferäume sind professionell angelegt, und kaum wo gibt es Schafkäse in so vielen Variationen. Rund 50 Ostfriesische Milchschafe weiden den größten Teil des Jahres auf den saftigen Wiesen des Anwesens, nur im Winter kommen sie in den Stall. Aus ihrer Rohmilch werden eine ganze Reihe von Schafkäse-Spezialitäten hergestellt.

Der "Weiche Schwarzauer Frischkäse" ist ein klassischer Vertreter seines Genres. Er ist in der Konsistenz hervorragend, wabbelig wie Pudding, im Geschmack gibt es ihn in drei Varianten: natur, leicht gesalzen oder mit Kräutern. Er wird direkt aus dem Käsekessel in kleine Formen geschöpft und ist nach einigen Tagen verkaufsfähig. Uns gefielen die überaus nuancierten Aromen des "Frischkäses natur", seine Milde und sein Schmelz waren ganz hervorragend. Servieren Sie ihn ohne Öl, allenfalls mit etwas Schnittlauch.

Der "Feste Schwarzauer Frischkäse" ist ein Käse mit Bruchbearbeitung, er weist einige kleinere Gärlöcher auf. Obwohl leicht gesalzen, zeigt er im Geschmack ein zartes Mandelaroma. Den "Festen Schwarzauer Frischkäse" bringt die Familie Niel in Laibform oder in Backsteinform in den Verkauf. Mit etwas Olivenöl und Basilikum mundet er vorzüglich.

Der "Gereifte Schwarzauer" wird auf ähnliche Weise mit Bruchbearbeitung hergestellt, doch reift er zwei Monate in einem mit Kräutern angereicherten Ölbad. Er kommt in Laibform auf den Markt. Genießen Sie ihn pur, oder servieren Sie ihn auf Salat.

Der "Schafkäse in Kräuteröl" ist - wie der Name schon andeutet - ein zu Kugeln geformter und in Öl und Kräutern eingelegter Schafkäse. Die einfache Variante - direkt aufs Brot!

Doch damit ist die Palette noch nicht komplett. Sie wird abgerundet durch einen "Schafcamembert" - nach acht Tagen Reife bei 14 bis 16 Grad Celsius ist er verkaufsfähig und nach weiteren drei bis vier Wochen vollreif - und einen "Blauschimmelkäse aus Schafmilch", rund fünf Wochen gereift - die hohe Kunst der Käserei.

Es gibt auch Schafjoghurt, nur Schafbutter steht nicht am Programm, weil die Nachfrage zu gering ist. Nicht vergessen dürfen wir den Ziegenkäse, hergestellt in kleinen Mengen - es gibt vier Ziegen.

Peter und Waltraud Niel, A-2662 Schwarzau im Gebirge, Tel. 0 26 67/567. Ab-Hof-Verkauf nach tel. Vereinbarung, Postversand auch an Privatkunden. Im Winter gibt es nur geringe Mengen Käse, rund um

Weihnachten ist die Frischkäse-Produktion für kurze Zeit stillgelegt. Am Hof kann man auch Schafwolle und Schaffelle kaufen. In Wien sind die Käse in folgenden Naturkostläden erhältlich: Biodrop, A-1230 Wien, Fröhlichg. 42, Tel. 0 222/86 71 21, Fontanella, A-1040 Wien, Mayerhofg. 8, Tel. 0222/505 47 25, Bio Greissler, A-1170 Wien, Wurlitzerg. 73, Tel. 0222/45 58 25 und Naturkost Spittelberg, A-1070 Spittelbergg. 24, Tel. 0222/93 61 92.

Seefeld-Großkadolz

Die Doppelgemeinde liegt nördlich von Mailberg, knapp an der Grenze zu Tschechien. Anfahrt über die B 2 (Znaimer Bundesstraße) Richtung Znaim, bei Haugsdorf biegt man nach rechts Richtung Laa an der Thaya ab, später bei Obritz Richtung Seefeld-Großkadolz. Der Bauernhof von Daniel St. George liegt in Seefeld.

Wanderungen und Besichtigungen: In der Pfarrkirche von Seefeld steht eine der ältesten Orgeln Österreichs. Sie ist nach einer Restaurierung ab 1994 wieder zu besichtigen. Außerdem ist in der Pfarrkirche der letzte Kuenringer begraben. Fünf Kilometer südlich in Mailberg kann ein Schloß besichtigt werden, das seit 800 Jahren dem Malteser Ritterorden gehört. Eine Ausstellung informiert über die Geschichte des Ordens.

Gastronomie und Unterkünfte: Es lohnt die Fahrt ins rund 20 Kilometer westlich gelegene Retz, wo mit dem Tourismuszentrum Althof seit 1992 ein umfangreiches und attraktives Angebot besteht: das Drei-Sterne-Hotel Gutshof, das Vier-Sterne-Hotel Burghof, das Restaurant Althof und das Vinarium mit Vinothek, Heurigenlokal im Gutshofkeller und Weingartl (Althofgasse 14, Tel. 0 29 42/37 11/0, Fax DW 55). In den Veranstaltungsräumen werden interessante Weinseminare abgehalten.

Daniel St. George: Frischer Ziegenkäse nach französischer Tradition

Wie könnte man sich einen typischen französischen Ziegenkäsemacher vorstellen? Nun, urwüchsig sollte er aussehen, mit dichtem, schwarzem Haar, das weit in die Stirn hineinreicht und sich geschmeidig über die Ohren legt. Auch einen kräftigen, dunklen Bart kann er haben, mit weißgrauen Sprenkeln, als Zeichen der Reife und Weisheit. Nein, dünn und schlacksig sollte er nicht sein: Wer es liebt, zu genießen, macht sich um seine Figur keine großen Sorgen. Und wenn er deutsch spricht, sollte in seiner Aussprache ein französischer Akzent durchklingen. Oui, Sie haben ihn erkannt? Natürlich handelt es sich um den aus der Bretagne stammenden Daniel St. George, einen der besten bäuerlichen Ziegenkäse-Produzenten Österreichs. Weit im Norden Niederösterreichs, knapp an der Grenze zu Tschechien, hat sich Daniel St. George niedergelassen - in einer Landschaft, wo der Weinbau dominiert und das Verständnis für das Käsemachen fehlt.

Daß er hier ein Fremder geblieben ist, kann nicht seine Schuld sein, wiewohl wir uns wünschen, daß eines Tages die feindliche Umwelt sein kulinarisches Know-how schätzen lernt und der französische Ziegenkäsemacher in diesem Grenzland doch noch heimisch wird.

Denn Daniel St. George weiß Bescheid, was gut schmeckt und wie man exzellente Grundmaterialien für die feine Küche herstellt. Er züchtet Bresse-Hühner und Gänse, und macht hervorragende Ziegenfrischkäse - wobei ihm von vielen eine geniale Veranlagung nachgesagt wird.

Ursprünglich produzierte er Käse nur für den Eigenbedarf. "Zu Hause in Frankreich hatten wir oft Gäste, und es wurde groß aufgekocht. Das Publikum war bunt gemischt: ein Arzt, ein Hufschmied, ein Apotheker, ein Schlosser ... Wir haben köstliche Speisen gegessen und alte Weine getrunken. Auch wenn es nicht so nobel zuging wie beim Gerer im Korso."

Als es Daniel St. George, ein Jahrgang 1947, nach Österreich verschlagen hatte, gingen ihm die guten französischen Ziegenkäse ab. Deshalb kaufte er sich einige Muttertiere und stieg in die Käseproduktion ein. Heute verarbeitet er die Milch von nicht weniger als 200 Ziegen, und aus dem Hobby ist schon längst ein Beruf geworden. Daß der französische Käse-Experte außerdem noch Lehrbeauftragter am Dolmetschinstitut der Universität Wien ist, paßt ihm ganz gut ins Konzept. Wenn er zweimal in der Woche nach Wien zu seinen Vorlesungen fährt, liefert er manchmal auch gleich Käse an seine Kunden. Der Rest wird von Harald Karner in Perchtoldsdorf vertrieben - denn nach Seefeld/Großkadolz verirren sich nur selten Käsefreaks aus der Großstadt.

Feinen Ziegenfrischkäse gibt es bei Daniel St. George in verschiedenen Varianten: in den Formen von Torten, Rollen, Gupfen und Kugeln; ungereift, halbgereift (drei Wochen) und vollgereift (sechs Wochen); völlig naturbelassen oder mit Kräutern und Knoblauch zart gewürzt und vieles mehr. Beliebt sind die bunten Ziegenkugeln - die roten sind mit Paprika bestreut, die schwarzen mit Pfeffer, die grünen mit Schnittlauch. Und natürlich werden Ziegenkugeln auch in Öl eingelegt. Nicht zuletzt sei noch an seinen cendré erinnert, den er nur auf Bestellung anfertigt: ein mit Asche - genauer gesagt mit geriebener Holzkohle - bestreuter Käse.

Karner vertreibt von Daniel St. George einen pikanten Frischkäse unter der Bezeichnung Ziegentorte. Der leicht gesalzene Käse hat ein zartes Knoblaucharoma und ist mit Kräutern der Provence bestreut. Völlig naturbelassen und ungesalzen ist hingegen die cremige, beinahe streichfähige "Ziegenstange". Im Grunde handelt es sich um einen Sainte-Maure, wie er in der Touraine große Tradition besitzt, nur der Strohhalm in der Achse des zylinderförmigen Käses fehlt. Daniel St. George: "Der Strohhalm ist nur bei längeren Rollen notwendig, damit der recht weiche und geschmeidige Käse nicht bricht. Bei kürzeren Rollen, wie ich sie bevorzuge, brauche ich das nicht." (rs)

Daniel St. George, A-2062 Seefeld-Großkadolz, Seefeld 63, Tel. 0 29 43/23 90. Die Käse werden von Harald Karner vertrieben.

Seyfrieds

Der Ort liegt nördlich von Zwettl. Anfahrt über die B 36 (Zwettler Bundesstraße), man passiert Vitis und biegt einige Kilometer später in eine kleine Straße links ab.

Wanderungen und Besichtigungen: Wanderer und Radfahrer kommen hier auf ihre Rechnung. Kunstbeflissenen ist ein Besuch des nicht weit entfernten Stifts Zwettl zu empfehlen. In Pürbach bei Schrems bietet die "Waldviertler Initiative für Kultur" von Juni bis Oktober Hoffestspiele (Programminformation: Tel. 0 28 53/84 69).

Werner Klika: Der Allroundler als Selbstvermarkter

Wenn Sie einen biologischen Landwirtschaftsbetrieb in seiner urwüchsigen Form und mit einer breiten Angebotspalette kennenlernen wollen, dann kommt Ihnen der Ziegenhof Seyfrieds sicher gerade recht. Rund 70 Ziegen laufen gemeinsam mit einem Haflinger und einem Schaf auf dem Gelände frei umher, nur die Nächte verbringen sie in den Stallungen. Die Hasen freuen sich auf Streicheleinheiten der Kinder, inzwischen stärken sich die Eltern bei einer Brettljause - entweder im Innenhof oder in einem ehemaligen Schweinestall, der in einen rustikalen Aufenthaltsraum umgebaut worden ist. Zur Erfrischung gibt es für Groß und Klein Ziegenmilch, Ziegenjoghurt und ein Milchfruchtgetränk. Wer nach Bier oder Wein Ausschau hält, wird auch nicht enttäuscht.

Käsemacher in Niederösterreich

Werner Klika und Maria Greilinger bieten Ziegenfrischkäse in verschiedenen Variationen an: entweder weich und gewürzt oder gepreßt und naturbelassen. Den weichen Käse gibt es auch als Kräuterbällchen in Öl eingelegt, der gepreßte wird würfelig geschnitten und kommt dann zur Konservierung und Verfeinerung in kalt gepreßtes Olivenöl, Kürbiskernöl oder Distelöl. Ein Ziegenliptauer rundet das Angebot ab.

Klika, ein Jahrgang 1950, führt seit Ende der achtziger Jahre den "Ziegenhof Seyfrieds" gemeinsam mit seiner Lebensgefährtin Maria Greilinger. Doch seine Erfahrung im Käsemachen geht weiter zurück. Auch am nahegelegenen Hof seiner Ex-Frau wurde eifrig gekäst.

Der bärtige Bauer, der aus Überzeugung auf die organisch-biologische Landwirtschaft setzt, ist ein Allroundler. Zu den Brettljausen gibt es auch noch Hausgeselchtes vom Ungarischen Wollschwein, dazu selbstgebackenes Bauernbrot. Nur bei der Ziegenwurst hilft ein befreundeter Metzger mit. Sie ist nur im Herbst erhältlich.

"Ich will nicht eingleisig fahren", sagt Klika, wenn er auf die große Bandbreite seines Angebots angesprochen wird. "Dafür verkaufe ich auch 80 Prozent der Produkte direkt ab Hof." Seine Käseteller und Brettljausen erfreuen sich inzwischen nicht nur bei den Wochenendausflüglern, sondern auch bei den Einheimischen einer großen Beliebtheit. "Die anfänglichen Vorbehalte gegenüber Ziegenkäse sind längst abgebaut."

Der Arbeitstag beginnt bei Werner Klika und Maria Greilinger meist sehr früh und endet spät in der Nacht. "Das ist auch der Grund, warum ich bis jetzt noch keine gereiften Käse im Programm habe." Aber zukunftsorientiert wie Klinka nun einmal ist, hat er sich bereits in Kursen das nötige Fachwissen für die Produktion von Ziegencamembert erworben. Und sein Plan liegt klar auf der Hand: "Weil der Frischkäse so begehrt ist, hätte ich heute nicht genug Milch für die Produktion eines gereiften Käses. Aber eines Tages werde ich genug Ziegen haben, um auch damit beginnen zu können." (rs)

Werner Klika und Maria Greilinger, Ziegenhof Seyfrieds, A-3860 Seyfrieds 13, Tel. 0 28 62/537 35. Klika verkauft seine Produkte an jedem ersten SA im Monat am Bauernmarkt in Waidhofen. Am Ziegenhof Seyfrieds sind Gäste in der Hauptsaison (Mai bis September) von 8-20 Uhr täglich willkommen, in den anderen Monaten, wo es Frischkäse gibt (März, April, Oktober und November) empfiehlt sich eine tel. Vereinbarung. In Wien sind die Produkte des Ziegenhofs Seyfrieds in einigen Reformhäusern und Bioläden erhältlich, z. B. in der Reform-Drogerie Josefine Maran, A-1190 Wien, Sonnbergpl. 3, Tel. 0222/361 00 54, bei Käsespezialitäten Irene Pöhl, A-1180 Wien, Kutschkerg.

31B, Tel. 0222/402 98 74 und bei Feinkost Heinrich Höller A-1070 Wien, Burgg. 6-8, Tel. 0222/932 01 02.

St. Georgen/Reith

Anfahrt über Westautobahn A 1, Abfahrt Ybbs, dann die B 25 (Erlauftal Bundesstraße) über Wieselburg, Scheibbs, Gaming, Lunz am See, bei Göstling nimmt man die Abzweigung nach St. Georgen a. Reith. Eine andere Anfahrt führt über Waidhofen a. d. Ybbs, dann über Gstadt und Opponitz nach St. Georgen a. Reith. Königsbergau 25 liegt direkt an der Straße, in diesem Fall - wenn man von Westen kommt - rechter Hand, und zwar in der Nähe eines kleinen Teichs.

Franz Hager: Moosauer Käse - ein Rohmilch-Tilsiter der Extraklasse

Der junge Biobauer Franz Hager hat "alles gelesen und viel probiert", seit 1991 macht er Käse auch im größeren Stil. Und zwar einen Rohmilchkäse nach Tilsiter Art, "obwohl alle gesagt haben, das geht nicht." Die Milch von 17 Kühen wird in einer kleinen, aber hochmodernen Käserei verarbeitet, im Keller des Bauernhauses hat sich ein kühles und feuchtes Plätzchen gefunden, das für die Reifung des Käses - nach einer Abtrennung durch eine Holztüre - bestens geeignet ist.

Franz Hager, so nebenbei ist er auch noch stellvertretender Obmann der Molkereigenossenschaft Ybbstal, läßt seinen Rohmilchkäse im dortigen Labor regelmäßig überprüfen, und er ist stolz darauf, daß er mit diesem Produkt so ausgezeichnete Testergebnisse - sprich: niedrige Keimzahlen - erzielt.

Der Käse heißt Moosauer (benannt nach dem Hofnamen Obermoosau) und ist auch geschmacklich ein Volltreffer: säuerlich-würzig, mit einer zarten pikanten Note. Es gibt ihn in verschiedenen Varianten: in Laibform, dann ist er drei bis vier Wochen gereift und der Teig enthält Kümmel, Schnittlauch oder Knoblauch. Der stangenförmige Käse ist ungewürzt, er liegt sieben bis acht Wochen im Reiferaum. Wenn nicht schon vorher ungeduldige Kunden kommen und die letzten Vorräte aufkaufen. Franz Hager: "Viele kaufen auch gleich für ihre Bekannten und Verwandten, da kommt man rasch in die Verlegenheit, daß der gereifte Moosauer ausverkauft ist." (rs)

Franz Hager, A-3344 St. Georgen/Reith, Königsbergau 25, Tel. 0 74 84/82 78. Der Käse wird praktisch nur ab-Hof verkauft, es empfiehlt sich eine telefonische Anmeldung.

St. Peter/Au

Der Ort liegt in der Nähe der Stadt Haag. Man nimmt von der Westautobahn A 1 kommend die Abfahrt Haag. Vom Bahnhof Haag weiter Richtung St. Johann, links durch die Bahnunterführung, dann weiter rechts die asphaltierte Straße. Man passiert einige Bauernhöfe und biegt dann links in eine ebenfalls asphaltierte Straße ab, die nicht beschildert ist. Ein Hinweis ist der an der Straßenecke gelegene Bauernhof: Er lädt auf einer Tafel zum Kauf von Frischeiern ein, und die abzweigende Straße trennt den Bauernhof von zwei großen und markanten Silos. Später nimmt man dann den Güterweg Haghof um zur Hofkäserei Halbmayr zu gelangen.

Wanderungen und Besichtigungen: Der Tierpark Haag ist ganzjährig geöffnet (Salaberg, Tel. 0 74 34/424 23-21). Entlang der Moststraße kann man wunderschöne Wanderungen machen, besonders im Frühling, zur Zeit der Apfel- und Birnenblüte.

Gastronomie und Unterkünfte: Das Landgasthaus Kirchmayr in Weistrach glänzt mit einer verfeinerten bodenständigen Küche. Im Sommer kann man im schattigen Garten sitzen. Auf der in einen alten Bilderrahmen gefaßten Käsekarte - das Holz ist von Würmern eindrucksvoll und malerisch durchbohr worden, findet man die Produkte der Hofkäserei Halbmayr und das Spitzensortiment aus den großen österreichischen Käsereien. Die Weinkarte wird vom Bruder des Hausherrn bestritten, berühmt sind der halbtrockene Birnensekt, der trockene Apfelsekt, der Riesling-Sekt und der Abtei-Sekt. Kurt Kirchmayr, der stets freundliche Gastwirt, ist ein Spezialist für Moste. Wer sich für diese urtümlichen Weine aus Birnen- oder Apfelsaft interessiert, bekommt hier Empfehlungen für eine "Most-Tour": Von Bauer zu Bauer kann man sich durchkosten und bei einer Brettljause auch den Hunger stillen. Ein renommiertes Hauben-Restaurant in der Stadt Haag ist das exquisite Lokal von Franz Schafelner (Tel. 0 74 34/424 11 MO und DI geschlossen). Im gleichen Ort ist auch das Gasthaus Mitter zu empfehlen (Tel. 0 74 34/24 26).

Ernst und Andrea Halbmayr: Bio-Käse-Vielfalt vom Haghof

Der Unter-Haghof ist seit 1640 in Familienbesitz, eine Ahnentafel im Inneren des Bauernhofes veranschaulicht die große Tradition dieses Hofes. Geht man in den Käsereiraum, dann sieht man die andere Seite des

Käsemacher in Niederösterreich

Haghofes: modernste Technolgogie, blitzender Stahl, alles sauber ver-fliest - hier wurde viel Geld investiert, sozusagen ein neuer Wirtschafts-zweig eröffnet. Ernst Halbmayr und seine Frau Andrea sind eine Triebfeder für diese Innovation. Und sie haben in der Tat viel geleistet: während andere Bauern eine Frischkäseproduktion aufziehen, und damit hat sich's, hat man sich bei den Halbmayrs einer großen Käsepalette verschrieben. Es werden auch jene Sorten in Angriff genommen, von denen man sagt, daß sie eher heikel in der Erzeugung seien - und siehe da, es geht. Gekäst wird durchwegs aus unpasteurisierter Rohmilch von den zwanzig Kühen des Haghofes, die nach den Regeln von "Erde und Saat" gehalten werden. Folglich dürfen sich die Käse auch "biologoisch kontrolliert" nennen.

Der "Bauern-Brie" ist ein feiner Weißschimmelkäse in Tortenform, per-fekt gekäst und mit einem guten Reifepotential. Er hat mindestens 45 % F.i.T.

In der gleichen Fettstufe gibt es drei andere Varianten dieses Käses: ei-nen "Kräuter-Brie" mit Knoblauch und Kräutern, einen "Pfeffer-Brie" mit grünen Pfefferkörnern und Knoblauch sowie einen "Nuß-Brie".

Der "Weichkäse mit Blau- und Weißschimmel" ist ein klassischer Dop-pelschimmelkäse, außen an der Oberfläche mit weißem Schimmel und innen im Teig mit blauem. Vorbild war der deutsche Käse Cambozola, und so hat er auch ursprünglich geheißen, bis den Halbmayrs klar wurde, daß dieser Name geschützt ist. Auch dieser Käse hat mindestens 45 % F.i.T.

Aber damit ist die Käsepalette des Bio-Hofes noch lange nicht ausge-schöpft. Denn auch mit Rotschmiere-Kulturen versteht der junge Käser perfekt umzugehen. Es gibt einen "Weichkäse mit Rotschmiere" nach Münster-Art, ebenfalls mit mindestens 45 % F.i.T., außerdem in glei-cher Fettstufe einen "Münster-Blue", also einen mit Rotschmiere behandelten Weichkäse mit Blauschimmel im Teig.

Vermarktet werden die Käse gemeinsam mit vier anderen Mitgliedern von "Erde und Saat": Johann Bachleitner in Weistrach hat sich auf Jo-ghurt spezialisiert, Hugo Leichtfried in Gaflenz auf Wurst und Dam-wildfleisch, Gertraud und Josef Schweitzer in Weistrach auf Frucht- und Gemüsesäfte und Josef Mitterhuber in Haidershofen auf Fleisch- und Wurstwaren. Beliefert werden Bioläden in Steyr und Waidhofen an der Ybbs, seit Herbst 1993 mit einem gemeinsamen Kühlwagen auch Ge-schäfte in Wien. (rs)

Hofkäserei Halbmayr/Haghof, A-3352 St. Peter/Au, St. Johann 25, Tel. und Fax 0 74 34/42 2 47. Die Käse gibt es in den Geschäften "Lebensqualität vom Bauernhof", z. B. in A-3340 Waidhofen an der Ybbs, Fußgängerzone, Ölberggasse 6, Tel. 0 74 42/48 94 und A-4400 Steyr, Haratzmüllerstr. 16, Tel. 0 72 52/498 53. Außerdem führt auch Fredis Käslädele die Produkte.

Tribuswinkel bei Baden

Man fährt die Südautobahn A 2, nimmt die Abfahrt Baden und biegt bei der Ampel rechts ab zur Schafflerhofsiedlung.

Preissl & Neuburger: Honig und Käse

Horst Preissl und sein Neffe Johannes Neuburger haben sich auf zwei Spezialitäten konzentriert, die sie selbst - und andere Familienmitglieder - auf zahlreichen Märkten in und rund um Wien vermarkten: Honig und Käse.

Ziegen haben sie sich ursprünglich "nur für den Hausgebrauch" angeschafft, wie Horst Preissl erzählt. Und zwar von der Rasse Deutsche Edelziege bunt und Deutsche Edelziege weiß. Dann machten sie im kleinen Stil Käse, und loteten aus, ob er sich verkaufen läßt. Das Ergebnis war überwältigend, und so wurden mehr Ziegen angeschafft - die Zuchtqualität wurde mit künstlicher Besamung perfektioniert -, sodaß es jetzt 42 melkende und 30 junge Tiere sind.

Es gibt einen gepreßten Frischkäse in halbfester Konsistenz, die kleinen Laibchen kommen drei bis vier Tage nach Herstellung in den Verkauf. Diesen Käse gibt es in folgenden Varianten:

⇨ mit Berlauch und Knoblauch
⇨ mit Wildkräutern, wie Löwenzahn und Schafgarbe.

Außerdem erzeugen Preissl & Neuberger einen rollenförmigen Ziegenkäse nach französischem Vorbild. Diesen Käse gibt es

⇨ mit Pistazien und grünem Pfeffer,
⇨ mit Haselnuß
⇨ mit Dillspitzen und
⇨ mit Kräutern der Provence.

So wie John Lennon & Paul Mc Cartney für alle Songs der Beatles gemeinsam als Urheber in Erscheinung traten, halten es auch Preissl & Neuburger. Doch hier sei verraten, wer wo die erste Geige spielt: Preissl kümmert sich primär um die 800 Bienenvölker und die Metkellerei, Neuburger ist der engagierte Käsereimeister. (rs)

Ziegenkäse nach französischer Art

Preissl & Neuburger, A-2512 Tribuswinkel, Hörmgasse 42 (Schafflerhofsiedlung) Tel. 0 22 52/857 22. Alle Erzeugnisse werden selbst vermarktet. Ab-Hof-Verkauf: MO Nachmittag, tel. Anmeldung empfehlenswert. Jeden SA Vormittag trifft man Preissl oder Neuburger am Wiener Naschmarkt, vom Flohmarkt stadteinwärts den Hauptgang, und zwar rechter Hand. (Sie sind wohl die einzigen die Honig und Käse anbieten und schon daran zu erkennen.) Weiters haben sie regelmäßig Stände auf folgenden Märkten: Bauernmarkt in Baden, Liesinger Bauernmarkt, Karmeliter Markt in Wien, Vorgarten Markt in Wien (jeweils FR oder SA).

Tulln

Nach Tulln fährt man am besten von Wien aus über den Riederberg, über die B 1 (Wiener Bundesstraße). Das Käsewerk Tulln liegt direkt beim Bahnhof Tulln Stadt. (Hinweise unter: Rust im Tullnerfeld.)

Käsewerk Tulln: Wo Quargel nicht gleich davonlaufen

Wer kennt sie nicht, die deftigen Jausenkäse mit dem unfeinen Geruch - obwohl gerade dieser viele Käse-Freunde in Verzückung versetzt? Quargel sind jedenfalls ein nicht mehr wegzudenkender Bestandteil der Käselandschaft im Osten Österreichs, da mögen noch so oft die noblen Damen ihre Nasen rümpfen. Quargel sind eine Ideologie, und wer damit nichts zu tun haben will, der ist eben selber schuld.

Daß sie aus der früheren Tschechoslowakei stammen, genauer gesagt aus Olmütz, werden nur noch monarchiebewußte Quargelfreunde wissen, denn es ist schon recht lange her, daß die Österreicher den Olmützer Quargeln den Rücken kehrten und ihre eigenen Quargel aufs Brot zu streichen begannen.

Es war in der Zwischenkriegszeit, daß in Tulln der "Verband niederösterreichischer landwirtschaftlicher Molkereigenossenschaften" gegründet wurde, der auch selbst in die Käseproduktion einstieg.

Tullner Handkäse

Damals ist es hauptsächlich darum gegangen, die von der Butterproduktion übrigbleibende Magermilch als Rohstoff sinnvoll weiterzuverwerten. Nicht zuletzt war es auch das Bestreben, einen beliebten ausländischen Käse im eigenen Land herzustellen, um die Außenhandelsbilanz zu verbessern.

Und so entstand in Tulln eine Käserei, die man "Quargelfabrik" nannte, war sie doch in einer aufgelassenen Jutefabrik untergebracht, die rasch adaptiert worden war. Feierlich eröffnet wurde die Quargelfabrik am 30. Dezember 1928, und der dort hergestellte Käse eroberte rasch den Wiener Markt, sodaß die Räumlichkeiten in kurzen Abständen zweimal vergrößert werden mußten.

Heute werden in Tulln im Jahr 1.000 Tonnen Quargel erzeugt, aus einem speziellen Magertopfen, der ohne Lab, nur mit Säuerungskulturen hergestellt wird. Das Geheimnis um den Rohstoff kennt der Werksleiter des Käsewerks, Michael Nährer: "Dieser Industrietopfen hat einen tieferen pH-Wert als der normaler Speisetopfen, außerdem muß er spezielle Hefen enthalten, die dann später den Milchzucker abbauen." Behandelt wird der Käse mit einer Rotkultur, ähnlich wie Schloßkäse und Romadur.

Nach zwei Wochen Reifung werden je drei Scheibchen zu einer Rolle von 100 Gramm zusammengelegt, und je zwei Rollen in einer Verbrauchereinheit verpackt. Reifen können die Quargel noch bis zu einem Monat, und hier scheiden sich die Geister: Die einen haben Quargel dann am liebsten, wenn sie innen noch einen topfigen Kern haben, die anderen lieben sie zerfließend und besonders deftig. Nährer: "Quargel reifen am besten bei Kellerstiegentemperatur von 15 bis 16 Grad Celsius. Das ist ideal für die Rotkultur, da findet ein optimaler Eiweißabbau statt. Allgemein kann man sagen, daß Quargel unter diesen Bedingungen doppelt so schnell reifen wie im Kühlschrank." Wer seine Quargel auf der Kellerstiege reifen läßt, sollte allerdings die Mitbewohner vorwarnen.

Und was ist der Unterschied zwischen Quargel aus Olmütz und jenen aus Tulln? Nährer: "Die Olmützer haben tausend Füße, die laufen sehr schnell davon. Das ist der Urtyp, mit einer wilden Rotkultur. Wir gehen disziplinierter vor, bei uns werden die Kulturen jede Woche frisch aus einem Speziallabor angeliefert."

Doch trotz alledem tragen auch die in Tulln erzeugten Quargel die Bezeichnung "Olmützer Quargel". Nur die mit Kümmel gewürzten heißen "Tullner Handkäse", ist Paprika dabei, nennt man sie "Bauernkäserl". (rs)

Lactoprod, Käsewerk Tulln, A-3430 Tulln, Frauentorgasse 8. Tel. 0 22 72/26 65. Fax DW 13. Verkauf über den Detailhandel. Keine Betriebsbesichtigungen.

Urschendorf

Der Ort liegt westlich von Wiener Neustadt. Anfahrt über die Südautobahn A 2, Abfahrt Wiener Neustadt/West, dann die B 26 (Puchberger Bundesstraße) Richtung Puchberg am Schneeberg, über St. Egyden nach Urschendorf.

Wanderungen und Besichtigungen: Im benachbarten St. Egyden am Steinfeld ist eine wenig bekannte Sehenswürdigkeit die romanische dreischiffige Basilika. Wer sich Zeit nimmt, nach Wiener Neustadt zu fahren, wird über die Schätze dieses Ortes überrascht sein: Dom, Burg und Neukloster zeugen von der bedeutungsvollen Geschichte dieser Babenbergergründung, die im 15. Jahrhundert sogar Kaiserresidenz war.

Gastronomie und Unterkünfte: Das beste Restaurant im weiteren Umkreis ist das Brunnenstöckl (A-2620 Neunkirchen, Hauptpl. 12, Tel. 0 26 35/618 44). Es besticht mit seiner verfeinerten regionalen Küche. Ein empfehlenswertes Dorfgasthaus in der Nähe der Hohen Wand ist das Gasthaus Schmutzer (A-2722 Winzendorf, Hauptstr. 12, Tel. 0 26 38/22 37).

Ilse Aust: Vom Kleinversuch zum professionellen Schafkäse-Produzenten

Sie begann das Käsemachen in ganz kleinen Mengen in der Küche, weil sie einfach etwas Neues probieren wollte, und fand daran soviel Spaß, daß aus dem Hobby eine Profession wurde. Ilse Aust ging dabei jenen Weg, den viele bäuerliche Betriebe einschlagen: Schritt für Schritt vom Kleinversuch zum professionellen Käsemacher.

Mehr als 20 Schafe weiden zur Zeit auf den Wiesen rund um den Bauernhof in Urschendorf, und jedes Jahr werden es um ein oder zwei mehr. Wenn Ilse Aust anfänglich glaubte, die Küche wäre der ideale Ort für die Käseproduktion, so wurde sie rasch eines Besseren belehrt: Ein eigener Käsereiraum wurde gebaut. Nächster Schritt: ein Reiferaum. "Wenn man kontinuierlich optimale Qualitäten erreichen will, geht es nicht anders." Irgendwann möchte die engagierte Käserin auch in die Joghurt-Produktion einsteigen.

Im "Schafbauernhof Urschendorf" von Ilse und Rainer Aust gibt es einen "Schafkäs" aus 100 Prozent Schafrohmilch. Es handelt sich dabei um einen gupfförmigen Frischkäse mit mindestens 45 % F.i.T., abgefüllt in Plastikbechern, mit etwas Molke als Schutz gegen das Austrocknen. Im Geschmack zeigt er sich fein nuanciert und mild-aromatisch, die Konsistenz war bei unserer Verkostung ebenfalls perfekt.

Das zweite Produkt ist ein fester Schaffrischkäse mit Bruchbearbeitung, aber ohne Pressung. Der Käse wird außen mit Salz und Kräutern bestreut und dann nach wenigen Tagen Reifung in tortenförmigen Stücken verkauft.

Schließlich gibt es noch einen in Würfel geschnittenen Schaffrischkäse, der in Öl mit Kräutern eingelegt wird. (rs)

Ilse und Rainer Aust, A-2731 Urschendorf, Puchberger Str. 27, Tel. 0 26 38/73 77. Ab-Hof-Verkauf SA und SO ganztägig, MO bis FR nach tel. Vereinbarung. Der Käse wird zum größten Teil ab Hof verkauft, außerdem gibt es ihn auch in der Käsehütte in Baden und in einigen anderen Geschäften der Umgebung.

Waidhofen an der Ybbs

Anfahrt über die Westautobahn A 1, Abfahrt Amstetten-West, dann die B 121 (Weyerer Bundesstraße) bis Waidhofen an der Ybbs.

Wanderungen und Besichtigungen: Waidhofen hat zwei spätgotische Kirchen aus dem 15. Jahrhundert und Reste einer mittelalterlichen Stadtmauer. Am Stadtturm zeigt ein Ziffernblatt 11.45 Uhr, die Stunde des Sieges gegen die Türken im Jahr 1529). Nördlich von Waidhofen liegt die Sonntagbergkirche (erbaut von Jakob Prandtauer und Josef Muggenast, Deckenfresken von Daniel Gran) auf 712 Meter Seehöhe. Von hier hat man einen wunderbaren Ausblick auf jenen Teil des Alpenvorlandes, den man - wegen der einst bedeutsamen Eisenindustrie - die Eisenwurzen nennt.

Gastronomie und Unterkünfte: Das Türkenpfeiferl (Hoher Markt 23, Tel. 0 74 42/35 07) bietet eine leichte und verfeinerte bodenständige Küche von hoher Qualität. Zimmerinformation: Tel. 0 74 42/23 31.

Molkereigenossenschaft Ybbstal: Herrliche Käse aus der Milch glücklicher Kühe

"Vor 20 Jahren ist man ausgelacht worden, wenn man von biologischem Landbau gesprochen hat, doch in den letzten Jahren hat sich einiges geändert. Vor zirka fünf Jahren hat man in der Landwirtschaftskammer grünes Licht für den biologischen Landbau gegeben, seit einigen Jahren existiert ein eigenes Referat und seit einem Jahr sogar eine öffentliche Förderung." Wer so spricht, kann mit recht als ein Pionier der Bio-Käserei in Österreich angesehen werde: Dipl. Ing. Michael Ziervogl, Geschäftsführer der in Waidhofen an der Ybbs ansässigen Molkereigenossenschaft Ybbstal. Obwohl er sich selbst nicht so bezeichnen würde, sondern als Mentor den inzwischen verstorbenen Dipl. Ing Heinrich Brauner, Biobauer auf der Prolling vor nicht weniger als 30 Jahren (!), nennt.

Das Konzept ist so einfach und einleuchtend, daß man sich fragen muß, warum nicht andere schon früher auf diese Idee gekommen sind. Und mit den Worten von Michael Ziervogl hört sich das so an: "Wir wollen Vorurteile abbauen: Erstens dürfen die Genossenschaften nicht das Feindbild der Bio-Bauern sein. Zweitens müssen wir Bio-Produkte am Markt anbieten, die hygienisch in einem vorbildlichen Zustand sind. Drittens werden unsere Bio-Bauern genau überprüft, ob sie die vorgegebenen Regeln einhalten, damit niemand sagen kann: Das ist alles nur ein Schwindel."

Diese Versöhnung zwischen dem uralten Genossenschaftsgedanken und der neuen Grün-Ideologie ist im Ybbstal gelungen: Rund 280 Bauern, durchwegs Mitglieder der Bio-Organisation "Ernte für das Leben", beteiligen sich an dem Bio-Käse-Projekt und liefern im Jahr sieben Millionen Kilogramm Milch an - von glücklichen Kühen, die artgerecht gehalten werden: entweder grasen sie auf den Weiden, oder sie werden im Stall gehalten, aber bekommen in regelmäßigen Abständen Auslauf. Ziervogl: "Ein Büromensch, der nie frische Luft bekommt und sich nicht fortbewegt, fühlt sich ja auch nicht wohl. Gottseidank haben bei uns im Ybbstal die Bauern so große Weideflächen, daß es für sie rationeller ist, wenn sich die Kühe ihr Futter auf der Weide selbst holen." Und natürlich gilt auch das Credo: kein Kunstdünger, keine Spritzmittel, keine Hormone, keine Antibiotika.

Der Kuenringer

Abgeholt wird die Milch mit fünf Milchsammelwagen, die jeweils vier Kammern haben. Dadurch kann Normalmilch und Biomilch strikt getrennt werden, außerdem können kleine Teilmengen auf ihre Güte untersucht werden.

Anschließend wird die Milch zentrifugalentkeimt und thermisiert - das ist schonender als eine Pasteurisierung. "Aus Rohmilch einen Schnittkäse zu machen, wäre bei unseren Größenordnungen zu riskant. Denken sie nur daran, was passiert, wenn eine einzige von insgesamt 3.000 Kühen eine Euterkrankheit hat!"

Deshalb überläßt man die Erzeugung von Rohmilchkäse einzelnen Genossenschaftsmitgliedern, wie beispielsweise dem Obmannstellvertreter Franz Hager. Ziervogl: "Ein Bauer mit 20 Kühen kann ruhig Rohmilch-Schnittkäse machen. Außerdem kann er sich auf Spezialitäten in kleinen Mengen konzentrieren, die wir in einer Molkerei nicht zusammenbrächten, wie beispielsweise Käse mit Schnittlauch oder Kümmel im Teig. Denn der Kümmel würde unsere Maschinen lahmlegen." Und im nächsten Atmenzug streut der Genossenschafts-Chef dem Bio-Bauern Hager Blumen: "So niederige Keimwerte wie er, das erreicht sonst kaum jemand."

Mitte 1993 wurde jedenfalls das Bio-Programm der Molkereigenossenschaft geordnet, komplettiert und mit zugkräftigen Markennamen versehen. "Biogold" ist ein halbharter Schnittkäse, foliengereift mit 45 % F.i.T., die "Biostange" ein rotschmiergereifter Tilsiter mit 45 % F.i.T, paraffiniert und mit 3,5 Kilogramm Gewicht, "Kuenringer" ist ein halbharter Schnittkäse mit 45 % F.i.T., rotschmiergereift, in Blöcken zu je fünf Kilogramm und mit Naturrinde, und "Babenberger" ein halbweicher Schnittkäse, rotschmiergereift, mit Naturrinde und 45 % F.i.T. "Biogold" und "Kuenringer" haben eine kirschgroße Lochung, "Babenberger" eine erbsengroße, die "Biostange" zeigt die klassische Schlitzlochung des Tisiters. Außerdem gibt es Milch, Butter und Schlagobers in biologischer Qualität.

Aus der Normalmilch wird der halbharte Schnittkäse "Ötschergold" und ein Tilsiter hergestellt.

Die ersten Reaktionen auf die Marketingaktivitäten waren äußerst positiv, es dürfte nur mehr eine Frage der Zeit sein, bis die Produkte der "Bioregion Ybbstal" - so ein Werbetext - den Markt erobern. Was man allen Beteiligten - der Genossenschaft und den Käsefreunden - nur wünschen kann, denn die österreichische Käsewirtschaft braucht die Vorbildwirkung derartiger Projekte. Und daß ein derartige Bio-Käse eine Spur teurer ist als andere Produkte, sollte wohl bei den Konsumenten auf Verständnis stoßen.

Molkereigenossenschaft Ybbstal, A-3340 Waidhofen/Ybbs, Patertal 6, Tel. 0 74 42/556 20, Fax DW 37. In der Molkerei ist ein kleiner Shop eingerichtet, wo man zu folgenden Zeiten einkaufen kann: MO, MI, DO von 8-12 Uhr, DI und FR von 8-13 Uhr. Der Käse wird bereits in einigen Großketten und in Geschäften des Feinkosthandels geführt, auch einige Molkereien zeigten ihr Interesse. Der Detailhandel kann den

Ludwig Mader
Türkenpfeiferl, Waidhofen an der Ybbs
empfiehlt:

Geschmolzener Schafkäse

Zutaten für 1 Person
200 g Schaffrischkäse, eine Zehe Knoblauch, 30 g gehackte Kräuter (Petersilie, Lauch, Minze, Kerbel, Rosmarin), etwas Salz und Pfeffer, 2 Eßlöffel Olivenöl.

Zubereitung
Den Schafkäse mit den Kräutern bedecken, mit Olivenöl übergießen, 10 Minuten im Rohr bei ca. 200°C in einer hohen Kasserolle schmelzen. Warm servieren, dazu wird Schwarzbrot gereicht. Die hohe Kasserolle ist deshalb notwendig, damit der Schafkäse durch Kräuter und Olivenöl von der direkten Hitzeeinwirkung wirksam verschont wird.

Seit 1982 ist das in einem alten Stadthaus eingerichtete Restaurant Zielpunkt für Gourmets. Ludwig Mader hat sich einer verfeinerten, bodenständigen Küche verschrieben mit jenen Produkten aus der Umgebung Waidhofens, die je nach Jahreszeit gerade frisch erhältlich sind. Den hier beschriebenen geschmolzenen Schafkäse können Sie im "Türkenpfeiferl" entweder als Vorspeise oder als Zwischengericht ordern. Zum süßen Ausklang gibt es einen originellen Schafkäse-Auflauf, der für Gäste ab 4 Personen serviert wird: Aus Schaffrischkäse Eidotter, Mehl, Zitrone und Vanille wird ein leichter Souffléteig zubereitet, Eischnee mit Zucker vorsichtig unterhoben, in einer gebutterten und gezuckerten Pfanne im Rohr gebacken und mit frischen Früchten serviert. (rs)

Türkenpfeiferl, Ludwig und Sieglinde Mader, Hoher Markt 23, A-3340 Waidhofen an der Ybbs, 0 74 42/ 35 07, MO und DI Ruhetag.

Käse entweder direkt in der Molkerei bestellen oder in Wien bei der Firma Besau-Prückl, Tel. 0222/667 12 52.

Waldkirchen an der Thaya

Der Ort liegt nördlich von Waidhofen a. d. Thaya. Anfahrt über die B 36 (Zwettler Bundesstraße) Richtung Norden, man kreuzt die B 30 (Thayatal Bundesstraße) und ist nach drei Kilometern in Waldkirchen.

Hermann Ploner/"Die Käsemacher": Gereifte Käse aus der ehemaligen Genossenschaftsmolkerei

Die Molkerei von Waldkirchen ist ein eindrucksvoller Industriebau. Weit in die Höhe ragt der nach oben zugespitzte Rauchfang, er wirkt auf den herannahenden Besucher wie ein Wahrzeichen. Im Inneren sind zahlreiche Wände mit herrlich altmodischen Mosaikfliesen verkachelt -

Bajazzo

eine längst vergangene Ästhetik des Industriebaus, die nun auf den Besucher einen nostalgischen Eindruck macht.

Alles ist groß dimensioniert, fast zu groß für Hermann Ploners "Käsemacher", die hier 1991 eingezogen sind. Jedenfalls ist hier noch genug Platz für eine weitere wirtschaftliche Expansion der aufstrebenden "Käsemacher".

Käsemacher in Niederösterreich

Als die lokale Genossenschaft die Molkerei stillegte, gab es nicht viele Interessenten. "Die Käsemacher" konnten daher das Gebäude samt der recht modernen Technik günstig erwerben. Rund 10.000 Liter Milch können hier täglich verarbeitet werden, Hermann Ploner lastet die Anlagen aber selbst im Sommer nur zu einem Drittel aus. Insgesamt erzeugen "Die Käsemacher" 150.000 bis 200.000 Kilogramm Schaf- und Ziegenkäse im Jahr.

San Lucca

Während in Ploners elterlichem Betrieb in Scheutz Frischkäse und eingelegte Käse produziert werden (siehe unter Lichtenau), ist in Waldkirchen die Produktionsstätte für gereifte Käse mit Weißschimmelrasen und mit Rotschmierebehandlung eingerichtet.
Der "Ziegen-Cambrie" ist ein Weichkäse mit Weißschimmelrasen aus pasteurisierter Ziegenmilch und hat rund 45 % F.i.T. Die Form des Käses erinnert an einen klassischen Camembert, ursprünglich hieß er auch so, doch aus lebensmitteltechnischen Überlegungen erfand man das Wortungetüm "Cambrie" - angesichts des Umstandes, daß im deutschsprachigen Raum die Herstellungsmethoden von Camembert und Brie fast ident sind, gar nicht so weit hergeholt. Der "Cambrie" hat meist recht starke Ziegenaromen, er ist innen lange Zeit topfig und beginnt bei einer höheren Reife unter der Rinde zu zerfließen, ohne in der Farbe viel dunkler zu werden.

Rezepte mit Käse

Johann Neuhofer
Spezialitäten-Gasthof Schafelner, Stadt Haag
empfiehlt:

Kürbis-Linsensalat mit Schaffrischkäse und Kürbiskernöl

Zutaten für 4 Personen
400 g Schaffrischkäse, 300 g Kürbis, 80 g Linsen, 1/8 l Kürbiskernöl, 1 Prise Curry, Distelöl, Zitronensaft, Apfelessig, Salz, Zucker, Pfeffer, Schnittlauch.

Zubereitung
Schafkäse in Scheiben schneiden. Linsen in etwas Salzwasser weich kochen, Kürbis in feine Streifen schneiden und mit Distelöl kurz andünsten. Auskühlen lassen. Linsen und Kürbis vermischen, mit Distelöl, Zitronensaft, Apfelessig, Curry, Salz, Zucker und Pfeffer abschmecken.
Auf Teller verteilen, Schafkäse darüber anordnen mit Salz und Pfeffer würzen. Mit Kürbiskernöl beträufeln, etwas feingeschnittenen Schnittlauch über den Schafkäse verteilen.

Ein einfaches, aber beeindruckendes Rezept. Den Kürbis kann man saisonbedingt durch ein anderes Gemüse ersetzen. Schafelners Spezialitäten-Gasthof ist eines der besten Häuser, die sich der verfeinerten regionalen Küche verschrieben haben. Probieren Sie beispielsweise Johann Neuhofers Mostsuppe, sie zählt zu den besten regionaltypischen Gerichten im Mostviertel. Ganz ausgezeichnet ist im Gasthof Schafelner auch die Weinauswahl. (rs)

Schafelner Franz, Spezialitäten-Gasthof, Hauptplatz 11, A-3350 Stadt Haag, Tel. 0 74 34/24 11.

"Val Verde" ist ebenfalls ein Weichkäse mit Weißschimmelrasen aus pasteurisierter Ziegenmilch (rund 45 % F.i.T.). Er hat eine viereckige Form, im Geschmack ist er milder und recht unaufdringlich.

Rote Ziege

Aus pasteurisierter Schafmilch gekäst ist der Weißschimmelkäse "Bajazzo". Im jungen Stadium schmeckt er ähnlich wie ein Brie. Ebenfalls ein Schafweichkäse mit Weißschimmelrasen ist der "Conte Freiland". Er hat mindestens 50 % F.i.T., kommt in kleiner Torten-Form auf den Markt, wird allerdings in eine dreieckige Schachtel gepackt. Wenn er gut gereift ist, besticht er durch seine milden, vielschichtigen Aromen und durch seine geschmeidige Konsistenz.

Nun zu den Rotschmierekäsen - das Etikett spricht von "Weichkäse mit Rotkultur": Die viereckige "Rote Ziege" hat 45 % F.i.T., eine Spur fetter ist mit 50 % F.i.T. das runde "Rote Schaf", beide sind recht deftige Burschen, so wie es sein soll.

Auf dem Programm stehen auch zwei Schnittkäse: Der "San Lucca" ist aus pasteurisierter Ziegenmilch gekäst, er hat eine Schlitzlochung und bringt 45 % F.i.T. auf die Waage, der "Farmer John", aus pasteurisierter Schafmilch und mit 50 % F.i.T., ist weicher und geschmeidiger, mit schwacher, unregelmäßiger Lochung. Beide Käse sollten mit natürlicher Rinde reifen, doch im Herbst 1992 bei unserem Besuch in der Käserei funktionierte diese Form der Reifung noch nicht so recht. Deshalb setzte Hermann Ploner vorübergehend auf die Folienreifung mit anschließender Wachsung. Zur Unterscheidung: ein "Farmer John" ist gelb, "San

Lucca" grün paraffiniert. Es ist wohl nur eine Frage der Zeit, bis es beide Käse fortwährend mit natürlicher Rinde gibt.

Die Namen der "Käsemacher"-Käse sind jedenfalls international, und das ist - darauf legt Hermann Ploner großen Wert - wirtschaftliches Kalkül: "Wir haben darüber nachgedacht, ob wir regionale Bezeichnungen verwenden sollen. Doch diese Bezeichnungen wären nur regional vermarktbar gewesen. Deshalb haben wir internationale Namen gesucht, denn unser Käse soll auch im Ausland verkauft werden."

Ein Anfang ist gemacht, nach Deutschland wird bereits exportiert. Wenn Österreich der EG beitritt, soll es die Feinschmeckerprodukte aus Waldkirchen auch in anderen Ländern geben. (rs)

Hermann Ploner, Die Käsemacher, A-3844 Waldkirchen, Tel. 0 28 43/29 75. Der Käse ist in den gutsortierten Filialen von Supermarkt-Ketten wie Interspar, Metro, ADEG und Meinl erhältlich, ferner in Käsefachhandlungen und in den Filialen von Pastavino in Wien. Ab-Hof-Verkauf MO bis FR 7-13.30 Uhr.

Weikersdorf am Steinfeld

Der Ort liegt in der Nähe der Hohen Wand. Anfahrt über die Südautobahn A 2, Abfahrt Wiener Neustadt/Weikersdorf.

Leopoldine Hartmann: Zuwenig ist genug

Die paar Ziegen und Schafe waren ursprünglich ein Spielzeug für die Kinder, inzwischen sind die Kinder allerdings erwachsen, und so sind die milchgebenden Tiere Teil eines Erwerbszwecks geworden. Frau Leopoldine Hartmann hat sich einen Käsereiraum eingerichtet, und aus der Milch von fünf Ziegen und acht Schafen erzeugt sie verschiedene bäuerliche Produkte, die sie ab Hof verkauft: einen reinen Schafkäse, Ziegenkräuterlaibchen, Ziegenpfefferlaibchen, Ziegennußlaibchen, Ziegenkäse in Öl eingelegt, auf Bestellung auch einen süßen Schafkäse. Auch Wolle und Fleisch wird selbst vermarktet.

Leopoldine Hartmann, deren Mann in der Wiener Neustädter Molkerei arbeitet, braucht sich um den Absatz des Käses keine Sorgen machen: "Es ist immer zuwenig da, und das ist gut so. Wenn die Qualität stimmt, funktioniert auch der Ab-Hof-Verkauf. Und natürlich schwört sie auf Rohmilch: "Mit pasteurisierter Milch kann man leicht arbeiten, beim Verkäsen von Rohmilch muß man aufpassen, und Sauberkeit ist das oberste Gebot."

Leopoldine Hartmann, A-2227 Weikersdorf 72, Tel. 0 26 38/272 13.
Ab-Hof-Verkauf nach tel. Vereinbarung.

Willendorf

Der Ort liegt am Fuß der Hohen Wand, westlich von Wiener Neustadt. Anfahrt über die Südautobahn A 2, Abfahrt Wiener Neustadt/West, dann die B 26 Richtung Puchberg am Schneeberg, über St. Egyden und Urschendorf nach Willendorf. Um zum Strelzhof zu gelangen, zweigt man in Willendorf rechts ab, in eine Straße, die zur Hohen Wand führt (grüne Tafel: "Hohe Wand") und kommt in den kleinen Ort Strelz. Die Einfahrt zum Schloß liegt an der linken Straßenseite.

Wanderungen und Besichtigungen: Die Hohe Wand gehört zu den beliebtesten Ausflugszielen der Wiener. Sehr reizvoll kann auch eine Besichtigungstour in Wiener Neustadt sein, vom Babenbergerherzog Leopold V. als Bollwerk gegen den Osten gegründet und mit dem Lösegeld für die Freilassung von König Richard Löwenherz finanziert. Im 15. Jahrhundert war Wiener Neustadt sogar die Residenz des Königs und späteren Kaisers Friedrich III. Sehenswert ist der Dom, die Burg und das Neukloster, 1250 von Dominikanern gegründet und ab 1444 Sitz der Zisterzienser. In der Neuklosterkirche befindet sich das Grabmahl der Eleonore von Portugal, Gemahlin Friedrich III.

Gastronomie und Unterkünfte: Das beste Restaurant im weiteren Umkreis ist das Brunnenstöckl (A-2620 Neunkirchen, Hauptpl. 12, Tel. 0 26 35/618 44). Es besticht mit seiner verfeinerten regionalen Küche. Ein empfehlenswertes Dorfgasthaus nahe der Hohen Wand ist das Gasthaus Schmutzer (A-2722 Winzendorf, Hauptstr. 12, Tel. 0 26 38/22 37).

Doris Tollowitz/Schloß Strelzhof: Die "Erfinderin" der Ziegenkäsekugeln

Ziegenfrischkäse hat einen Nachteil - er ist für den raschen Verzehr bestimmt. Um ihn haltbar zu machen, gibt es eine Methode, die seit Jahrtausenden von Bauern vieler Länder angewandt wird: Man mischt in den frischen Käse Kräuter und Gewürze, formt ihn zu Kugeln und legt ihn in Öl ein. So entsteht ein würzige Käsezubereitung, die mehrere Monate lagerfähig ist.
Wer diese Käsekugeln erfunden hat, ist so schwierig zu beantworten wie die Frage nach dem Erfinder des Rades. Eines ist aber sicher: In Österreich gebührt Doris Tollowitz der Verdienst, als erste diese Ziegenkäsekugeln in größeren Mengen perfekt produziert und vermarktet zu haben.

Käsemacher in Niederösterreich

Die würzigen Käsekugeln tragen den Namen "Ziegenkäse vom Kienberg", und damit ist auch schon angedeutet, von wo sie stammen: Der Kienberg liegt westlich von Wiener Neustadt, er ist ein Ausläufer der Hohen Wand.

Am Kienberg liegt das Schloß Strelzhof, ein ehemaliges Zisterzienserkloster, das zum Neukloster von Wiener Neustadt gehörte und unter Joseph II. säkularisiert wurde. Es hat eine lange und wechselhafte Geschichte hinter sich. In der Zwischenkriegszeit gehörte es beispielsweise einem Mann, der von Kaiser Karl 1918 als einer der letzten in den Adelsstand erhoben worden war - kurz bevor der Monarch im Salonwagen der Bahn bereits außer Landes flüchtete. Dieser Baron soll ein leidenschaftlicher Spieler gewesen sein, und im Schloß Strelzhof - so wird erzählt - ein privates Casino eingerichtet haben, das häufig von Semmering-Besuchern frequentiert wurde.

Heute gehört das Schloß einer Schweizerischen Aktiengesellschaft namens Credit Foncier Auxiliaire, und die Anteile dieser Firma wiederum Doris Tollowitz und ihrem Lebensgefährten Uwe Dingeldey. "Der frühere Eigentümer befürchtete, daß der Osten Österreichs nach 1945 kommunistisch wird", erzählt Uwe Dingeldey. "Deshalb gründete er in der Schweiz eine Aktiengesellschaft und brachte dort das Schloß ein, weil er meinte, ausländisches Kapital werde nicht so schnell verstaatlicht werden."

Also kaufte Dingeldey, im Hauptberuf Baumeister, gemeinsam mit Doris Tollowitz die Schweizerische Aktiengesellschaft, und damit auch das Schloß mit seinen rund 160 Hektar Wäldern und Wiesen. Dingeldey: "Es war schon mein Kindheitstraum, eine Landwirtschaft zu besitzen. Jetzt habe ich eine Landwirtschaft - und zusätzlich ein Schloß, das ich gar nicht wollte: Es gab keinen Strom, kein Wasser, keine Kanalisation, und das Dach war nur in Rudimenten vorhanden."

Dingelday und Tollowitz versuchten es in der Landwirtschaft mit verschiedenen Alternativ-Produkten, ehe sie bei den Ziegen landeten. Und das kam nach Aussage von Doris Tollowitz so: "Am Krampustag des Jahres 1987 habe ich die erste Ziege gekauft. Es war eine schwarze Ziege mit schön gewundenen Hörnern. Ich brachte sie in unserem Mercedes zum Strelzhof, und immer, wenn ein Passant die Ziege sah, dachte er, da schaut ein perfekt verkleideter Krampus aus dem Fenster."

Diese "Ur-Ziege" von Schloß Strelzhof gibt es noch immer, doch hat sie inzwischen 70 Gefährten gefunden. Sie logieren in einem neuen Ziegenstall, den Baumeister Dingeldey direkt neben dem Schloß gebaut hat. Gekäst wird in einem perfekt ausgerüsteten Käsereiraum im Erdgeschoß des Schlosses. Alles ist verkachelt, zwei temperaturgesteuerte Edelstahlkessel mit je 350 Liter Fassungsvermögen und ein nicht weniger moderner Kühlbehälter erstrahlen im Licht der Neonlampen.

Der "Ziegenkäse vom Kienberg" wird aus der Milch von Schloß Strelzhof und aus zugekaufter Milch von zwei weiteren Betrieben gekäst. Die Milch wird rund 30 Minuten lang auf 64 Grad thermisiert und dann zu Käse verarbeitet. Die Jahresproduktion beläuft sich auf 15.000 Kilogramm.

Ziegenkäse vom Kienberg

Hervorragend ist die Konsistenz und die Würze des Käses. In den Teig werden Knoblauchpulver, Salz und Kräuter eingearbeitet, im Pflanzenöl sorgt eine Mischung frischer und getrockneter Kräuter, einige Scheibchen Knoblauch und eine Olive für die Abrundung des Geschmacks - besser kann man es nicht machen. Nicht zufällig gibt es diesen Käse in den besten Delikatessengeschäften unseres Landes. Und die Waldviertler "Käsemacher" waren davon so angetan, daß sie ebenfalls Ziegenkäsekugeln auf den Markt brachten. Bei einer Querverkostung stellten wir fest, daß der "Ziegenkäse vom Kienberg" fester in der Konsistenz und eine Spur stärker mit Knoblauch und Salz gewürzt ist. Das Produkt der Waldviertler "Käsemacher" ist topfiger, es enthält mehr Kräuter - und es ist billiger.

Perfekt ist auch die Aufmachung des Kienberger Ziegenkäses - auch dafür ist Doris Tollowitz verantwortlich. Über den Deckel wird ein Stück Jute gestülpt und mit einem Band befestigt. Die Produktangaben stehen auf einer Schleife aus braunem Packpapier. Firmensignet sind die

Käsemacher in Niederösterreich

Schattenrisse zweier Ziegen, die mit den Hörnern aufeinander losgehen. Uwe Dingelday, ein Jahrgang 1949, und Doris Tollowitz leben hingegen glücklich in ihrem Märchenschloß - wenngleich sie zur Zeit nur 15 Prozent bewohnen und die Renovierungsarbeiten viel Geld verschlingen. Aber Uwe Dingelday hat eine Lebensaufgabe gefunden, die ihn genauso gefangenhält, wie sein zweites Hobby: die Zucht von Traberpferden. Eine Reithalle ist schon fertig, und eines Tages soll aus Schloß Strelzhof ein Treffpunkt für Freunde flinker Pferde und würziger Ziegenkäse werden. (rs)

Credit Foncier Auxiliaire AG, Gutverwaltung Schloß Strelzhof 1, A-2732 Willendorf am Steinfelde, Tel. 0 26 38/77 44, Fax 77 03. Kontaktpersonen: Doris Tollowitz und Uwe Dingeldey. Schloß Strelzhof verkauft seine Produkte an Meinl und Merkur, um die Versorgung der Heurigenbetriebe von Wien kümmert sich die Firma Karner in Perchtoldsdorf. In Tirol und Vorarlberg sorgt Manahl für den Vertrieb, natürlich gibt es den Käse auch im eigenen Geschäft der Firma Manahl in Hohenems (Schweizerstr. 8). Eine Regelung für den Vertrieb in Salzburg und Oberösterreich steht kurz vor dem Abschluß. Am Wiener Naschmarkt gibt es den Käse in Alberts Käseland. Ab-Hof-Verkauf MO bis FR 7-18 Uhr, SA und SO nach tel. Vereinbarung.

Wolfpassing/Steinakirchen am Forst

Wolfpassing gehört zu Steinakirchen am Forst und liegt südwestlich von Wieselburg. Man nimmt auf der Westautobahn A 1 die Abfahrt Ybbs und fährt nach Wieselburg, von dort auf einer Landesstraße Richtung Steinakirchen, kurz vorher gelangt man nach Wolfpassing.

Bundesanstalt für Milchwirtschaft: Käsemacher auf der Schulbank

Große Verdienste für die Renaissance der bäuerlichen Käsekultur im Osten Österreichs hat sich die Lehrmolkerei der Bundesanstalt für Milchwirtschaft in Wolfpassing erworben. Hier haben viele Bauern das Käsen erlernt oder sich in dieser Kunst weitergebildet.

Die Fortbildungsseminare werden von Wolfgang Scholz organisiert, der dann auch noch nach den Veranstaltungen mit Rat und Tat zur Verfügung steht. Wenn bei einem Bauern der Käse nicht so wird, wie er es auf der Schulbank gelernt hat, dann ist das noch lange kein Grund zum Verzweifeln. Wolfgang Scholz ist noch jedem hilfreich zur Seite gestanden, meist aufs erste in einer telefonischen Ferndiagnose, oft mußte er aber auch darum bitten, mit dem Käse vorbeizukommen, damit eine genaue Analyse die Fehler aufzeigt.

Ursprünglich waren diese Seminare dafür gedacht, einige Bauern als Multiplikatoren heranzubilden, die dann ihr Wissen an Kollegen weitergeben sollten. In der Praxis nutzten aber die Bauern, die in Wolfpassing einen Kurs belegt hatten, ihren Wettbewerbsvorteil voll aus und dachten gar nicht daran, ihr Wissen anderen zu vermitteln.

So wurden die Veranstaltungen zu einer permanenten Einrichtung - zunächst nur für die Niederösterreicher, denn die ursprüngliche Initiative kam vom Chef des NÖ. Landeszuchtverbandes für Schafe und Ziegen, Franz Krenthaller, der gemeinsam mit dem damaligen Landwirtschaftsminister Josef Riegler Geld locker machte, damit die Kurse für jedermann erschwinglich sind.

Heute ist der Andrang so groß, daß die Veranstaltungen in ganz Österreich ausgeschrieben werden können und trotzdem immer voll sind.

Außerdem finden in der Bundesanstalt - sie ist in einem Schloßtrakt mit einem schönen Innenhof und einer benachbarten ehemaligen Molkerei untergebracht - allgemeine Qualitätskontrollen statt, und man widmet sich auch der praxisorientierten Forschung.

Im Rahmen der Ausbildung wird auch Käse erzeugt, und zwar die vier wichtigsten Arten: ein Weißschimmelkäse (und zwar ein Camembert), ein Rotschmierekäse (ein Raclette), ein paraffinierter Käse (der sogenannte Pfefferling) und ein foliengereifter Käse (ein Gouda). Die Hartkäseproduktion überläßt man der zweiten Bundesanstalt in Rotholz (Tirol).

Gekäst wird aus der Milch von Bauern der Region, früher waren es 60.000 Liter pro Tag, jetzt sind es nur mehr 8.000 Liter pro Tag.

Auf besonders großes Interesse stößt der ovale Creme-Camembert mit seinen 65 % F.i.T. (in Österreich haben Käse dieser Art sonst nur 55 % oder 45 % F.i.T.). "Er wird nach einem besonderen technischen Verfahren hergestellt, sodaß es keinen topfigen Kern gibt, sondern der Teig stets durchgängig geschmeidig ist", sagt Scholz, ohne das Geheimnis zu verraten, wie er gemacht wird. Der Käse, der nur in kleinen Mengen im Rahmen des Unterrichts hergestellt wird, zeichnet sich durch eine herrliche Cremigkeit und wunderbare Pilzaromen aus. Unter Kennern ist er eine gesuchte Rarität, und auch in der Spitzengastronomie kann man ihn hin und wieder finden.

Wer einmal im Gebiet von Wolfpassing unterwegs ist, sollte es nicht versäumen, in dem Shop der Bundesanstalt nach dem Creme-Camembert zu fragen. (rs)

Creme-Camembert

Lehrmolkerei der Bundesanstalt für Milchwirtschaft, A-3261 Steinakirchen am Forst, Wolfpassing 1, Tel. 0 74 88/202, Fax DW 11. Leiter: Hofrat Dipl. Ing. Dr. Heinrich Winter. Die Käse werden auch in einem Shop verkauft. Öffnungszeiten: MO, MI, FR, SA 9-12 Uhr.

Bäuerliche Betriebe

Johann Alberer, A-3910 Zwettl, Waldhams 31, Tel. 0 28 22/33 453. Johann Alberer ist Landesbediensteter und gleichzeitig Nebenerwerbbauer, mit so viel Engagement, daß er. sich sogar ein Jahr unbezahlten Sonderurlaub genommen hat. Der Hof liegt auf 609 Meter Seehöhe in der Bergbauernzone II und wurde 1980 übernommen. Gehalten werden 70 Milchschafe, die im Jahr rund 30.000 Liter Milch geben. Die Schafmilch wird täglich verkäst, vorwiegend zu Frischkäse in Rollen. Er kommt als "Waldviertler Schaffrischkäse" in Packungen zu je drei Rollen in den Ab-Hof-Verkauf.

Elfriede und Johann Ebner, A-3233 Kilb, Petersberg 23, Tel. 0 27 48/222. Kilb liegt 20 Kilometer südwestlich von St. Pölten. Von Wien kommend Anfahrt über die Westautobahn A 1, Abfahrt St. Pölten/Süd, dann die B 39 über Obergrafendorf, von dort die B 29 nach Bischofstetten und Kilb. Von Westen kommend Abfahrt Melk und dann die B 215 über Melk nach Kilb. Der bäuerliche Betrieb produziert Schafjoghurt, Schafkäse und Schaffleisch. Ideal für Kinder: Kutschenfahrten. Ab-Hof-Verkauf nach tel. Vereinbarung.

Karl Eder, A-3380 Pöchlarn, Wiener Straße 38, Tel. 0 27 57/24 79. Pöchlarn liegt vier Kilometer westlich von Melk. Anfahrt über die Westautobahn A 1, Abfahrt Melk. Im Verkauf sind Käse, Kuhmilch, Brot, Gemüse, Geselchtes, Saumaisen, Getreide, Säfte, Most und Wein. Ab-Hof-Verkauf nach tel. Vereinbarung.

Margit Eisler und Horst Mitter, A-2384 Breitenfurt, Hof Königsbühel, Tel. 0 22 39/23 12. Im Hofladen gibt es Ziegenkäse und Ziegenmilch, Fleisch vom Lamm, Kitz, Schwein und Kanninchen, Gemüse der Jahreszeit, Getreide und Honig. Der Hofladen ist geöffnet: MO bis FR von 9-11 Uhr und von 16-18 Uhr, SA von 9-12 Uhr.

Rudolf und Maria Enner, A-3281 Oberndorf an der Melk, Grub 6, Tel. 0 74 83/410. Anfahrt über die Westautobahn A 1, Abfahrt Melk, dann die B 215 dem Fluß Melk entlang nach Oberndorf. Hier werden 50 Milchschafe und fünf Rinder gehalten. Maria Enner verkäst die Milch zu Schafmischkäse und Schafkäse aus 100 Prozent Schafmilch, beide in Rollen-Form. Außerdem gibt es einen rollenförmigen Weichkäse. Der Betrieb verkauft auch Lammfelle, Lammfleisch und Decken aus Schafwolle. Verkauf MO bis FR von 8-17 Uhr SA von 8-13 Uhr und nach tel. Vereinbarung.

Jura und Josef Halbwax, A-2572 Kaumberg, Markt 37, Tel. 0 27 65/332. Der Ort liegt zwischen Hainfeld und Altenmarkt a. d. Traisen,

Anfahrt über die Allander Autobahn A 21, Abfahrt Mayerling, dann die B 11, schließlich rechts in die B 18 Richtung Hainfeld. Hier gibt es Ziegenmilch, Ziegenfrischkäse, Ziegenkäse in Öl, ferner Blutwürste, Gänse, Geselchtes und Schnäpse. Der Ort liegt im Bezirk Lilienfeld.

Leopoldine Hartmann, A-2722 Weikersdorf 72, Tel. 0 26 38/272 13. Leopoldine Hartmann käst aus der Milch von elf Schafen und sechs Ziegen folgenden Käse: einen 100 prozentigen Schafkäse in Gupferl-Form, einen Ziegenfrischkäse, die als Pfeffer-, Kräuter- und Nußlaibchen bezeichnet werden, einen Ziegenfrischkäse in Öl und Kräutern und einen süßen Schafkäse (nur auf Vorbestellung). Betriebsgröße: fünf Hektar Ackerland und fünf Hektar Wald.

Johann und Barbara Heilos, A-3370 Ybbs, Donaudorf 18, Tel. 0 74 12/81 20. Hier werden 39 Milchschafe, 30 Lämmer und 21 Kühe gehalten. Barbara Heilos erzeugt einen Schaffrischkäse aus 100 Prozent Schafmilch und einen Schafmischkäse, außerdem einen gereiften Schafkäse in Laibform und Schafmilchjoghurt.

Franz Kahrer, A-3161 St. Veit an der Gölsen, Wobach 7, Tel. 0 27 63/23 91. Der Ort liegt südlich von St. Pölten, Anfahrt über die B 20 über Wilhelmsburg nach Traisen, dann links die B 18 nach St. Veit. Hier gibt es Schafjoghurt, Schaffrischkäse, Schafkäse hart und Ziegenkäse, ferner Lammfelle, Lammfleisch und Putenfleisch. Ab-Hof-Verkauf nach tel. Vereinbarung.

Veronika und Josef Kaltenbacher, A-2811 Wiesmath, Stadtweg 24, Tel. 0 26 45/27 03. Der Ort liegt südlich von Wiener Neustadt, Anfahrt über die Südautobahn A 2, Abfahrt Grimmenstein, dann über Kaltenberg, Hollenthon nach Wiesmath. Verkauft wird Schafmilch, Schafjoghurt, Schafkäse, Schnittkäse, Weichkäse, Kräuterkäse in Öl, ferner Lammfleisch, Kuhmilch und Dinkel. Ab-Hof-Verkauf nach tel. Vereinbarung.

Ferdinand Kaiblinger, A-3170 Hainfeld, Bernau 20, Tel. 0 27 64/70 43. Bernau liegt fünf Kilometer nördlich von hainfeld an der Straße nach St. Christophen. Hier wird ein Räucherkäse aus Kuhmilch produziert. Der Käse wird über Buchenholz-Scheiten geräuchert. Außerdem werden Dörrobst und Kletzenbrot verkauft. Zehn bis 15 Kühe werden gehalten. In Wien ist der Räucherkäse im Naturkostladen Spittelberg zu kaufen.

Karl und Christa Köck, A-3830 Waidhofen an der Thaya, Schlagles 2, Tel. 0 28 44/455 94. Hier werden 50 Milchschafe und 30 Merinolandschafe gehalten. Karl und Christa Köck erzeugen gemeinsam folgende Käsesorten: Schaffrischkäse in Rollen, Schafkäse in Olivenöl, Schafkäse-Aufstrich, Schnittkäse und Joghurt. Ab-Hof-Verkauf nach tel. Anmeldung.

Antonia König, A-3282 St. Georgen/Leys, Bichl 3, Tel. 0 74 82/63 40. Anfahrt über die Westautobahn A 1, Abfahrt Ybbs, dann die B 25 über Wieselburg nach Scheibbs, links abbiegen in die B 29 und fünf Kilometer später rechts in eine kleine Landstraße. Der Schafkäse Erlauftaler Art erhielt 1991 einen Silbernen Preis von der Deutschen Landwirtschafts-Gesellschaft. Antonia König käst den Schafmischkäse aus der Milch von 60 Schafen und acht Kühen.

Johann und Christine Kössl, A-3340 Waidhofen an der Ybbs, Döllersiedlungstraße 10, Tel. 0 74 42/558 90. Hier werden sechs Ziegen und 28 Milchschafe gehalten. Christine Kössl erzeugt einen Schafmischkäse in Rollen und einen Ziegenweichkäse.

Johann Kraushofer, A-3153 Eschenau, Inzerreiterstr. 23, Tel. 0 27 46/74 12. Der Ort leigt südlich von St. Pölten. Anfahrt über die B 20, kurz vor Traisen findet man die Abzweigung nach Eschenau. Hier, beim Rosenödbauer, gibt es Schafkäse und Schafwurst. Ab-Hof-Verkauf nach tel. Vereinbarung.

Gertrude und Gerhard Lochner, A-3595 Brunn an der Wild, Fürwald 2, Tel. 0 29 89/22 52. Der Ort liegt zehn Kilometer westlich von Horn an der B 303. Hier gibt es - neben zahlreichen anderen bäuerlichen Produkten - jeden Samstag Schafkäse. Er wird am Bauernmarkt in Sigmundsherberg und am Eggenburger Brunnenmarkt jeden SA Vormittag verkauft. Ab-Hof-Verkauf nach tel. Vereinbarung.

Gertrude Mitteregger, A-3223 Wienerbruck, Lassingrotte 19, Tel. 0 27 28/282. Der Ort liegt 19 Kilometer nördlich von Mariazell. Anfahrt von St. Pölten über die B 20, man passioert der Reieh nach die Orte Lilienfeld, Türnitz, Annaberg und errreicht Lassingrotte. Neben Schafkäse werden Butter, Eier, Kuhmilch, Lammfleisch und Rindfleisch verkauft. Ab-Hof-Verkauf täglich von 7-18 Uhr, Fleisch nur nach tel. Vereinbarung.

Johann Mitterböck, A-3193 St. Aegyd am Neuwalde. Seebach 2. Der Ort liegt südlich von St. Pölten am Fuß des Traisenbergs. Anfahrt über die B 20, man passiert Lilienfeld, dann die B 214 über Hohenberg nach St. Aegyd. Hier wird Schafmischkäse und Ziegenmischkäse erzeugt, ferner Eier, Honig, Rindfleisch, Schaffleisch und Schafwolle. Ab-Hof-Verkauf nach tel. Vereinbarung.

Karl und Christine Müller, A-2135 Neudorf b. Staatz, Kirchstetten 35, Tel. 0 25 23/505. Nicht weniger als 35 Milchschafe und 18 Ziegen werden hier gehalten. Die Familie Müller hat eine breite Produktpalette, aus Schafmilch gibt es Frischkäse im Becher, Frischkäse "Weinviertler Art", Weichkäse und Schnittkäse, aus Ziegenmilch Frischkäse nach französischer Art, Weichkäse und Schnittkäse.

Elfriede Nabinger, A-3270 Scheibbs, Miesenbach 4, Tel. 0 74 82/279 03. Schaffrischkäse in Rollen oder als sogenannter Hirtenkäse in Öl eingelegt. Elfriede Nabinger verkäst die Milch von 32 Schafen.

Johann Nusser, A-3931 Schweiggers, Großreichenbach 4, Tel. 0 28 29/713 43. Das zu Schweiggers gehörende Großreichenbach liegt an der Straße zwischen Zwettl und Gmünd. Der landwirtschaftliche Betrieb produziert in kleinen Mengen aus Kuhmilch Käse - und zwar nach Tilsiter und nach Edamer Art. Die Produktion erfolgt nur von Oktober bis April, also nicht im Sommer. Ferner gibt es Butter, Dinkel, Heublumen, Mehle, Roggen, Topfen, Vollkornbrot, Waldstaudenkornbrot, Sonnenblumenkernbrot und Weizen.

Richard Pohl, A-2392 Sittendorf Nr. 59, Tel. 0 22 37/81 21. Sittendorf liegt südlich von Wien an der Allander Autobahn A 21, Abfahrt Hinterbrühl. Nach dem Ortsende Sittendorf über eine kleine Brücke (der Wegweiser zeigt Richtung Dornbach) und dann sieht man gleich rechts die grasenden Ziegen. Bei Richard Pohl gibt es in Kräuteröl eingelegten Ziegenkäse und Frischkäse aus Schafmilch. Der Käsemacher beliefert vor allem Wiener Heurigenbetriebe, außerdem hat er bereits einen großen Privatkundenstock. Auch die anderen Angebote sind attraktiv: Kanninchen, Forellen, Karpfen. Für Kinder: Ponyreiten.

Gerhard und Hilde Ramsauer, A-3250 Wieselburg, Ströblitz 2, Tel. 0 74 16/345 34. Der Betrieb hält 110 Milchschafe, 50 Lämmer und fünf Kühe. Hilde Ramsauer erzeugt einen Schafmischkäse in Rollen und ein Rührkäse (ähnlich einem Liptauer).

Johann und Eva Ressl, A-3251 Purgstall, Edelbach 5, Tel. 0 74 89/23 18. Hier werden 30 Milchschafe und 50 Bergschafe gehalten. Eva Ressl erzeugt einen 100 prozentigen Schaffrischkäse in Rollen- und in Gupferl-Form, außerdem legt sie Ziegenfrischkäse in Öl ein.

Gerlinde und Bernhard Rzepa, A-3071 Böheimkirchen, Berg 3, Tel. 0 27 44/74 14. Böheimkirchen liegt zehn Kilometer östlich von St. Pölten und zehn Kilometer westlich von Neulengbach. Vor zehn Jahren begann die Familie mit einem Milchschaf, heute sind es bereits 80 Muttertiere. Spezialisiert hat sich der Betrieb auf die Produktion von Schafjoghurt, die unter der Bezeichnung "Hegi" auf den Markt kommt.

Maria Schachermayer, A-3203 Rabenstein, Dorf Au 16, Tel. 0 27 23 /21 30. Hier werden 30 Milchschafe, fünf Bergschafe und zehn Kühe gehalten. Der Käse wird von Maria Schachermayer aus Schafmilch gemacht: ein Schaffrischkäse in Rollen, ein Schafkäsetopfen, Joghurt und ein Weichkäse, der als Schafkäseröllchen in den Verkauf gelangt.

August Schildböck, A-2572 Kaumberg, Markt 11, Tel. 0 27 65/224. Kaumberg liegt an der B 18 zwischen Hainfeld und Altenmarkt an der Triesting. Hier gibt es Kuhmilchkäse, Schafmilchkäse und Ziegenkäse, ferner Lammfleisch und Kitzfleisch. Ab-Hof-Verkauf nach tel. Vereinbarung.

Alois Schindler, A-3683 Yspertal, Graben 15, Tel. 0 27 58/55 35. Aus der Milch von 20 Schafen käst Alois Schindler einen Schaffrischkäse in Rollen. Außerdem werden vier Kühe gehalten.

Julius Schneidhofer, A-2641 Klamm 6, Althammerhof, Tel. 0 26 66/42 77. Hier werden 40 Milchschafe und 150 Bergschafe gehalten. Maria Schneidhofer erzeugt Schaffrischkäse, Hartkäse, Brennesslkäse und Räucherkäse.

Johannes Schorn, A-2325 Himberg, Velm 23, Tel. 0 22 34/28 1 82. Himberg liegt südlich von Wien an der B 15. Die Familie Schorn produziert Schafmilch, Schafjoghurt und Schafkäse, ferner gibt es Sojakäse, Sojalaibchen, Sojamilch, Dinkel und kaltgepreßte Öle. Verkauf MO, MI, FR 9-12 und 18-19 Uhr, SA 8-10 Uhr.

Mag. Brigitte Schwendinger, Litzendorf 10, A-3643 Maria Laach am Jauerling, Tel. 0 27 12/364. Der Ort liegt nördlich von Melk. Anfahrt von Melk aus über die Wachauer Bundesstraße westlich, nach wenigen Kilometern findet man eine Abzweigung nach Maria Laach. Hier gibt es einen Kuhmilchkäse.

Anton Sellitsch, A-2294 Marchegg, Breitensee 143, Tel. 0 22 85/64 8 43. Der Grenzort Marchegg liegt 26 Kilometer von der Wiener Stadtgrenze entfernt. Anfahrt über Raasdorf, Markgrafneusiedl, Obersiebenbrunn und Schönfeld im Marchfeld. Hier wird Ziegenkäse verkauft, ferner Buchweizen, Gemüse, Gerste, Hausbrot, Hühnereier, Kartoffeln, Roggen, Weizen, Rübensirup, Säfte und Sojabohnen. Verkauf nach tel. Vereinbarung.

Leopold Sonnleitner, A-3353 Seitenstetten 273, Tel. 0 74 77/424 83. In Seitenstetten bei Billa einbiegen, dann kommt man nach einem Kilometer zum Hof. Leo Sonnleitner erzeugt aus der Milch von 40 Ziegen und 20 Schafen eine Ziegenfrischkäse in Gupferl-Form und einen Schaffrischkäse in Rollenform. Außerdem gibt es hier Ziegenmilch, Ziegenfleisch, Most und Schnaps.

Inge Umlauf, A-3281 Oberndorf an der Melk, Reitl 10, Tel. 0 74 83/470. Der Ort liegt nördlich von Scheibbs. Anfahrt von Scheibbs aus über die B 29, die Abzweigung nach St. Georgen a. d. Leys läßt man rechts liegen, wenig später - noch bevor man nach Oberndorf kommt - weist am rechten Straßenrand eine Tafel zum Bauernhof. Inge Umlauf hält acht Schafe und sieben Ziegen. Der Schafmilch wird ohne Zusätze zu Frischkäse verarbeitet, beim Ziegenkäse spielt Inge Umlauf die volle bäuerliche Prouktpalette aus: er kann rollenförmig oder kugelförmig sein, gewürzt mit Knoblauch und Kürbiskernen, mit Zwiebeln und Sonnenblumenkernen, mit Kräutern, mit Curry, mit Nüssen, mit Chilli und Speck oder getrocknet und in Öl eingelegt. Der Betrieb verkauft auch Ziegenfelle, Wolle, Marmeladen, Eier und Kräuter. Ab-Hof-Verkauf täglich von 9-19 Uhr.

Franz und Helga Wiesbauer, A-3170 Hainfeld, Bernau 13, Tel. 0 27 64/70 62. Helga Wiesbauer erzeugt Schaffrischkäse und Schafmischkäse in Gupferl-Form. Der recht große Betrieb zählt 41 Milchschafe, 16 Lämmer und 53 Rinder.

Karl Winkelmayer, A-3343 Hollenstein an der Ybbs, Wenten 9, Tel. 0 74 45/249. Der Ort liegt in der Eisenwurzen, Anfahrt von Waidhofen a. d. Ybbs über die B 31. Von Hollenstein führt südlich eine kleine Straße nach Wenten. Bemerkenswert ist der Frischkäse aus 100 Prozent Schafrohmilch. Dieser Käse wird von Harald Karner, Perchtoldsdorf, vertrieben. Im Winter stellt der Milchhof Steyr den Käse her, sodaß eine ganzjährige Lieferfähigkeit gewährleistet ist. (Siehe unter Garsten/ Milchhof Steyr.)

Molkereigenossenschaften

Molkereigenossenschaft Mank, Bahnhofstr. 18, A-3240 Mank, Tel. 0 27 55/23 14. Fax 23 14/73. Obmann: Franz Lechner, Leiter: Dipl. Ing. Karl Schubert, Betriebsleiter: Johann Hiesberger. Der Ort liegt südlich von Melk, Anfahrt über die B 215. Ein leicht gesalzener Ziegenfrischkäse mit 45 % F.i.T. gewann 1991 bei der Deutschen Landwirtschafts-Gesellschaft einen Bronzenen Preis.

Molkereigenossenschaft für Obergrafendorf und Umgebung, A-3200 Obergrafendorf, Bahnhofplatz 5, Tel. 0 27 47/23 07, Fax 23 07/55. Obmann: Bürgermeister Karl Egger, Leiter: Dipl. Ing. Karl Schubert, Betriebsleiter: Ing. Martin Lederer. Obergrafendorf liegt an der B 39, sechs Kilometer südwestlich von der Autobahnabfahrt St. Pölten/Süd. Ein halbfester Schnittkäse aus Schafmilch mit 50 % F.i.T. gewann 1991 einen Silbernen Preis bei der Qualitätsprüfung der Deutschen Landwirtschafts-Gesellschaft (DLG).

Käseeinkauf in Niederösterreich

St. Pölten

In der Landeshauptstadt Niederösterreichs findet man in Feinkostgeschäften und auf Märkten ausgezeichneten Käse:

Feininger Feinkost Ges.m.b.H., St. Pölten, Kremser Gasse 21, Tel. 0 27 42/526 55, Öffnungszeiten MO bis FR von 8-18 Uhr, SA von 8-12 Uhr. Hier gibt es ein umfassendes Sortiment von Käsen aus Österreich, aber auch aus anderen Ländern wie Frankreich, Italien, Holland etc.

Interspar Ges.m.b.H.-Käseabteilung, St. Pölten, Daniel Gran-Straße 13, Tel. 0 27 42/676 23-0, Öffnungszeiten MO bis MI 9-18.30 Uhr, DO 9-20 Uhr, SA 8-12.30 Uhr (jeden ersten SA im Monat von 8-17 Uhr). Auch hier ist die Auswahl an bodenständigen Sorten und internationalen Käsen sehr groß.

Bauernmarkt bei der Josefskirche, St. Pölten, Josefstraße 33, jeden FR von 7-13 Uhr. Hier werden bäuerliche Produkte, wie frischer Schafmischkäse aus dem Alpenvorland angeboten.

Markt am Domplatz, St. Pölten, jeden DO und SA von 7-12 Uhr. Hier können Sie frischen Schafmischkäse aus dem Alpenvorland und eingelegten Ziegenkäse aus dem Pielachtal kaufen.

Erzeuger-Verbraucher Initiative: Käse vom Bio-Bauern

In den drei Geschäften der Erzeuger-Verbraucher-Initiative gibt es zahlreiche Bio-Käse, unter anderem aus dem Waldviertel von Markus Schörpf. Außerdem macht man sich die Dienste von Hermann Oberascher zunutze. Dieser bringt hervorragender Käse aus den westlichen Bundesländern nach Niederösterreich und liefert im Gegenzug den regionalen Bio-Käse ins Ländle.

EVI St. Pölten, Klostergasse 25, A-3100 St. Pölten, 0 27 42/520 92, **EVI Krems,** Pfarrplatz 16, A-3500 Krems, Tel. 0 27 32/854 73, **EVI Zwettl,** Kuenringerstr. 3, A-3910 Zwettl, Tel. 0 28 22/530 55.

Bauernmärkte

Böheimkirchen: SO anfangs September im Park, **Drosendorf/Thaya:** Zu Pfingsten und zu Weihnachten im Schloßhof, **Eschenau** (Öko Dorf): An sechs SA im Jahr von 9.00-16.00 Uhr im Saal des Gasthauses Lee "Zur Taverne", **Gars/Kamp** (Viktualienmarkt): SA 8.00-12.00 Uhr von April bis Dezember am Hauptplatz, **Gänserndorf:** Jeden ersten SA im Monat 8.00-12.00 Uhr am Rathausplatz, **Herzogenburger** Bauernmarkt: Jeden SA 8.00-11.00 Uhr, **Hollabrunn:** FR 14.00-18.00 Uhr,

SA 9.00-14.00 Uhr am Hollabrunner Messegelände im Weinspectrum, **Horn:** FR 14.00-18.00 Uhr von April bis Dezember am Kirchenplatz, **Jauerlinger** Bauernmarkt in Maria Laach: An drei Wochenenden im Jahr jeweils SA und SO von 9.00-18.00 Uhr, **Langau:** SA vor Palmsonntag und SA vor dem ersten Adventsonntag, jeweils 9.00-13.00 Uhr im Lagerhaus, **Litschau:** SA 9.00-12.00 Uhr von Ostern bis Oktober im Hof der Bezirksbauernkammer, Stadtplatz 77, **Melk:** Am ersten SA im Monat 8.00-11.00 Uhr von März bis Dezember bei der Stadtpfarrkirche, **Mold:** FR, SA, SO 14.00-18.00 Uhr von Mitte März bis Weihnachten. Der Bauernmarkt liegt an der B 4 neben der Shell Tankstelle, **Neunkirchen:** Am ersten SA im Monat, Grünzeugmarkt jeden MI und SA 7.00-12.00 Uhr am Holzplatz. SA 8.00-12.00 Uhr Neunkirchner Allee B 17 bei Maschinen-Konrath (Zufahrt bis zum Stnadplatz möglich), **Pernegg:** SA und SO vor Palmsonntag und ein Wochenende Mitte Oktober jeweils 10.00-18.00 Uhr im Vereinshaus in Pernegg Nr. 8, **Pöggstall:** Weihnachtsmarkt Anfang Dezember von 9.00-17.00 Uhr im Hof des Schlosses Pöggstall, **Poysdorf:** Jeden SA 8.00-12.00 und 14.00-18.00 Uhr, jeden SO und Feiertag 10.00-12.00 und 14.00-18.00 Uhr, von März bis Dezember, **Raabs/Thaya:** An drei SA im Jahr von 9.00-16.00 Uhr im Schloß Raabs/Thaya, **Scheibbs:** Jeden FR 14.00-16.30 Uhr beim Lagerhaus, **Schönberg/Kamp:** Drei Tage im Juli ganztägig am Marktplatz, **Schwechat:** Jeden zweiten SA im Monat von 7.30-12.00 Uhr am Mittelplatz des Einkaufszentrums, **Sigmundsherberg:** SA 8.00-13.00 am Hauptplatz (neben KGM-Markt und Postamt), **Simonsfeld:** SA 9.00-12.00 und 14.00-18.00 Uhr, SO 14.00-18.00 Uhr von Mitte März bis Mitte November. Der Bauernmarkt liegt 200 m südlich von der Kirche, **St. Pölten:** FR 7.00-12.00 Uhr am Josefsplatz bei der Josefskirche, **St. Valentin:** DO 7.00-11.00 Uhr am Hauptplatz, **Tulln:** SA 7.00-11.30 am Hauptplatz 3, Holzschuh-Passage, **Waidhofen/Thaya:** Jeden ersten SA im Monat: Jänner bis März 9.00-14.00 Uhr, Juli, August 8.00-13.00 Uhr, April bis Juni und September bis Dezember 9.00-16.00 Uhr, **Wieselburg:** Jeden zweiten und vierten SA im Monat 9.00-12.00 Uhr im Altwieselburger Stadl, Hauptplatz 10-12, **Zistersdorf:** MI 6.00-ca.11 Uhr am Parkplatz der Raiffeisenkasse Zistersdorf, Hauptstraße 39, **Wien:** SA 8.00-12.00 Uhr am Naschmarkt (Kurier-Gemeinden Schönberg/Kamp, Kapelln und Weiten).

Käseeinkauf in Niederösterreich

Die Niederösterreichische Landes-Landwirtschaftskammer hat eine **Grüne Börse** eingerichtet. Sie informiert über Produktangebot und Adressen von Bauernhöfen, Bauernmärkte, Bauernläden etc. Rufen Sie einfach an oder schicken Sie ein Fax mit den Produkten, die Sie wünschen und mit der Region, wo Sie einkaufen möchten oder schreiben Sie an die Grüne Börse, A-1014 Wien, Löwelstraße 16, Tel. und Fax 0222/53 441/430, MO bis FR 9.00-12.00 Uhr.

Pama

Der Ort liegt zwischen Kitzsee und Nikelsdorf. Man fährt die Flughafenautobahn, nimmt die Abfahrt Parndorf, passiert Gattersdorf und hält sich immer an die Wegweiser Richtung Bratislava. Nach sieben Kilometern kommt eine Abzweigung nach Pama, durch diesen Ort fährt man durch und biegt dann links bei einem Windschutzgürtel zum Csardahof ab.

Michael Dichand/Csardahof:
Käse aus biologischer Landwirtschaft

Der Hof der Mutter war der Nukleus für Michael Dichands landwirtschaftlichen Betrieb. Was der gelernte Journalist und Sohn des Krone-Gründers und Miteigentümers hier erst vor kurzem auf die Beine gestellt hat ("Ich will mir aus eigener Kraft Respekt verschaffen und gehe deshalb nicht in die Zeitung meines Vaters.") kann sich jetzt schon sehen lassen. Von 260 Hektar Fläche entfallen 17 Hektar auf Weingärten in Zurndorf (die erste Ernte war 1990), 40 Hektar auf Obstanlagen, 20 Hektar auf Weiden, der Rest dient der gemischten biologischen Landwirtschaft, hauptsächlich Getreide, Ölfrüchte und Erdäpfel. Alles wird am Hof selbst verarbeitet, von insgesamt 25 Beschäftigten. Michael Dichand gibt bereitwillig zu, daß er zur Zeit ein Lernender ist. Auch beim Käse, der in einer modernen Käserei aus vornehmlich magerer Milch hergestellt wird. "Wir probieren zur Zeit mehrere Sorten aus, später ist daran gedacht, daß wir unser Programm auf zwei oder drei Käse beschränken." Im Herbst 1993 gab es Käse aus Ziegenmilch, Kuhmilch und Mischmilch.

Die spätere Sortenbeschränkung mit großer Sicherheit überstehen wird der Ziegencamembert, vielleicht auch der Kuhmilchkäse nach Tilsiter Art oder der fettarme Mischmilchkäse, der recht lange reifen soll.

Die Milch stammt von 65 Jersey-Kühen und 20 Ziegen, eine Anlage zum Pasteurisieren wurde zwar angeschafft, kommt allerdings nicht zum Einsatz. Michael Dichand: "Die Käserei ist drei Meter vom Melkstand entfernt, da kann man wirklich mit Rohmilch arbeiten."

Der Betrieb ist ein Geheimtip für die Zukunft. Nicht nur beim Käse, der die Markenbezeichnung "Csardahof" trägt. Es gibt auch Getreide unter der Markenbezeichnung "Sonnland", Wein unter dem Markennamen "Schneemayer", Teigwaren und biologische Vollkorntoasts (ein Joint venture mit Ankerbrot), Marmeladen und Honig.

Michael Dichand, Csardahof, A-2422 Pama, Tel. 0 21 44/414 oder 426. Die Käse werden in zahlreichen Wiener Hotel-Restaurants den

Käsemacher im Burgenland

Gästen angeboten, zum Beispiel im Bristol und im SAS-Hotel, Joghurt und Schlagobers verwendet beispielsweise das vegetarische Restaurant Wrenkh.

Elisabeth Baumann, A-7474 St. Kathrein 16, Tel. 033 65/ 21 44 44. Gemüse, Apfelsaft, Marmeladen, Ziegentopfen und Ziegenkäse. Der Betrieb wird auf biologischen Landbau umgestellt.

Dieter Dittrich, A-7442 Lockenhaus, Hauptstr. 99, Tel. 0 26 16/29 53: Ziegenfrischkäse in Kastanienblättern, in Weinblättern und in Speck. Beliefert wird das Haubenrestaurant Taubenkobel in Schützen am Gebirge. Ab-Hof-Verkauf nach tel. Vereinbarung.

Dr. Elisabeth und Dr. Christian Euler, A-7071 Rust, Tel. 0 26 85/400. Fax 0 26 85/64 24. Krautgartenweg 20 (Ordination), Dorfmeistergasse (Wohnung). Das Ärzteehepaar produziert mit sechs Schafen nicht nur Joghurt, sondern auch Frischkäse. Beliefert wird das mit Hauben und Kronen vielfach ausgezeichnete Restaurant Taubenkobel in Schützen am Gebirge.

Erika Fellner, A 7474 Eisenberg 2 (kein Telefon). Ziegenkäse, auch in Öl eingelegt.

Hemma und Klaus Freismuth, A-7062 St. Margarethen im Burgenland, Dobrovskygasse 4a, Tel. 0 26 80/21 65. Die Familie produziert aus der Milch von vier Kühen Topfen, Joghurt und Hartkäse. Beliefert wird das Restaurant Taubenkobel in Schützen am Gebirge.

Adolf Hasslacher, A-7501 Unterwart 87 (kein Telefon). Ziegenbutter und Ziegenkäse.

Adolf und Hanna Herbst, Sonnengasse 9, A-8380 Jennersdorf, Tel. 0 31 54/84 20. Lamm aber auch Schafjoghurt und Schafkäse können hier gekauft werden. Der Betrieb wird auf biologischen Landbau umgestellt. Ein leicht gesalzener Schafkäse, und zwar ein halbfester Schnittkäse mit 30 % F.i.T., gewann 1991 bei der Qualitätsprüfung der Deutschen Landwirtschafts-Gesellschaft einen bronzenen Preis. Vor zwölf Jahren übersiedelte das Ehepaar von Deutschland nach Jennersdorf, wo es nun einen ererbten Hof mit vier Hektar bewirtschaftet. Der Käse wird vorwiegend direkt ab Hof vermarktet.

Joel Hesch, A-7562 Zahling 89, Tel. 0 33 84/21 434. Neben Äpfeln und deren Nebenprodukten - Apfelsaft, Apfelmost und Apfelwein - gibt es in diesem biologischen Betrieb Gemüse und Ziegenkäse.

Annemarie Huber, A-7540 Neustift/G. 108, Tel. 0 33 25/63 85 Im Hofladen gibt es Schafjoghurt und Schafkäse - alles aus biologischem Landbau.

Sigi Lassnig, A-8383 St. Martin/R. 34, Tel. 0 31 54/62 65. Tee, Essig, Senfkörner und div. Kräuter, aber auch Schafkäse stehen auf der Angebotsliste. Der Betrieb wird auf biologischen Landbau umgestellt.

Kurztips Burgenland

Tesi Linseder, A-7561 Poppendorf 105, Tel. 0 33 25/61 30. Der biologische Betrieb ist spezialisiert auf Milchlamm und Schafkäse.

Isa und Alfred Masal, A-7562 Zahling 55, Tel. 0 33 84/21 122. Gemüse und eingemachtes Gemüse, Pflaumenessig, Marmeladen und Ziegenkäse werden hier produziert. Der Betrieb wird auf biologischen Landbau umgestellt.

Hermine Molnar, A-7501 Eisenzicken 104 (kein Telefon). Schafjoghurt und Schafkäse werden hier produziert.

Gabi Petersen, A-7563 Königsdorf 131, Tel. 0 33 84/24 85. Kürbiskernöl, Kuhmilchprodukte und Ziegenkäse, aber auch Brot und Vollkorngebäck können in diesem biologischen Betrieb gekauft werden.

Marianne Postl, A-7543 Kukmin 168, Tel. 0 33 28/25 74. Neben Lamm und Geselchtem können hier Schafkäse und Schafmilchprodukte erworben werden. Der Betrieb wird auf biologischen Landbau umgestellt.

Horst Schieber, A-7503 Großpetersdorf, Dornau 140, Tel. 0 33 62/24 38. Schafjoghurt und eingelegter Schafkäse.

Eva Zajick, A-7461, Allersgraben 1, Tel. 0 33 55/217 42. Hasen, Lamm, Enten, Gänse, Hühner, Truthühner und Ziegenkäse.

Wien hat mehr landwirtschaftliche Betriebe als man glaubt. Erstens ist Wien die einzige Großstadt der Welt, wo der Weinbau in einem wirtschaftlich bedeutendem Umfang betrieben wird. Und zweitens werden laut Statistik in der Bundeshauptstadt jede Menge Nutztiere gehalten. Nicht weniger als 1.452 Schweine quiecken und grunzen in der Stadt an der schönen blauen Donau. Außerdem gibt es 83 Rinder, acht Gänse, 54 Pferde, 1.640 Legehennen, 100 Masthühner, 71 Enten, 22 Ziegen und nicht weniger als 253 Schafe. Eine Zählung im Jahr 1992 ergab, daß in insgesamt 83 der 1.198 Höfe auf Wiener Gebiet Vieh gehalten wird.

Einige Orte jenseits der Donau, wie beispielsweise Stammersdorf, aber auch Oberlaa im Süden von Wien, haben sich zumindest zum Teil noch ihren dörflichen Charakter bewahrt, und werden nicht nur von Touristen frequentiert, sondern sind auch wichtiger Erholungsraum für die Einheimischen.

Dennoch findet man in Wien keine nennenswerte bäuerliche Käseproduktion. Und die großen Molkereien haben seit jeher alle Hände voll zu tun, eine zwei Millionen-Stadt mit Frischmilch, Butter und diversen anderen Milchprodukten zu versorgen - nur mit der Erzeugung von Käse hatten sie nie etwas im Sinn.

In Ermangelung eines eigenen Käses haben sich die Wiener übrigens einen traditionsreichen Käse aus einem Nachbarland ausgeborgt: den Liptauer. Er ist nur dann echt, wenn er aus Schafmilchtopfen hergestellt wird (siehe auch unter Weiz), eine Tradition, die leider in den letzten Jahrzehnten vergessen wurde, und erst jetzt wieder neu auflebt. Wer weiß, vielleicht wird man eines Tages so wie früher in Gasthäusern die einzelnen Zutaten auf einem Teller nebeneinander aufgelegt bekommen; sodaß man mit dem Gabelrücken die Mischung selbst vornehmen kann.

Jedenfalls ist Wien der große Umschlagplatz für Käse. Hier hat die AMF, der Zusammenschluß der großen Molkereiverbände (Vorarlberg ausgenommen), eine ihrer Niederlassungen, hier propagiert die ÖMIG, die Österreichische Milchinformationsgesellschaft, daß Milch und Käse gesund sind. Und zwei Firmen - die Eduard Bracharz GesmbH und die Paul Kerber GesmbH, beide AMF-Firmen - sorgen für den Import feinster ausländischer Käse.

Eine ganze Reihe von Zwischenhändlern bringt aus den Bundesländern österreichische Käsespezialitäten in die Bundeshauptstadt - für Käsetheken, Delikatessengeschäfte, Naturkostläden, Heurigenbetriebe und die Spitzengastronomie. Die Namen dieser verdienstvollen Geister sind Josef Hosp, Harald Karner, Franz Schnetzinger, Fredi Binder, Hermann Daurer und einige andere.

Meinl am Graben/Helmut Touzimsky: Die große Käse-Vielfalt

Die beste Einkaufsmöglichkeit für Käse ist sicher der Meinl am Graben. Nirgendwo in Wien wird man ein so umfangreiches Angebot in- und ausländischer Käse finden, und noch dazu einige regionale Spezialitäten aus Österreich, auch aus bäuerlichen Betrieben. Da steckt viel Aufbauarbeit dahinter, und das ist ein Verdienst von Helmut Touzimsky, der nicht nur - was ja allgemein bekannt ist - zu den großen Weinkennern zählt, sondern auch von Käse viel versteht.

Im Meinl am Graben finden Sie beispielsweise die bäuerlichen Ziegenkäse von Markus Schörpf, natürlich auch die Produkte der "Käsemacher" aus dem Waldviertel, und in Aktionswochen immer wieder erstklassige Käse aus Vorarlberg: nicht nur Emmentaler und Bergkäse, auch Mischling und Räßkäse, Sura Käs (Sauerkäse) ganzjährig.

Mit Helmut Touzimsky über Käse zu reden, ist immer ein Vergnügen. Auch er konstatiert in den letzten Jahren einen gigantischen Aufschwung in der österreichischen Käsequalität. "In Zahlen ausgedrückt wäre das wahrscheinlich eine Steigerung um 100 Prozent, wobei der Westen ja schon immer führend war."

Jetzt wäre es, so Touzimsky, nur noch notwendig, daß es die ausgezeichneten Produkte einzelner Bauern auch in größeren Mengen gibt. "Denn wir können es uns nicht leisten, daß der Kunde einmal einen ausgezeichneten Käse bei uns entdeckt, und wenn er wiederkommt, sind wir ausverkauft, weil der bäuerliche Betrieb nicht liefern kann." Ein Phänomen, mit dem viele engagierte Delikatessen-Händler zur Zeit kämpfen.

Aber immerhin - man sieht es geht, selbst in einem Geschäft mit so großen Umsätzen wie dem Meinl am Graben. Markus Schörpf (siehe unter NÖ/Mottingeramt) ist praktisch permanent vertreten. Und wenn dieses Buch aus der Druckerei kommt, wird wahrscheinlich auch Toni Hubmanns Käse (siehe unter ST/Knittelfeld) im Meinl am Graben erhältlich sein.

Meinl am Graben, Graben 19, A-1010 Wien, Tel. 0222/533 45 86, MO bis FR 9-18.30, SA 8-12.30, erster SA im Monat bis 17 Uhr.

Ein Rundgang am Wiener Naschmarkt

Der Wiener Naschmarkt beginnt beim Getreidemarkt - dort wo die Secession viele Touristen anlockt - und zieht sich weiter in westlicher Richtung, den überbauten Wienfluß entlang. Die Standgruppen in Getreidemarkt-Nähe, wo wir unseren Rundgang beginnen, heißen im Wiener Volksmund "Die sündige Meile". Hier gibt es hochpreisige Spezialitäten, wie man sie sonst nur in den besten Delikatessengeschäften findet. Aber wer in der "Sündigen Meile" einkauft, dem ist eben der Preis egal - solange die Qualität stimmt.

Gerhard Urbaneks kleiner Laden ist genau auf diese Käuferschicht zugeschnitten - mit den Produkten Käse, Wurst, Schinken, Aufstriche und Wein. Das alles auf engstem Raum: mehr als fünf oder sechs Personen haben in dem Lokal nicht Platz.

Aber es sollen auch schon haubengekrönte Küchenchefs kurz vorbeigeschaut haben, um - ganz ohne Ellenbogenfreiheit - einen kleinen Imbiß im Stehen einzunehmen. Und aus dem Umstand, daß viele Kunden vom Urbanek mit allen verfügbaren Titeln und schmückenden Beiwörtern - halb im Ernst, halb im Spaß - begrüßt werden, können wir ersehen, daß viele, die hereinkommen, zum Stammpublikum gehören.

Der Feinschmecker-Laden der Urbaneks wurde 1960 von Gerhard Urbaneks Bruder Richard und dessen Frau Elfriede gegründet. Und einmal sah es sogar so aus, als ob die Urbaneks eine Ladenkette in Sachen Käse aufziehen würden: Eine Zeitlang führte nämlich Elfriede Urbanek ein zweites, größeres Käsegeschäft, etwas weiter stadtauswärts am Naschmarkt. Doch als sich die arrivierte Käsekennerin zur Ruhe setzte, konnte sich Gerhard Urbanek nicht entschließen, das gut gehende Geschäft seiner Schwägerin zu übernehmen: Es war ja für einen Ein-Mann-Betrieb zu groß.

Gerhard Urbanek liebt es eben, auf kleinster Fläche die größtmögliche Auswahl anzubieten. Schon die Vielfalt an französischem Brie und französischem Camembert ist gewaltig, und auch die Österreicher kommen nicht zu kurz: Wir fanden von Robert Paget Ziegen-Frischkäse und Ziegen-Camembert, von Markus Schörpf Ziegen-Frischkäse und den halbfesten Schnittkäse nach Tilsiter Art. Im Hartkäse-Angebot ein Fixpunkt ist die Gaishorner Auslese. Gerhard Urbanek: "So soll ein gut gereifter Emmentaler schmecken."

Wenn wir den Naschmarkt etwas weiter stadtauswärts spazieren, sehen wir bald rechter Hand Alberts "Käseland", das ist jener Stand, wo früher Urbaneks Schwägerin Käse verkaufte. Die Freunde eines guten Käses kommen auch hier auf ihre Rechnung, obgleich das Konzept ein ganz anderes ist. Während man beim Urbanek auf kleinster Fläche Schmankerln verzehrt und über die Welt philosophiert, herrscht im Käseland auf großer Verkaufsfläche die Geschäftigkeit eines Bienenstocks. Und die Auswahl an österreichischen und internationalen Käsen ist wirklich beachtlich!

Käseeinkauf in Wien

Wir fanden herrlichen Ziegenfrischkäse, als Rolle, als Gupf, mit Kräutern bestreut, in Öl eingelegt etc - manchmal auch die bunten Frischkäsekugeln von Daniel St. George (rote, die in Paprika gewälzt wurden, grüne, das sind die im Schnittlauchkostüm, weiße, also ganz naturbelassene und vieles mehr).

Auch die Auswahl an Vorarlberger Käsen ist erfreulich groß. Wir fanden ausgezeichnete Emmentaler und Bergkäse - Bergkäse übrigens in drei (!) Reifestufen: einen milden Zillertaler Almkäse, einen gut gereiften von Alma und einen vollreifen, würzigen aus dem Bregenzerwald. Sogar den im Osten Österreichs recht schwer zu bekommenden Bachensteiner gab es. Das Geschäft läßt wirklich die Wünsche keines Käsefreundes unerfüllt und zählt sicher zu den am besten sortierten Läden mit ausgezeichnetem inländischen Käse.

Übrigens: Ing. Reinhold Albert führt noch ein zweites, kleineres Geschäft, und zwar am Wiener Rochusmarkt.

Wenn wir Alberts "Käseland" hinter uns gelassen und die nächste Quergasse passiert haben (mit etwas Wagemut kann man sich durch die Parkplatz suchenden Autos mit ihren fluchenden Autofahrern hindurchschlängeln), stoßen wir linker Hand auf die "Käsehütte". Hier führt die liebenswürdige Rita Konrad Regie - und freundliche Beratung wird groß geschrieben. Das Angebot der "Käsehütte" - sie sieht auch wirklich wie eine Hütte aus - ist zwar kleiner als bei den Alberts, kann sich aber sehen lassen. Der Ybbstaler Schafkäse von Winkelmayer aus Hollenstein ist genauso vertreten wie Vorarlberger Bergkäse - zu manchen Jahreszeiten in zwei Reifestufen - und viele andere Köstlichkeiten aus Österreichs besten Käsereien.

Den Naschmarkt auf der Suche nach Käse weiterzuwandern, lohnt sich nur an Samstagen. Denn dann findet man an seinem Ende, dort wo die permanenten Stände aufhören und der Flohmarkt beginnt, an mehreren Plätzen nicht nur bäuerliche Würste und Speck, sondern auch Käse der Waldviertler "Käsemacher" (von einem ehemaligen Mitarbeiter feilgeboten) sowie Emmentaler, Bergkäse und Tilsiter aus Vorarlberg.

Doch die Zeiten, wo zahlreiche Bauern einmal in der Woche nach Wien kamen, um direkt ihren Käse anzubieten, sind längst vorbei. Nur auf einem Stand wird Käse direkt vom Bauern angeboten: bei Preissl & Neuburger (siehe unter NÖ/Tribuswinkel). Es sind interessante und variantenreiche Ziegenkäse, die man hier erstehen kann (stadteinwärts vom Flohmarkt aus den Hauptgang nehmen, dann rechter Hand). Preissl & Neuburger sind wohl die einzigen, die Honig und Käse gemeinsam anbieten und schon daran leicht zu erkennen sind.

Und so wandern wir zufrieden zurück zum Urbanek und lassen uns von ihm noch schnell das Geheimnis seines echten Liptauers erklären. "Er wird", wie er sagt, "nach einem alten Familienrezept aus Brimsen hergestellt." Dazu kommt Gervais und Butter, gewürzt wird mit Petersil, Kapern und Knoblauch. Urbanek: "Man darf den Knoblauch nicht zerquetschen, sondern muß ihn in feinste Scheiben schneiden - sonst wird der Liptauer bitter." Auch beim Liptauer kommt es eben auf die Feinheiten an.

Gerhard Urbanek, A-1040 Wien, Naschmarkt, Stand 46/Standgruppe 5 (nahe Getreidemarkt), Tel. 0222/587 20 80. Geöffnet MO bis DO von 9-18.30 Uhr, FR von 8-18.30 Uhr, SA 7.30-13 Uhr. **Käseland,** A-1040 Wien, Naschmarkt, Stand 172-174, Tel. 0222/587 29 58 MO bis FR 8-18.30 Uhr, SA 8-13 Uhr, und A-1030 Wien, Rochusmarkt Stand 5, Tel. 0222/713 24 10,MO bis FR 8-18.30 Uhr, SA 8-12 Uhr. **Käsehütte,** A-1040 Wien, Naschmarkt, Stand 509/Standgruppe 29 (nahe Pressgasse). Tel. 0222/561 09 14. Geöffnet MO bis FR 8-18.30 Uhr, SA 8-14 Uhr.

Käseeinkauf am Brunnenmarkt

Der Brunnenmarkt in Wien-Ottakring ist einer der belebtesten Märkte Wiens. Von den drei Käsegeschäften, die es hier gibt, ist der Seeber der interessanteste, weil dieser neben dem allseits bekannten Käsesortiment auch einige gute österreichische Produzenten führt. Darunter vor allem Plangger (T), Pirker (K) und Aschauer (NÖ).

Margit und Albert Seeber, Brunengasse 67, Stand 191, Tel. 0222/408 48 58.Öffnungszeiten: DI bis FR 7-18 Uhr, MI und SA 7-13 Uhr.

Bauernland: Der Feinkostladen Österreich

Dieses zu Meinl gehörende Geschäft in der Wiener Innenstadt - einen Steinwurf vom Stephansdom entfernt - hat sich darauf spezialisiert, bäuerliche Produkte anzubieten. Wenn es um Käse geht heißt das beispielsweise: Schafkäse vom Gut Borckenstein, Ziegenkäse von Ilse Neu, diverse Frischkäse in Form von Gupfen oder Rollen, alles, was das Herz erfreut, auch Mönchskas aus Schlierbach, Bajazzo, Conte Freiland, Rotes Schaf und Rote Ziege von den Käsemachern und natürlich Hartkäse aus dem Westen Österreichs.

Alles in allem ein interessanter Kontrapunkt zu den Boutiquen, Pelzgeschäften und Juwelieren, die sich sonst hier im Umfeld angesiedelt haben. Und eine echte Bereicherung für das Angebot ganz im Zentrum einer Großstadt. Wann immer vom Feinkostladen Österreich geredet wird - hier kann man ihn besichtigen. Und es gibt sie tatsächlich: große Qualität von kleinen Produzenten.

Bauernland, Seilergasse 4, A-1010 Wien, Tel. 0222/512 42 53. Geöffnet MO bis FR 9-18.30, SA 8.30-12.30.

Raimund Schwarzenbacher: Keine Extrawürste

Früher war es das zum VINISSIMO gehörende Käsegeschäft und hieß PANISSIMO, nun ist es neu ausgestattet und wird von Raimund Schwarzenbacher - ein Profi-Gastronom - in Alleinregie weitergeführt. Aber das Käse- und Wein-Know-how von Franz Haslinger und Klaus Curn fließt nach wie vor ein.

Wie bisher gibt es Pasta, Balsamico, Olivenöl, frisch gemachte Teigwaren. Käse, Brot und einige Süßspeisen, nun kann man auch im Stehen Pasta essen, Wein, Bier oder naturtrübe Säfte trinken. Schwarzenbachers Philosophie: "Ich habe keine Extrawürste, aber eine gute Salami ist immer da."

Raimund Schwarzenbacher, Raimundhof, Windmühlgasse 20, A-1060, Tel. 0222/586 82 46. Geöffnet MO bis FR 7-20.30, SA bis 14.00.

Weitere Einkaufsmöglichkeiten

Käsehütte in Vösendorf, SCS-Süd, Top 32, Tel. 0222/69 25 68. Herbert Gaunersdorfer sorgt für Käsekultur in der Shopping City Süd.

Pastavino, Zolger GesmbH & Co KG, A-1170 Kalvarienbergg. 27, Tel. 0222/408 83 60, A-1190 Wien, Sonnbergplatz Stand 14-17, Tel. 0222/322 64 82 und A-1130 Wien, Hietzinger Hauptstraße Tel. 70 82 00 235. In den bereits drei Filialen gibt es neben Käse (aus Österreich vorwiegend Produkte der "Käsemacher") hausgemachte Pasta, ferner Kräutersaucen auf Obersbasis, Sugos, Antipasti, Aufläufe und Lasagne. Bei den Weinen dominieren - wie der Name des Geschäfts schon sagt - italienische Produkte. Das Styling der Räumlichkeiten ist cool, reduziert auf die Farben Schwarz, Weiß und Rot, auf kleinen Tischchen kann man auch sofort etwas von den Köstlichkeiten probieren.

Alles Käse, A-1130 Wien, Hietzinger Hauptstr. 9, Tel. 0222/828 47 48 od. 876 47 48. Geöffnet MO bis FR 9-13 und 15-18 Uhr, SA 9-12 Uhr. Internationale Käsespezialitäten und Pasta, perfekte Beratung.

Naturkostläden - eine Auswahl
(bezirksweise geordnet)

Makrokosmos, A-1010 Wien, Fleischmarkt 16 (im Hof), Tel. 0222/513 19 47, **Naturprodukte,** A-1010 Wien, Rotenturmstraße 16-18, Tel. 0222/513 45 78, **Naturkost,** A-1020 Wien, Karmelitermarkt, Stand 45, Tel. 0222/333 77 22, **Naturkost "Kas & Gwandl",** A-1030 Wien, Salmgasse 21, Tel. 0222/713 24 07, **Naturkost Endrych,** A-1040 Wien, Margaretenstr, 47, Tel. 0222/587 14 41, **Naturkost Fontanella,** A-1040 Wien, Mayerhofg. 8, Tel. 505 47 25, **Naturprodukte,** A-1040 Wien, Wiedner Hauptstraße 66, Tel. 0222/586 06 71, **Naturprodukte,** A-1060 Wien, Gumpendorferstr. 28, Tel. 0222/587 72 68, **Naturkost Spittelberg,** A-1070 Wien, Spittelbergg. 24, Tel 0222/93 61 92, **Naturkost St. Josef,** A-1070 Wien, Zollerg. 26, Tel. 0222/526 68 18, **Makrokosmos Lebensmittel,** A-1080 Wien, Strozzig. 38, Tel. 0222/43 97 40, **Naturkost,** A-1120 Wien, Meidlinger Markt, Stand 55, Tel. 0222/836 72 35, **Naturkost Meiselmarkt,** A-1150 Wien, Meiselmarkt, Stand 62, **Naturkost Brunnenmarkt,** A-1160 Wien, Yppeng. 5, Tel. 0222/43 13 47, **Naturkostladen Döbling,** A-1190 Wien, Billrothstr. 18, Tel. 0222/31 69 65, **Viktualienmarkt,** A-1190 Wien, Himmelstr. 5, Tel. 0222/32 79 27, **Naturprodukte,** A-1190 Wien, Gatterburgg. 25, Tel. 0222/, 369 89 27, **Naturprodukte,** A-1210 Wien, Franz-Jonas-Platz 2-3, Tel. 0222/278 19 91, **Naturkost,** A-1210 Wien, Schlinger-markt, Stand 84, **Naturkost und Reform,** A-1220 Genochplatz, Stand 18, Tel. 0222/22 02 41, **Aus guter Erde,** A-1230 Wien, Andresstr. 113, Tel. 0222/88 11 38.

Auskunft und Sekretariat der **Interessengemeinschaft der Naturkost-läden Österreichs:** Angela Rusch, A-3400 Weidling, Hauptstraße 37, Tel. 022 43/88 718).

Harald Karner:
Ein "Käsemacher" macht sich selbständig

Wie der Zufall so Regie führt. Als der gelernte Nachrichtentechniker Harald Karner in Kaltenleutgeben bei Wien ein 300 Quadratmeter großes Grundstück pachtete, kaufte er sich zwei Schafe. Wenig später bekamen die Tiere Junge - weil sie offensichtlich schon vor dem Kauf gedeckt worden waren. Karners Überraschung konnte nicht größer sein: "Wir haben die Euter angefaßt und festgestellt, daß Milch herauskommt." Es folgte die Erkenntnis, daß man aus der Milch Käse machen kann. Und gemeinsam mit Hermann Ploner baute er im Waldviertel die Firma "Die Käsemacher" auf.

Später verkaufte er Ploner die inzwischen größer gewordene Schafherde samt den Einrichtungen für die Käseproduktion und konzentrierte sich voll auf den Vertrieb der "Käsemacher"-Produkte. Ende 1991, "als Ploner begann, Handelsketten im großen Stil zu beliefern" (Karner), kam es schließlich zum endgültigen Bruch.

Heute ist Karner ein Käse-Fachmann, der vielen kleineren bäuerlichen Produzenten zu einer Stimme am Markt verhilft. Er holt ihre Produkte vom Bauernhof ab und vertreibt sie von seiner Perchtoldsdorfer Zentrale aus an Wiener Käsetheken, Spitzenrestaurants und Heurige.

Ein recht einfaches, bodenständiges Produkt, das sich heute großer Beliebtheit erfreut, ist das Gupferl, ein Frischkäse aus pasteurisierter Milch (60 Prozent Schafmilch und 40 Prozent Kuhmilch), gekäst in kleinen bäuerlichen Betrieben im Gebiet um Hainfeld, Lunz am See sowie im Kremstal. Das Gupferl schmeckt cremig-mild, frisch und leicht.

Ähnliche Attribute können dem Ybbstaler Schafkäse zugesprochen werden, er ist aus 100 Prozent Schafmilch gekäst. Diese Käsespezialität wird von Karl Winkelmayer in Hollenstein an der Ybbs, am Fuße des Ötschers hergestellt. Je drei Rollen von 250 Gramm werden in einer Kunststoffschachtel abgepackt. (Die Milch wird nur im Winter pasteurisiert, dann produziert nämlich der Milchhof Steyr in Garsten.)

Der gebürtige Franzose und Wahlösterreicher Daniel St. George produziert im Weinviertel aus 100 Prozent Ziegenmilch einen pikanten Frischkäse mit der Bezeichnung Ziegentorte. Der leicht gesalzene Käse hat ein zartes Knoblaucharoma und ist mit Kräutern der Provence bestreut. Völlig naturbelassen und ungesalzen ist hingegen die cremige und streichfähige Ziegenstange.

Aus Schloß Strelzhof bei Willendorf in Niederösterreich stammen in Öl eingelegte Frischkäsekugeln aus 100 Prozent Ziegenmilch, der sogenannte Ziegenkäse vom Kienberg. Der Frischkäseteig wird leicht mit

Kräutern gewürzt, zu Kugeln geformt, und diese werden dann in Öl, Kräutern und Gewürzen eingelegt. Die Mühlviertler Hofkäserei steuert den Ziegenpeter bei, ein handgeschöpfter Weichkäse aus pasteurisierter Ziegenmilch mit weißem Edelschimmel und 45 % F.i.T. Es gibt ihn in kleinen Acht-Gramm-Portionen oder in größeren 800-Gramm-Torten.

Aus dem Zisterzienserkloster Schlierbach in Oberösterreich stammt ein Schafweichkäse mit Rotschmiere, der Mönchskas. Der Teig ist geschmeidig, in Vollreife zart schmelzend und hellgelb, der Geschmack rahmig-mild mit einem sanften Schafmilcharoma.

Last but not least gibt es auch noch einen Doppelschimmelkäse aus Schafmilch, gekäst im Milchhof Steyr in Garsten. Es handelt sich dabei um einen Blauschimmel-Weichkäse mit Weißschimmelrasen, ein geschmeidig-cremiger Teig mit feinen Edelpilzäderchen und ein vollmundig-würziger Geschmack zeichnen ihn aus.

Harald Karner, A-2380 Perchtoldsdorf, Hochstr. 103, Tel. 0222/816 67 77 oder 0663/89 59 94.

Alexander Kostner: Eine Käse-Alternative als Broterwerb

Alexander Kostner kam vor drei Jahren aus Tirol in die Steiermark. Dem heute 23jährigen war es in seiner Heimat "einfach zu eng" geworden - auch im geographischen Sinn. Daheim hatte er Einzelhandelskaufmann gelernt, in der Steiermark fügte er ein landwirtschaftliches Praktikum auf dem Demeter-Betrieb Jochum bei Köflach hinzu.

Käse hat ihn schon immer ein bißchen umfassender fasziniert: "Zunächst ist da natürlich das Lebensmittel Käse, der Wohlgeschmack und seine verschiedenfältigsten Herstellungsformen. Aber danach gibt es auch eine Kulturgeschichte des Käsens, die auf einer Jahrhunderte alten Tradion beruht."

Bald nach seiner Übersiedlung nach Graz begann Kostner wieder, im Käsefach zu arbeiten. Weil es ihn immer wieder zu den Produktionsquellen trieb, klapperte er bald systematisch alle interessanten kleinen Käsemacher ab und brachte ihre Waren auf die Märkte. Als ihn der biologisch-organische Verband "Ernte" aus Vorarlberg fragte, ob er an der österreichweit intensivierten Vermarktung seiner Bergkäse teilnehmen wollte, sagte er spontan zu. Und hatte bald sein erstes Aha-Erlebnis, als er mit der neu entdeckten Liebe der Österreicher zum Käse konfrontiert wurde:

"Beim Linzer Bio-Fest habe ich in zwei Tagen 350 Kilogramm Berg-

käse verkauft. Das heißt, du mußt zwölf 30 Kilogramm Laibe in Portionen von durchschnittlich 20 Dekagramm schneiden. Am nächsten Tag hatte ich an beiden Unterarmen eine Sehnenscheidenentzündung."
Ähnlich durchschlagend war der Erfolg bei den monatlichen Bio-Märkten Am Hof in Wien, die 1993 mit Unterstützung der Gemeinde durchgeführt wurden. Das wieder bestärkte Kostner in seiner Idee, die mittlerweile bis zum Lager gediehen ist: ein kleines, aber feines Fachgeschäft in Graz zu eröffnen, das dem einfachen Konzept folgt, von allen Regionen Österreichs (und später Europas) einfach nur das Beste zu verkaufen: die besten Käse, vor allem regionale Spezialitäten, die besten Öle, Weine, das beste Gemüse.
Streift man durch Kostners Lager, das in einem kühlen Ziegenkeller eines alten Grazer Vorstadthaus angelegt wurde, kann man ihm nur wünschen, bald ein Geschäftslokal zu finden. Denn bereits jetzt, am Anfang seiner Laufbahn, hat der junge Tiroler allein dank seiner Ausdauer und Neugier zusammengetragen, was jedem Feinkostladen der Welt zur Zierde gereichen würde. Zieht man ferner ins Kalkül, daß die Weine, diversen Öle, Käse- und Räucherwaren, die aus diesem provisorischen Vertrieb weiterverkauft werden, von relativ unbekannten Produzenten stammen, ist man auch als Skeptiker wieder geneigt, an das Wort von Österreich als Feinkostladen Europas zu glauben.
(sk)

Alexander Kostner, Wickenburggasse 5, A-8010 Graz, Tel.: 0316/84 81 96.

Arbeitsgemeinschaft Mostviertel/Franz Schnetzinger: Bäuerliche Produkte von höchster Qualität

Diese Arbeitsgemeinschaft ist inzwischen bei vielen Gastronomen und Besitzern von Feinkostläden ein Inbegriff für hervorragende bäuerliche Produktqualität geworden. Sie besteht aus dem Zusammenschluß mehrerer käseerzeugender Bauern, die sich ausschließlich auf die bäuerlichen Tätigkeiten beschränken, sowie eines Mannes, der hauptberuflich den Vertrieb besorgt: Ing. Franz Schnetzinger. Durch diese Arbeitsteilung werden Zeit und Geschick optimal verteilt.
Schnetzinger, selbst beschlagen im Fach Käseerzeugung, holt den fertigen Käse ab, liefert ihn aus, sorgt für die Abrechnung und das Wiedereinbringen der Pfandbehältnisse. Außerdem finden sich in seiner Palette auch Produkte, die nicht aus der AG stammen.
Zur AG zählen: Hans und Reante Dorfer (Schafe), A-3352 Kürnberg 71, Tel. 0 72 52/302 07; Alfred und Lotte Mitterhauser (Schafe), Kürnberg

73, Tel. 0 72 52/302 08; Hubert und Renate Zöttl (Kühe), A-4443 Sulz-bach Hohenreith 27, Tel. 0 72 50/370; Roman Weindlmaier (Säfte), Kürnberg, Grub 34, Tel. 0 72 52/302 37.
Beliefert werden u.a.: die Salzburger Restaurants Purzelbaum, Öster-reichischer Hof, Gersbergalm, K+K-Restaurants, La Farandole in Mondsee, der Stadtwirt in Linz, Heurige in Wien, sowie das Korso, das Sacher, das Hilton, das Plaza, Feinkost Gebrüder Wild sowie diverse Naturkostläden wie das Salvia im 13. Wiener Gemeindebezirk.

Ing. Franz Schnetzinger, Arbeitsgemeinschaft Mostviertel, A-3352 Kürnberg 176, Tel. 0 72 52/304 92 od. 0663/81 89 33, Fax 0 72 52/304 92.

Hermann Oberascher/Naturprodukte: Wir wollen nicht das schnelle Geld

Die Pleite der Firma Perlinger hat auch etwas Gutes gehabt: Hermann Oberascher, der Frischdienstchef von Perlinger, mußte sich einen neuen Job suchen, und er machte sich selbständig. "Nach dem Zusammen-bruch der Firma dachte ich mir: Du kannst doch nicht die vielen Pro-duzenten hängen lassen."
Seither pendelt Oberascher mit seinem Kühlwagen - "Wir garantieren eine ununterbrochene Kühlkette." - zwischen Vorarlberg, Tirol, der Steiermark und Wien. In seinem Wagen transportiert er die besten österreichischen Biokäse: von Regina Hainz, Werner Borckenstein, Fritz Pirker, und der Vorarlberger Bio-Sennereigenossenschaft Hatzen-städt. "Wenn es nur irgendwie geht, nehmen wir Produkte von Bio-Bauern." Auch Herbert Planggers Rohmilchimporte werden von Ober-ascher vertrieben, genauso wie der Bantelsche Camembert.
Beliefert werden hauptsächlich Naturkostläden, aber auch andere Be-triebe, die dabei mithelfen wollen, an einer Bewußtseinveränderung mit-zuwirken. "Die Bauern sind ja inzwischen mit ihrer Chemie-Düngung die großen Umweltverschmutzer geworden. Bio-Bauern hingegen sind Naturschützer." Es ist auch schon vorgekommen, daß Oberascher die Lieferung an einen Kunden eingestellt hat. "Wenn die Philosophie nicht stimmt, hören wir auf. Wir wollen nicht das schnelle Geld."

Hermann Oberascher/Naturprodukte, Feinkost Großhandel, Boden 148, A-6322 Kirchbichl, Tel. 0 53 32/770 91 oder 0663/85 76 85.

Großhändler und Importeure

Fredis Käslädele/Fredi Binder, A-6900 Bregenz, Deuringstraße 9, Tel. Tel. 0 55 74/439 16. Fredi Binder führt ein Käsegeschäft in Bregenz, außerdem handelt er mit Käse. Viele Vorarlberger Käsespezialitäten kamen erst auf seine Initiative in die Geschäfte und in die Gastronomie im Osten Österreichs. Sein Sohn Wolfgang, der ein zweites Geschäft in Bregenz führt (Rheinstraße 29, Tel. 0 55 74/311 34), liefert regelmäßig nach Wien (siehe auch unter Käseeinkauf Vorarlberg).

Josef Hosp GesmbH, Sonnbergstr. 38, A-6714 Nüziders, Tel. 0 55 52/ 622 32 oder 633 93. Käsegroßhandel, Käsefabrikation, Import und Export. (Siehe auch unter Kurztips Vorarlberg.)

Hans Daurer/Lebenszeichen Naturkostwaren HandelsgesmbH, A-8272 Großhart 99, Tel. 0 33 33/28 33, 28 32, Fax 28 33 DW 9.

Eduard Bracharz GesmbH, Albert-Schweitzer-Gasse 7, A-1140 Wien, Tel. 0222/97 16 01-0. Import ausländischer Käse.

Paul Kerber GesmbH, Import und Großhandel, Baumgasse 70, A-1030 Wien, Tel. 0222/795 96. Import ausländischer Käse.

Wichtige Adressen:

Bundesministerium für Land- und Forstwirtschaft, A-1012 Wien, Stubenring 1, Tel. 0222/711 00-0.

Bundesministerium für Gesundheit, A-1031 Wien, Radetzkystraße 2, Tel. 0222/711 58-0.

Milchwirtschaftsfonds, A-1013 Wien, Wipplingerstr. 30, Tel. 0222/ 534 91.

AMF Wien 1, Werdertorgasse 5, A-1013 Wien, Tel. 0222/531 76-0, Fax 533 04 76.

AMF Wien 14, Linzer Straße 229-235, A-1140 Wien, Tel. 0222/94 11 54, Fax DW 202.

AMF Wien 20, Jägerstraße 82, A-1201 Wien, Tel. 0222/331 02, Fax DW 277.

Österreichische Milch-Informationsgesellschaft (ÖMIG), A-1013 Wien, Wipplingerstr. 30, Tel. 0222/534 91-224, Fax DW 225.

NÖ. Landwirtschaftskammer, Löwelstr. 16, A-1014 Wien, Tel. 0222/ 534 41/760.

NÖ. Landeszuchtverband für Schafe und Ziegen, Löwelstr. 16, A-1014 Wien, Tel. 0222/534 41/357-359 DW, Fax DW 411.

Abgesottener Käse: Ein oberösterreichischer Kochkäse, der dort früher in bäuerlichen Haushalten häufig hergestellt wurde.

Aerob/Anaerob: Bei aeroben Stoffwechselvorgängen benötigen die beteiligten Mikroorganismen Luft, anaerobe Stofffwechselvorgänge laufen ohne Luft ab.

Aflatoxine: Giftige, krebserregende Ausscheidungsprodukte gewisser Fremdschimmel, wie z. B. Brotschimmel.

Alpe/Alm: Flächen im Gebirge, die während des Sommers von Vieh beweidet werden. Es erfolgt kein täglicher Heimtrieb, sondern das Vieh bleibt mehrere Monate auf der Weide. Die Bewirtschaftung ist auf diese Weise von den Heimgütern getrennt. Im alemannischen Sprachraum (dazu gehört auch Vorarlberg) wird nur das Wort Alpe und nicht das Wort Alm verwendet. Die Bewirtschaftung der Alpe während des Sommers nennt man Alpung.

Alpenkäse: Siehe Beschreibung im Einleitungskapitel "Der ideale Käse", Seite 37.

AMF: Abkürzung für die "Austria Milch- und Fleischvermarktung", eine registrierte Genossenschaft, die Milch- und Fleischprodukte vermarktet. Die AMF ist ein Zusammenschluß der großen Molkereiverbände Agrosserta (Steiermark, mit dem Markennamen Desserta), Alpi (Salzburg, Tirol), Schärdinger (Oberösterreich, Wien) und Pikano (Niederösterreich). In Hinkunft wird es österreichweit nur mehr die Marken Schärdinger und Desserta geben, Pikano wird weiterhin für Quargel verwendet.

Angfäulter Kas: Bäuerlicher Käse aus dem Innviertel. Magertopfen wird in einen irdenen Topf gefüllt und dort eine Zeitlang zur Reifung belassen.

Aromen: Im Käse vorkommende natürliche Stoffe, die Geruchs- und Geschmacksempfindungen auslösen.

Aschenkäse: Ein mit Holzasche bestreuter Weichkäse, in Frankreich cendré bezeichnet. Durch das Aufbringen der Holzasche wird die Milchsäure neutralisiert und die Mikroflora positiv beeinflußt. Aschenkäse reifen langsamer als Käse ohne Aschenüberzug, und sie sind länger haltbar.

Bacterium linens: Siehe unter Rotschmiere.

Baktofuge: Eine Zentrifuge, mit der schädliche Keime aus der Milch abgesondert werden. Das Verfahren nennt man Zentrifugalentkeimung.

Lexikon der Fachbegriffe

Bierkäse: Siehe Beschreibung im Einleitungskapitel "Der ideale Käse", Seite 32.

Bauernkäse: Die aus bäuerlichen Betrieben hergestellten Käse, meist aus Rohmilch.

Bergkäse: Ein Rohmilch-Hartkäse. Siehe Beschreibung im Einleitungskapitel "Der ideale Käse", Seite 36.

Blauschimmelkäse: Siehe Beschreibung im Einleitungskapitel "Der ideale Käse", Seite 34.

Brie: Siehe Beschreibung im Einleitungskapitel "Der ideale Käse", Seite 35.

Brimsen (Brinsen): Ein gesalzener Schafkäse aus der Slowakei, der von topfiger bis krümeliger Konsistenz ist. Der erste Teil der Herstellung findet während des Sommers auf den Almen statt, der zweite Teil anschließend in Talkäsereien. Frischen Brimsen gibt es in Wien im Mai auf Märkten oder in guten Käsegeschäften. (Siehe auch unter Liptauer.)

Bruch: Die gallertige geronnene Milch, bei der sich die festen Bestandteile bereits von der Molke getrennt haben.

Bruch brennen: Bei Hartkäse Erwärmung des Bruchs auf rund 50 Grad Celsius, um das Korn zu festigen. Auch Nachwärmen genannt.

Bruchlochung: Die unregelmäßige Bruchlochung entsteht, wenn Bruch ohne Molke abgefüllt und damit Luft eingeschlossen wird. Wenn der Käse gepreßt wird, werden die Bruchlöcher flacher (Schlitzlochung), oder es entsteht ein geschlossener Teig (also ein Teig ohne Lochung).

Bruch waschen: Wasserzugabe zum Bruch-Molke-Gemisch bei einigen Käsesorten wie Tilsiter. Dies führt zu einer Verdünnung der im Gemisch enthaltenen Stoffe und verringert das Ausmaß der Säuerung.

Camembert: Siehe Beschreibung im Einleitungskapitel "Der ideale Käse", Seite 35.

Casein, Kasein: In der Milch enthaltenes Eiweiß.

Definierter Käse: Käse, dessen Eigenschaften und Zusammensetzung durch Gesetze oder ähnliche Bestimmungen festgelegt sind.

Deutsche Landwirtschaftsgesellschaft (DLG): Die in Frankfurt am Main ansässige Organisation testet seit 1991 Schaf- und Ziegenkäse aus bäuerlichen Betrieben der Bundesrepublik Deutschland, Österreich und aus der Schweiz. Für die besten Käse, die zur Prüfung eingeschickt worden sind, gibt es Prämierungen: Großer Preis, Silberner Preis und Bronzener Preis.

Dicklegen: Die Milch durch Lab und/oder Milchsäurekulturen zum Gerinnen bringen.

Emmentaler: Ein Rohmilch-Hartkäse. Siehe Beschreibung im Einleitungskapitel "Der ideale Käse", Seite 37.

Erlauftaler: Gupfförmiger Käse aus bäuerlicher Produktion im Gebiet des niederösterreichischen Erlauftales. (Siehe Gupf).

Freie Sorte: Käse, dessen Eigenschaften und Zusammensetzung durch Gesetze oder Verordnungen nicht festgelegt sind.

Frischkäse: Siehe Beschreibung im Einleitungskapitel "Der ideale Käse", Seite 30.

Gallerte: Die gestockte Milch, auch Dickete genannt.

Galtalpen: Flächen im Gebirge, die während des Sommers von Jungrindern beweidet werden (zum Unterschied von Melkalpen).

Gärlochung: Sie entsteht dadurch, daß bei der Propionsäuregärung Kohlendioxid frei wird und Blasen bildet. Wegen ihrer Form auch Rundlochung genannt.

Geschlossener Teig: Das Innere eines Käses mit nur sehr kleiner oder gar keiner Lochung.

Geschmack: Empfindungen auf der Zunge und am Gaumen. Es gibt vier elementare Geschmacksempfindungen: salzig, süß, sauer und bitter. Die Rezeptoren für süß liegen an der Zungenspitze, die für sauer und salzig an den Zungenrändern, die für bitter bzw. herb am Zungengrund.

Gläs (Gläsler): Spalten oder Risse im Inneren des Käses infolge falscher Temperatur im Reifungsraum oder Fehlern in der Verarbeitung.

Glundner Käse: Bäuerlicher Käse aus Kärnten, der nach Art eines Kochkäses hergestellt wird (siehe unter Kochkäse). "Gelunden" kommt von "linden", was soviel bedeutet wie "rösten".

Graukäse: Siehe Beschreibung im Einleitungskapitel "Der ideale Käse", Seite 40.

Groyer: Eine alte österreichische Käsesorte, dem Greyerzer entsprechend. Das Verfahren ähnelt dem Emmentaler, doch sind die Laibe nur rund 40 Kilogramm schwer. Weiche Groyer wurden früher in Vorarlberg erzeugt und Battelmatt genannt.

Grünschimmelkäse: Siehe Beschreibung im Einleitungskapitel "Der ideale Käse", Seite 34.

Gupf/Gupferl: Eine österreichische Frischkäseart, die früher in vielen bäuerlichen Haushalten hergestellt wurde. Der Käse bekommt seine

Gupf-Form dadurch, daß die eingelabte Milch in kleine Becher geschöpft wird.

Hartkäsetaugliche Milch: Eine Milch, die bestimmte Qualitätskriterien erfüllt. So darf der Betrieb z. B. kein Silo-Futter (Silage) verwenden, und es darf auch sonst im Futter zu keiner Gärung kommen (Gefahr von Spätblähungen im Käse). Emmentaler und Bergkäse sind in Österreich aus harkäsetauglicher Milch hergestellt. Der Bauer erhält für die Erschwernis ein erhöhtes Entgelt.

Impfen: Vorgang in der Käseproduktion, bei dem die Milch mit Starterkulturen (Milchsäurebakterien, Joghurtbakterien, Kulturschimmel etc.) versetzt wird.

Järb: In der Hartkäseproduktion (z. B. bei Emmentaler) wird die Bruchmasse mit Tüchern aus dem Kessel gehoben und in eine Form gefüllt. Diese Form heißt Järb. Sie ist reifenförmig und besteht aus Holz, Metall oder Kunststoff.

Jausenkäse: Anspruchsloser, manchmal recht deftiger Käse, der gut für eine Jause geeignet ist, aber nicht zum Abschluß eines delikaten Mahles.

Käseflora/Käsekulturen: Gesamtheit der Mikroorganismen, die während der Reifung auf der Rinde oder im Teig vorhanden sind.

Käsereimilch: Milch für die Käseherstellung, oft mit Milchsäurekulturen vorgereift, roh oder pasteurisiert und mit eingestelltem Fettgehalt.

Käsereisalze: Diese werden bei manchen Käsen der Milch beigeben, um sie von gefährlichen Keimen zu reinigen. Unter "Käsereisalze" sind auch Salze der Salpetersäure inkludiert (kurz Salpeter genannt). Die gesetzliche Höchstgrenze liegt bei 10 Gramm pro 100 Liter Kesselmilch. Die Verwendung von Käsereisalzen ist kennzeichnungspflichtig.

Kochkäse: Ein Käse, der in bäuerlichen Haushalten lange Zeit sehr häufig hergestellt worden ist. Sauermilchtopfen wird einige Tage lang gereift, anschließend mit Salz und Kümmel gewürzt und in einer Pfanne mit Fett gekocht. In Österreich heißt ein derartiger Käse Abgesottener Käse oder Glundner Käse.

Lab: Ein Enzym zum Dicklegen der Milch. Wird vorwiegend aus Kälbermagen gewonnen, daneben gibt es auch pflanzliche Labe (z.B. aus Labkraut, Saft des Feigenbaumes, Distelarten etc.)

Laktationsperiode: Zeit, in der die Muttertiere Milch geben. Bei einer Kuh beträgt die Laktationsperiode rund zehn Monate, in dieser Zeit werden 4.000 bis 5.000 Liter Milch erzeugt. Eine Ziege erzeugt in rund acht Monaten 400 bis 600 Liter Milch.

Liptauer: Ein Mischung aus Brimsen (ein slowakischer Schafkäse), Butter und verschiedenen Zutaten wie Salz, Kümmel, Paprikapulver, feingehacktem Schnittlauch und Petersilie, kleingeschnittenen sauren Gurkerln, Kapern und Knoblauch. In jüngerer Zeit wird statt Brimsen meist Topfen verwendet, was jedoch nicht die gleichen geschmacklichen Ergebnisse bringt. (Siehe auch unter Brimsen.)

Lochung: Fachbegriff für die berühmten Löcher im Käse. Man unterscheidet zwischen Gärlöchern und Bruchlöchern (siehe dort). Die Größe der Lochung wird mit Begriffen aus anderen landwirtschaftlichen Bereichen definiert: So spricht man von einer Lochung in der Größe von Gerstenkörnern, Erbsen, Kirschen, Walnüssen etc. Die Lochung kann gleichmäßig über die gesamte Schnittfläche oder unregelmäßig verteilt sein.

Melkalpen: Flächen im Gebirge, die während des Sommers von Muttertieren beweidet werden (zum Unterschied von Galtalpen).

Mischling: Siehe Beschreibung im Einleitungskapitel "Der ideale Käse", Seite 38.

Mischlochung: Sie liegt vor, wenn eine Bruchlochung und eine Gärlochung in einem Käse gemeinsam auftreten.

Molke (Schotte): Die aus geronnener Milch abfließende Flüssigkeit. Aus Molke kann Ziger hergestellt werden.

Mondseer: Siehe Beschreibung im Einleitungskapitel "Der ideale Käse", Seite 41.

Nachwärmen: Siehe unter "Bruch brennen".

Nisser: Ein Käsefehler bei Sorten wie Emmentaler. Statt der normalen Lochung weist der Käse eine Unzahl kleiner und kleinster Löcher im Teig auf. Auch "Tausendlöchler" genannt. Nißliger Käse ist meist auch geschmacklich nicht einwandfrei.

Offener Teig: Käse mit reichlicher Lochbildung.

Pasteurisieren: Eine kurzzeitige Hochtemperaturerhitzung (mindestens 15 Sekunden bei 71,7°C) oder ein Verfahren, bei dem unterschiedliche Zeit- und Temperaturrelationen mit gleicher Wirkung verwendet werden (EG-Definition). Eine gleiche Wirkung kann beispielsweise erzielt werden, wenn bei einer niederigeren Temperatur entsprechend länger erhitzt wird, oder bei einer höheren Temperatur entsprechend kürzer. Nach der Erhitzung wird sofort auf eine Temperatur von 6°C abgekühlt. Pasteurisierte Milch ist daran zu erkennen, daß sie im Phosphatasetest eine negative und beim Peroxidasetest eine positive Reaktion zeigt.

Peroxid-Katalase-Entkeimung: Siehe unter PK-Käse.

Phosphatasetest: Phosphatase sind Enzyme, die bei einer Erhitzung im Zuge einer Pasteurisation abgetötet werden. Der Phosphatasetest fällt daher in diesem Fall negativ aus. Anders bei einer Thermisation: Die Enzyme bleiben am Leben, der Test ergibt ein positives Ergebnis.

pH-Wert: Maßstab für Säuerung, durch chemische Untersuchung feststellbar.

Pikieren: Bei der Herstellung von Blauschimmelkäsen das Anstechen der Käse mit Nadeln, um Luft ins Innere eintreten zu lassen. Erst dadurch kann sich der Blauschimmel, der meist schon dem Teig beigegeben wird, voll entfalten.

PK-Käse: Früher, und vor allem in südlichen Ländern, war die Peroxid-Katalase-Entkeimung gebräuchlich. Es wurde der Rohmilch elektrolytisch reines Wasserstoffsuperoxyd beigegeben, anschließend wurde das Peroxid nach Abkühlung der behandelten Milch auf 30 Grad Celsius mit Katalase vollständig zersetzt. Die Käse nannte man spöttisch PK-Käse. In Österreich seit mehr als zehn Jahren verboten.

Pressen: Bei einigen Käsesorten wird der Käsebruch in Tüchern oder in Formen gepreßt. Dadurch wird die Molke aus dem Käse entfernt, und die Oberfläche festigt sich.

Quargel: Siehe Beschreibung im Einleitungskapitel "Der ideale Käse", Seite 40.

Räßkäse: Meist aus Mischlingkäsen durch Nachbehandlung in Sulz erzeugt (Siehe unter Sulz und im Einleitungskapitel "Der ideale Käse" Seite 39).

Räucherkäse: Schnitt- oder Hartkäse, der nach längerer Reifung geräuchert wird.

Rohmilch: Eine Milch, die nicht über 40 Grad Celsius erhitzt und keiner Behandlung mit ähnlicher Wirkung unterzogen wurde (EG-Definition).

Rotschmiere: Die Rotschmiere (oder Rotkultur, wie sie heute oft genannt wird, weil das Wort "Schmiere" nicht gut klingt) enthält das bacterium linens, dessen Enzyme den Käseteig von außen nach innen reifen lassen.

Rundlochung: Sie entsteht dadurch, daß bei der Propionsäuregärung Kohlendioxid frei wird. Auch Gärlochung genannt.

Salpeter/Nitrat: Ein Käsereisalz, wird in kleinen Mengen (gesetzlich festgelegter Höchstwert 10 Gramm pro 100 Liter Kesselmilch) zur Reinigung der Milch beigegeben (bei höheren Dosen bestünde Gefahr einer Nitritbildung, die unter bestimmten Umständen gesundheitsgefährdend ist). Hartkäse wie Emmentaler und Bergkäse müssen aus nitratfreier Milch gekäst werden.

Salzbad: Salzlösung von 15 bis 20 %, in die die Käse eingelegt werden, bis sie den gewünschten Salzgehalt für die Reifung erreicht haben.

Schimmelkulturen: Aromabildende Schimmel, die an der Oberfläche oder im Inneren eines Käses wirken. Ein bekannter Oberflächenschimmel, wie er beispielsweise in der Camembert-Produktion verwendet wird, ist Penicillium camemberti, nicht weniger berühmt ist Penicillium roqueforti, in Österreich bei der Herstellung des Trautenfelser Edelschimmels im Einsatz.

Schlitzlochung: Wenn Käse bestimmter Sorten gepreßt wird, werden die Bruchlöcher flacher, und es entsteht eine Schlitzlochung.

Schloßkäse: Siehe Beschreibung im Einleitungskapitel "Der ideale Käse" Seite 39.

Sig: Eine süße Masse, die auf den Alpen/Almen noch vereinzelt hergestellt wird. Die bereits gezigerte Molke wird durch langes Kochen eingedampft, mit Butter und Rahm vermischt, gezuckert und gewürzt. Das Endprodukt ähnelt in Aussehen und Geschmack einer Schokolade. Daraus erklärt sich der dafür verwendete Begriff "Alpenschokolade" - im Bregenzerwald auch als "Wälderschokolade" bezeichnet. Sig ist eine Letztverwertung der Molke nach Abschluß der Ziger-Gewinnung (siehe unter Ziger). Was sonst übrig bleibt wird zum Waschen des Sennzubehörs verwendet oder an die Schweine verfüttert.

Silofreie Milch: Milch von Tieren, an die kein Silofutter verfüttert wurde. Hartkäse wie Emmentaler und Bergkäse muß aus silofreier Milch hergestellt werden. Der Bauer erhält für die Erschwernis ein erhöhtes Entgelt. (Siehe auch unter hartkäsetaugliche Milch)

Silosperrgebiet: Gebiet mit Silo-Fütterungs-Verbot. Durch ein oberstgerichtliches Urteil ist es seit kurzem Bauern in einem Silosperrgebiet erlaubt, Silofutter (Silage) zu verfüttern (Erwerbsfreiheit). Dadurch werden geschlossene Silosperrgebiete durchlöchert. (Allerdings gab es auch schon vorher in Österreich sogenannte gemischte Sperrgebiete mit silofreier Milch und Silomilch nebeneinander.) Für die Käsereien bedeutet dies einen erhöhten organisatorischen Aufwand, weil die Milch getrennt abgeholt und verarbeitet werden muß.

Speekas (Sperkas): Pinzgauer Magerkäse (spee = mager, trocken).

Lexikon der Fachbegriffe

Starterkulturen: Milchsäurebakterien, die in Milch kultiviert werden, mit speziellen Säuerungs- und Reifungseigenschaften.

Steirer Kas: Siehe Beschreibung im Einleitungskapitel "Der ideale Käse", Seite 41.

Striezel/Rolle: Eine österreichische Frischkäseart, die früher in vielen bäuerlichen Haushalten hergestellt wurde. Der Käse bekommt seine namensgebende Striezel-Form dadurch, daß der rollenförmige Käse aufgrund der weichen Konsistenz bald an den Enden dünner und in der Mitte breiter wird.

Sulz: Die Sulz besteht aus Salz, Käseschmiere, Wein oder Most, durch jahrelange Verwendung der Sulz in der Käserei entwickelt sich eine eigenständige Flora. Wird zur Behandlung von Mischling, aber auch Tilsiter etc. verwendet. Das Verfahren dürfte aus Appenzell übernommen worden sein.

Sura Käs: Siehe Beschreibung im Einleitungskapitel "Der ideale Käse", Seite 41.

Textur: Fachbegriff für Teigbeschaffenheit. Ein Käse "mit guter Textur" ist ein Käse mit einer guten Beschaffenheit des Teiges.

Thermisieren: Erhitzung der Rohmilch während mindestens 15 Sekunden auf 57°C bis 68°C, sodaß die Milch nach dieser Behandlung beim Phosphatasetest positiv reagiert.

Tilsiter: Siehe Beschreibung im Einleitungskapitel "Der ideale Käse", Seite 32.

Topfen: In Österreich und Süddeutschland gebräuchliche Bezeichnung für eine Art Frischkäse. Wird in anderen Teilen Deutschlands als Quark bezeichnet.

Trockenmasse: Die Bestandteile des Käses abzüglich des Wassers. (Siehe die Erläuterungen im Einleitungskapitel dieses Buches.)

Vorsäß (Maisäß): Tiefer gelegene Nutzflächen, die im Frühjahr - vor der Alpung - drei bis vier Wochen als Vorweide und im Herbst - nach der Alpung - drei Wochen als Nachweide verwendet werden.

Ursprungs- oder Herkunftsschutz: Gesetzliche Bestimmung, die sicherstellt, daß ein Käse nur dann mit dem jeweiligen Namen bezeichnet werden darf, wenn er aus einem ganz bestimmten Gebiet stammt und den dort festgelegten Vorschriften für Herstellung, Zusammensetzung und Eigenschaften entspricht.

Zentrifugalentkeimung: Siehe Baktofuge

Zi(e)ger: Eine topfenartige Masse, die aus Molke oder Magermilch oder einem Gemisch aus beiden durch Säure und starkes Erhitzen (über 90 Grad Celsius) gewonnen wird. Ziger wird heute in den Sennereien der Alpen im Anschluß an die Hartkäseproduktion aus der im Kessel verbliebenen Flüssigkeit hergestellt. Eine Zigersuppe (Schottensuppe, Sennsuppe oder Seogen) kann nach folgendem Rezept zubereitet werden: Frischer Ziger wird mit saurem Rahm aufgebessert, gesalzen und nach Belieben gewürzt. Anschließend wird mit heißem Wasser aufgegossen, und man läßt alles ziehen. Dann wird die Suppe nochmals aufgekocht und mit gerösteten Brotscheiben serviert.

Zi(e)gerkäse: Die aus Ziger bestehenden oder hergestellten Käse, auch Albuminkäse oder Molkeneiweißkäse genannt. Man unterscheidet Ziger-Frischkäse und gereifte Zigerkäse. Viele Jahrhunderte hindurch war Zigerkäse ein wichtiges Nahrungsmittel der Bevölkerung in den Alpen. In Vorarlberg wird eingemachter Ziger als Zeogoro bezeichnet.

Ziegerlkäse: Oberösterreichischer Kochkäse, benannt nach seiner früher gebräuchlichen Ziegelform (siehe im Buch unter Linz).

Register

In diesem Register finden Sie alle ausführlich besprochenen Molkereien, Sennereien, Käsereien, Genossenschaften und bäuerliche Betriebe in alphabetischer Reihenfolge. Wenn Sie einen genossenschaftlichen Betrieb unter der Ortsbezeichnung nicht finden, suchen Sie ihn bitte auch unter Begriffen wie: Käsereigenossenschaft, Molkereigenossenschaft oder Sennereigenossenschaft.

Außerdem können Sie Betriebe in diesem Buch auch nach dem Standort finden, aufgrund des geographischen und alphabetischen Ordnungsprinzips. Die Betriebe werden in diesem Buch nämlich bundesländerweise aufgeführt, innerhalb der einzelnen Bundesländer alphabetisch nach dem Standort. Am Ende jedes Bundesländerkapitels finden Sie Kurzbeschreibungen von weiteren Betrieben sowie Einkauftips.

Register

Verzeichnis der Rezepte

Fotonachweis

Abbildungen einzelner Käse

Thomas Apolt (ta), Liselotte Biber (lb)

Räßkäse (lb) *72*, Mischling (lb) *73*, Emmentaler (lb) *80*, Sura Käs (lb) *88*, Vorarlberger Bergkäse (lb) *93*, Nassereither Ziegenkäse, Wanneck (ta) *126*, Inntaler, Wörgl (lb) *144*, Original Geisberger, Bischofshofen (lb) *172*, Roter Geisberger (lb) *173*, Woerle Schmelzkäse mit Pfefferkörnern *187*, Gertraud Eckerstorfer, Ziegenfrischkäse mit Kräutern (ta) *219*, Sirius Clou, Neumarkt *242*, Sirius Rosso *243*, Achleitner Schloßkäse (lb) *247*, Schlierbacher Schloßkäse (ta) *250*, St. Hubertus *251*, "Schärdinger" Rahm-Camembert, Vorchdorf (lb) *257*, Rollino, Wels (lb) *260*, Schaffrischkäse Gut Borckenstein, Burgau (ta) *279*, Trautenfelser Edelschimmel, Gröbming (lb) *290*, Weissensteiner, Gröbming (lb) *291*, Tonis Bergkäse, Knittelfeld (lb) *294*, Südsteirischer Hauerkäse, Mureck (lb) *298*, Murecker Butterkäse (lb) *299*, Echter Liptauer, Weiz (lb) *306*, Steirischer Selchkas, Weiz (lb) *307*, Drautaler Parmesan, Spittal (lb) *337*, Bäuerliches Schafgupferl (lb) *344*, Bäuerliche Ziegenrolle (lb) *345*, Räucherling, Stephansharter Hofkäserei/Ilse Neu (ta) *348*, Ziegenfrischkäse, Markus Schörpf, Mottingeramt (lb) *358*, Ziegenkäse nach französischer Art, Tribuswinkel (lb) *374*, Tullner Handkäse, Tulln (ta) *375*, Der Kuenringer, Waidhofen an der Ybbs *379*, Bajazzo, Die Käsemacher, Waldkirchen (lb) *382*, San Lucca, Die Käsemacher, Waldkirchen (lb) *383*, Rote Ziege, Die Käsemacher, Waldkirchen (lb) *385*, Ziegenkäse vom Kienberg, Schloß Strelzhof (lb) *389*, Creme-Camembert, Bundesanstalt für Milchwirtschaft, Wolfpassing (lb) *392*.

Die restlichen Käse-Abbildungen wurden von den jeweiligen Firmen zur Verfügung gestellt.

Die übrigen Fotos stammen von:

Thomas Apolt *42, 43*
Liselotte Biber *29, 32, 35, 38*
Peter Hämmerle *65, 81, 92, 96, 100, 118, 168, 222, 268, 286*
NÖ. Landwirtschaftskammer *25*

Wir danken den zahlreichen Personen und Organisationen, die Fotos zur Verfügung stellten, bei den Recherchen behilflich waren und ihr Fachwissen an uns weitergegeben haben.